Ulrich Deinet, Benedikt Sturzenhecker (Hrsg.)
Konzepte entwickeln

Praxishilfen für die Jugendarbeit

Herausgegeben von Gerd Brenner

Ulrich Deinet, Benedikt Sturzenhecker (Hrsg.)

Konzepte entwickeln

Anregungen und Arbeitshilfen zur
Klärung und Legitimation

2. Auflage 2001

Juventa Verlag Weinheim und München

Die Herausgeber

Ulrich Deinet, Dr. rer. soz., und Benedikt Sturzenhecker, Dr. phil., sind Dipl.-Pädagogen und als Referenten für die Jugendarbeit beim Landesjugendamt Westfalen-Lippe tätig.

Die Deutsche Bibliothek - CIP-Einheitsaufnahme

Ein Titeldatensatz für diese Publikation ist bei Der Deutschen Bibliothek erhältlich.

Umschlaggestaltung: Atelier Warminski, 63654 Büdingen
Printed in Germany

ISBN 3-7799-0967-7

Inhalt

Vorwort: „Wir brauchen neue Konzepte!" 7

Praxisbeispiele 1
Lebenswelt und Sozialraum erschließen

Ulrich Deinet:
Sozialräumliche Konzeptentwicklung 9

Peter Weskamp:
Sozialraumanalytische Praxis als Basis für die Konzeptentwicklung in der offenen Jugendarbeit 18

Norbert Ortmann:
Methoden zur Erkundung von Lebenswelten 26

Praxisbeispiele 2
Konzeptanstöße aus der pädagogischen Arbeit

Franz Josef Krafeld:
Konzeptionelle Überlegungen für die Arbeit mit Cliquen 35

Benedikt Sturzenhecker:
Konflikt und Konzept 43

Agathe Eichner:
Konzeptentwicklung als Prozeß im Mitarbeiterteam 56

Christoph Gilles:
Sport, Bewegung und Abenteuer – Konzepte aus der Praxis heraus entwickeln 73

Erich Sass:
Neue Konzepte zur Förderung der freiwilligen Tätigkeit in der Jugendarbeit 85

Praxisbeispiele 3
Konzept- und Organisationsentwicklung verbinden

Armin Wöhrle:
Von der Konzeptentwicklung zum Organisationsumbau 99

Alexander Pfeiffer:
Konzeptionen der Jugendarbeit: Produkt- und Kundenorientierung 129

Diethelm Damm:
Ressourcen 144

Hiltrud von Spiegel:
Produktbeschreibungen – Ein Grundgerüst für die (Selbst-) Evaluation konzeptioneller Arbeit 152

Leo Jansen:
Permanente Zukunftswerkstatt – Konzeptentwicklung verbandlicher Jugendarbeit am Beispiel der CAJ 172

Benno Hafeneger/Rainer Kilb:
Neuplanung und Konzeptentwicklungen. Vom abgrenzenden Konzeptprofil zum konzeptnahen Vernetzungsdenken 182

Reflexionen

Albert Scherr:
Konzeptionsentwicklung – eine unverzichtbare Grundlage professioneller Jugendarbeit 197

Franz Josef Krafeld:
Konzeptentwicklung als Praxisbegleitung 211

Burkhard K. Müller:
Konzepte des Pädagogischen in der Jugendarbeit 226

Verzeichnis der Autoren 240

Vorwort: „Wir brauchen neue Konzepte!"

So beginnen viele Anfragen und Anrufe, die wir zur Zeit in der Fachberatung Jugendarbeit des Landesjugendamtes Westfalen-Lippe erhalten. Es gibt einen Konzeptboom! Viele pädagogische Institutionen und ihre pädagogischen MitarbeiterInnen wollen, sollen oder müssen neue Konzepte entwickeln. Träger, Politiker und Finanziers wollen sehen, wofür ihr Geld wie eingesetzt wird, und Konzepte sollen die Jugendarbeitspraxis legitimieren. Solche Konzeptanstöße kommen meist von außerhalb der Jugendarbeit, und das bedeutet häufig auch von „oben". Aber auch von „innen" und „unten", aus der pädagogischen Arbeit, den darin entstehenden Problemen und aus der Situation und der Reaktion der Adressaten entsteht Druck, Konzepte zu klären, zu verändern oder ganz neu zu entwickeln.

Bei der Beratung wird schnell klar, daß man fertige Konzepte nicht aus der Schublade ziehen kann, sondern sie sehr spezifisch für die jeweilige Praxis, die anstehenden Probleme, die Ziele und Zielgruppen, die Besonderheiten der Institution, der Region usw. entwickelt werden müssen.

Obwohl einem die eigenständige Konzeptionsarbeit nicht abgenommen werden kann, gibt es doch Hilfestellungen und Anregungen; diese zu geben ist Ziel unseres Buches.

Es stellt praktische Orientierungen für Konzeptentwicklungen in der Jugendarbeit zur Verfügung; dafür werden Beispiele vorgestellt. Die verwendeten Methoden und praktischen Schritte werden jeweils herausgearbeitet und verallgemeinert, so daß sie für die Entwicklung eigener Konzepte in anderen Einrichtungen und Feldern Unterstützung geben können.

Die hier gezeigten Konzipierungswege haben ihre Leistungsfähigkeit in der Praxis erwiesen; aber man kann an ihnen auch erkennen, daß sie spezifisch sind, also Grenzen der Übertragbarkeit haben. Es ist die Aufgabe der Professionellen, bei der Konzeptentwicklung aus diesen Beispielen zu lernen, ohne sie als Rezepte mißzuverstehen.

Wir haben die Autorinnen und Autoren gedrängt, möglich praxisfördernde Grundregeln und Konzipierungsstrategien aus ihrer Arbeit aufzuzeigen. Diese Praxisanregungen sind jeweils in Kästen im Text markiert. Die Verfasser haben darauf verwiesen, daß diese Hinweise nicht als eindeutige Regeln und gebrauchsfertige Techniken mißinterpretiert werden dürfen. Sie müssen für die jeweils besondere Situation übersetzt, ausbuchstabiert, ergänzt und verändert werden.

In diesem Buch wird also kein „Königsweg" der Konzeptionsgestaltung der Jugendarbeit vermittelt, sondern es werden Anregungen für die Entwicklung eigener Wege zur Verfügung gestellt. Das Buch ist also als Arbeitshilfe gedacht und nicht als stringente Anweisung zur richtigen Konzeptgestaltung. So braucht man es nicht von vorne nach hinten zu lesen, sondern kann mit den Kriterien der eigenen Praxis einzelne Beiträge und Themen auswählen und auswerten.

Die Praxisbeispiele sind in drei Kapitel geordnet:

Das Kapitel *„Praxisbeispiele 1"* stellt unter der Überschrift *„Lebenswelt und Sozialraum erschließen"* Wege der sozialräumlichen Konzeptentwicklung vor. In der Praxis bleibt die genauere Analyse der Lebenswelt der Adressaten oft oberflächlich. Hier werden für eine Qualifikation dieses Konzeptschrittes Anregungen gegeben: Ulrich Deinet beschreibt Hintergründe und Schritte sozialräumlicher Konzeptentwicklung von der Lebensweltanalyse bis zur pädagogischen Anwendung sozialräumlicher Kategorien.

Peter Weskamp und Norbert Ortmann stellen Methoden der Lebenswelt-und Sozialraumanalyse vor, die z.T. direkt als aktivierende Methoden der Jugendarbeit eingesetzt werden können.

Das Kapitel *„Praxisbeispiele 2“* zeigt *„Konzeptanstöße aus der pädagogischen Arbeit“*, die besonders von innen kommen, also aus pädagogischen Problemen und Aufgabenstellungen entstehen: Das sind z. B. konzeptionelle Überlegungen für die Arbeit mit Cliquen, die Franz-Josef Krafeld im ersten Beitrag vorstellt.

Krisenhafte Anstöße erwachsen aus Konflikten (dazu der Text von Benedikt Sturzenhecker) oder aus Kooperationsproblemen im pädagogischen Team, die im Beitrag von Agathe Eichner aufgenommen werden.

Bewegung und Sport sind ebenfalls praktische Elemente in der Jugendarbeit, die von Christoph Gilles konzeptionell verbunden werden.

An der Grenze zum nächsten Kapitel steht der Konzeptanstoß „Personalentwicklung für freiwillige (ehrenamtliche) MitarbeiterInnen“ von Erich Sass. Auf den Bedarf von innen reagierend, beschreibt dieser Text, wie sich die Organisationsstruktur von Jugendverbänden wandeln kann, um auch nach außen wirkend für freiwillige MitarbeiterInnen attraktiv zu werden.

Das Kapitel *„Praxisbeispiele 3: Konzept- und Organisationsentwicklung verbinden“* zeigt Reaktionen auf Konzeptanstöße, die eine Organisationsentwicklung zur Folge haben. Oft kommen solche Anstöße von außen z. B. durch die Neue Steuerung der Kommunen oder durch Legitimationsanforderungen von Politik und Geldgebern. Gefordert sind dann Konzepte neuen Managements und eines Organisationsumbaus (dazu der Text von Armin Wöhrle), eine Produkt- und Kundenorientierung (Alex Pfeiffer) sowie neue Finanzierungsmodelle und Ressourcen (Diethelm Damm).

Wie solche Anstöße von außen, z. B. die geforderten Produktbeschreibungen, die wichtige Konzeptionsfunktion der Evaluation qualifizieren können, zeigt der Text von Hiltrud von Spiegel.

Von innen angestoßen und als Versuch breiter demokratischer Mitgestaltung konzipiert, wird die Organisationsentwicklung des Jugendverbandes CAJ von Leo Jansen vorgestellt.

Wege und Probleme der Neukonzipierung von Jugendarbeit in einer Großstadt zeigt der Text von Benno Hafeneger und Rainer Kilb.

Das abschließenden Kapitel „Reflexionen“ beginnt mit einem Beitrag von Albert Scherr, in dem gezeigt wird, welche Elemente Konzeptionsentwicklung in der Praxis haben sollte und wie sie zur Qualifikation von Jugendarbeit beitragen kann.

Franz Joseph Krafeld analysiert danach einen typischen Konzeptentstehungsprozeß: Ein Problem drängt, man muß schnell handeln und aus der laufenden Praxis heraus das eigene Kozept klären und entwickeln.

Im letzten Beitrag fragt Burkhard Müller nach dem Stellenwert, den Möglichkeiten und Grenzen des Pädagogischen in Konzepten.

Aufgrund des raschen Wandels und der schnellen Entwicklung mancher Themen, z.B. „Neue Steuerung“, muß berücksichtigt werden, daß der Redaktionsschluß für diesen Band im Sommer 1995 lag.

Ulrich Deinet
Benedikt Sturzenhecker

Praxisbeispiele 1
Lebenswelt und Sozialraum erschließen

Sozialräumliche Konzeptentwicklung

Ulrich Deinet

In diesem Text geht es um den spezifischen Weg sozialräumlicher Konzeptentwicklung; dazu werden in mehreren Schritten Fragestellungen und Methoden vorgestellt, die eine Anwendung sozialräumlicher Kategorien vor Ort möglich machen. Sozialräumliche Jugendarbeit wird dabei nicht als ein inhaltliches Konzept von Jugendarbeit verstanden, sondern als grundsätzliche Orientierung an der Lebenswelt der Kinder und Jugendlichen und einer auf der Analyse dieser Bedingungen aufbauenden konzeptionellen Entwicklung der Kinder- und Jugendarbeit.

Grundlagen sozialräumlicher Jugendarbeit

Der sozialräumliche Ansatz geht davon aus, daß sich aus dem Zusammenhang zwischen der Entwicklung von Kindern und Jugendlichen und den konkreten „Räumen", in denen sie leben, Begründungen und Orientierungen der Jugendarbeit ergeben.

Wenn Böhnisch und Münchmeier (1990) feststellten, daß die Auflösung tradierter Normen und die Freisetzung der Jugend von vorgefügten Lebensläufen einen Bedeutungsverlust von Institutionen, Rollen und Normen verursacht und gleichzeitig eine vermehrte sozialräumliche Orientierung der Jugendlichen zur Folge haben, so ist dies auch die Grundlage der sozialräumlichen Jugendarbeit.

Jugendarbeit wird selbst zum Medium der Raumaneignung, weil sich Kinder und Jugendliche die „Räume" der Jugendarbeit (als öffentliche Räume) aneignen und sie verändern, aber auch weil Jugendarbeit diese Zusammenhänge erkennt und „bewußt" pädagogisch umsetzt (vgl.: Deinet 1991 u. 1992).

Räume sind mehr als formale Voraussetzungen und Rahmenbedingungen für das pädagogisch „Eigentliche", so wie dies in der Geschichte der Jugendarbeit immer wieder diskutiert wurde. Die Aneignung von Räumen, d.h. deren Inbesitznahme, Gestaltung und Veränderung, erhält durch die Veränderungen in der Lebenswelt von Jugendlichen eine besondere Bedeutung auch für die Jugendarbeit. Jugendarbeit zum Medium von Aneignungsprozessen zu machen bedeutet auch, daß Einrichtungen der Jugendarbeit zum Ausgangspunkt der Erweiterung des Handlungsraumes und damit wichtiger Bestandteil der jugendlichen Infrastruktur werden.

Der sozialräumliche Ansatz gibt kein bestimmtes Konzept vor, sondern einen Weg zur Konzeptentwicklung, der auf dem Zusammenhang von Aneignung und Raum aufbaut.

Lebensweltanalyse: Die Orte und Räume von Kindern und Jugendlichen – ihre Qualitäten, Bedeutungen und Funktionen in einer veränderten sozialräumlichen Lebenswelt

Dieser erste Schritt ist die Grundlage für ein verändertes Funktionsverständnis der Kinder- und Jugendarbeit und die bewußte pädagogische Anwendung des sozialräumlichen Konzeptes. Im sozialräumlichen Verständnis muß hier die Konzeptentwicklung beginnen, sozusagen von „außen nach innen".

Wichtig ist die für die Praktiker oft schwierige Aufgabe, sich ein möglichst genaues Bild der Lebenswelt aus der Sicht der Kinder und Jugendlichen zu machen und diese Perspektive nicht durch die voreilige (aber verständliche) Frage nach den Konsequenzen für die Jugendarbeit zu verlassen.

Sozialökologische Modelle als Hifsmittel

Forschungsansätze, die das sozialräumliche Verhalten von Kindern und Jugendlichen aufnehmen, sind die sozialökologischen Theorieansätze. Dem ökologischen Entwicklungsmodell von Bronfenbrenner und seiner Übertragung (vgl. z.B. Baacke 1984) liegt die Grundannahme des sich im Laufe der Entwicklung (quantitativ und qualitativ) vergrößernden Handlungsraumes zugrunde. Baake unterscheidet vier ökologische Zonen: Zentrum, Nahraum, ökologische Ausschnitte, ökologische Peripherie.

Neben dem Modell des kontinuierlich wachsenden Handlungsraumes wird aufgrund der Ergebnisse der Untersuchungen der Lebenswelt von Kindern und Jugendlichen in der Großstadt das Inselmodell von Helga Zeiher (1983) diskutiert.

Die Wohninsel ist das ökologische Zentrum, von dem aus die anderen Inseln aufgesucht werden, wie z.B. der Kindergarten, die Schule, das Zimmer eines Freundes, die Diskothek in einem anderen Stadtteil. Die Entfernungen zwischen den Inseln werden mit dem Auto oder anderen Verkehrsmitteln zurückgelegt. Die Erweiterung des Handlungsraumes vollzieht sich nicht mehr Stück für Stück, sondern entsprechend der Inselstruktur erlebt das Kind bzw. auch der Jugendliche keinen zusammenhängenden Handlungsraum.

Diese Modelle und die Ergebnisse darauf aufbauender Studien und Untersuchungen werden im ersten Schritt sozialräumlicher Konzeptenwicklung auf die jeweilige Lebenswelt „angelegt" und diskutiert. Dabei wird der Blick geschärft für sozialräumliche Strukturen, die den Lebensraum der Kinder und Jugendlichen qualitativ bestimmen.

Methoden der Lebenswelt-/Sozialraumanalyse

Um die Ansätze und Ergebnisse der skizzierten Forschungen auf die jeweils konkrete Lebenswelt anzuwenden und sich einen qualitativen Zugang zu den Orten und Räumen von Kindern und Jugendlichen in einem bestimmten Gebiet zu verschaffen, gibt es zahlreiche Methoden, die teilweise auch als direkte Methoden der Jugendarbeit mit Kindern und Jugendlichen durchgeführt werden können und einen hohen Grad an Aktivierung und Beteiligung möglich machen. Dies sind qualitative sozialwissenschaftliche Methoden, z.B. aus der Biographieforschung, die in ihrer Anwendung vereinfacht wurden und deren Komplexität reduziert wurde.

Ich beziehe mich im folgenden auf die Beiträge von Norbert Ortmann und Peter Weskamp, die eine ganze Reihe dieser auf die Jugendarbeit anwendbaren Methoden beschreiben.

Methoden der Lebenswelt-/Sozialraumanalyse (Beispiele):

- *Stadterkundungen* (vgl.Ortmann) mit Kindern und Jugendlichen, um die sozialräumliche Struktur, z.B. informelle Treffs, und Aneignungsmöglichkeiten aus ihrer Sicht kennenzulernen; Varianten: Foto- und Videostreifzüge.
- *Cliquenbeobachtungen,* Cliquenportrait.
- *Subjektive Landkarten* (vgl. Weskamp) mit den Schritten: narrative Stegreifzeichnungen, Folienzeichnungen und Resümee,
- *„Nadelmethode",* (vgl.Ortmann), um die Aufenthaltsorte von Kindern und Jugendlichen quantitativ und qualitativ zu bestimmen;
- *„Jugendkulturenkataster"* (vgl. Ortmann), um jugendkulturelle Ausdrucksformen und Szenebildungen zu erfassen;
- *Fremdbilderkundung:* Interviews mit Anwohnern und Passanten, um die Außenwahrnehmung und -wirkung der Einrichtung zu erfassen;
- *Interview mit „Schlüsselpersonen"* (vgl.Ortmann), um Expertenwissen und biographische Erfahrungshintergründe für die Analyse eines Sozialraumes nutzbar zu machen;
- *Formen der Beobachtung* (vgl.Weskamp), Beobachtungsraster: topographische, flanierende, begleitende Beobachtung, qualitative Auswertung der Einzelbeobachtungen und Deskription und Definition eines jugendlichen Sozialraums.

Die Anwendung der Methoden der Lebenswelt- oder Sozialraumanalyse ist der erste Schritt der sozialräumlichen Konzeptentwicklung und gleichzeitig auch schon eine pädagogisch-praktische Anwendung sozialräumlicher Kategorien in der Jugendarbeit, ein Teil sozialräumlicher Jugendarbeit.

Diese Methoden können auch zur Evaluation (Bewertung, Auswertung, Erfolgskontrolle) des Konzeptes benutzt werden (s.u.)

Um zu erreichen, daß die Methoden nicht nur Aussagen über die Lebenswelt der Kinder und Jugendlichen erbringen, sondern auch eine Aktivierung der Jugendarbeit, ist es wichtig, diese richtig einzusetzen. Dafür müssen verschiedene Aspekte wie z.B. erkenntnisleitendes Interesse, Aufwand, Aktivierungspotential, Auswertbarkeit und Ergebnisreichweite der einzelnen Methoden abgewogen werden.

Es bietet sich deshalb an, verschiedene Methoden zu kombinieren (Methodenset). Oft führt eine zu große Ergebniserwartung dann doch zum Einsatz quantitativer Methoden, z.B. großer Jugendbefragungen, die oft nicht die erwarteten Ergebnisse bringen, weil sie sich meist kaum von vorhandenen Ergebnissen unterscheiden, sehr aufwendig sind (Auswertung) und wenig Möglichkeiten zur Aktivierung und Beteiligung bieten. Dafür werden Erwartungen produziert, die kaum erfüllt werden können, wenn z.B. Kinder und Jugendliche nach ihren Wünschen gefragt werden oder sich Politiker „hartes Datenmaterial" für einen längeren Zeitraum versprechen.

Die Methoden können mit folgendem Schema bewertet werden:

Bewertungskriterien für Methoden der Lebensweltanalyse

Inhaltlich: In bezug auf Zielgruppe und Lebenswelt

- „Idee“ der Methode (Ziel)
- Blickwinkel, Perspektive, Focus
- Erkenntnisleitendes Interesse?
- Worüber erfahre ich etwas, worüber nichts?

Anwendbarkeit

- Zeit, Zeitraum, Schnelligkeit
- Material, Medien, Ausstattung
- Wiederholbarkeit
- Vergleichbarkeit mit anderen Methoden
- Auswertbarkeit
- Handhabbarkeit für Mitarbeiter

Aktivierung, Beteiligung

- Ist die Methode für Kinder und Jugendliche animierend?
- ... als Teil der Jugendarbeit einsetzbar?
- ... für Kinder und Jugendliche angemessen, z. B. die Sprache?
- Wie werden Kinder und Jugendliche beteiligt?
- Weckt die Methode Erwartungen (welche und bei wem)?

Evaluation

- Auswertung
- Wie lassen sich Erfolg und Ergebnisse der Methode kontrollieren?
- Wie können die Ergebnisse nach außen präsentiert werden?

Zusammenfassung

Der erste Schritt sozialräumlicher Konzeptentwicklung besteht darin, sich unabhängig von Vorgaben, Rahmenbedingungen und Zielen der Jugendarbeit ein Bild von den Orten und Räumen der Kinder und Jugendlichen und deren Qualitäten, Einschränkungen und Möglichkeiten zu machen.

Erst auf der Grundlage dieser Lebensweltanalyse kann es um die Frage gehen, welchen Stellenwert die Einrichtung der Jugendarbeit in der jeweils spezifischen Lebenswelt als Teil der sozialen Infrastruktur aus der Sicht von Kindern und Jugendlichen einnimmt und welche neuen oder veränderten Funktionen und Aufgaben der Jugendarbeit sich daraus ergeben.

Analyse des Jugendhauses als Bestandteil der sozialen Infrastruktur

Der zweite Schritt sozialräumlicher Konzeptentwicklung besteht aus einer Analyse der Räume der Kinder- und Jugendarbeit und der darin liegenden Aneignungsmöglichkeiten aus der Sicht der Kinder und Jugendlichen. Die Fragen lauten:

- Wie sehen Kinder und Jugendliche die Angebote und Räume der Kinder- und Jugendarbeit als Bestandteile ihrer Lebenswelt?

- Welchen Stellenwert, welche Bedeutungen und Funktionen übernimmt ein Jugendhaus („Gebrauchswert“), welche Aneignungsmöglichkeiten finden Kinder und Jugendliche vor, z.B. auch in informellen, pädagogisch nicht geplanten Bereichen?

Für diesen qualitativen Zugang muß der Aneignungsbegriff präzisiert werden, damit die Qualitäten der „Räume“ der Jugendarbeit analysiert werden können. Das ist die Grundlage einer bewußten Anwendung sozialräumlicher Kategorien. (Zu theoretischen Hintergründen und Übertragungen des Aneignungskonzeptes auf die Kinder- und Jugendarbeit: vgl. Deinet 1992).

Aneignungsdimensionen für die Jugendarbeit

- *gegenständliche Ebene:*
  Erweiterung von Fähigkeiten im Umgang mit Materialien, Gegenständen, Werkzeugen, Medien usw. durch den tätigen Umgang, durch Einüben und Wiederholen (Zusammenarbeit mit Erwachsenen);
- *räumliche Ebene:*
  Erweiterung des Handlungsraumes, räumliche Aneignung im und vom Jugendhaus aus, z.B. im Stadtteil. Kinder und Jugendliche erschließen sich neue Räume und deren Bedeutungen, damit auch „neue" Situationen, z.B. in Angeboten oder selbständig (ohne pädagogische Planung);
- *situative Ebene:*
  Situationsveränderung und -aufbau, z.B. in Projekten oder im offenen Bereich. Durch die Veränderung von Situation entwickeln Kinder und Jugendliche eine spezifische Form der Eigentätigkeit (das Medium des Spiels);
- *soziale Ebene:*
  Aneignung sozialer Fähigkeiten und Kompetenzen durch die Erweiterung des Erfahrungshorizontes und Verhaltensrepertoires in unterschiedlichen Situationen und Arrangements.

In diesem Schritt geht es darum zu analysieren, wie Kinder und Jugendliche die „Räume" der Jugendarbeit erleben, welche Aneignungsmöglichkeiten sie finden usw. Die Aneignungsdimensionen werden dazu auf die Jugendarbeit angelegt, so wie ich es in einer Untersuchung von 40 Praxissituationen aus der Offenen Kinder- und Jugendarbeit (Deinet,1992) versucht habe; einige Ergebnisse:

- Der offene Bereich ist der Ort der Eigentätigkeit und Veränderung, z.B. durch die Schaffung von „Nischen" , „Bühnen";
- in Angeboten, Projekten usw. „stecken" Aneignungsmöglichkeiten, die pädagogisch schwer planbar sind, z.B. die Veränderung des Themas einer Angebotssituation durch die Kinder und Jugendlichen;
- wenn einzelne Situationen miteinander verbunden werden (z.B. in Projekten) sind wichtige Aneignungsschritte vollziehbar durch Wiederholung, Übung, Erweiterung, Eigentätigkeit;
- Kinder, jüngere Jugendliche, Mädchen und Jungen entwickeln spezifische Formen der Aneignung im Jugendhaus;
- soziales Lernen geschieht als Aneignung situativer Bezüge und der sich aus Veränderungen und Konflikten ergebenden Erfahrungspotentiale (Erweiterung des Verhaltensrepertoires in neuen Situationen);
- die Konstituierung sozialer Räume im Jugendhaus geschieht in einem komplexen Geflecht pädagogischer und räumlicher Rahmenbedingungen.

In folgendem Schema geht es darum, Aneignungsqualitäten aus dem Blickwinkel der Kinder und Jugendlichen zu beschreiben, z.B. auch auf dem Weg zum Jugendhaus und in der „Eingangssituation":

Das Jugendhaus als „Aneignungsraum“

von außen . . .	*. . . nach innen*
— Erreichbarkeit — Wie finde ich das Jugendhaus? — Eingangsbereich (Wie komme ich rein/raus?) — Wiedererkennbarkeit (Zeichen/Symbole/Infos) — Gebrauchsfähigkeit/Benutzbarkeit (z. B. für Kinder) — Überschaubarkeit — Struktur/Ordnung	— Aufforderungscharakter/Motivation/Animation — Erlebnisorientierung — Kreativität — Motorisch anregend (Material, Gegenstände) — Bewegung, körperlich ausagieren — Veränderbarkeit — Beteiligung/Mitbestimmung — Neue Erfahrungen/Erweiterung des Horizonts — Zurückziehen, selbst inszenieren, auftreten (Ecken, Nischen, Bühnen) — Spuren hinterlassen, sich abbilden

Zusammenfassung

Ausgehend von der Operationalisierung des Aneignungsbegriffes und der Analyse der Lebenswelten von Kindern und Jugendlichen kann in diesem zweiten Schritt die Frage beantwortet werden, welche Aneignungsmöglichkeiten in den Räumen der Kinder- und Jugendarbeit liegen, welche Bedeutung eine Jugendeinrichtung als Bestandteil der sozialen Infrastruktur hat.

Die Trennung zwischen Analyse und Anwendung ist schwer, weil die Praktiker natürlich sofort fragen: „Was können wir tun, wie lassen sich unsere Angebote qualifizieren?“ – und in diesem Augenblick die Ebene der Sichtweise der Kinder und Jugendlichen verlassen.

Entwicklung konzeptioneller Differenzierungen

Wie können die Ergebnisse der Lebensweltanalyse und der Analyse des Jugendhauses als Bestandteil der sozialen Infrastruktur von Kindern und Jugendlichen nun in einem Konzept bewußt pädagogisch angewandt werden? Die Fragen lauten:

- Welche „Verortungen“ ergeben sich für die Jugendarbeit aus der Analyse der Lebenswelt, welche neuen Funktionen?
- Wie kann das Jugendhaus als „Aneignungsraum“ strukturiert werden? Welche Gestaltungs- und Veränderungsmöglichkeiten können z.B. im offenen Bereich geschaffen werden?
- Welche Ziele ergeben sich für die Anwendung des sozialräumlichen Konzeptes und der bewußten pädagogischen Umsetzung in konkreten Projekten und Angeboten und für die Rolle der Mitarbeiter?

Meinen Überlegungen liegt die These von der „konzeptionellen Differenzierung“ zugrunde: Genauso unterschiedlich wie die Lebenswelten von Kindern und Jugendlichen sind, müssen sozialpädagogische Konzepte entsprechend differenziert auf die jeweiligen Lebenswelten eingehen.

Aufgrund der skizzierten Entwicklungen ist es deshalb unrealistisch, ein allgemeines Konzept für die Offene Kinder-und Jugendarbeit entwickeln zu wollen; dies würde den Grundannahmen des sozialräumlichen Ansatzes widersprechen.

Auch in der Praxis haben sich allgemeine konzeptionelle Muster der Offenen Jugendarbeit historisch überholt, wie z.B. das Prinzip der „Offenheit“, die Grundannahme, alle Kinder und Jugendlichen aus einem bestimmten Einzugsbereich oder einer ganzen Stadt in einem Haus ansprechen und erreichen zu können.

Konzeptionelle Differenzierungen aufgrund der Veränderungen in der Lebenswelt bedeuten den konsequenten Ausbau einzelner Arbeitsbereiche und Ansätze zu lebensweltorientierten Funktionen, die aus der Sicht der Kinder und Jugendlichen einen hohen Gebrauchswert besitzen.

Aufgrund der Ergebnisse der Analyse der Lebenswelt von Kindern und Jugendlichen in einem bestimmten Sozialraum (z.B. Stadtteil) ist es nun möglich, neue „Verortungen“, Funktionen und konzeptionelle Differenzierungen für eine Jugendeinrichtung zu formulieren:

Konzeptionelle Differenzierungen (Beispiele):

- *Das Jugendhaus als Ausgangspunkt der Erweiterung des Handlungsraumes,* z.B. für Kinder und Jugendliche, deren Raumaneignung aus verschiedenen Gründen stark eingeschränkt ist. Die Erschließung von Räumen in und außerhalb des Stadtteils, die Entwicklung der Mobilität der Kinder und Jugendlichen sind wichtige Ziele dieser konzeptionellen Differenzierung.
- Für jugendliche Cliquen im Stadtteil kann eine Jugendeinrichtung *Rückzugsmöglichkeiten und Räume zur eigenen Gestaltung* bieten (Nischen). Cliquen und Treffs können vom Jugendhaus aus betreut werden (mobile Jugendarbeit), das Haus kann als zentraler Treff (Bühne) fungieren mit „Dependancen“ und Cliquenräumen im Stadtteil.
- Eine andere Funktion kann z.B. die eines *teilkommerziellen und jugendkulturellen Angebotes* sein („Jugendcafe“), weil die Jugendlichen selbst über ausreichende Rückzugsmöglichkeiten und Cliquentreffs verfügen, ihnen aber keine adäquaten kommerziellen und jugendkulturellen Einrichtungen zur Verfügung stehen.
- Für nicht-deutsche Jugendliche kann ein Jugendhaus (oder Teile davon, z.B. ein „türkisches Cafe“) zum *„Rückzugsraum“ im Leben zwischen zwei Kulturen* werden.
- *Verbindung der Offenen Jugendarbeit mit anderen Bereichen der Jugendhilfe*, z.B. Jugendberufshilfe und Beratungsangebote der Jugendsozialarbeit (Zielgruppe: Haupt- und Sonderschüler usw.).
- *Einbeziehung erzieherischer Hilfen* für die Arbeit mit speziellen Gruppen.
- *Einrichtung von Ganztagsangeboten* (z.B. „Schulkindergruppe“ oder „Schülercafe“) für Kinder und Jugendliche im Schulalter, z.B. aufgrund eines hohen Bedarfes im Stadtteil, in Kooperation mit anderen Einrichtungen (Schule, Hort, . . .).
- *Kooperation zwischen Jugendarbeit und Schule* in Arbeitsgemeinschaften und Ganztagsangeboten.
- Das Jugendhaus als *Stadtteiltreff mit intergenerativen Bezügen* und Arbeitsformen.
- Das *Jugendhaus als „ökologischer Nahraum“ und „zweites Kinderzimmer“* für Kinder mit defizitären familiären und sozialen Lebensbedingungen.

Diese konzeptionellen Differenzierungen sind noch relativ abstrakt und müssen im Zuge der Konzeptentwicklung ausformuliert und mit einem Zielkatalog verbunden werden, der sie überprüfbar macht im Sinne einer Evaluation.

Beispiele (verkürzt):

Für jugendliche Cliquen im Stadtteil soll eine Jugendeinrichtung Rückzugsmöglichkeiten und Räume zur eigenen Gestaltung bieten (Nischen). Cliquen und Treffs sollen vom Jugendhaus aus betreut werden (Methode: mobile Jugendarbeit), das Haus soll als zentraler Treff (Bühne) fungieren mit „Dependancen“ und Cliquenräumen im Stadtteil;

Mittelfristiges Ziel: Kontaktaufnahme und Arbeit mit drei Cliquen außerhalb des Hauses, Stärkung der Fähigkeit zur Selbstorganisation, Raumbeschaffung, Aushandeln von „Verträgen“ über die Raumnutzung mit den Jugendlichen usw.

Für eine Evaluation müssen in weiteren Schritten Indikatoren gebildet werden, z.B.: Wie wird das Teilziel „Stärkung der Fähigkeit zur Selbstorganisation“ gemessen? Z.B. in Fahrten, Aktionen usw., die die Jugendlichen ohne Hilfe selbst organisieren, im Konfliktverhalten gegenüber anderen Cliquen usw. (vgl. von Spiegel in diesem Buch).

„Aneignungsqualitäten“ im Offenen Bereich und in Projekten fördern

Die Strukturierung und Ausgestaltung des offenen Bereiches mit seinen informellen Angeboten, räumlichen Arrangements usw. gewinnt unter dem Aspekt der Bedeutung ungeplanter, selbst gestalteter Aneignungssituationen eine wichtige Bedeutung. In diesem Bereich ist weniger die Beziehungsfähigkeit des Mitarbeiters gefragt, sondern eher eine strukturierende Kompetenz, mit der es gelingen kann, den offenen Bereich so zu gestalten, daß sich dort immer wieder die Möglichkeiten zur Veränderung von Situationen, zum eigenen Finden eines Themas für die Besucher ergeben. Aneignung braucht Anregung, und dies kann auch in einer abwechslungsreichen, ansprechenden räumlichen Struktur bestehen, in Material und Gegenständen, die zum Ausprobieren einladen. Dabei spielt die relative Unkontrolliertheit durch Erwachsene ebenso eine Rolle.

Der offene Bereich einer Jugendeinrichtung bietet dazu gute Möglichkeiten, die im Sinne des Aneignungskonzeptes ausgebaut werden können.

Konzeptevaluation

Die ersten drei Schritte sind als kontinuierlicher Prozeß der Konzeptentwicklung zu verstehen; die Orientierung an der Lebenswelt der Kinder und Jugendlichen ist dabei keine einmalige Aktion, sondern ein grundsätzliches Muster sozialräumlicher Jugendarbeit, ein ständiger Vergleich zwischen den eigenen pädagogischen Bemühungen und den Anforderungen, die sich aus der Lebensweltanalyse ergeben.

Damit wird die Konzeptevaluation (Bewertung, Auswertung, Erfolgskontrolle) zu einem immanenten Bestandteil sozialräumlicher Jugendarbeit.

Dieser Prozeß muß vor Ort systematisiert und konkretisiert werden. Die oben skizzierten Schritte eignen sich auch zur Evaluation; so können Methoden wie z.B. die „Fremdbilderkundung“ genutzt werden, um zu überprüfen, ob sich die Wahrnehmung der Einrichtung im Stadtteil verändert hat.

Notwendig sind Operationalisierungen, um z.B. eine aufgrund der Lebensweltanalyse angestrebte konzeptionelle Differenzierung in konkret beobachtbaren Kategorien zu beschreiben. Dafür müssen (mittelfristige) Ziele formuliert und entsprechende Indikatoren gesucht werden, um die angestrebten Ziele überprüfbar zu machen (vgl. von Spiegel, Hiltrud: „Produktbeschreibung und Selbstevaluation“ in diesem Buch).

Die oben entwickelten Dimensionen des Aneignungsbegriffes müssen weiter operationalisiert und mit Indikatoren versehen werden, die auf die konkreten Bedingungen der Kinder und Jugendlichen (und der Einrichtung) ausgerichtet sind.

Ein Indikator für die Aneignungsdimension „Erweiterung des Handlungsraumes“ kann z.B. die sich entwickelnde Fähigkeit von Kindern und Jugendlichen sein, mobiler und eigenständiger an fremden Orten und in neuen Situationen zu werden; was dies aber in einem bestimmten Lebensraum konkret heißt, muß aus der jeweiligen Lebensweltanalyse abgeleitet werden.

Die Aneignungsdimension „Situationsveränderung“ kann z.B. an den von Besuchern ausgehenden Gestaltungen und dem Umgang mit Materialien im Haus gemessen werden.

Genauso wie im Prozeß der sozialräumlichen Konzeptentwicklung konzeptionelle Differenzierungen nicht allgemein, sondern nur aufgrund der Lebensweltanalyse vor Ort entwickelt werden, gestaltet sich auch die Erarbeitung von Evaluationsdimensionen und Indikatoren.

Die Evaluation bedeutet eine Umkehrung der Analyseschritte der Konzeptentwicklung: Eine pädagogische Anwendung, die aus der Analyse der Lebenswelt entwickelt worden ist, wird nun an den Anforderungen der Lebenswelt gemessen.

Die Überprüfung der Funktionen und Qualitäten, die mit einer bestimmten konzeptionellen Veränderung erreicht werden sollen, kann mit Methoden der Lebensweltanalyse erfolgen, die in gewissen Abständen (z.B. nach einem halben Jahr) wiederholt werden.

Literatur

Becker, H., Eigenbrodt, J., May., M.: Unterschiedliche Sozialräume von Jugendlichen in ihrer Bedeutung für pädagogisches Handeln, in: Zeitschrift für Pädagogik Nr.30, 1984, S.499 ff.

Böhnisch, Lothar / Funk, Heide: Jugend im Abseits? Zur Lebenslage Jugendlicher im ländlichen Raum, München 1989

Böhnisch, Lothar / Münchmeier, Richard: Pädagogik des Jugendraums. Zur Begründung und Praxis einer sozialräumlichen Jugendpädagogik, Weinheim und München 1990

Böhnisch, Lothar / Münchmeier, Richard: Wozu Jugendarbeit?, Weinheim und München 1987

Braun, Karl-Heinz, Schule und Sozialarbeit in der Modernisierungskrise, in: „Neue Praxis“, 2/ 1994, S. 107ff.

Deinet, Ulrich: Das Konzept „Aneignung“ im Jugendhaus. Neue Impulse für die offene Kinder- und Jugendarbeit, Opladen 1992

Deinet, Ulrich: Raumaneignung in der sozialwissenschaftlichen Theorie, in: Böhnisch, Lothar / Münchmeier, Richard: Pädagogik des Jugendraums.a.a.O.

Deinet, Ulrich: „‘Neue Steuerung‘ als Chance zur Qualifizierung der Jugendarbeit?“ in: „Das Jugendamt als Dienstleistungsunternehmen“, Arbeitsgemeinschaft für Jugendhilfe (Hg.), Bonn 1995

Holzkamp, Klaus: „Grundlegung der Psychologie“, Frankfurt.a.M.1983

Leontjew, A.N: Problem der Entwicklung des Psychischen, Frankfurt a.M. 1973

Lessing, Hellmut: Jugendarbeit als Wi(e)deraneignung von Arbeit, Umwelt und Kultur. in: deutsche jugend, 10/1984, S. 450 ff.

Müller, Hans-Ulrich: Wo Jugendliche aufwachsen. Umweltaneignung in verschiedenen Lebensräumen, München 1983

Rolff, Hans-Günter/Zimmermann, Peter: Kindheit im Wandel. Eine Einführung in die Sozialisation im Kindesalter, Weinheim und Basel 1985

Zeiher, Helga: Die vielen Räume der Kinder. Zum Wandel räumlicher Lebensbedingungen seit 1945, in: Preuss-Lausitz, Ulf u. a.: Kriegskinder, Konsumkinder, Krisenkinder, Berlin 1983

Sozialraumanalytische Praxis als Basis für die Konzeptentwicklung in der offenen Jugendarbeit

Peter Weskamp

1. Sozialraumanalyse als sozialpädagogische Methode

Der vorliegende Beitrag will zielgruppenorientiert für Mitarbeiter in der offenen Jugendarbeit handlungsleitende Methodenpraxis vorstellen, die es ermöglichen soll, „sozialräumliche Überblicke" über das sichtbare und erfahrbare Alltagshandeln von jungen Menschen in den von ihnen selbst konstituierten Sozialräumen zu bekommen.

Die gewonnenen *sozialräumlichen Überblicke* können uns als Basis für eine lebensweltbezogene Konzeptentwicklung in der offenen Jugendarbeit dienen.

Sozialraumkonstitution, auch die von jungen Menschen, vollzieht sich alltagsweltlich in einem mobilen Prozeß der Verortung und Aneignung eines räumlichen und zeitlichen Kontextes. Dabei bilden formelle Abgrenzungen, etwa in der Form von Stadtteilen, in der Regel keine Hindernisse.

So gesehen muß eine Methodenpraxis, welche die „sozialen Räume" von Jugendlichen als Teil ihrer Lebenswelten erkundet und aus diesen Erkenntnisse für die Praxis von Jugendarbeit ableiten will, ihre Feldtauglichkeit eben an den spezifischen Anforderungen messen, die davon ausgehen, daß Jugendliche sich ihre Sozialräume selbst herstellen und diese von daher nicht, von wem auch immer, formal festgelegt werden können; sie müssen daher in ihren Grenzziehungen zunächst erforscht werden.

Dies hat zur Konsequenz, daß es qualitativ orientierte Methoden und Techniken sind, die in unserem Forschungsfeld zur Anwendung kommen.

Also: Nicht der Computer, programmiert mit statistischen Analyseprogrammen, gefüttert mit den Daten der 8- bis 21jährigen Wohnbevölkerung, nach Stadtteilen und statistischen Bezirken differenziert, bildet in unserer sozialräumlichen Analyse die Grundlage des Erkenntnisprozesses, sondern unsere eigenen Erfahrungen im Feld, die wir auch dementsprechend dokumentieren und auswerten wollen.

2. Streifzüge durch Raum und Zeit

Wenn wir als MitarbeiterInnen in der offenen Jugendarbeit Überblicke und Eindrücke vom Alltag junger Menschen gewinnen wollen, dann kann sich unser Erfahrungshorizont nicht alleine darauf beschränken, wie wir unsere „Zielgruppen", etwa in der Praxis der offenen Jugendarbeit im Jugendzentrum, erleben.

Dieser Blickwinkel wäre sehr reduziert, da sich die Jugendlichen

- in einem überwiegend von uns organisierten Setting sowie
- in diesem Setting in einem eingegrenzten Zeitraum

befinden.

Wollen wir also umfassender die Lebenswelten von Jugendlichen erschließen, benötigen wir zusätzliche Informationen, die uns Auskunft darüber geben, wie die Situation außerhalb der primär von uns geregelten sozialpädagogischen Praxis ist.

Unser Alltagswissen alleine, etwa über die Bewegungsformen, -verläufe und -zeiten von

Gruppen (Gruppe steht in diesem Beitrag synonym für Cliquen u.ä.) im Stadtteil, welches wir durch die Erzählungen der Jugendlichen erhalten, reicht für eine perspektivische Konzeptualisierung unserer offenen Jugendarbeit ausrücklich nicht aus.

Erst eine systematische Material- und Datensammlung von „Drinnen und Draußen"-Beobachtungen versetzt uns in die Lage, diejenigen Erkenntnisse zu formulieren, die als Basis für lebensweltlich-praktikable Konzepte und Programme Verwendung finden können.

Unser sozialräumlicher Streifzug durch einen Teilbereich der Lebenswelten von Jugendlichen orientiert sich dabei aus den folgenden Blickwinkeln auf den Freizeitalltag von Jugendlichen:

Blickwinkel auf den Alltag von Jugendlichen

- Die systematische und umfassende Beobachtung und Befragung, Dokumentation und Auswertung des für uns wichtigen Verortungs- und Bewegungsverhaltens in einer „Raum-Zeit-Box".
- Die Definition eines sozialräumlichen Kontextes.
- Die Auswirkungen für die Konzeptualisierung von offener Jugendarbeit.

Die systematische, umfassende Beobachtung und Befragung gliedert sich in die folgenden aufeinander aufbauenden Schritte:

Die topographische Beobachtung

Diese Form der teilnehmenden Beobachtung (vgl. Lamnek 1989, S.233 ff.) führen wir von einem zunächst von uns angenommenen Zentrum eines Sozialraums von Jugendlichen durch. Die Bestimmung eines solchen vorläufigen, hypothetischen Zentrums gelingt uns vielleicht besser, wenn wir unser aus den Erzählungen der Jugendlichen gewonnenes Alltagswissen über ihre informellen Treffpunkte mit der Fragestellung koppeln: „Wo lassen die Jugendlichen Geld?"

Bei der Beantwortung können wir dann zwischen den wahrscheinlichen informellen Treffs und den angenommenen Konsumorten die „Magistralen" des Sozialraumes der Jugendlichen zeichnen. Dort, wo sich die meisten Wege kreuzen, wäre zunächst das Zentrum zu markieren.

Wie dokumentieren wir unser Alltagswissen?

Die Markierung der uns aus Erzählungen oder vom „Sehen" bekannten informellen Jugendtreffs sowie der von uns angenommenen Konsumorte erfolgt auf einem Stadtplan in unterschiedlichen Farbmarkierungen. Ebenso werden die offiziellen Straßenverbindungen zwischen den einzelnen Orten farblich nachvollzogen.

In dem so definierten hypothetischen Zentrum jugendlicher Sozialräume suchen wir einen adäquaten Beobachtungsplatz aus. Adäquat ist ein Beobachtungsplatz für unser Vorhaben, wenn folgende Standards erfüllt sind:

Standards für einen Beobachtungsplatz

- *Er muß immer (Tag und Nacht) durch uns zugänglich sein,* denn bei unserer Beobachtung kommt es uns auf verschiedene Tageszeiten an.
- *Er muß wettergeschützt sein,* denn Aufzeichnungen auf feuchtem Papier oder mit steifgefrorenen Fingern bescheren uns bei der Auswertung unerwünschte Überraschungen.
- *Er muß ein weites und umfassendes Sichtfeld bieten,* denn Beobachtungen von Menschen mit einem Fernglas und für Sekundenbruchteile ergeben keine verwertbaren Materialien.
- *Er muß unauffällig sein,* d.h. in den Alltag und die Situation eines Ortes eingepaßt werden können, denn Beobachter, die über einen langen Zeitraum auf einem Präsentierteller stehen und sich Notizen machen, erregen Aufmerksamkeit. Die Natürlichkeit der Situation, auf die es uns ankommt, zerfällt.

Diese Anforderungen bzw. Standards können z. B. mit einem Bauwagen oder Baucontainer erfüllt werden. Von diesem Beobachtungsplatz aus tragen wir in das nachfolgende Raster unsere Beobachtungen ein (vgl. Abb.).

Die Beobachtung vollzieht sich innerhalb einer Woche von montags 7.00 bis sonntags 23.00 Uhr. Es sollte sich um eine „normale Woche, also außerhalb der Ferien und ohne Feiertage handeln."

Abb.: Beobachtungsraster

Datum:

Uhrzeit (Minuten eintragen)	Anzahl Personen	davon weiblich	Alter (von-bis)	Fortbewegung	Zielrichtung	Gruppentypik	Bemerkungen
7.							
8.							
9.							
10.							
11.							
12.							
13.							
14.							
15.							
16.							
17.							
18.							
19.							
20.							
21.							
22.							
23.							
24.							

Beobachtungszeiten, zugleich Plan für die wechselnden Beobachter

Tag	wünschenswerter Beobachtungszeitraum	absolut notwendiger Beobachtungszeitraum
Montag	7.00 – 23.00	15.00 – 23.00
Dienstag	7.00 – 23.00	15.00 – 23.00
Mittwoch	7.00 – 23.00	15.00 – 23.00
Donnerstag	7.00 – 23.00	15.00 – 23.00
Freitag	7.00 – 24.00	15.00 – 24.00
Samstag	7.00 – 24.00	15.00 – 24.00
Sonntag	12.00 – 23.00	18.00 – 23.00

Dokumentation und Auswertung der topographischen Beobachtung

Die Aufzeichnungen werden nach den einzelnen Tagen katalogisiert und zur Übersicht an eine über einen längeren Zeitraum zur Verfügung stehende größere vertikale Wandfläche (große Tafel) angebracht.

- Wir besitzen nun zunächst eine räumlich-zeitliche Vollerhebung über die Gruppen zu einer bestimmten Zeit an einem bestimmten Ort, d.h., wir haben einen Status über die Konfiguration von Gruppen zumindest an einem Ort und wir können so etwas wie einen „Passagestatus" und „Gruppenstatus" formulieren.
- Wir können also ggfls. Muster bilden, zu welchen Zeiten Jugendliche auf der Straße unterwegs sind, d. h. auch, zu welchem Zeitpunkt sie die Angebote der offenen Jugendarbeit nicht annehmen.
- Wir können die Anzahl von Personen in Gruppen sowie ihre Geschlechtsverteilung und ihr Alter in „unserem" Sozialraum definieren.
- Wir haben eine vorläufige Typisierung nach dem Erscheinungsbild/Outfit der Gruppen (Skater, Inliner etc.).

Eine Zusammenfassung können wir unter der Fragestellung leisten: Lassen sich aus dem bisher Aufgezeichneten bestimmte Regelmäßigkeiten und/oder inhaltliche Muster bilden?

Flanierende Beobachtung

Mit der flanierenden Beobachtung setzen wir unseren Streifzug durch die jugendlichen Lebenswelten fort, allerdings nun selbst mobil.

Dieser Part unserer Datenbeschaffung beginnt erst dann, wenn der vorhergehende Teil mit einer Auswertung abgeschlossen ist. Wir können also davon ausgehen, daß wir nach einer Woche die wesentlichsten Gruppenkonfigurationen in ihren Passagen im Zentrum des Sozialraumes gesehen, dokumentiert und möglicherweise typisiert haben.

Die jetzt anstehende Beobachtungsform kann nicht mehr verdeckt vorgenommen werden, denn sie will ja im Rahmen von Flanieren (Bummeln) die Gruppen an ihren gruppeneigenen Orten antreffen und markieren.

Wir erlaufen uns also zunächst unstrukturiert auf den — von uns angenommenen — Wegen der Jugendlichen deren abgegrenzten Sozialraum.

Für den weiteren Schritt kommt uns das vorliegende Zeitraster zugute. Wir kennen die „Fahrpläne" der Jugendlichen bisher, zumindest zu ihrer Ankunftszeit im Zentrum des Sozialraumes und können uns so an sie anhängen. Diese Beobachtung soll weder als eine Beschattung i.S. von „Derrick" noch Suchbewegungen i.S. von „Blinde Kuh", sondern als den Zielort und Weg gleichsam vorerahnend durchgeführt werden. Es passiert also zweierlei:

> *Aufgaben der flanierenden Beobachtung*
>
> — Wir verfolgen die Wege,
>
> und
>
> — wir definieren Gruppenstandorte.

Dokumentation und Auswertung der flanierenden Beobachtung

Die Gruppenstandorte und Wege werden genau durch unterschiedliche „Gruppenfarben" in einen Auszug aus der „Deutschen Grundkarte" (als Blaupause zu erhalten bei Katasterbzw. Bauplanungsamt) eingetragen. So erhalten wir die jeweiligen „subjektiven" Landkarten der Gruppen" (vgl. Behnken 1992).

Ergebnisse der bisherigen Beobachtungen

- Wir besitzen praktisch eine Vollerhebung über einen relativ genau zu definierenden Raum-Zeit-Kontext.
- Wir können jetzt sagen, wie viele und welche Gruppen mit wie vielen Personen und welcher Geschlechterverteilung usw. zu welchen Zeiten sich wo aufhalten (wenn sie dort sind, können sie nicht woanders sein, z.B. im Jugendhaus).
- Wir können die Grenzlinien und Umrisse des Sozialraumes markieren und etwa die Frage stellen: Gibt es Gruppen, die primär im Sinne einer „verinselten" (vgl. Zeiher 1983) Aneignung agieren, oder existieren Gruppen, bei denen der Weg das Ziel ist?

So läßt sich das bisher erarbeitete Ergebnis in einer „Raum-Zeit-Box" der typisierten Gruppen eines Sozialraumes dokumentieren und katalogisieren:

1. Gruppe/Typus
2. Gruppeneigener Ort
3. Wege und Streifräume
4. Gruppenfahrplan

Erst wenn alle im Rahmen der topographischen Beobachtung definierten Gruppen an ihren Gruppenstandorten definiert und ihre Wege markiert sind, kann dieser Forschungsteil abgeschlossen werden.

Nach Vollendung dieser beiden Schritte, nämlich der topographischen und flanierenden Beobachtung, sind wir in der Lage, eine additive Auswertung zu vollziehen, d.h. die Binnendifferenzierung eines Sozialraumes in den Grenzziehungen der Jugendlichen nachzuvollziehen.

Wir können dabei die vorhergehenden Erkenntnisse präzisieren bzw. verifizieren, da wir unser weiteres Analyseinteresse an bisher vorliegenden Ergebnissen orientieren. Außerdem erfahren wir etwas über die Situation von Jugendlichen als Gruppe.

Die begleitende Beobachtung und Befragung

Zur Vervollständigung und Verdichtung unseres bisherigen Wissens wollen wir nun die Jugendlichen auf ihren Wegen begleiten und an ihren gruppeneigenen Orten befragen. Diese Methode der Erkenntnisgewinnung kann natürlich nur mit Einverständnis der Jugendlichen geschehen.

Beobachtung

Für den Bereich der Beobachtung benötigen wir:

- Polaroidkamera
- Notizblock auf Klemmbrett und Kugelschreiber

Wir fotografieren die Jugendlichen in der Gruppe an ihren subjektiven Gruppenorten und notieren die genauen Wege (in Abgrenzung zu den offiziellen) mit den entsprechenden Wegzeiten dorthin. Die Zwischenaufenthalte bzw. Nebenwege werden entsprechend protokolliert.

Dokumentation und Auswertung der begleitenden Beobachtung und Befragung

Wir fügen die Fotos zu den Markierungen auf der „Deutschen Grundkarte" hinzu, zusätzlich werden die genauen Wege mit der „gruppeneigenen" Farbe auf der Karte markiert. Somit können wir ein *verräumlichtes Soziogramm* der Guppen in einem Sozialraum erstellen.

Auswertung der Begleitung und Befragung

Zunächst werten wir das Gruppenfoto im Rahmen einer kleine Fotoanalyse aus.

Wir versuchen so etwas wie eine Gruppenbeschreibung und eine Fortschreibung der bereits vorgenommenen Typisierung auf der Basis der Polaroidaufnahmen vorzunehmen.

Beispiel:

a) Kleidung/Outfit:
- Repräsentiert die Kleidung einen bestimmten Typus (z.B. heavy metal)?
- Sind alle einheitlich im Sinne des Stils gekleidet, oder können Stilbrüche in der Kleidung und im Outfit wahrgenommen werden, wie lassen sie sich werten?

b) Symbole/Accessoires
- Existieren eindeutige Identitätssymbole (alle tragen die gleiche Kette, Abzeichen)?
- Existieren Symbole für Leitung bzw. Führung ?

c) Rangordnungen
- Stehen die Leader in der Mitte? Wie ist der Status der Außenstehenden?

Befragung

Für den Bereich der Befragung benötigen wir:
- Batteriegetriebenes Cassettenaufnahmegerät (ideal Sony TCM 77V)

und
- einen Interviewleitfaden mit folgenden hier exemplarisch aufgeführten Fragestellungen:

Interviewleitfaden für Gruppenbefragung

- Was fällt Euch zu diesem Foto (Polaroidgruppenfoto) ein?
- Wie seid Ihr an bzw. zu diesem Platz gekommen?
- Wie lange seid Ihr schon zusammen?
- Wie lange bleibt Ihr noch zusammen?
- Welche Filme seht Ihr gerne?
- Welche Musik hört Ihr gerne?
- Besucht Ihr gemeinsam eine Schule/Ausbildung?
- Wie haltet Ihr es mit den anderen Gruppen hier?

Diese Befragung sollte am gruppeneigenen Ort, wenn es die Verhältnisse zulassen (Straßenlärm), in der Form der Gruppendiskussion durchgeführt werden (vgl. Lamnek, a.a.O. S.121 ff).

Auswertung des Leitfadeninterviews

- Welche Selbstdefiniton nimmt die Gruppe vor?
- Wie und zu welchem Zeitraum ist es zur Aneignung des gruppeneignenen Ortes gekommen?
- Welche Perspektive gibt sich die Gruppe?
- Läßt sich ein gruppenspezifischer Lebensstil definieren?
(Vgl. Georg 1992, S. 265)
- Wie agieren die Gruppen untereinander, bestehen Kooperations- oder Konfliktorientierungen? (Aufgrund der bisherigen Ergebnisse müßte man auch mit Blick auf die Wege und Zeiten erkennen können, ob sich bestimmte Gruppen etwa „aus dem Weg gehen".)
- Können wir spezifische Gruppenkulturen mit eigenem Kodex definieren?

3. Definition eines sozialräumlichen Kontextes

Die Sichtung unserer bisherigen Ergebnisse erlaubt die Definition eines umfassenden aktuellen sozialräumlichen Kontextes:

- Wir können einen abgegrenzten Sozialraum der Gruppen definieren.
- Wir können detailliert quantitative Auskunft über alle Gruppen geben (Umfang der Gruppen, Geschlechtsverteilung) und sie in Relationen setzen.
- Wir sind in der Lage, eine gruppenspezifische Topographie des Sozialraumes zu präsentieren.
- Wir kennen das Bewegungsverhalten aller Gruppen im Sozialraum („Fahrpläne").
- Wir können die Gruppen nach typologischen Mustern, etwa Lebensstilen, katalogisieren.
- Wir haben eine Übersicht über die jeweiligen Gruppenkulturen.
- Wir wissen um das Konflikt- bzw. Kooperationsverhältnis der Gruppen unter- und zueinander.

Kurz:

Wir wissen also, was in bezug auf Gruppen in „unserem" Sozialraum angesagt ist!

4. Auswirkungen für die Konzeptualisierung offener Jugendarbeit

Nachdem durch unsere Sozialraumanalyse der jugendlichen Lebenswelten sozusagen Grundlagen geschaffen worden sind, stellt sich die Frage, ob und wie wir die gewonnenen Erkenntnisse in die Praxis sozialpädagogischen Handelns einbringen können.

Wir müssen uns also fragen:

Für welche der Gruppen sind sozialpädgogische Angebote der offenen Jugendarbeit notwendig?

Ergibt sich aus der Gesamtsicht auf den Sozialraum und auf die Gruppengesamtstruktur die Notwendigkeit eines sozialpädagogischen Handelns gleichsam als Reflex auf den vorhandenen Kontext? Welche aus der Sozialraumanalyse ableitbaren Indikatoren machen sozialpädagogisches Handeln im Rahmen von offener Jugendarbeit notwendig?

Als generelle inhaltliche Orientierung können dabei die von L. Böhnisch formulierten Postulate dessen, was Sozialpädagogik zu leisten hat, mit den Stichworten „gelingende Lebensbewältigung und Sozialintegration" herangezogen werden (vgl. Böhnisch 1992). Damit wäre ein Kontext angedeutet, innerhalb dessen sozialpädagogisches Handeln auch in der

Jugendarbeit gegeben ist, ohne dabei die Lebenswelten junger Menschen zu kolonialisieren.

Fazit: Überall dort, wo etwa im Rahmen einer Gruppe Alltag gleichsam als biographische Entwicklung lebensweltlich gelingt und soziale Integration erkennbar nicht verhindert wird, besteht im Umkehrschluß kein sozialpädagogischer Handlungsbedarf. Sozialpädagogische Angebote müssen also dort ansetzen, wo die Defizite für gelingende Alltage und Sozialintegration in den Lebenswelten sich bemerkbar machen.

Die Analyse dieser Deutungszusammenhänge innerhalb des jugendlichen Sozialraumes führt in vier Schritten zur Konzeptentwicklung von Angeboten in der Jugendarbeit.

Konzeptentwicklung

1. Die Feststellung dessen, was im Sozialraum in bezug auf gelingende Lebenswelten und Sozialintegration fehlt.
2. Ermittlung und Festellung des Bedarfes an sozialpädagogischen Angeboten.
3. Konzeptualisierung des Angebotes im Rahmen der offenen Jugendarbeit.
4. Implementation des Angebotes.

Es kann daher bei der Konzeptualisierung sozialpädagogischer Angebote in der offenen Jugendarbeit auf der Grundlage von Sozialraumanalyse konsequenterweise keine Rückgriffe auf „institutionalisierte Grundangebote", die seit Jahren in Betrieb sind, geben.

Dies bezieht sich auch auf die präzise Verortung der Angebote. Hier gilt der Grundsatz, daß die Angebote möglichst dort zur Anwendung kommen müssen, wo sie gebraucht werden. Dies meint in dem hier beschriebenen Sinne ein Wirksamwerden im räumlich-zeitlichen Kontext zwischen Jugendlichen und Pädagogen an einem genau definierbaren geographischen Punkt. Somit wäre strenggenommen das, was wir bisher als „Komm-Struktur" auch in der offenen Jugendarbeit bezeichnen, im Rahmen sozialräumlich orientierter Jugendarbeit gleichsam aufgehoben.

Abschließend ein Wort zur Anwendbarkeit der Methode: Die hier vorgestellte Form einer Sozialraumanalyse bietet sich dann an, wenn etwa das gesamte Leitungsteam einer Einrichtung eigenaktivierend im Rahmen eines Planspiels unter dem Arbeitstitel „Analyse unserer Jugendräume" über den genannten Zeitraum einer Woche daran arbeitet möchte.

So gesehen wird gleichsam die Analyse im Team entwickelt, und die notwendigen Zwischenauswertungen werden gemeinsam und intensiv diskutiert. Erfahrungen und Erkenntnisse laufen für alle Akteure nahezu gleichzeitig.

Materialien:

Polaroidkamera
Tonbandgerät (Batterie, Akku, Kassetten 90. Min.)
Papier
Kugelschreiber
Klemmbrett
Aufzeichnungsraster nach Muster
Auszug aus der Deutschen Grundkarte
Eddingstifte (mehrere Farben)
Stadtplan (möglichst großer Maßstab)
Stecknadeln/Hafties

Die Ergebnisse kommen nicht von außen und tragen daher zur Professionalisierung sozialer Arbeit in einem wesentlichen Feld der Jugendarbeit bei. Dies schafft zusätzlich Legitimität in aktuellen Begründungzusammenhängen bzw. -zwängen.

Literatur

Behnken, I. u.a.: Projekt „Kindheit im Siegerland", Methodenmanuale. Siegen 1992

Böhnisch. L.: Sozialpädagogik des Kindes und Jugendalters: eine Einführung (2). Weinheim 1992

Georg, W.: Jugendliche Lebensstile – ein Vergleich. In.: Jugend '92, Lebenslagen, Orientierungen und Entwicklungsperspektiven im vereinigten Deutschland. Band 2. Jugendwerk der Deutschen Shell (Hrsg.). Opladen 1992

Lamnek, S.: Qualitative Sozialforschung. Band 2 Methoden und Techniken. München, 1989

Zeiher, H.: Die vielen Räume der Kinder. Zum Wandel räumlicher Lebensbedingungen seit 1945. In: Preuss-Lausitz, U. u.a.: Kriegskinder, Konsumkinder, Krisenkinder. Weinheim 1983

Methoden zur Erkundung von Lebenswelten

Norbert Ortmann

Beiträge zur Konzeptentwicklung sozialer Institutionen sind gleichermaßen Beiträge zur Jugendhilfeplanung (als Segment der Sozialplanung). Das Feld der Jugendhilfeplanung ist in der Regel lediglich regional größer und infrastrukturell differenzierter als das der institutionenbezogenen Konzeptentwicklung. Die Jugendhilfeplanung nutzt deshalb oft gröbere Analyseinstrumente, um zu umfassenden Erkenntissen zu kommen. Die Entwicklung von Konzeptionen kommt einer so verstandenen Jugendhilfeplaung entgegen: Sie kann das Netz der Erkenntisse aufgreifen und für ihr regional und inhaltlich bestimmtes Feld vertiefen, präzisieren und vermehrt mit qualitativen Elementen anreichern. Jugendhilfeplanung wäre gut beraten, Konzeptentwicklungen als punktuelle räumliche und inhaltliche Differenzierungen aufzunehmen und mit ihren Hilfsmitteln andererorts anzuregen.

Die hier skizzierten Methoden zur Erkundung von Lebenswelten kommen aus der anderen Richtung. Es waren ursprünglich beispielhaft eingesetzte Methoden für die Jugendhilfeplanung, die in ihren Anfängen allerorts darunter leidet, daß die Dominanz von flächendeckendem Tabellenkram den Wert pädagogischer Arbeit an die Seite drängt. Sie hat sich mit der spezifischen Sicht, Innovation und Qualifikation als neue Mittel der Sparsamkeit einzubringen, bewußt abhängig gemacht von der emphatisch ortskundigen Sozialarbeit in übersichtlichen sozialen Räumen, wie sie in der Regel von Pädagogen vertreten wird, die einen institutionell gesicherten Ausgangspunkt haben und mit allerlei Risiko die Raumbedingungen für ein Konzept nutzen. Konzepte wie Planungen sind dabei nicht der Gegensatz von praktischer Arbeit, auch kein institutionelles Glaubenbekenntnis, auch nicht der kleinste gemeinsame Nenner all derer, die sich für ein Konzept oder eine Planung zu Wort melden.

Konzepte und Planungen werden nach dem hier vertretenen Verständnis als Mittel eingesetzt, die Kräfte im Konzeptfeld in die bewußte pädagogische Auseinandersetzung zu heben und der Absicht institutioneller Hilfen innovativer und qualitativer, das heißt auch, reflexiver zu gestalten.

Ausgewählte Methoden

Im folgenden werden Methoden geschildert, die sich nach aller Erfahrung gut übertragen lassen und anpassungsfähig sind an unterschiedliche Bedingungen. Sie werden für den praktischen Einsatz beschrieben und im Hinblick auf einschlägige Praxiserfahrungen erörtert. Andere Praxiserfahrungen sind natürlich nicht ausgeschlossen.

Stadterkundung

Was sich in einem bestimmten Stadtteil ereignet, das ist nicht nur so vielfältig, daß fast alles los ist, wenn man nur genau hinguckt. Es stellt sich auch ganz unterschiedlich dar, je nachdem, wer sich mit welchem Blickwinkel im Stadtteil bewegt.

Der Blickwinkel der PädagogInnen, die im Stadtteil arbeiten, ist zum einen zunächst nicht der Blickwinkel der Bürger, die im Stadtteil leben, und ist zum anderen in der Regel maßgeblich durch Komm-Strukturen bestimmt. Beides führt dazu, daß nur ausgewählte Erscheinungen aus dem Stadtteil zum Pädagogen/zur Pädagogin finden.

Zur Analyse des Stadtteils unter dem Blickwinkel einer Schlüsselperson wurde die Methode der Stadt-Erkundung entwickelt. Schlüsselpersonen zeichnen sich nicht durch Durchschnittlichkeit aus, sondern dadurch, daß sie einen möglichst vielfältigen Zugang eröffnen können. Wie die folgend beschriebenen Methoden dokumentieren, haben solche Schlüsselpersonen eine hervorragende Bedeutung, Lebenswelten und Sozialräume zu erschließen.

Zwei PädagogInnen verabreden sich je nach Arbeits- und Interessenfeld mit einem Bürger, der seine Kreise im Stadtteil zieht, begleiten ihn für eine festgelegte Zeit und dokumentieren den Stadtgang in Bild (Fotoapparat) und Ton (Diktiergerät).

Dabei ist es wichtig, aktiv aufklärende Fragen zu stellen und alle Antworten und Erlebnisse zu dokumentieren. Manchmal ist es erforderlich, in den „Live-Mitschnitt" kurze Kommentare oder Wiederholungen einzubauen.

Nach aller Erfahrung ist das Medium Video zur Erfassung, insbesondere aber zur Verarbeitung und öffentlichen Präsentation nicht so gut geeignet, wie die (historisch ursprünglicheren) Medien Foto und Tonband. Letztere ermöglichen weitaus einfachere revidierende Nachgänge, einen einfacheren Überblick und eine besonders offen gestaltete Präsentation. Die Präsentation einer „Ton – Bild – Schau" ist kurzfristig möglich, eine exemplarische Druckfassung (evtl. im Rahmen eines Stadtteilbuchs) ist sinnvoll.

Auf dem Hintergrund eigener beruflicher Stadtteilerfahrungen und Interessen an der Arbeit im Stadtteil liefert die Dokumentation zahlreiche qualitativen Hinweise, die zum Thema gemacht werden sollten. Zur qualifizierten Stellungnahme ist es dann aber oftmals erforderlich, weitere Personen und Institutionen zu befragen sowie fach- und stadtstatistisches Material aufzubereiten.

Je nach der Struktur und der Größe des Stadtteils unterschiedlich, sollte eine Stadt-Erkundung aber mindestens 3 Stunden dauern. Man vermeidet dann, daß der Gang sich schließlich auf wenige markante Punkte erstreckt, die man eigentlich schon kennt. Besonders weitläufig orientierte Bürger, insbesondere Kinder, finden an dieser Methode häufig sehr viel gefallen. Zur Veranschaulichung ein Ausschnitt aus einem Stadtgang, wie er dokumentiert wurde:

... Und da ist eine Kunstgalerie. Da sagst du, das ist plem-plem, warum?

Guck mal hier, das find ich total aliotisch.

Was, aliotisch ist das, wieso?

Erkennt man doch nicht – auch das da?

Das ist ein Bild von F. G. Schneider, ohne Titel, in Mischtechnik gemalt, für 620,- DM. Das findest du idiotisch?

Ja klar.

Wie findest du denn das hier, jetzt guck mal genau hin.

Das find ich gut.

Warum?

Da sind ja Bäume.

Das heißt auch „Bäume", ist ein Aquarell, kostet 500,- DM und ist von Johann Hinger. Das findest du besser. Das ist nicht viel anders als das andere, aber du kannst die Bäume erkennen. – Das da findest du punk. Warum findest du das punk? Was ist das?

Ja sieht man doch, ohne Schädel.

Ach, das ist so ein Frauenkörper, aber ohne Schädel. Das da findest du auch besser? Was ist das denn?

Eine Frau.

Aber über das sich wälzende Pferd wollen wir gar nicht sprechen. Das ist eine tolle Kunsthandlung. Und hier ist ein Waffenladen, was gibt es hier? So, einen Wurfstern hast du für 5 Mark gekauft.

Wenn der jemanden trifft, ist der tot.

Eine Katze hast du auch? Geht das denn hier so mitten in der Stadt, die hat doch gar keinen Baum zum Klettern.

Nein, zu Hause.

Ja, zu Hause, da muß die auch einen Baum haben, die Katze.

Draußen im Garten springt die immer auf ein Dach und macht dann einen Sturzflug ins Wasser.

Jetzt sind wir die Marktstraße entlang gegangen und befinden uns am Kaufhof. Da gehen wir jetzt rein. Hier ist es 10 Grad kühler, richtig angenehm. – Und schon sehen wir... von weitem das Spielzeug. – Jetzt haben wir den Kaufhof hinter uns. Unser Kollege läuft schon automatisch nach links. Er sollte besser nach rechts gehen. Ach so, wir gehen jetzt zum Blücherplatz.

Da ist Wasser, zum Naßmachen.

Wer macht euch denn da naß?

Wir selber.

Was ist das denn für Wasser?

Ein Brunnen, 3 Stück, Blüchereck.

Jetzt kommen wir an einer Spielhalle vorbei.

Letztes Mal hat die Polizei mich darin erwischt.

In der Spielhalle? Was haben die gesagt?

Machst du das noch einmal, müssen wir dich mitnehmen.

Haben die gefragt, wie alt du bist? Wie alt bist du?

Acht.

Die haben dich wohl gefragt: „Was macht ein 8-jähriger in der Spielhalle?" Was hast du da gesagt?

Nur auf ein Spiel.

Wie hast du denn da gespielt, mit Geld?

Ja.

Wo hast du das Geld her gehabt?

Vom Vater! Hab ich gekriegt.

Bist du noch nicht müde, wir sind doch schon lange unterwegs und bestimmt schon viele Kilometer gelaufen?

Wie lange denn?

Vielleicht zwei Stunden. Nicht müde?

Nee.

Materialien:	
unverzichtbar	sinnvoll
❑ Fotoapparat	❑ (unauffällige) bequeme Kleidung
❑ 2 (schnelle) Filme	❑ (Geld für) etwas zu essen
❑ Diktiergerät	❑ leckere Bonbons
❑ Diktiercassetten	
❑ (Ersatz-)Batterien	

Nadelprojekt

Die Nadelmethode liefert, so wie sie bisher eingesetzt wurde, Informationen, die sich auf das konzentrische Umfeld des Erhebungsortes beziehen. Sie setzt also eine Orientierung an der Arbeit im Sozialraum voraus, die von einer Zentrale ausgeht.

Ursprünglich wurde die Methode zum Einsatz in Offenen Türen entwickelt, um die Struktur der Besucher im Einzugsbereich und für sie bemerkenswerte Orte im Stadtteil zu erfassen, daraus Konsequenzen für das pädagogische Konzept und die pädagogische Praxis zu ziehen sowie im Vergleich zunächst benachbarter Offener Türen Schwerpunkte und Schnittpunkte bekannt zu machen und für die Arbeit zu bedenken. Dazu wurden Besucher aufgefordert, mit farbigen Nadeln – nach Geschlecht und Alter differenziert – auf einem vorbereiteten Stadtplan die Wohnung und den liebsten Aufenthaltsort zu markieren.

Um diese Methode sinnvoll in anderen Institutionen einzusetzen, können die Fragestellung, die Betreuung der Befragten und das Darbietungsarrangement überdacht und angepaßt werden.

Denkbar ist darüber hinaus, die Methode anzuwenden, ohne sie an eine Institution zu binden und sie beispielsweise auf öffentlichen Plätzen einzusetzen. Wenn man auf diese Weise die breit gefächerte Gruppe der Straßenpassanten erfaßt, dann ist es eigentlich überflüssig, nach dem Wohnort zu fragen. Entsprechende Angaben würden lediglich ein Maß für die Zuverlässigkeit der Methode und die Attraktivität des Befragungsorts bieten, je nachdem, ob das Ergebnis die Amtsstatistik über die Einwohnerverteilung spiegelt oder nicht.

Dagegen bleibt aktuell, wo sich die Befragten im Sozialraum gern aufhalten. Die Vorlieben der Bürger im Stadtteil werden durch die Amtsstatistik nämlich kaum erfaßt. Sie zu kennen ist eine wichtige Voraussetzung dafür, Bedarfe und Bedürfnisse festzustellen und die Arbeit im Stadtteil abzustimmen. Die Nadel-Methode liefert dazu Angaben, die die immer schon vorhandenen Erfahrungen der Multiplikatoren im Planungsfeld differenzieren, ergänzen oder ersetzen.

Nach aller Erfahrung zeigt sich, daß als Orte, an denen sich die Befragten gern aufhalten, stets die eigene Wohnung Priorität genießt, mit Abstrichen aber auch der Ort (die Institution), an dem die Befragung stattfindet (Gastgeberbonus). Da die Wohnung grundsätzlich vor allem Rückzugs-Potentiale bietet und nicht die beeinflußbaren Potentiale der eher öffentlichen Orte, das Leben im Sozialraum zu unterstützen, könnte der Befragung per Nadel eine Frage vorgeschaltet werden, auf die die Antworten in einer einfachen Strichliste festgehalten werden. Man brauchte dann nur die Leute in der Kategorie 2 (evtl. auch 3) nadeln lassen und hätte dann auch direkt zur Kontrolle einen weiteren Überblick über die erfaßten Personen.

liebster Aufenthalt			
1	2	3	4
zu Hause	anderswo im Stadtteil	außerhalb des Stadtteils	keine Angaben

Mit dem institutionsungebundenen Einsatz bietet die Nadelmethode einen erhöhten Anlaß zum Gespräch und zur Aktivierung der Befragten: Bürger werden auf ihr Leben im Stadtteil angesprochen, erhalten eine optische Orientierung und sehen jeweils den Status quo der Datenerfassung als einfachste Form der Auswertung, die Fragen offen legt, wer sich wo im Stadtteil gern aufhält, und anregt darüber nachzudenken, was er da wann und warum gern macht.

Es schließen sich zwangsläufig informative und auch spekulative Gespräche an, die Auskunft über das (zukünftige) Leben im Sozialraum geben. Sie sind dann in der Regel derart mitten aus dem Leben, daß sie sich zunächst weder in Kategorien fassen noch objektivieren lassen. Sie sind aber – auf der Basis der Sozialraumkenntnisse des Befragers – Fundus für interessante, wichtige und weiterführende Fragestellungen. Man sollte sie auf alle Fälle und sofort in Stichwort-Protokollen festhalten. Auf Karteikarten – die den Farben der Nadeln zugeordnet werden können – sind sie dann ein guter Ausgangspunkt, die Ideen aus dem und für den Sozialraum zu sortieren und verfügbar zu machen. Man kann schließlich den Plan (mit einem guten Macro-Objektiv) fotografieren.

Die Nadeln selbst können ausgezählt und nach Geschlecht, Alter und Sozialraum – Einteilungen sortiert werden. Um den unterschiedlichen Altersgruppen gerecht zu werden, sind vier Gruppen sinnvoll:

	❍ bis 12 Jahre	
	❍ bis 16 Jahre	
	❍ bis 27 Jahre	
	❍ über 27 Jahre	
	❍ bis 12 Jahre	
	❍ bis 16 Jahre	
	❍ bis 27 Jahre	
	❍ über 27 Jahre	

Die Nadelmethode bietet ausgezeichnete Möglichkeiten, je nach Fragestellungen auch Karten unterschiedlichen Maßstabs einzusetzen sowie die erfragten Merkmale wie auch die Merkmale der erfaßten Bürger sehr variabel zu handhaben. Als Kartenmaßstab, der auch größere Städte für das Nadeln brauchbar präsentiert, wird 1:15.000 vorgeschlagen. Fast alle Kommunen verfügen über entsprechende Karten. Die für kleine, homogene Bereiche erfaßten Angaben führen nach einer Grundauszählung stets zu Tabellen mit erheblich vielen Feldern (eingeteilte Räume X Bürgermerkmale X Fragestellungen), von denen viele keine oder nur wenige Markierungen aufweisen.

Bevor die Zahlen Anlaß werden zu vielfältigen Rechenübungen – rein rechnerisch ist alles drin –, sollte jedoch dreierlei überlegt werden:

– Je kleiner die absoluten Zahlen, um so größer ist der Einfluß des Zufalls, daß gerade an dieser Stelle und nicht anderswo etwas markiert wurde oder daß dieser und nicht jener seine Markierung angebracht hat.

– Die Entscheidungsgründe (Warum die Nadel hier und nicht anderswo?/Warum hat dieser und nicht jene genadelt?) sind in jedem Einzelfall komplex und in der Auswertung nicht zu ergründen. Hinter den Zahlen verbergen sich also Qualitäten, um die es schade wäre, wenn man sie wegrechnen würde, anstatt sich mit Hilfe der Sachkenntnis aus dem Sozialraum auf die Spur zu begeben.

– Die Ansprache und Führung der Bürger, die Nadel(n) zu plazieren, ist von Fall zu Fall unterschiedlich und ortsgebunden, so daß die Zahlen immer im Kontext ihres Zustandekommens bedacht werden müssen. Im Einzelfall gilt es, die Bedingungen zu reflektieren; beim parallelen Einsatz der Methode gleichen sich freilich die unterschiedlichen Bedingungen mit zunehmender Anzahl der Einsatzorte aus.

Im allgemeinen fällt es schwer, gerade den parallelen Einsatz der Methode zusammenfassend auszuwerten und dabei den Blick für die Genese nicht zu verlieren. Deshalb ist es sinnvoll, den Schwerpunkt darauf zu legen, den singulären Einsatz der Methode an einem ganz bestimmten Ort auszuwerten und vergleichende Interpretationen nur sparsam einzusetzen. Gerade außerhalb der Fachdiskussion laden die Zahlen dazu ein, ihre Bedingungen zu vergessen.

Materialien:	
unverzichtbar	**sinnvoll**
❑ aufgezogener Stadt(teil)plan	❑ Stell- bzw. Hänge-Möglichkeit für Plan
❑ farbig sortierte Stecknadeln	❑ plakativer Hinweis auf Identität (z.B. >Bürgerbefragung vom Jugendamt<)
	❑ Tisch
	❑ Schreibunterlage & Stifte
	❑ Karteikarten & Papier
	❑ leckere Bonbons

Jugendkulturenkataster

Unter dem Begriff „Jugendkulturen-Kataster“ wurde eine Methode entwickelt, einen Zeitschnitt durch die Jugendszene zu realisieren. Die Umsetzung wurde als Unterrichtsprojekt angelegt mit vielfältigen Möglichkeiten, Verbindungen und Kooperationen zwischen schulischer und außerschulischer Pädagogik aufzunehmen.

Kernstück der Methode ist ein Raster, in dem Eindrücke zu unterschiedlichen Jugendkulturen erfaßt werden und das auffordert, unter bestimmten Kategorien Stellung zu beziehen.

Die erfaßten Kulturen und Merkmale sind niemals im sicheren Besitz, weil sie sich den Kategorien nur bedingt beugen und weil sie sich oft schneller verändern, als sie erfaßt werden können.

Das Kataster ist deshalb ein idealer Anlaß und Ausgangspunkt, seinen objektiven Kern („Skins haben Glatzen"), seine aktuellen Hinweise („Die Mantafahrer treffen sich in letzter Zeit am X-Platz") zu nutzen, kollektive und individuelle Kenntnisse zu verbessern und neue Gesprächsmöglichkeiten zwischen den Kulturen anzubieten.

Da die Methode im wesentlichen darin besteht, unterschiedliche Qualitäten an der Grenze von Sachkenntnis und Meinung zu sammeln, um sie einem differenzierenden Gespräch auszusetzen, sind möglichst viele und möglichst unterschiedliche Beiträge zu einem Jugendkulturen-Kataster sinnvoll. Es bietet sich an, auf einem öffentlichen Platz ein Raster anzubieten, das von Bürgern ausgefüllt und ergänzt werden kann. Es könnte beispielsweise folgende, im Schulprojekt zusammengestellte Kategorien erfassen:

Jugendliche in O.-hausen, P-stadt, Q-dorf							
Bezeichnung	Äußeres	Verhalten	Musik	Politik	Weltbild	Menschenbild	Treffpunkte

Cuties
Cyberpunks
Emanzes
Fraggles
Funks
Funsters
Gatsbies
Glams
Gothics
Grufties
Hackers
Headbangers
Heavies
Hippies
Junkies
Mods
New Agers
New Romantics
Normalos
Oekos
Popper
Prolls
Psychos
Punks
Raggamuffins
Ravers
Rockabillies
Rocker
Skater
Skin(head)s
Softies
Stinos
Technos
Teddy Boys
Teds
Vogueing
Waver
Yuppies

Dabei ist es wichtig, daß das Raster so groß dimensioniert ist, daß es auch über größere Entfernung erkennbar ist und auffordert, Stellung zu beziehen.

Die Einträge können dagegen sehr klein gehalten werden, so daß genügend Raum für eine längere Erfassung bleibt. Eine Differenzierung der Beiträge (z.B. nach Alter und Geschlecht) kann durch farbige Stifte erfolgen.

Die Methode, ein Jugendkulturenkataster zu erstellen, folgt dem Zweck, ein Licht in die Szene der Jugendkulturen zu werfen und Alltags-Eindrücke mehr als bisher zum Thema zu machen und damit auf stabilere Füße zu stellen. Der Arbeitstitel „Jugendkulturenkataster" verleitet dagegen dazu, eine gegenteilige Absicht zu vermuten: Sollen nicht sogar diejenigen Jugendlichen, die sich bisher erfolgreich gegen ihre Verortung in Schubladen gewehrt haben, mittels einer speziellen Rasterfahndung in die Verfügung der Welt der Erwachsenen zurückgeholt werden? Sollen nicht Jugendliche für eine Identitätmatrix der Subkulturen typisiert werden, ohne Rücksicht auf das Wechselspiel von Bekenntnis und Distanz zu Subkulturen?

Solche Irritationen sind nicht zufällig: Der respektable Wunsch, für sich allein zu bleiben, konfligiert stets mit dem anderen, ebenfalls respektabelen Wunsch, von anderen etwas zu erfahren und zum Zweck der Übersichtlichkeit inter-individuelle Ähnlichkeiten in überschaubaren Gruppen (sogenannten Typen) zusammenzufassen. Die Angst bleibt – so oder so –, daß fehlende Informationen oder falsch verrechnete Informationen eher voyeuristischen Sinnesweiden Vorschub leisten oder ein unzutreffendes Bild zeichnen. Das kann unter Umständen zu einem Herrschaftswissen führen, die Ausgekundschafteten zu steuern, sie dort zu fassen, wo sie besonders sensibel sind.

Insbesondere dann, wenn es um Informationen aus bewußt abgeschirmten Lebenswelten geht, gilt deshalb das Postulat des geschlossenen Gesprächskreises: Die Informationen müssen über kurz oder lang an ihren Ursprung zurück, zur Reflexion in der jeweiligen Lebenswelt, aber auch als verdichtete Außenposition, die Anlässe stiftet, Selbst- und Fremd-Bilder neu zu bedenken.

Die Methode scheint überhaupt nur sinnvoll, wenn man nicht aus professionell-egoistischen Gründen die letzten Geheimnisse im Sozialraum aufklären will, um sie als entzauberte Wirkgrößen verhandeln zu können, sondern wenn man Argumente sammeln will für die Bewährung im Gespräch.

Die Frage bleibt freilich, warum eine eher umständliche Methode her muß, wenn es eigentlich nur um ein Gespräch geht, das nach dem ersten Anschein wohl auch voraussetzungsloser geführt werden könnte. Genau wie Kinderspiele über ein Regelgerüst zu einem Vehikel zur Lebenserfahrung werden, die sich nicht automatisch im Alltag ergibt, so sind bestimmte Verfahrensweisen der Stadtteilerkundung geeignet, das alltägliche Leben zielgerichtet so zu öffnen, daß bisher vernachlässigte Ressourcen in größeren Zusammenhängen mitbehandelt werden.

Die Durchführung kann variabel gehandhabt werden: In einem Unterrichtsprojekt würde man zunächst das Erfassungsraster entwickeln, darin Kenntnisse und Erfahrungen der Schüler abbilden und dann fehlende Kenntnisse oder unsichere oder widersprüchliche Kenntnisse als Aufgaben ausgeben, die entsprechenden Jugendkulturen aufzusuchen und Bild- oder Ton-Dokumente zu sammeln. In manchen Fällen wird es erforderlich sein, auch Zugangsmöglichkeiten und Vorerfahrungen zu erörtern.

Das Ergebnis sind vorrangig mit der Methode gesammelte Erfahrungen. Bei einer unerläuterten Weitergabe werden solche Ergebnisse schnell zum Klischee. Es bietet sich deshalb an, vielleicht eine Ausstellung des Dokumentationsmaterials mit einer gesprächsweisen Einführung in die Szene der Jugendkulturen zu verbinden. Bei einem eher öffentlichen Einsatz der Methode und des Erfassungsrasters müssten die Erfassungskategorien allerdings vorgegeben sein.

Materialien:	
unverzichtbar	sinnvoll
❑ möglichst große Plakatwand	❑ Stell- bzw. Hänge-Möglichkeit für Wand
❑ Filzstifte, dick und dünn, farblich sortiert	❑ plakativer Hinweis auf Identität (z.B. >Bürgerbefragung vom Jugendamt<)
	❑ Tisch
	❑ leckere Bonbons

Leitfadeninterview mit Schlüsselpersonen

Bei den Schlüsselpersonen im Stadtteil kulminieren die Informationen aus dem Stadtteil, vor allem solche, die sich nicht der gerasterten Erfassung beugen. Schlüsselpersonen sind folglich nicht die Normalbürger, sondern solche Menschen, die sich beruflich oder privat mit dem Stadtteil befassen oder dort einen stadtteilorientierten Lebensstil pflegen. In jedem Fall verfügen sie über einen von ihnen selbst positiv bewerteten Bezug zum Stadtteil (Empathie).

Nach aller Erfahrung wissen solche Personen so viel zu erzählen, daß auch in der Stadtteilarbeit professionalisierte Zuhörer schnell überfordert sind, Geschichte und Gegenwart, Anekdoten und Begebenheiten, Sachverhalte und Meinungen sowie unterschiedlich komplexe Zugangsweisen, Themen, Lokalitäten und Personen aufzunehmen und zu verarbeiten.

Eine weitgehend standardisierte Erfassung würde weder den lebensweltlichen Zusammenhängen der Informationen noch der in der Regel ganzheitlichen Sichtweise der Schlüsselpersonen gerecht. Darüber hinaus würde alles, was nicht ins Raster paßt, von einer Wertschätzung ausgeschlossen.

Leitfäden bieten sich dagegen als Hilfsmittel zur Strukturierung von Gesprächen und Gesprächsergebnissen mit Schlüsselpersonen an. Sie bieten ein Gerüst, die Informationsfülle zu sortieren und damit verwertbar zu machen, gleichzeitig aber auch Raum für vertiefende Exkurse, wenn gänzlich neue und vielversprechende Hinweise gegeben werden.

Wenn es um die Erfassung sozialer Räume geht, bietet sich der folgende Leitfaden an. Er sollte vor dem praktischen Einsatz auf Vollständigkeit bedacht werden, etwa mit Hilfe der Frage im Kollegenkreis: „Haben alle denkbaren Aussagen im Leitfaden ihren Platz?“ In der konkreten Gesprächsvorbereitung ist es dann erforderlich, zur Sicherung einer praktikablen Auswertung unter Beibehaltung der Grundstruktur der Themenbereiche prinzipiengeleitet wie auch flexibel den Leitfaden anzubringen.

Zur Veranschaulichung ein Leitfaden für ein solches Interview:

1. *Zweck* des Gesprächs:
Ich komme zu Ihnen, weil (z.B. Konzeptentwicklung/Intensivierung der Stadtteilarbeit/Stadtteilbeschreibung)

2. *Rollenzuschreibung* als Experte:
Ich habe gehört, daß Sie sich in (Stadtteil) besonders gut auskennen.

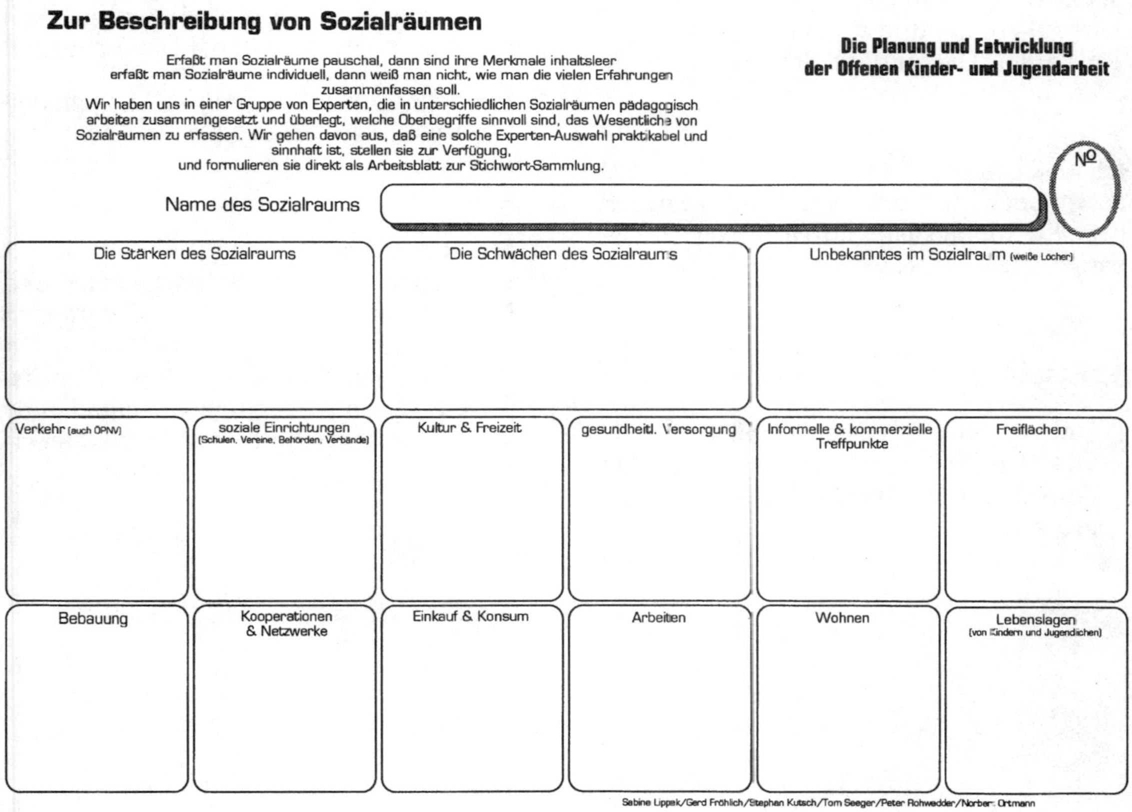

Zur Beschreibung von Sozialräumen

Die Planung und Entwicklung der Offenen Kinder- und Jugendarbeit

Erfaßt man Sozialräume pauschal, dann sind ihre Merkmale inhaltsleer
erfaßt man Sozialräume individuell, dann weiß man nicht, wie man die vielen Erfahrungen zusammenfassen soll.
Wir haben uns in einer Gruppe von Experten, die in unterschiedlichen Sozialräumen pädagogisch arbeiten zusammengesetzt und überlegt, welche Oberbegriffe sinnvoll sind, das Wesentliche von Sozialräumen zu erfassen. Wir gehen davon aus, daß eine solche Experten-Auswahl praktikabel und sinnhaft ist, stellen sie zur Verfügung,
und formulieren sie direkt als Arbeitsblatt zur Stichwort-Sammlung.

Name des Sozialraums

№

Die Stärken des Sozialraums

Die Schwächen des Sozialraums

Unbekanntes im Sozialraum (weiße Löcher)

Verkehr (auch ÖPNV)

soziale Einrichtungen (Schulen, Vereine, Behörden, Verbände)

Kultur & Freizeit

gesundheitl. Versorgung

Informelle & kommerzielle Treffpunkte

Freiflächen

Bebauung

Kooperationen & Netzwerke

Einkauf & Konsum

Arbeiten

Wohnen

Lebenslagen (von Kindern und Jugendlichen)

Sabine Lippek/Gerd Fröhlich/Stephan Kutsch/Tom Seeger/Peter Rohwedder/Norbert Ortmann

3. *Einverständnis und Ablauf* klären:
Ich möchte mich mit Ihnen unterhalten, dabei ein Diktiergerät laufen lassen und die Ergebnisse in der Absprache mit Ihnen verwerten. Ich schätze, wir werden ca. (2 Stunden) benötigen.

4. *biographisch-historische* Dimension:
Ich nehme an, daß Ihre Kenntnisse vom Stadtteil mit Ihrer Lebensgeschichte zusammenhängen. Können Sie etwas davon erzählen? Ich werde kurze Zwischenfragen stellen, wenn mich etwas besonders interessiert. Seit wann wohnen Sie hier . . .

5. *Sachthemen* – Dimension:
Ich habe mir schon einmal die wichtigsten Stichworte notiert zu den Themenbereichen, die mich besonders interessieren. Dazu möchte ich erfahren, was Sie heute zu sagen haben. Ich stelle Ihnen die Bereiche einmal vor: . . .

6. Pauschale *Bewertung*:
Wir haben jetzt (x) Minuten über Sie und den Stadtteil (x) gesprochen.
Jetzt geht es um Ihre zusammenfassende Einschätzung. (Das sind die drei größeren Kästchen im Raster).

7. *Abschluß*:
Ich melde mich, wenn die Diktiercassetten abgeschrieben sind und eine Rohfassung vorliegt. Sie können dann im Text noch alles verbessern, wie Sie es wollen.

3. Essenz

1. Planung und Konzeptentwicklung teilen viele Objekte und Interessen, sie sollten deshalb abgestimmt und aufeinander bezogen sein.
2. Methoden zur Lebenswelterkundung bedürfen der soziologischen Phantasie und der fachlichen Empathie zu bestimmten Räumen und ihren Menschen.
3. Methoden zur Lebenswelterkundung sind keine Rezepte, sondern Verfahrenssegmente, die in der Auseinandersetzung mit der sozialen Wirklichkeit zielgerichtet präzisiert werden müssen.
4. Lebenswelterkundungen sind keine vorbereitenden Arbeiten, sondern Bestandteil pädagogischer Arbeit.
5. Methoden zur Lebenswelterkundung führen nicht nur zu Beschreibungen, sie fordern auch auf und fördern, die vorgefundene Lebenswelt für Innovationen zu öffnen.
6. Methoden zur Erkundung von Lebenswelten liefern kompaktes Wissen und erweitern dadurch die bedachte Verfügbarkeit materieller und immaterieller Ressourcen.
7. Methoden zur Erkundung von Lebenswelten weiten soziale Kontakte aus und liefern Ideen zu Kooperationen und Vernetzungen.
8. Methoden zur Erkundung von Lebenswelten liefern bei aller Wertschätzung und Hervorhebung bestimmter Zielgruppen stets Informationen über alle Zielgruppen im erkundeten Raum und damit Anhaltspunkte für eine zielgruppenübergreifende und generationenverbindende Stadtteilarbeit.

Praxisbeispiele 2
Konzeptanstöße aus der pädagogischen Arbeit

Konzeptionelle Überlegungen für die Arbeit mit Cliquen

Franz Josef Krafeld

Zum Bedeutungszuwachs von Jugendcliquen

Jugendcliquen haben nach übereinstimmenden Erkenntnissen der Jugendforschung in den letzten Jahrzehnten einen tiefgreifenden Bedeutungszuwachs erlebt: Zum einen hat ihre Bedeutung quantitativ immens zugenommen: Rechnete sich in den 50er Jahren nur etwa ein Drittel der Jugendlichen (vorwiegend Jungen) Peer-Groups, Freundeskreisen, informellen Gruppierungen und Cliquen zu, so sind es – nach der Shell-Studie von 1985 – 1984 bereits drei Viertel der Jungen wie der Mädchen. Freilich ist deren Größe geschlechtstypisch sehr verschieden. Reine Mädchencliquen sind meist allenfalls so groß, daß sie sich noch gerade in den vier Wänden der elterlichen Wohnung treffen können, während die meisten übrigen Cliquen weit größer sind. Dabei gehören jüngere Jugendliche meist gleichgeschlechtlichen, ältere vorwiegend gemischtgeschlechtlichen Cliquen an.

Weit wichtiger aber noch ist der qualitative Wandel: Cliquen sind angesichts der Auflösung sozialer Milieus, des Funktionsverlustes von Familie, des fächer- und leistungszentrierten Schulsystems und der wachsenden Individualisierung und Vereinzelung von einem einstmals ergänzenden Sozialisationsbereich für die meisten Jungen wie Mädchen längst zu einem ganz zentralen Sozialisationsbereich, ja vielfach zum einzigen Ort sozial eingebundener Identitätsbildung geworden. Dieser Prozeß wird noch zusätzlich dadurch verstärkt, daß heute die Sozialisationsinstanzen immer weniger tragfähige Lebenskonzepte vermitteln können. In einer Welt, die Beck zutreffend als Risikogesellschaft beschreibt, in der Zukunft nicht mehr Fortschritt und Wachstum verspricht, sondern eher angstbesetzt ist, da können Erwachsene zwar nach wie vor sagen, wo's langgehen soll, aber immer weniger, wo's tatsächlich auch langgehen kann. Umgekehrt werden da Zusammenhalt und gegenseitiger Austausch unter alterstypisch Gleichbetroffenen immer wichtiger.

Diese Entwicklung verlangt entsprechende Umorientierungen in der Jugendarbeit. Das heißt vor allem:

1. Cliquenorientierte Jugendarbeit hat u.a. Abschied zu nehmen von folgenden bis heute gängigen Leitmustern in der Jugendarbeit:
   – Man könne die Jugendlichen als Summe von Individuen erreichen, unter denen allenfalls nach objekthaft gesetzten Kri-

erien spezifische Zielgruppen (Benachteiligte, Auffällige, Mädchen) auszumachen seien.
- Es gehe darum, Jugendliche zusammenzubringen und zu organisieren, überhaupt erst einmal 'Gruppen zu bilden'.

2. Cliquenorientierte Jugendarbeit begreift Jugendszenen und Jugendkulturen als den Versuch Jugendlicher, sich in einer Welt, in der sie sich immer wieder ohnmächtig und vereinzelt fühlen, in der es ihnen immer schwerer fällt, überhaupt beachtet zu werden oder gar etwas zu bewirken, in so einer Welt sich selbst soziale Zusammenhänge zu organisieren, selbstbestimmt aus ihrem Alltag etwas zu machen und dort irgendwas bewirken zu wollen – selbst wenn die Art und Weise, wie es manche tun, uns noch so sehr erschrecken mag.
3. Cliquenorientierte Jugendarbeit versteht solche Prozesse als Suchprozesse Jugendlicher, mehr aus ihrem Alltag und ihrem Leben zu machen, als ihre Lebenswelt sonst zu bieten scheint. Entsprechend sucht sie solche Prozesse nicht zu bekämpfen, sondern zu begleiten und zu unterstützen. Sie nimmt entsprechend auch die aktuellen Selbstverständnisse, Selbststilisierungen und Abgrenzungsbedürfnisse von Cliquen ernst. Denn selbst erschreckendes Verhalten werden Jugendliche in der Regel nicht wegen Vorhaltungen und Bestrafungen, sondern nur dann ablegen, wenn andere Muster ihnen subjektiv 'sinnvoller', erfolgversprechender und befriedigender erscheinen.

Grundsätze cliquenorientierter Jugendarbeit

Entsprechend ergeben sich daraus, thesenhaft zusammengefaßt, folgende Grundsätze für cliquenorientierte Jugendarbeit:

1. Cliquenorientierte Jugendarbeit sucht nicht Jugendliche zu organisieren oder Organisationsmuster (wie z.B. regelmäßige Gruppentreffen) vorzugeben, sondern Selbstorganisierungsprozesse Jugendlicher zu begleiten und zu unterstützen.
2. Cliquenorientierte Jugendarbeit akzeptiert nicht nur die Selbstorganisationsprozesse Jugendlicher, sondern auch die damit meist verbundenen – und nicht selten sehr rigide demonstrierten – Abgrenzungsbedürfnisse nach außen hin. Sie läßt entsprechend ab von der konventionellen Zielsetzung von Jugendarbeit, offen sein zu wollen für unterschiedlichste Jugendliche, die selbst oft eigentlich nichts miteinander zu tun haben wollen.
3. Cliquenorientierte Jugendarbeit versteht Cliquenakzeptanz nicht als methodischen Trick, Zugang zu den Jugendlichen zu finden, sondern als handlungsleitendes Grundprinzip. Sie weiß, daß sie mit Cliquen nur arbeiten kann, wenn akzeptiert wird, daß deren Denkmuster und Verhaltensweisen, deren Stilformen und Rituale dazugehören und nicht (z.B. durch Verbote) auszugrenzen sind, zumal nicht die, die die Cliquen für sich im Moment als selbstverständlich oder gar als substantiell empfinden (sei es z.B. auch: tägliches Saufen, regelmäßige Randale, rassistische und sexistische Sprüche).
4. Cliquenorientierte Jugendarbeit sucht nicht Jugendliche mit Aktivitätenangeboten zu 'fangen', sondern an ihrem Alltag teilzuhaben und darin – über ein Interesse an deren Freizeitinteressen hinaus – Interesse an ihnen als Personen zu entfalten. Entsprechend zentral ist eine Beziehungsarbeit, in der sich JugendarbeiterInnen authentisch einbringen und – gerade in der Anfangszeit – primär *zuhören* und *da sind*, statt selbst etwas vermitteln oder in Gang setzen zu wollen.
5. Cliquenorientierte Arbeit findet dort statt, wo die Jugendlichen sich aufhalten (wollen), nicht dort, wo Räumlichkeiten von anderen als 'Orte von Jugendarbeit' definiert

sind. Entsprechend unerläßlich sind aufsuchende Ansätze und sind Raumangebote, die Bedürfnisse nach Eigenwelten von Cliquenleben ernstnehmen. Letztlich weit zentraler als die Schaffung von immer mehr kleinräumlichen Angeboten für immer mehr Cliquen ist es aber, daß sich cliquenorientierte Arbeit unterstützend einzusetzt für die (Wieder-)aneignung und die Absicherung sozialer Räume in den Lebensfeldern Jugendlicher selbst, statt Trends zu fördern, Lebenswelten 'jugendfrei' zu machen und Kinder und Jugendliche in pädagogische Restzonen (wie Jugendzentren) abzudrängen.

6. Cliquenorientierte Arbeit versteht entsprechend vorhandene Jugendeinrichtungen primär als Stützpunkte in der Lebenswelt Jugendlicher und versteht Aktivitätenangebote als Produkte einer Beziehungsarbeit. Und Ansprüche an Kontinuität und Stabilität entwickelt sie aus den Handlungsmustern Jugendlicher heraus, nicht von Ebenen konventioneller pädagogischer Prinzipien und Effektivitätskriterien her. (Vgl. dazu ausführlicher: Krafeld 1992.)

Zur konzeptionellen Planung und Entwicklung cliquenorientierter Jugendarbeit

Aus den angeführten, hier nur thesenhaft benannten Grundsätzen cliquenorientierter Jugendarbeit leiten sich entsprechende Konsequenzen für die konzeptionelle Planung und Entwicklung konkreter Vorhaben cliquenorientierter Jugendarbeit ab. Diese sollen im folgenden ausführlicher dargestellt und konkretisiert werden:

Die Entscheidung, mit einer bestimmten Clique arbeiten zu wollen, setzt immer die Bereitschaft und die Offenheit voraus, die Clique zu nehmen, wie sie ist, also mit dem, was in ihr üblich und was dieser Clique wichtig ist. Abgesehen von seltenen Ausnahmen – z.B. in besonders angebotsarmen Landregionen – ist praktisch jeder Versuch cliquenorientierter Jugendarbeit von vornherein zum Scheitern verurteilt, bei dem etwas der Clique Selbstverständliches oder Wichtiges draußen vor gehalten werden soll – sei es durch Vorschriften und Verbote, sei es durch belehrende Zurechtweisungen o.ä.. Was zur Clique dazugehört, gehört dazu: sei es der Alkoholkonsum, sei es körperliche Gewalt und hohe Aggressivität, seien es rechtsextremistische, minderheitenfeindliche oder sexistische Sprüche, seien es besonders problematische und schwierige Cliquenmitglieder usw.. Bei den aufgezählten Beispielen handelt es sich nun um Aspekte, die bei besonders gewaltauffälligen Cliquen oft im Vordergrund stehen. Der prinzipielle Anspruch, Cliquen zu akzeptieren, wie sie sind, gilt aber genauso für scheinbar normale, unauffällige Cliquen. Da sind es dann vielleicht cliquentypische Muster der Unstetigkeit, des Abhängens, des Herumstreifens, des Ungestört-unter-sich-sein-Wollens, die akzeptiert und ernstgenommen werden müssen, auch wenn sie pädagogischen Intentionen im Wege zu stehen scheinen.

Nicht zuletzt ist es wichtig zu akzeptieren, daß Cliquen mit ihrem Eigenleben immer wieder eine wesentliche Stabilität und Identifikation über Abgrenzungen anderen Cliquen und Szenen gegenüber entwickeln. Sich für die Arbeit mit einer bestimmten Clique zu entscheiden, verlangt also demnach nicht zuletzt, auch deren Abgrenzungsbedürfnisse ernst zu nehmen. Cliquenorientierte Arbeit widerspricht demnach vom Grundsatz her der bis heute in der Jugendarbeit – und zumal bei den Trägern und Finanzgebern – verbreiteten Vorstellung, jeweilige Angebote von Jugendarbeit könnten, ja müßten für alle Jugendlichen gleichmaßen da sein. Daß ein Angebot allen Jugendlichen gleichermaßen offenstehen könne, war schon immer Fiktion oder zweckgebundene Ideologie. Gegenüber auffälligen Cliquen mit deren je typischen Selbstinszenierungs- und Abgrenzungsmustern werden mit diesem Anspruch immer wieder Hürden aufgebaut, die geradezu verhindern (sollen), daß es zu intensiverer Zusammenarbeit kommt.

Ausnahmen von diesen Grundvoraussetzungen für den Beginn cliquenorientierter Arbeit sind am ehesten dort möglich, wo Pädagoginnen und Pädagogen absolute Mangelsituationen nutzen können, wo – auf welchen Hintergründen auch immer – eine persönliche Beziehung zwischen Pädagoginnen und Pädagogen und Jugendlichen bereits vorhanden ist, an die angeknüpft werden kann, oder wo es möglich wird, konkrete vertragsähnliche Absprachen und Regelungen zu treffen, die dann unter zwei Partnern abgeschlossen werden, die sich gegenseitig wichtig nehmen. Beispiele für das 'Ausnutzen von Mangelsituationen' ist etwa die Chance, mit einer Skinheadclique in einem dörflichen Jugendhaus mit Alkoholverbot zu arbeiten, weil die Jugendlichen sich mangels anderer Möglichkeiten seit jeher dort treffen und gewohnt sind, ihr Bier vor der Tür zu trinken. Oder in einem anderen Falle trifft sich eine ähnliche dörfliche Clique an einem Brunnen vor dem Jugendhaus und betritt nur das Haus, wenn's was Besonderes gibt. Und umgekehrt schaut die Mitarbeiterin regelmäßig bei ihnen am Brunnen vorbei. Die Jugendlichen vom Brunnen weg und ins Haus zu holen, wie es die Gemeinde seit langem fordert, scheitert allerdings genau an diesem Alkoholverbot – was in diesem Falle allerdings der Clique wie der Sozialarbeiterin sehr recht ist.

Vertragliche Vereinbarungen werden u.a. immer wieder da getroffen, wo rechtlich Grenzen gesetzt sind für die Akzeptanz von besonders auffälligen und anstößigen cliquentypischen Verhaltensweisen oder wo es um grundlegende Arbeitsbedingungen geht. Da werden etwa Waffen am Eingang abgegeben, oder es besteht die Vereinbarung, jedenfalls nicht im Beisein von Pädagoginnen zu klauen, in der Einrichtung keine illegalen Drogen zu nehmen und weiterzugeben o.ä. Genauso wichtig sind aber 'normalere' Vereinbarungen wie die, abends sich nicht vor der Tür aufzuhalten, um die Akzeptanz in der Nachbarschaft nicht zu gefährden, die Müllentsorgung selbst vorzunehmen u.ä.

Auch ansonsten sind vertragliche Vereinbarungen für die Arbeit mit Cliquen sehr geeignet, stehen sie doch kontrastierend zu konventionellen pädagogischen Rollenverständnissen. Pädagoginnen und Pädagogen treffen in der Begegnung mit Cliquen immer auf sehr komplexe, von den Jugendlichen selbstorganisierte und selbstbestimmte Sozialgebilde, die nicht irgendwelcher pädagogischen Interventionen bedürfen, damit überhaupt irgendwas passiert. Daß etwas passiert, dafür sorgen die Jugendlichen schon selbst. Was ihnen oft fehlt, ist dann am ehesten der Raum und Platz, ihr Cliquenleben entfalten und ausleben zu können – und sich dabei nicht zuletzt auch als Clique Fähigkeiten anzueignen, befriedigender und subjektiv erfolgreicher zu agieren. Entsprechend ist der Erfolg oder Mißerfolg pädagogischer Annäherungen an Cliquen ganz entscheidend von der Antwort auf die Fragen geprägt: „Was könnt ihr uns bieten, was wir brauchen können?“ „Und wie verläßlich ist das, was ihr uns bietet?“ „Und was verlangt ihr dafür, was müssen wir dafür 'zahlen'?“ Je nachdem, ob Pädagoginnen und Pädagogen in solchen Situationen ein attraktives und einigermaßen stabiles Angebot machen können, lassen Jugendliche sich darauf ein, kommt es zum informellen – oder manchmal auch formellen – Vertragsabschluß. (Zu Ansätzen mit formalen vertraglichen Vereinbarungen, wie sie seit der Jugendclubarbeit zu Anfang der 60er Jahre und erst recht seit der Zeit der Jugendzentrumsbewegung in den 70ern immer wieder praktiziert werden, vgl. z.B.: Specht 1987; Krause 1992).

Angebotsebenen

Freilich steht bei derlei Verträgen nicht nur die Frage, welche Angebote für welche Cliquen attraktiv und interessant sind oder sein können, sondern erst einmal und weit mehr noch die Frage im Mittelpunkt, *auf welcher Ebene* Angebote als attraktiv empfunden werden. In pädagogischen Bereichen wird bei Angeboten fast durchweg primär an *Aktivitätenangebote* gedacht, während diese Ebene für Cliquen häufig überhaupt nicht interessant ist. Ja, es bestätigt sich immer wieder die Erfahrung, daß Cliquen mit Aktivitätenangeboten ganz schnell und ganz leicht die Befürchtung verbinden, sie sollten von ihren bisherigen Aktivitäten abgebracht und in irgendeiner Weise pädagogisch vereinnahmt werden. Aktivitätenangebote, zumal in Anfangsphasen, treffen entsprechend bei Cliquen immer wieder auf massive Ablehnung oder Desinteresse.

Ganz anders zum Beispiel das *Angebot von Raum:* Eigene Räume anzubieten oder auch nur, informelle Treffpunkte besser zu schützen und abzusichern, das wird von Cliquen durchweg als immens attraktives Angebot empfunden in einer Welt, in der Territorien fast durchgängig verregelt und in ihren Funktionsbestimmungen jedenfalls nicht dafür gedacht sind, daß sich dort Kinder oder Jugendliche informell treffen und aufhalten. Vielmehr gilt das Umgekehrte: War es vor ein, zwei Generationen noch üblich, daß sich Kinder und Jugendliche auch in größerer Zahl an vielen Orten treffen konnten und Erwachsene erst einschritten, wenn diese etwas anstellten, so reicht heute ganz oft schon allein die Tatsache, daß mehr als vier/fünf Kinder oder Jugendliche irgendwo zusammen sind, dafür aus, daß irgendwelche Erwachsene sich genötigt sehen, da zu intervenieren. Nun gibt es zwar viele Kinder und Jugendliche, die sich nicht gleich überall vertreiben lassen oder die gar immense Fähigkeiten entwickelt haben, sich solchen Versuchen zu widersetzen. Solche Fähigkeiten machen ja geradezu zum immer größeren Teil Auffälligkeiten von Jugendlichen aus und fördern diese. Aber auch für diejenigen Jugendlichen, die einfach nicht wegzukriegen sind von ihren Treffpunkten, ist dieses Raumverteidigen immer wieder eine höchst stressige und aufreibende Angelegenheit.

Auch das *personale Angebot*, das Pädagoginnen und Pädagogen bieten können, wird immer wieder immens unterschätzt – nicht zuletzt von ihnen selbst. Für auffällige Kinder- und Jugendcliquen reduzieren sich Außenkontakte mit Erwachsenen nicht selten weitestgehend auf interventions- und konfliktgeleitete Kontakte. Und die, die brav und unauffällig sind, laufen vielleicht gar Gefahr, überhaupt nicht wahrgenommen und beachtet zu werden. Was wir etwa in der Arbeit mit rechten Jugendcliquen erlebt haben, daß nämlich die Jugendlichen fast durchgängig sagen „Für uns hat sich noch nie jemand interessiert" oder „Mir hat noch nie jemand zugehört", scheint auch für immer mehr 'normale', weniger auffällige oder unauffällige Jugendliche zu gelten. Entsprechend große Bedeutung messen Cliquenjugendliche immer wieder der Tatsache bei, daß Erwachsene sich für sie interessieren und sich um sie kümmern – nicht nur bezogen auf das, was sie an den Jugendlichen stört. Was Jugendliche dann allerdings von solchen Erwachsenen erwarten, ist nicht, daß diese – nach pädagogischen Konzepten – das Cliquenleben in die Hand nehmen, es leiten und bestimmen und auf 'sinnvolle' Pfade führen, sondern daß sie das von den Jugendlichen selbstinszenierte Cliquenleben ein Stück weit begleiten, die Jugendlichen unterstützen bei ihren oft schwierigen und gewundenen Wegen der Alltags- und Lebensbewältigung. Dieses Begleiten schließt Austausch und Beratung ein, auch Kritik und Empörung, aber nicht die Übernahme von Leitung und Verantwortung!

In der Arbeit mit extrem auffälligen Jugendcliquen wird diese personale Beziehungsarbeit immer häufiger ausdrücklich thematisiert und für wichtig genommen, weil sonst oft überhaupt keine Arbeitsebene mit den entsprechenden Jugendlichen zu schaffen und herzustellen ist. Der dort formulierte Anspruch „Zuhören ist anfangs das wichtigste" – nicht selbst reden zu wollen – und „Da-Sein, einfach Da-Sein" – nicht das Geschehen selbst in die Hand nehmen zu wollen – gilt aber letztlich auch für die Arbeit mit unauffälligen Cliquen. Nur lassen solche es eher geschehen, daß sich personale Angebote über Aktivitätenangebote vermitteln – oder auch darauf weitgehend reduzieren oder dahinter fast verbergen.

Wer etwa einmal beobachtet, was sich an personalen Prozessen oft vor und nach dem eigentlichen „Programm“ abspielt oder was sich in dieser Hinsicht während des eigentlichen Programmablaufes so alles tut, ohne daß es zu der jeweiligen Aktivität dazugehört, wird den zentralen Stellenwert personalen Angebotes auch in denjenigen Bereichen von Jugendarbeit feststellen, die sich scheinbar zentral über Aktivitäten- und Programmangebote realisieren. Eigentlich ist das eine uralte, nur in der konzeptionellen Planung von Jugendarbeit immer wieder unzureichend berücksichtigte Erfahrung! So ergab beispielsweise Mitte der 70er Jahre eine vergleichende Befragung von zwei Jugendverbandsgruppen, die sich zu einem politischen Seminar mit dem gleichen Thema angemeldet hatten und von denen die eine inhaltlich hochmotiviert und seit langem entsprechend aktiv war, die andere eigentlich nur eine Gelegenheit suchte, das erste Mal gemeinsam wegzufahren, daß die Einschätzung dessen, was für sie selbst an diesem Wochenende wichtig und bedeutsam war, sich bei beiden Gruppen so gut wie überhaupt nicht unterschied: Die inhaltliche Arbeit war für beide am ehesten die Folie gewesen, auf der sich das eigentlich als spannend und intensiv Erlebte entfaltete.

Insbesondere bei derjenigen cliquenorientierten Jugendarbeit, die vorwiegend oder ausschließlich aufsuchend stattfindet, ist eine lebensweltorientierte infrastrukturelle Arbeit ganz zentral. Das beginnt meist mit Konflikten um informelle Treffpunkte. Hier sind oft Konfliktbegleitung und Konfliktberatung gefragt. Das ist allerdings etwas sehr anderes als Konfliktbewältigung und Konfliktlösung, die sozialer Arbeit oft als Aufgabe zugeschoben werden, aber letztlich immer Angelegenheit der Beteiligten sind und bleiben müssen. Die zum Beispiel von Nachbarn, von Trägern und von den Gemeinden so häufig angezielten Krisensitzungen unter weitgehendem oder völligem Ausschluß der einen Konfliktpartei, der Jugendlichen, versuchen dagegen immer wieder, Sozialarbeit stellvertretend verantwortlich zu machen. Läßt sich Sozialarbeit in solche stellvertretenden 'Angeklagtenrollen' treiben – und sie läßt sich allzuoft! – so macht sie sich letztlich handlungsohnmächtig. Denn dann läßt sie sich auf Ebenen unter Handlungszwang setzen, auf denen sie tatsächlich das Handeln nicht in der Hand hat.

Die lebensweltorientierte infrastrukturelle Arbeit setzt sich fort in Bestrebungen zur *Vernetzung und Kooperation* mit all denjenigen Institutionen, Einrichtungen und Organisationen, mit denen die Jugendlichen in ihrem Umfeld in relevanter Weise zu tun haben – sei es Schule, Jugendamt, Sozialamt, Arbeitsamt, Polizei, Drogenberatung, Spielplatz, Einkaufszentrum, Nachbarschaft u.ä. Ganz zentraler Schritt von Vernetzungsarbeit ist dabei zumeist zuerst, daran zu arbeiten, daß die Jugendlichen nicht mehr so sehr durch jeweils spezifische Brillen – nur als Schulstörer, als Randalierer, als Straftäter – wahrgenommen werden, sondern komplexere Bilder von den Jugendlichen in ihren Lebenswelten entstehen. Geradezu ideal ist es, wenn es Sozialarbeiterinnen und Sozialarbeitern dann in der Arbeit mit Jugendcliquen gelingt, in deren Umfeld als die besten Kenner dieser Jugendlichen anerkannt und gefragt zu sein und als Experten für die Lebenssituationen Jugendlicher.

Eine cliquenorientierte Jugendarbeit verlangt aber auch, sich unmittelbar *einzumischen in die Lebenswelten* der Jugendlichen. Besonders greifbar und ins Auge fallend ist diese Notwendigkeit hinsichtlich der Erhaltung von informellen Treffmöglichkeiten und der schrittweisen Wiederaneignung von Umwelt. Das heißt zum Beispiel, sich einzumischen in Bebauungs- und Verkehrsplanungen, in Regelfestsetzungen für die Nutzung öffentlicher Flächen und Einrichtungen. Einmischung ist aber nicht zuletzt auch gefragt und gefordert, wo es Jugendlichen heute ungemein schwer fällt, eigenen Wohnraum zu finden oder geeignete Ausbildungs-, Beschäftigungs- und

Existenzsicherungsmöglichkeiten oder wo Jugendliche staatlichen Zwangsmaßnahmen ausgesetzt sind, etwa durch Polizei, Justiz, Bundeswehr.

Ganz allgemein gilt aber für die cliquenorientierte Jugendarbeit, daß es *keine 'bewährten' Standardangebote* für unterschiedlichste Cliquen geben kann und darf, sondern daß der je konkrete Bedarf bei und mit jeder Clique neu abzuklären ist. Da mag es in dem einen Fall reichen, situativ Konfliktbegleitung oder Beratung anzubieten, in einem anderen Fall, einen Raum anzubieten oder abzusichern, der dann völlig selbstverwaltet wird, im dritten Fall, informelle Räume zu schützen oder abzusichern, im vierten Fall, sich regelmäßig und verläßlich als Bezugsperson für eine Clique zu interessieren, im fünften Fall, sporadische Betreuungsarbeit zu leisten, im sechsten Fall, bei der Organisation und Durchführung eines 'Highlights' zu unterstützen usw. Daß das angeführte Spektrum von Ebenen cliquenorientierter Jugendarbeit einer Clique gegenüber insgesamt zum Tragen kommt, wäre dann eher Ausnahme als Regel – und beugt damit nicht zuletzt einer Pädagogisierung jugendlicher Lebenswelten und einer pädagogischen Umdefinition gesellschaftlich produzierter oder bedingter Problemlagen vor.

Orte cliquenorientierter Jugendarbeit

Orte cliquenorientierter Jugendarbeit sind immer da, wo Jugendliche ihr „Zuhause“ haben oder suchen. Das sind teilweise die konventionelle Orte von Jugendarbeit, die Jugendfreizeitheime, die Gruppenangebote und Aktivitätenangebote der Verbände usw. Und für die Cliquen, denen solche Orte wichtig sind, sind das entsprechend auch wichtige Orte cliquenorientierter Jugendarbeit. Viele Jugendcliquen machen aber um sämtliche konventionelle Angebote von Jugendarbeit einen großen Bogen – aus den unterschiedlichsten Gründen. Insbesondere trifft das für einen Großteil derjenigen Cliquen zu, die in ihrer Umgebung negativ auffällig werden. Solche Jugendcliquen kann allenfalls eine *aufsuchende Jugendarbeit* erreichen, eine Jugendarbeit, die dorthin geht und dort ihre zentralen Orte sieht, wo die jeweilige Zielgruppe ihr Territorium hat, ihren üblichen Alltags-Treffpunkt.

Aufgabe cliquenorientierter Jugendarbeit ist es also nicht, überall dort mit hinzuziehen, wohin sich eine Clique begibt, um etwas zu unternehmen, etwas anzustellen usw. Dahin kann sie sie zwar – nach Absprache – gelegentlich begleiten; sie darf aber nicht die Aufgabe darin sehen, eine Clique bei allen Unternehmungen zu „beglucken“ oder zu „bewachen“, ihre Lebenswelten also letztlich zu kolonialisieren. Sondern der primäre Ort cliquenorientierter Jugendarbeit ist da, wo sich Jugendliche alltagsüblich treffen und aufhalten, wenn sie gerade nichts besonderes vorhaben. Das kann eine herkömmliche Jugendeinrichtung sein oder eine Bushaltestelle, ein Spielplatz, Imbiß, ein Stromkasten, eine Ecke unter einer Brücke, ein Bunker ... – eben ein *Stützpunkt*, wie Thiersch so treffend formuliert (Thiersch 1985).

Andererseits ist cliquenorientierte Jugendarbeit nur in sehr begrenztem Maße vereinbar mit konventionellen Mustern *einrichtungszentrierter Arbeit*. Wenn es etwa bis heute in manchen Arbeitsverträgen von Jugendhausmitarbeiterinnen und -mitarbeitern heißt, daß der Arbeitsplatz die Einrichtung und die Arbeitszeit in der Einrichtung abzuleisten sei, so ist unter solchen Voraussetzungen cliquenorientierte Jugendarbeit nur dann und insoweit möglich, wie sich Cliquen Territorien dieser Einrichtung angeeignet haben. Typisch für solche Selbstblockierungen cliquenorientierter Jugendarbeit ist folgendes Beispiel: Da wird eine größere Clique Jugendlicher durch Randale, Lärm, Saufereien u.ä. immer auffälliger, die sich auf einem alten Erdbunker trifft, nur wenige hundert Meter von einem Jugendzentrum entfernt, in dem sich früher etliche dieser Jugendlichen regelmäßig aufhielten. Das Team des Jugendzentrums wird öffentlich gedrängt und sieht sich selbst auch gefordert, dort zu intervenieren. Es gibt aber entsprechende Versuche und Bemühungen nach einiger Zeit auf, „weil alle denkbaren Versuche gescheitert, sind, die Clique ins Haus zu holen." Weiter heißt es: „Und wenn die da nicht wegzukriegen sind, können wir nichts machen."

Cliquenorientierte Jugendarbeit in etablierten Feldern von Jugendarbeit

Cliquenorientierte Jugendarbeit gilt vielfach bis heute als ein konzeptioneller Ansatz für Jugendarbeit mit solchen Jugendlichen, die besonders auffällig und/oder ansonsten von Angeboten der Jugendarbeit nicht zu erreichen sind. Wenn aber insgesamt unter Kindern und Jugendlichen die Bedeutung von Cliquen immens zugenommen hat und Cliquen für die allermeisten einen oder gar *den* zentralen Ort von sozialer Einbindung und Identitätsbildung ausmachen, dann muß sich das auch in den traditionellen Feldern von Jugendarbeit zeigen. Und tatsächlich ist dem auch so, nur wird das oft nicht in dieser Weise wahrgenommen. Wohl deutlichstes Beispiel dafür ist die Situation *ehrenamtlicher Mitarbeit* von Jugendlichen in der Jugendarbeit: Seit langem gilt als ein zentrales Problem, besonders in der Jugendverbandsarbeit, daß es viel zu wenige ehrenamtliche Mitarbeiterinnen und Mitarbeiter gibt und die vorhandenen oft nach kurzer Zeit wieder aufhören. Betrachtet man, welche Jugendlichen länger durchhalten, so zeigt sich, daß das vornehmlich zwei Gruppierungen sind: Zum einen sind das Jugendliche, die ihre zentralen Kontakte und Beziehungen im Feld ihrer ehrenamtlichen Tätigkeit haben. Für sie macht die ehrenamtliche Tätigkeit einen wesentlichen Teil eines Cliquenlebens aus, das sich informell in diesen Strukturen entwickelt hat. Und die zweite Gruppe besteht aus Leuten, die eher vereinzelt sind, Schwierigkeiten mit sozialen Kontakten und der eigenen Alltags- und Lebensbewältigung haben und in der ehrenamtlichen Tätigkeit Anerkennung und den Halt suchen, den sie sonst nicht finden. Für den Träger, die Einrichtung, den Verband haben Mitarbeiterinnen und Mitarbeiter aus dieser zweiten Gruppierung allerdings meist eine weniger große Bedeutung. Daraus ergibt sich, daß zum 'Anwerben' und längerfristigen 'Einbinden' Jugendlicher als ehrenamtliche Mitarbeiterinnen und Mitarbeiter die Wahrnehmung von Cliquen ungemein wichtig ist, eine cliquenorientierte Arbeit einen sehr hohen Stellenwert hat.

Jugendarbeit versucht immer wieder, vor allem im Sinne des traditionellen Anspruchs von Jugendverbandsarbeit, Jugendliche zu *organisieren.* Dabei bleibt oft unbeachtet oder wird allenfalls als Störfaktor wahrgenommen, daß die anvisierten Jugendlichen in aller Regel nicht als einzelne Individuen da sind, sondern sich in Cliquenzusammenhängen bewegen. Sich dann durch Pädagoginnen und Pädagogen neu organisieren zu lassen muß ganz leicht zu Bedürfnis-, Interessen- und Loyalitätskonflikten mit der bestehenden Organisierung in der bisherigen Clique führen. Gerade Frauen, die Erfahrungen mit Mädchengruppenarbeit haben, können von diesem dauernden Dilemma ein (Klage-)lied singen. Interpretiert wird dieses Dilemma allerdings ganz häufig ausschließlich auf der Ebene, daß es so schwer sei, den Mädchen Zeiten ohne Jungen attraktiv zu machen.

Literatur

Die Gefährliche Straße. Jugendkonflikte und Stadtteilarbeit. Hrsg.: Specht, Walter. Bielefeld 1987.

Krafeld, Franz Josef: Cliquenorientierte Jugendarbeit. Grundlagen und Handlungsansätze. Weinheim 1992.

Krause, Fred: Streetwork in Cliquen. Szenen und Jugend(sub)kulturen. In: Jugendhilfe, 30.Jg., H. 3/1992, S.98 – 107 und H. 4/1992, S. 146 – 158.

Thiersch, Hans: Zur Situation der Jugendarbeit: Lebensraum, kulturelle Aneignung, besondere Hilfen. In: Wohin entwickelt sich die offene Jugendarbeit? Hrsg.: Landeswohlfahrtsverband Württemberg-Hohenzollern. Stuttgart 1985, S. 5-18.

Konflikt und Konzept

Benedikt Sturzenhecker

Beispiel 1: Konflikte in der Disco mindern

Ein großes kommunales Jugendzentrum in einer mittelgroßen westfälischen Stadt. Alle zwei Wochen ist Disco im großen Saal, die von bis zu 250 Jugendlichen aus verschiedenen Jugendkulturen und mit verschiedenen Nationalitäten besucht wird. Immer wieder gibt es Zoff bei der Disco: Auf der Tanzfläche entstehen Schlägereien, vor dem Haus kommt es zu Prügeleien.

Die Mitarbeiter haben Angst vor den Jugendlichen, und vielfach müssen sie die Polizei holen, um die Lage zu klären. Dennoch wollen MitarbeiterInnen des Hauses die Disco nicht aufgeben. Es gibt für Jugendliche nicht viele kostengünstige Disco-Angebote, und die starke Nachfrage zeigt ihr Interesse.

Aufgabe war also zu reflektieren, wie die Konflikte und Gewaltsituationen in der Disco entstehen und wie sie zumindest gemindert werden könnten. Zur Unterstützung holte man sich einen externen Berater für diesen Planungsprozeß.

Erster Schritt war die Analyse der Problempunkte der Disco. Folgende „Krisenzonen" wurden festgestellt:

- Schon beim Eintrittzahlen in einem engen, schmalen, dunklen Gang vor der Disco drängen sich die Leute, und es kommt zu Schubsereien, Ärger und gegenseitigem Hochbolzen.
- Bei den 250 Leuten verliert man leicht den Überblick. Man hat das Gefühl, kaum noch Jugendliche zu kennen. Ohne sich zu kennen ist es aber schwierig, in einen Kontakt zu treten, der beruhigt und Gewalt verhindert.
- In der Disco ist es sehr dunkel. Auch bei beginnenden Schlägereien wird das Licht selten eingeschaltet. Die eigentliche Discokanzel ist befestigt wie ein militärischer Hochbunker.
- Bei beginnenden Schlägereien haben die (auch ehrenamtlichen oder honorierten) Disco-MitarbeiterInnen und die Hauptamtlichen eher die Tendenz, sich ängstlich zurückzuziehen. Eingeschritten wird relativ spät, wenn die Schlägerei schon im Gange ist. Dazu wird meistens auf den Hausleiter gewartet.
- Es gibt keine öffentlich erkennbaren Regeln für die gemeinsame Nutzung der Disco.
- Die MitarbeiterInnen haben Angst, vor allen Dingen vor den türkischen Jungen.
- Es gibt keine gemeinsame Vorbereitung der MitarbeiterInnengruppe auf die Disco.
- Es gibt keine konzeptionellen Grundvorstellungen über das Durchführen der Disco.
- Über die MitarbeiterInnengruppe hinaus gibt es keine Einwirkungsmöglichkeiten der Besucher auf die Form der Disco.

Aus der Kritik dieser Problempunkte entstanden positive Grundlinien für ein neues Konzept der Konfliktminderung in der Disco. Es hatte folgende Elemente:

- Anonymität mindern und Beziehung ermöglichen. Im neuen Konzept begrüßt der Hausleiter die ankommenden Besucher bereits in der Eingangshalle des Hauses. Er stellt sich zuerst mit Namen vor und fragt auch die Jugendlichen nach Name und Herkunft aus der Stadt oder der Region. Er fragt sie, ob sie das erste Mal kommen, und weist sie auf die neuen Regeln der Disco hin.

Bei ihrem ersten Discobesuch erhalten die Jugendlichen als kleines Gastgeschenk beklebte Streichholzschachteln, auf denen steht: „Disco-Fun ja, Zoff nein“ (manchmal gibt es auch neubeklebte Kaugummiplättchen).

- Serielle Strukturen werden gebrochen. Statt der schlachthausähnlichen Engführung im Gang vor der Discotür zur Kasse gibt es nun drei Kassen, die aufgelockert in der Eingangshalle stehen, so daß für alle mehr Platz, Überblick und Luft entsteht. An der Discotür wird nur noch der Stempel kontrolliert.
- An den Kassen liegt ein DIN A 5-Blättchen mit den Kurzregeln der gemeinsamen Disco aus. Das Regelwerk beginnt mit den positiven Regeln (Sagt euch Guten Tag, stellt euch vor, macht euch bekannt. Spaß ist angesagt usw.) und nennt dann die negativen Regeln (Wer sich an Gewalt beteiligt, erhält Hausverbot).
- Der Discoraum wird neu strukturiert. Die Gefängnishof-Kanzel mit der Anlage wird „geschleift“ und nun auf ebener Erde angebracht. Die Devise ist: Übersichtlichkeit ja, Knast nein.
- Die Besucher erhalten Mitwirkungsmöglichkeiten an der Disco, indem in einem Nebenraum unter dem Titel „Disco: mach mit!“ bereits eine Stunde vor der Disco die Vorschläge, Kritiken, Meckereien usw. genannt und aufgeschrieben werden können. Der Besuch in diesem Raum ist unverbindlich, man wird nicht zu weiterer Arbeit angehalten, sondern kann nur seine Vorstellungen, aber auch Kritiken hier einbringen.
- In das Team der (Honorar-)MitarbeiterInnen der Disco werden verstärkt Jugendliche aus allen beteiligten Nationalitäten aufgenommen. Sie haben dann auch die Möglichkeit, bei entstehendem Zoff in der jeweiligen Nationalsprache mit den Beteiligten zu sprechen.
- Das Team ist durch eine hellblaue Armbinde mit der Aufschrift „Disco-Team“ gekennzeichnet.
- Das Team führt gemeinsam eine Schulung/Übung zum Eingriff bei Gewaltsituationen durch. Der Zusammenhalt der Gruppe wird gestärkt und die Rollen für den Noteingriff werden festgelegt. Schon bei kleinen Anfängen von Zoff wird das Licht eingeschaltet, und mehrere MitarbeiterInnen begeben sich gleichzeitig zum Zoff-Zentrum, um dort zu deeskalieren.
- Die Gruppe übt in Rollenspielen, wie man körperliche Gewalt deeskalieren kann. Das Üben gemeinsamen Einschreitens und körperlichen Eingriffs zeigt, daß eine Gruppe gemeinsam viele Möglichkeiten hat und Gewaltsituationen (unter Umständen mit körperlichem Einsatz) beenden kann, ohne dadurch Gewalt zu eskalieren.
- Die Grenzen für den eigenen Eingriff werden möglichst deutlich benannt, und es wird geklärt, wann und wie die Polizei geholt werden muß.

Diese Neukonzipierung der Disco hat in ihrer Umsetzung einige Zeit (etwa ein halbes Jahr) benötigt, bis sich Besucher und Mitarbeiter darin eingefunden hatten. Es war in der ersten Zeit nicht leicht, diese Veränderungen gegenüber den Besuchern durchzusetzen und sie selber durchzuhalten.

Die Gewalteskalation in der Disco ist deutlich zurückgegangen, obwohl sie nicht komplett und dauerhaft verhindert werden kann (das ist bei einer solchen Veranstaltung auch wohl kaum zu erwarten). Die MitarbeiterInnen fühlen sich allerdings gemeinsam sicherer und kompetenter im Umgang mit entstehenden Konflikten und Gewaltsituationen. Sie haben ihre passive, rein reaktive Haltung überwunden und bestimmen ihre Disco nun durch gemeinsames aktives Handeln.

Beispiel 2: Konflikte angehen: Zoff zwischen jüngeren und älteren Besuchern

In einem Jugendzentrum gibt es immer wieder Streit zwischen den älteren Kindern und den Jugendlichen ab 16. Die 10- bis 12jährigen beschweren sich oft bei den pädagogischen MitarbeiterInnen, daß die Älteren sie dauernd von den Spielgeräten vertreiben, sie beschimpfen, schlagen, kneifen und mißhandeln. Sie fordern, daß die Pädagogen eindeutiger mit Strafen gegen die Älteren vorgehen und den Kleineren ihre freiere Entfaltung sichern sollen. Üblicherweise hatten die Pädagogen auf solche Beschwerden reagiert, indem sie sich die Älteren „vorknöpften" und ihnen ins Gewissen redeten: „So geht das nicht weiter, die Kleinen haben doch auch ein Recht, hier zu sein, dieses Haus ist doch für alle da, wieso habt ihr es nötig, Schwächere zu quälen?" und derart Vorwürfe mehr wurden vorher oft erhoben. Die Jugendlichen stellten sich entweder stur oder beschwerten sich ihrerseits über die „nervtötenden Blagen", die selbst dauernd in die Räume der Älteren eingreifen würden. Außer daß alle Beteiligten aufeinander sauer waren, konnte man kaum Folgen dieser Handlungen beobachten.

Nach einer Supervision im Team versuchten die pädagogischen MitarbeiterInnen, diesmal den Konflikt anders anzugehen. Ziel war es, sich nicht zwischen die Gruppen zu stellen und stellvertretend für sie den Konflikt zu bereinigen, sondern sie in einen direkten Austausch mit dem Ziel der eigenständigen, aktiven Konfliktbearbeitung zu bringen. Als erstes wurden die Kinder angeregt, ihre Beschwerden auf große Plakate zu malen. Mit Engagement malten die Kinder Plakate mit solchen Forderungen wie „Quälerei stop!", „Wir wollen auch unseren Platz!", „Kicker für alle!", „Die Großen sollen uns nicht mehr vertreiben!" usw. Diese Plakate wurden öffentlich im Jugendhaus aufgehängt und lösten damit eine starke Reaktion der Älteren aus, die sich verteidigen wollten. Auch sie durften ihre Rechtfertigungen und Gegenkritiken veröffentlichen.

Mit den Gruppen wurde ein gemeinsames Treffen zur ersten Besprechung des Konfliktes verabredet. Zuvor bereiteten die MitarbeiterInnen jede Gruppe separat vor. Es wurden erstens die typische Konfliktsituationen aus Sicht der Gruppe beschrieben und zweitens positive Wünsche und Kompromißvorschläge an die andere Gruppe formuliert.

Dieses war auch das Vorgehen in der gemeinsamen Besprechung der beiden Konfliktparteien, die durch eine pädagogische Mitarbeiterin moderiert wurde. Zunächst wurden die Konfliktsituationen bearbeitet, und man versuchte gemeinsam herauszufinden, welches Handeln die jeweils andere Gruppe besonders provozierte und behinderte. Dabei ging es für die Moderation darum durchzusetzen, daß die Gruppen gegenseitig ihre Sichtweise des Konfliktes zunächst akzeptierten. Danach wurden gemeinsame Lösungen entwickelt und Entscheidungen getroffen. Zum Beispiel gab es Regelungen über den Gebrauch der Spielgeräte und über bestimmte Zeiten, in denen jeweils einer der Gruppen das Hauptbestimmungsrecht von Räumen zugesprochen wurde, ohne jedoch die andere Gruppe für diese Zeiten auszuschließen.

Auch diese Konfliktbearbeitung hat nicht zu einem völlig stillen Frieden geführt. Dennoch gab es weniger Beschwerden der beiden Gruppen. Vor allen Dingen begannen sie, sich nun selber stärker verantwortlich für ihre eigenen Konflikte zu fühlen. Bei auftretendem neuen Streit wurde weniger von den Pädagogen verlangt, ihn stellvertretend zu lösen, sondern die Jugendlichen und Kinder forderten dann häufig eine erneute Besprechung und Klärung mit der anderen Gruppe, in der die gefundenen Regelungen dann revidiert oder ergänzt wurden und Beschwerden vorgebracht werden konnten. Damit war nun tatsächlich etwas geschehen, was die Mitarbeiter vorher immer „theoretisch" gefordert hatten: Das Haus war den Kindern und Jugendlichen mehr zu eigen geworden. Sie fühlten sich nun selbst stärker verantwortlich für die Gestaltung des Zusammenlebens im Haus. Und sie hatten etwas gelernt über gewaltlose Konfliktbearbeitung, demokratisches Entscheiden und über Toleranz.

Konflikt und Konzept: Das Unplanbare einplanen

In einem pädagogischen Konzept versucht man, sich eine Basis für das pädagogische Handeln zu geben. Man verschafft sich einen Begriff über die Adressaten, ihre Probleme, Wünsche und Anforderungen, man entwickelt Ziele und zugehörige Methoden. Und dann versucht man, das Konzept in kleine machbare Schritte zu operationalisieren, es im Alltag zu erproben und zu verbessern. Jugendarbeiter sind nicht so naiv zu glauben, daß man ein Konzept einfach technisch in die Praxis umsetzen und genauso handeln könne, wie es im Theoriepapier beschrieben ist. Denn die praktische pädagogische Situation ist immer wieder neu und anders und verlangt spontanes Reagieren, Intuition, aber auch methodisches Können. Daraus folgt auch, daß die Praxis immer wieder reflektiert werden muß und das Konzept entsprechend fortgeschrieben werden sollte.

Am stärksten unplanbar allerdings erleben die Pädagogen und Pädagoginnen in der Jugendarbeit die unvermeidlichen Konflikte. Davon kann es in der Jugendarbeit zahlreiche geben: Das Zusammenleben der Geschlechter ist konflikthaft, die Pädagogen zerstreiten sich untereinander, es gibt Zoff mit dem Träger oder den Eltern, die Kinder und Jugendlichen funktionieren nicht so, wie man möchte, halten sich nicht an Absprachen und Regeln. Die älteren Jugendlichen streiten sich mit den jüngeren, die Nationalitäten tragen ihre Kämpfe aus, Cliquen stehen im Streit untereinander, „beste FreundInnen" verprügeln sich, Interessen sind unterschiedlich und stoßen hart aufeinander. Es geht um Räume, Sexualität, Zugang zu Sachen und Besitz, Macht und Anerkennung, Rechte und Chancen. Und konzeptionell planbar ist das alles schon überhaupt kaum, und auch Bewältigungsversuche bleiben oft wirkungslos. Konflikte eskalieren, es kommt zu Gewalthandlungen, bestimmte Gruppen werden weggeekelt, schlimme Beleidigungen werden ausgestoßen und Sachen zerstört.

Kein Wunder, daß die Pädagogen und Pädagoginnen Konflikte fürchten. Sie begreifen Konflikte als negativ und zu vermeidend (zur Kritik des üblichen Umgangs mit Konflikten später unten mehr). Daß Konflikte auch immer viele Chancen beinhalten, wird oft nicht erkannt. Bei Konflikten sind beteiligte Menschen stark interessiert, sie haben Motive und Energie, sich einzusetzen. Sie wollen (Lebens)Bedingungen verändern, auch wenn das oft so formuliert wird, daß sich zunächst die anderen ändern sollen. Sie fordern Gerechtigkeit und Beteiligung, Anerkennung und Toleranz. Solche starken Bewegungen beinhalten Chancen für Lernen und Entwicklung. Die Beteiligten können dabei mehr über sich erfahren, können ihre Kompetenzen erweitern, sie können üben, ihr Lebensfeld Jugendarbeit aktiv zu gestalten, sie können Demokratie, gewaltlose Konfliktbearbeitung und Kompromißentwicklung lernen, ebenso wie den Umgang mit Menschen, die anders sind als man selber und mit denen man doch zusammenleben muß (vgl. Sturzenhecker 1993). All dieses sind Ziele, die wahrscheinlich in den meisten pädagogischen Konzepten der Jugendarbeit auftauchen. Also sind Konflikte doch eine hervorragende Chance, diese Ziele ein bißchen mehr zu erreichen.

Umgang mit Konflikten kann aber konzeptionell kaum festgeschrieben werden. Konflikte sind eben nicht im voraus planbar und durch eine überlegene pädagogische Hand steuerbar, so daß nachher die wunderbarsten Lerneffekte dabei herauskämen. Konzepte können also nicht festlegen, wie man – ein für allemal – mit Konflikten umzugehen habe. Sie könnten allerdings das Unplanbare einplanen in dem Sinne, daß mit Konflikten zu rechnen ist, daß sie willkommen geheißen werden und daß sie als Chancen für das gemeinsame Lernen und Arbeiten verstanden werden. Das Unplanbare läßt sich nicht technisch mit Rezepten lösen, aber es lassen sich doch Grundelemente eines konstruktiven Umgangs mit Konflikten benennen, die Teile von Jugendarbeits-Konzeptionen werden könnten. Darum wird es im folgenden gehen. Erstens müssen Konflikte besser erkannt und verstanden werden, zweitens kann es pädagogische Aufgabe sein, Konflikte zu mindern, und im dritten Schritt geht es darum, Konflikte aufzugreifen und sie als Lernchance für die Beteiligten zu entwickeln. Zur Begriffsklärung schalte ich aber noch einen kurzen Absatz vor zur Definition von „Konflikt".

Zur Definition von „Konflikt"

Glasl (1993, S. 15) definiert einen sozialen Konflikt folgendermaßen: „Ein sozialer Konflikt ist eine *Interaktion* zwischen zwei oder mehreren Parteien, wobei wenigstens eine Partei *subjektiv* das *Agieren* der anderen Partei(en) als *Beeinträchtigung* erlebt und dies auf *Unvereinbarkeiten* im Denken, Fühlen oder Wollen zurückführt." Glasls Erläuterung seiner Definition fasse ich kurz zusammen: Die Interaktion, also das aufeinander bezogene Kommunizieren oder Handeln der Beteiligten, muß nicht grobes Gewalthandeln sein, aber es muß doch überhaupt ein Bezug aufeinander erkennbar sein. Das Erleben der Unvereinbarkeit kann außerordentlich subjektiv sein. Es lassen sich selten objektive Gründe dafür feststellen. Es geht darum, gerade das subjektive Erleben der Unvereinbarkeit anzuerkennen. Es gibt noch keinen Konflikt, wenn sich nur die Denk- und Vorstellungsinhalte von Menschen widersprechen, ohne daß es zu irgendwelchen Aktionen kommt. Der Konflikt entsteht erst, wenn eine Unvereinbarkeit irgendein Handeln in bezug auf den anderen zur Folge hat. Zu Beginn eines Konfliktes bestehende Gefühle der Unvereinbarkeit sind oft sehr widersprüchlich und verdichten sich dann oft erst im Laufe des Konfliktes in Handlungen.

Ein Konflikt entsteht dann, wenn eine Partei oder ein Handelnder die Gründe für das Nichtverwirklichen der eigenen Gedanken, Gefühle oder Intentionen der anderen Partei zuschreibt. Dabei kommt es nur auf diese Zuschreibung an, es geht nicht darum, ob die Gegenpartei bewußt oder absichtlich so handelt. Ohne die Realisierung und das Erleben der Beeinträchtigung (Behinderung, Blockade, Widerstand, Abwehr oder Angriff seitens immerhin einer Partei) kann von einem sozialen Konflikt nicht gesprochen werden. Das subjektive Erleben der Beeinträchtigung hat zur Folge, daß eine Partei versuchen wird, die Beeinträchtigung durch den (vielleicht nur vermeintlichen) Gegner unwirksam zu machen.

Wichtig an dieser Definition von Glasl ist die Betonung des subjektiven Empfindens der Parteien. Bei einer Analyse und Bearbeitung von Konflikten folgt also aus dieser Definition, daß man prüfen muß, wie die „Bilder" der gegnerischen Parteien voneinander aussehen, welche subjektiven Wahrnehmungen sie haben. Weiterhin ist festzustellen, welche Interaktionen zwischen den Parteien stattfinden (stattgefunden haben) und welches der Charakter dieser Handlungsweisen war. Es ist festzustellen, welche Beeinträchtigungen vorgeworfen werden und welche Unvereinbarkeiten mit der anderen Partei empfunden werden.

Konflikte besser verstehen

Der erste Schritt eines veränderten Umgangs mit Konflikten ist es, sie bewußter zu reflektieren und besser zu verstehen. In pädagogischen Situationen ist oft ein Handeln in der „Schrecksekunde" notwendig. Man muß schnell einschreiten, die Lage klären, Streithähne auseinanderziehen, Recht sprechen und Konsequenzen ziehen. Dieses eher intuitive schnelle Handeln ist oft von den Persönlichkeitsmustern des Handelnden ebenso wie von beruflichen und institutionellen Routinen geprägt. Nicht immer ist dieses Handeln adäquat. Dennoch ist es nicht zu umgehen. Allerdings besteht ein pädagogischer Fehler oft darin, solche Situationen nicht ausführlicher – auch im nachhinein – zu reflektieren. Wenn Analysen solcher Situationen ausbleiben, kann man nicht aus ihnen lernen und eigenes Handeln verändern. Deshalb ist es nötig, eigenes intuitives Konflikthandeln im nachhinein zu reflektieren ebenso wie größere und langfristige Konflikte, die man beeinflussen will, ausführlich zu analysen, um in bezug auf die Ergebnisse dieser Analyse eigenes Handeln zu planen. Das heißt, solche Reflexionen müssen auch in Konzepten vorgesehen werden. In der Praxis zeigt sich oft, daß eine gute Analyse schon wie von selbst Handlungsperspektiven erbringt. Ein ausführliches Beschäftigen mit einem und Verstehen eines Konfliktes ermöglicht oft neue Sichtweisen, läßt zu, Routinen zu überschreiten und zu neuen Handlungsversuchen zu kommen. Im folgenden werden einige methodische Anregungen für Konfliktanalysen gegeben, zunächst zur Reflexion des eigenen Konfliktstils und dann zur allgemeineren Analyse.

Methodische Hinweise zur Reflexion des gewohnten Umgangs mit Konflikten

– *Hilfreicher Außenblick:*

Es fällt nicht leicht, sich von den eigenen gewohnten Konfliktstrategien zu distanzieren und kritisch auf sie zu blicken. Da kann es helfen, einen Außenstehenden zu bitten, seine/ihre Wahrnehmungen zu erklären und das Fremdbild des Umgangs mit Konflikten einer Institution oder von Personen zu schildern. Dieses können Praktikanten sein, Gruppenleiter oder Praktiker aus anderen Institutionen oder Supervisoren, die helfen, diese Distanzierung herzustellen.

– *Vom Balken der anderen zum Splitter im eigenen Auge:*

Oft ist es einfach, die pädagogischen Handlungsweisen von anderen kritisch zu analysieren. Die meisten von uns haben Geschichten parat, was sie am Umgang mit Konflikten in anderen Jugendhäusern oder Verbänden nicht gut finden. Was wir an anderen so deutlich beobachten, hat aber oft Verbindungen zu Problemen eigenen Handelns. In einer Übung könnte man sich selber noch einmal aufschreiben, welchen Umgang mit Konflikten man an anderen Pädagogen kritisiert, und dann in einem zweiten Schritt versuchen zu verstehen, was dieses für die eigenen Schwierigkeiten aussagt. Dort, wo man sich besonders heftig über andere aufregt, ist man meistens selbst betroffen.

– *Konflikte, an die ich mich erinnere:*

Schreiben Sie die Konflikte auf, etwa aus dem letzten halben Jahr, an die Sie sich erinnern. Skizzieren Sie, wer beteiligt war, worum es ging, welche typischen Handlungsweisen auftraten und welche Folgen der Konflikt hatte.

– *Mein Konfliktstil:*

Anhand dieser erinnerten Konflikte versuchen Sie für sich, private Regelsätze des eigenen Umgangs mit Konflikten zu formulieren. Schreiben Sie diese Sätze möglichst einfach auf (z. B.: „Wenn man mich anschnauzt, versuche ich erstmal, durch ein Grinsen diese Attacke zu entkräften" oder „Ich will Konflikte möglichst unauffällig behandeln. Deshalb zerre ich die Beteiligten in mein Büro."). Wenn Sie eine längere Liste dieser Art mit ihren Regelsätzen geschrieben haben, können Sie sie einfach bewerten, indem Sie sowohl die Kosten wie die Nutzen Ihres Konfliktstiles auflisten und vergleichen.

– *Prüfung der Kritiken in diesem Text:*

Gehen Sie noch einmal die von mir als problematisch bezeichneten Formen des Umgangs mit Konflikten durch und versuchen Sie selbstkritisch zu erkennen, wo Sie selber solche oder ähnliche Umgangsweisen praktizieren. Bestrafen Sie sich nicht dafür, sondern loben Sie sich für den Versuch, überhaupt vor sich anzuerkennen, wie Sie mit Konflikten umgehen. Konfliktvermeidung und Wursteln gehören zum Alltagsrepertoire fast aller Pädagogen. Sie sind hier keine Ausnahme. Die Reflexion dieser Strategien aber gibt Ihnen Chancen zu kleinen vorsichtigen Veränderungsschritten.

Methodische Hinweise zur Konfliktanalyse

– *Sich Zeit nehmen:*

Oft scheitert eine Konfliktanalyse schon an mangelnder Zeit. Pädagogischer Alltag ist voller Anforderungen, selten finden Professionelle und Ehrenamtliche Zeit, sich zurückzuziehen und ausführlicher alleine oder im Team die anstehenden Konflikte zu deuten. Deshalb besteht die erste Aufgabe einer Konfliktanalyse darin, sich Zeiten für Distanzierung und Reflexion zu verschaffen.
Dabei kann es auch hilfreich sein, sich zunächst nicht zu große Zeiteinheiten vorzunehmen. Es ist wirkungsvoller, pro Tag eine Viertelstunde zu reflektieren und sich ein paar Notizen auf Karteikarten zu machen, statt von einer großen anderthalbtägigen Teamsitzung zu phantasieren, die dann doch nie kommt.

– *Mini-Kartei zu aktuellen Konflikten:*

Um sich zunächst einen Überblick zu verschaffen über die Konfliktlage im eigenen pädagogischen Handlungsfeld, kann man jeden Tag in einem kurzen Rückblick erlebte Konflikte auf einer Karteikarte notieren. Dabei schreibt man nur kurz auf, wer beteiligt war, wann und wo der Konflikt stattfand, um was es ging, welche Handlungsweisen und Strategien eingesetzt wurden und welche Beeinträchtigungen den anderen vorgeworfen wurden. Am Ende der Woche kann man die Karteikarten auswerten und sich ein Bild über den aktuellen Konfliktstand machen. Das erlaubt auch, sich dann einen Konflikt auszuwählen, den man weitergehend analysieren und behandeln will.

– *Konflikt-Prozeßdiagramm (Deutung → Handlung):*

Diese Methode ist eine Hilfe zur Kurzanalyse von Konflikten. In jedem Konflikt haben die beteiligten Parteien Deutungen über sich und die Gegenseite. Sie interpretieren das Handeln des anderen und reagieren wieder in bezug auf ihre Wahrnehmungen und Interpretationen. In einem Diagramm kann man versuchen, eine Konfliktgeschichte so zu rekonstruieren. Man schreibt die beiden Parteien nebeneinander und gibt sich Symbole sowohl für die Deutung als auch für die Handlung der jeweiligen Partei. Wie in einem kybernetischen Prozeß-Plan kann man dann aufmalen, aus welchen Deutungen welche Handlungen folgen und welche Deutungen und neuen Handlungen sie dann im Gegenüber zur Folge haben. Dabei wird oft erkennbar, wie Mißverständnisse entstehen und wie Handlungen anders interpretiert werden, als sie vom Handelnden gemeint waren. Für jede „Partei" werden die Gefühle und Deutungen der Handlungen des Gegenübers bezeichnet und dann die Handlungen, die aus diesen Gefühlen/Deutungen folgen.

	Pädagoge *fühlt:* Streß, Erschöpfung vor den Ferien
Jugendlicher *fühlt:* Mißachtung, Ignoranz	*handelt:* Notprogramm: „Nervt jetzt nicht"
handelt: Vandalismus	Pädagoge *fühlt:* Wollen mich austesten, ich muß siegen
Jugendlicher *fühlt:* Mißachtung verstärkt, Ausschlußangst	*handelt:* Strafe: Raum schließen
handelt: Mehr Randale	Eskalation

– *Soziogramm oder grafische Darstellung von Konflikten:*

Konflikte mit mehreren beteiligten Personen und Parteien lassen sich aufschlüsseln durch eine grafische Darstellung, indem die Nähe und Ferne der Parteien zueinander aufgemalt werden, mögliche Koalitionen deutlich werden und Konfliktlinien zwischen Personen aufgemalt werden. Ähnlich kann man auch ein Prozeßdiagramm erstellen, indem auf einer Zeitachse die unterschiedlichen Handlungen der Personen miteinander und gegeneinander eingetragen werden.

Entscheidung: Welchen Konflikt warum wozu aufgreifen?

Nach einer Konfliktanalyse (z.B. mit oben geschilderten Methoden) geht es um die Entscheidung, ob und wie dieser Konflikt pädagogisch aufgenommen werden soll. Im Alltag der Jugendarbeit können nicht alle sich ständig anbietenden Konflikte gleichzeitig pädagogisch thematisiert werden. Es ist nötig, eine bewußte Auswahl zu treffen. Es ist wichtig für die pädagogischen MitarbeiterInnen zu erkennen, daß sie aus den vielen schwelenden Konflikten und auch aus denen, die ihnen aufgezwungen werden, mit klaren Entscheidungen Konflikte auswählen können, die sie reflektiert und geplant mit pädagogischen Zielen bearbeiten wollen. Hier entsteht vor allen Dingen der Bezug zum allgemeinen Konzept. Entstehende Konflikte müssen bezogen werden auf die allgemeinen Ziele, Methoden, Inhalte und Zielgruppen der jeweiligen Jugendarbeit. Es muß geklärt werden, wie sich der Konflikt zu diesem Konzept verhält, ob seine Bearbeitung aus Sicht des Konzeptes als sinnvoll und notwendig erscheint oder ob er als eher unbedeutend oder gar auszulagernd verstanden wird.

Grundsätzlich sehe ich drei Entscheidungsmöglichkeiten. Ich nenne sie den Konflikt meiden, vermindern und bearbeiten.

Konflikt vermeiden bedeutet eine Entscheidung, den Konflikt nicht durch pädagogische Aktivitäten mit den beteiligten Personen aufzugreifen. Dennoch sind oft Handlungsweisen nötig, um mit dem Konflikt umzugehen. Bei dieser Entscheidung würde er z. B. heruntergespielt, auf andere zuständige Stellen verlagert, durch Ausgrenzung der Konfliktparteien erledigt oder ausgesessen.

Den Konflikt zu vermindern ist eine häufige pädagogische Entscheidung, mit der die MitarbeiterInnen versuchen, hauptsächlich durch ihr eigenes Handeln die Konfliktursachen und die Weiterentwicklung zu beeinflussen und zu verändern. Aktiv sind also hier die Pädagogen und weniger die Adressaten der Jugendarbeit oder die Konfliktbeteiligten, die eher sekundär von den pädagogischen Maßnahmen zur Konfliktverminderung betroffen werden. Möglichkeiten der Minderung werde ich im folgenden Absatz erläutern.

Die dritte Möglichkeit der Konfliktbearbeitung bedeutet eine öffentliche gemeinsame Thematisierung und einen Versuch der Klärung mit den Konfliktparteien und anderen Beteiligten. Mögliche Vorgehensweisen für diese Strategie werde ich unten vorstellen.

Konflikte mindern

Es ist die Aufgabe von Pädagogik, das gemeinsame soziale Feld zu gestalten, um für die einzelnen Personen und Gruppen Möglichkeiten für Entwicklung, Entfaltung und neue Erfahrungen zu eröffnen. Es werden also die sozialen, räumlichen, zeitlichen und personellen Grundbedingungen geschaffen (wie sie im Konzept festgehalten sind), auf deren Basis dann der individuelle und gemeinsame Lern- und Entwicklungsprozeß stattfinden kann. In Stellvertretung für die Adressaten der Jugendarbeit prägen also die Pädagogen durch ihr Handeln das Feld. Dieses geschieht zum Teil auch ohne Beteiligung der Adressaten. Mit den pädagogischen Entscheidungen wird geklärt und eröffnet, was möglich ist und was nicht. Teil dieser Entscheidungen wird es immer sein, Bedingungen zu schaffen, die bestehende Konflikte reduzieren, um überhaupt eine Situation gemeinsamen Lernens und Erfahrens schaffen zu können. Der soziale Raum muß erst einmal so bereitet werden, daß er die einzelnen Beteiligten und Zielgruppen „willkommen heißen kann", daß sie in ihm Anerkennung, Sicherheit und Entwicklungsmöglichkeit finden können. Pädagogik schafft einen Freiraum, in dem sowohl Schutz als auch Chance gegeben wird, sich zu entwickeln und zu experimentieren. Das kann man nur, wenn Konflikte nicht überhand nehmen, sondern gemindert sind, um Möglichkeiten zu schaffen für andere und neue Erfahrungen.

Man kann Sicherheit und einige Grundbedingungen formulieren, die helfen, Konflikte zu mindern und einen Raum für Entfaltung in der Jugendarbeit zu kreieren. Wer das tun will, sollte die Erfüllung von drei Grundbedingungen beachten, die einzelnen und Gruppen die Möglichkeit von Entfaltung und Lernen geben. Es handelt sich hier um vertrauensvolle, sichere Beziehungen, Rechte und Solidarität (vgl. Brumlik 1992, Honneth 1992).

Zunächst müssen in der Jugendarbeit der einzelne und die Gruppen die Möglichkeit haben, vertrauensvolle und sichere *Beziehungen* zu finden und zu entwickeln. Das geht häufig vermittelt über die Person der pädagogischen MitarbeiterIn. Sie/er muß dem einzelnen und den jeweiligen Gruppen Anerkennung, Vertrauen und Unterstützung geben, auf deren

Basis sie überhaupt erst wagen können, selbständiger im Feld zu handeln, Interessen zu formulieren und dafür zu kämpfen. Man wird jedoch nicht bei intensiven Zweierbeziehungen stehenbleiben, sondern es geht darum, einen sozialen Raum, ein „Milieu" zu schaffen, in dem die Pädagogen für alle Teilnehmenden erreichbar sind und ein gemeinsames Vertrauensklima erzeugen und stützen. Beziehung wird hier also verstanden als Ermöglichung individueller und gemeinsamer Sicherheit (Böhnisch 1994, S. 224). Beziehung geht über in Solidarität (s.u.). Die Konzeptfrage lautet, wie solche Bedingungen individueller und gemeinsamer Sicherheit möglich werden können.

Im weiteren benötigen die einzelnen und die Gruppen in der Jugendarbeit *Rechte*. Das sind vor allen Dingen und Basisrechte auf Raum, Zeit, Ressourcen, Unterstützung und Partizipation. Sie müssen die Möglichkeit haben, diese Rechte für sich einzufordern und sie dann auch zu erhalten. Sie müssen Ungleichheiten und Ungerechtigkeiten kritisieren und ändern können. Die Frage an ein Konzept (auch zur Konfliktminderung) lautet also, welche Rechte (für wen) zur Verfügung stehen und wie sie eingeklagt und erfüllt werden können.

Die Grundbedingung der *Solidarität* bezeichnet eine positive Unterstützung der Lebensformen und Interessen der einzelnen und der Gruppen und ihrer „Kulturen". Über die reinen Rechte hinaus benötigen sie eine positive Anerkennung und Unterstützung ihrer Bedürfnisse und der Art und Weise, sie zu erfüllen. Sie müssen nicht nur negativ ihre Rechte erstreiten können, sondern auch durch Wertschätzung eine positive Unterstützung finden.

Es lassen sich mehrere Elemente der pädagogischen Umsetzung dieser Bedingungen nennen. Auch sie sind Elemente einer Konfliktminderung mit dem Ziel, das Feld positiv zu gestalten. Dazu gehören:

- *Transparenz:*
  Entscheidungen und Handlungsprozesse im jeweiligen Feld und Raum der Jugendarbeit müssen für die Beteiligten offen erkennbar sein. Das gilt auch für Entscheidungen, die von den Pädagogen ohne Beteiligung der Adressaten gefällt werden.
- *Artikulation:*
  Die einzelnen und die Gruppen müssen Möglichkeiten haben, ihre Interessen und Positionen öffentlich zu artikulieren. Je schwächer ihre ausgebildete Fähigkeit zur Artikulation ist, desto stärker ist pädagogische Unterstützung notwendig. Nur wenn sie ihre Positionen artikulieren können, haben sie die Möglichkeit, Anerkennung zu gewinnen, Interessen umzusetzen und am gemeinsamen Entscheidungsprozeß teilzunehmen.
- *Differenz und Gleichheit:*
  Zur Konfliktminderung im sozialen Feld ist das Kunststück nötig, sowohl die Unterschiedlichkeit der einzelnen und der Gruppen zu schützen und zu stützen wie auch die prinzipielle Gleichheit in Rechten und Pflichten durchzusetzen. „Alle anders – alle gleich" lautet das Stichwort.
- *Individualität und Gemeinschaft:*
  Die Regel von Differenz und Gleichheit kann auch auf diese Weise formuliert werden: Es geht darum, daß die einzelnen in ihrer individuellen wie kulturellen Identität anerkannt, geschützt und gestützt werden und daß sie sich gleichzeitig als Teil einer Gemeinschaft von Gleichberechtigten begreifen und in ihr und für sie handeln können.
- *Regelklarheit und Regelveränderung:*
  Bestimmte Regeln des sozialen Prozesses in der Jugendarbeit müssen für die einzelnen deutlich erkennbar sein. Ebenso ist es notwendig, die Möglichkeiten erkennen und nutzen zu können, wie diese Regeln gemeinsam verändert werden können.
- *Einwirkung:*
  Die einzelnen und die Gruppen müssen erkennen können, daß sie Möglichkeiten haben, auf die Veränderungen des sozialen Feldes in ihrem Interesse einzuwirken. Sie

müssen erkennen können, daß ihre Handlungen Wirkung haben, d. h. daß sie die Realität tatsächlich verändern.

Diese Grundbedingungen der Minderung von Konflikten müssen auch Grundelemente des pädagogischen Konzeptes der jeweiligen Jugendarbeit sein. Für die Konzepterstellung kann geprüft werden, wie und auf welche Weise die hier genannten Bedingungen umgesetzt werden sollen. Diese Liste kann auch dazu dienen, bei entstehenden Konflikten (s. z.B. das Beispiel Disco am Anfang dieses Textes) zu prüfen, welche Bedingungen nicht erfüllt sind und welche aber durch pädagogisches Handeln im Sinne einer Konfliktminderung erreicht werden könnten. Die hier genannten Bedingungen liefern aber oft nur die Grundvoraussetzungen, auf deren Basis Konflikte konstruktiv geführt werden können. Die Erfüllung dieser Bedingungen schafft noch keine Lösung aller entstehenden Konflikte. Es bleibt also weiter nötig, auf ihrer Basis entstehende Konflikte zu bearbeiten.

Konflikte bearbeiten

Zwei Möglichkeiten der bewußten Bearbeitung von Konflikten in der Jugendarbeit sollen aufgezeigt werden:

1. Institutionalisierte Formen der Konfliktbearbeitung

Ein klassischer Weg der Konfliktbearbeitung liegt darin, Institutionen zu schaffen, in denen Konflikte vorgebracht und von den Beteiligten gemeinsam geklärt werden können. Klassische Formen sind z. B. das Kindergericht bei Janus Korczak, in dem die Kinder ihre Konflikte und Streitigkeiten vortragen konnten und Entscheidungen über Recht und Unrecht, Strafe und Wiedergutmachung gefällt wurden (Korczak 1978, S. 304 ff.). Ein anderes Beispiel ist die Vollversammlung der Kinder der freien Schule Summerhill, in der alle Probleme aufgegriffen und Entscheidungen getroffen werden (Neill 1969).

In der Jugendarbeit werden und wurden z. B. Formen verwandt wie die Vollversammlung oder Haus- und Gruppenparlamente. Eine Vollversammlung kann regelmäßig oder zu bestimmten Problemanlässen einberufen werden. In ihr können Betroffene ihren Konflikt vorstellen und ihre Interessen und Kritiken formulieren. Gemeinsam wird dann überlegt, wie der Konflikt geschlichtet oder weiterbearbeitet werden kann.

In der verbandlichen Jugendarbeit gibt es z.B. Leiterräte, Altersstufensprecher, Stammesräte usw., ganz abgesehen von der demokratischen Grundverfassung der Verbände (Wahlen der Vorstände etc.).

In parlamentarischen Formen, wie z.B. einem Hausrat oder Hausparlament in der Offenen Jugendarbeit, werden Vertreter und Vertreterinnen der Jugendlichen gewählt, die dann in einem bestimmten Rhythmus tagen und regelmäßig die anstehenden Konflikte im Haus aufgreifen und stellvertretend für die anderen Entscheidungen fällen.

Statt solcher formalisierter Formen von Konfliktbearbeitung empfiehlt sich eine „flexible Antwortung“, die jeweils neue Strategien entwickelt, die dem spezifischen Charakter des anstehenden Konfliktes entsprechen.

2. Elemente einer konstruktiven Konfliktbearbeitung

Für die gemeinsame und öffentliche Bearbeitung von Konflikten (hier in der Jugendarbeit) lassen sich einige Elemente benennen, die wichtig sind für die Entfaltung der konstruktiven Chancen von Konfliktbearbeitung. Sie können hier nur als Grundsätze aufgeführt werden. Es ist also nötig, sie für die jeweils eigene Praxis aufzufüllen und zu konkretisieren.

Methodische Hinweise

Elemente konstruktiver Konfliktbearbeitung:

- *Konflikt öffentlich thematisieren.* Beim ersten Schritt einer Konfliktführung ist zu klären, worum es überhaupt geht, wer beteiligt ist, und somit den Konflikt aus unklaren, schwelenden Tratschsituationen herauszunehmen. Durch die öffentliche Thematisierung wird der Konflikt zum gemeinsamen Problem des Lernens aller Beteiligten im Jugendhaus.
- *Mediatorenrollen klären.* Wenn es sich um einen Konflikt zwischen Jugendlichen handelt, ist die Rolle des Pädagogen als Mediator zu klären und zu präzisieren, welche Aufgaben er/sie hat und welche Handlungsformen als Mediator angewandt werden. Geht es um Konflikte zwischen Jugendlichen und Pädagogen, ist zu prüfen, ob nicht die Einführung eines Unparteiischen hilfreich wäre.
- *Den Beteiligten Artikulation ermöglichen.* Die beteiligten Parteien müssen Gelegenheiten haben, ihre Positionen zum Konflikt öffentlich darzustellen. Dabei haben die Pädagogen auch eine anwaltschaftliche Funktion, Gruppen Äußerungsmöglichkeiten zu verschaffen, die sich sonst schwer artikulieren können (z.B. Kindern gegenüber Älteren im Jugendhaus). Dafür müssen den Beteiligten auch Medien angeboten werden (Plakate, Handzettel, Videokommentare usw.).
- *Klärung des Konfliktstandes.* Oft ist ein Konflikt zunächst ein unentwirrbares Knäuel von Geschichten, Anschuldigungen und Rechtfertigungen. Aufgabe der Pädagogen wäre es zu entzerren, um welches Problem es genau geht, welche Gründe für das Handeln die Beteiligten angeben, welches ihre Ziele, Bedürfnisse und Wünsche sind. Dieses muß zunächst mit den Beteiligten selber geklärt werden, so daß sie es dann im zweiten Schritt eigenständig in die Debatte einbringen können.
- *Forum der Auseinandersetzung herstellen.* Um den Konflikt nicht permanent den Alltag bestimmen zu lassen, ist es hilfreich, einen speziellen Ort, Zeit und Gesprächsformen für die Klärung des Konfliktes zu bestimmen. Ein solcher Kommunikationsort ist vergleichbar neutralen Ländern und Städten, wie z. B. Genf bei der Klärung internationaler Konflikte.
- *Mindestbedingungen der Konfliktaustragung sichern.* Die beteiligten Parteien müssen in der Konfliktbearbeitung vor direkter körperlicher Gewalt geschützt werden, ebenso müssen moralische Kränkungen ihrer Person und kulturelle Mißachtung, soweit es geht, verhindert werden.
- *Kommunikationsformen qualifizieren.* Im Laufe des Konfliktes muß mit den Jugendlichen geklärt werden, in welchen Formen man überhaupt miteinander streiten will, welche Regeln dafür gelten sollen, welchen Sinn und welche positiven Folgen sie für die Beteiligten haben können. Solche Regeln können oft schlecht von vornherein gesetzt werden, sondern müssen in der Reflexion des Streites miteinander entwickelt und fortgeschrieben werden.
- *Gegenseitige Vorurteile und Mißverständnisse klären.* In jedem Konflikt entwickeln die beteiligten Parteien bestimmte Bilder über das Konfliktthema und die gegnerische Partei. Dabei kommt es zu Verzerrungen und Provokationen, die den Konflikt weiter anheizen. Deshalb ist es hilfreich, Möglichkeiten zu finden, wie diese Bilder voneinander bewußtgemacht und auch bewußt verändert werden können.

– *Stand der Konfliktbearbeitung erkennbar machen.* Eine Konfliktbearbeitung kann sich über eine gewisse Zeit hinziehen. Dabei ist es oft nicht leicht zu verfolgen, was bereits erreicht wurde und was noch aussteht. Es wäre deshalb Aufgabe der Pädagogen, immer wieder mit den Beteiligten zu klären, an welchem Punkt man sich befindet, wie der Konflikt strukturiert ist und was bereits erreicht wurde. Das sollte auch mit visualisierenden Methoden geschehen.

– *Übereinstimmungen und Differenzen der Parteien klären.* In den wenigsten Konflikten wird man zu einem einheitlichen Konsens gelangen können. So ist es ja auch für die Entwicklung der Jugendlichen wichtig, in Konflikten ihre eigene besondere Position und Identität erkennen und entwickeln zu können. Deshalb muß es in der Konfliktbearbeitung auch darum gehen, die weiter bestehenden Differenzen zu klären und zu akzeptieren. Man muß wissen, wo man übereinstimmt und in welchen Bereichen man weiterhin auseinander liegt.

– *Lösungen phantasieren, prüfen, auswählen, realisieren.* Wichtig scheint hier vor allen Dingen die Phantasiephase, in der die verschiedensten ungewohnten Lösungsmöglichkeiten erdacht werden können, um sie dann an den Wünschen der Beteiligten und der Realität zu überprüfen.

– *Durch Formen der Konfliktbearbeitung die Wirklichkeit verändern.* In Konflikten ist es manchmal schwierig, konkrete Ergebnisse und Veränderungen zu erlangen. Dennoch ist der Stil der Konfliktführung eine wichtige Veränderung des Alltags der Verhältnisse und Beteiligten in der Jugendarbeit. Oft gibt es mehr Lerneffekte durch den praktizierten Umgangsstil als durch erreichte konkrete Ergebnisse. Selbst wenn Jugendliche z. B. in Diskussionen auf ihrem Standpunkt beharren, ist es für sie doch wichtig, in der Diskussion akzeptiert zu werden und einen demokratischen Streitstil konkret zu erfahren.

– *Dissens und Offenheit ertragen.* Für die wenigsten Konflikte gibt es einfache „endgültige Lösungen". Sie anzustreben ist problematisch, weil verbleibende Differenzen dann tendentiell aufgelöst oder unterdrückt werden können. Statt dessen müssen die beteiligten Jugendlichen und Pädagogen üben, weiterhin mit Dissens und Differenz zu leben und trotz ihrer Unterschiedlichkeit ein gemeinsames Leben in der Jugendarbeit und in den Institutionen zu gestalten.

Literatur

Brumlik, M.: Politische Kultur des Streits im Licht sozialisationstheoretischer Überlegungen, in: Brumlik, M.: Advokatorische Ethik. Zur Legitimation pädagogischer Eingriffe. Bielefeld 1992

Glasl, F.: Konfliktmanagement. Ein Handbuch zur Diagnose und Behandlung von Konflikten für Organisationen und ihre Berater. Bern/Stuttgart 1993

Honneth, A.: Kampf um Anerkennung. Zur moralischen Grammatik sozialer Konflikte. Frankfurt/M. 1992

Korczak, J.: Wie man ein Kind lieben soll. 6. Auflage. Göttingen 1978

Neill, A. S.: Theorie und Praxis der antiautoritären Erziehung. Das Beispiel Summerhill. Berlin 1969

Sturzenhecker, B.: Demokratie zumuten! – Moralerziehung in der Offenen Jugendarbeit. in: deutsche jugend. Heft 3/1993

Konzeptentwicklung als Prozeß im Mitarbeiterteam

Agathe Eichner

Einleitung: Konzept – ein Zauberwort?

Konzepte stehen in der Jugendarbeit seit längerem „hoch im Kurs". An sie knüpfen sich einerseits hohe Erwartungen, andererseits auch Befürchtungen. Von einem neuen Konzept erhofft man sich eine wirkungsvollere Arbeit, mehr berufliche Zufriedenheit, mehr „Gebrauchswert" für Adressatinnen/Adressaten; auf der anderen Seite bleiben viele Bemühungen um eine freiwillig unternommene oder von außen auferlegte Konzeptentwicklung auf halbem Wege stecken; Resignation, Rückkehr zu den „bewährten" Arbeitsformen und Strategien sind die Folge.

Der vorliegende Beitrag erörtert Probleme der Konzeptentwicklung, wenn ein Mitarbeiterteam diese Aufgabe erfüllen soll.

Dabei geht es vor allem darum, ein Ablaufmodell einer Konzeptentwicklung im Mitarbeiterteam zur Diskussion zu stellen, das in erster Linie die strategisch wichtigen, neuralgischen Punkte dieses Prozesses herausarbeitet, Lösungsvorschläge entwickelt und so einen brauchbaren Leitfaden für die eigenen Unternehmungen darstellt.

Dabei stütze ich mich auf die vielfältigen Erfahrungen, die ich seit mehreren Jahren in der Arbeit mit Teams gemacht habe, die ich bei Prozessen der Konzeptentwicklung im Rahmen der offenen Jugendarbeit begleitet habe (s. dazu meine Ausführungen in: Eichner 1994).

I. Konzeptentwicklung im Team – Prinzipien und Probleme

Am Anfang sollen einige grundsätzliche Punkte thesenhaft die Probleme sichtbar machen, die mit einem solchen Entwicklungsprozeß verknüpft sind.

Erstens: Konzeptentwicklung im Team heißt vor allem, daß sich Menschen mit unterschiedlichen Interessen, Vorlieben und Fähigkeiten mit dem Ziel, etwas *Gemeinsames,* ein Produkt zustandezubringen, „zusammenraufen" müssen.

Konzeptentwicklung – ein inhaltlicher Produktionsvorgang und ein sozialer Prozeß

Konzeptentwicklung im Team ist ein Prozeß, der sozialer Verständigung und sachlicher Einigung bedarf, soll er gelingen. Dabei müssen die Stärken aller Beteiligten einbezogen werden.

Stärken, Kompetenzen, Interessen, Orientierungen der Teammitglieder sind in der Regel sehr unterschiedlich. Der Konzeptentwicklungsprozeß stellt, je nach Prozeßphase, unterschiedliche, insgesamt aber höchst vielfältige und anspruchsvolle Anforderungen an die, die ihn gestalten.

Bei diesem Vorgang der Konzeptentwicklung kommt es nun darauf an, daß die Fähigkeiten und Kompetenzen der Teammitglieder jeweils an den Stellen, wo sie gebraucht werden, zum Tragen kommen können (s. dazu Ablaufschema).

Die Anforderungen an die Mitarbeiterinnen/Mitarbeiter beziehen sich auf a) den *fachlichen,* b) den *sozialen* und c) den *organisatorischen* Bereich.

Zur *fachlichen* Kompetenz gehören: Kenntnis des Diskussionsstandes zum in Aussicht genommenen Arbeitsgebiet; die Fähigkeit, vorhandene Erfahrungen zu formulieren und in die Diskussion einzubringen; die Fähigkeit, Anforderungen von außen auf der Basis fachlich begründeter professioneller Sichtweisen zu bearbeiten; dies wiederum setzt die Fähigkeit voraus, Problemlagen, die sich wandeln, unter pädagogischen Gesichtspunkten analysieren zu können.

Zur *sozialen* Kompetenz gehören die Fähigkeit und Bereitschaft, sich mit anderen inhaltlich auseinanderzusetzen und auf gemeinsames zu verständigen; dies setzt die Fähigkeit voraus, Kompromisse zu schließen, Konflikte offen auszutragen und konstruktiv zu lösen, sowie die Fähigkeit, Kritik auf einer sachlichen Ebene zu ertragen und zu formulieren.

Nicht nur die einzelnen, auch das Team als Ganzes braucht bestimmte soziale Voraussetzungen, damit der Prozeß der Konzeptentwicklung gelingen kann. Ein Team, das sich schon im Alltag kaum miteinander verständigen kann, hat wenig Chancen, eine Konzeptentwicklung zu machen; damit soll nicht ausgeschlossen werden, daß ein im Alltag nicht sehr kooperatives Team durch die Entscheidung für eine gemeinsame Arbeit an einem Konzept auf eine neue Verständigungsbasis gelangen kann; doch dürfte dies eher die Ausnahme darstellen.

Aus diesen Ausführungen ergibt sich *ein erster Grundsatz:*
Konzeptentwicklung kann nur als *partizipativer* Prozeß gelingen.

Schließlich: Wenn der Prozeß der Konzeptentwicklung im Team zu einem greifbaren und die Wirklichkeit verändernden Ergebnis führen soll, sind darüber hinaus Kompetenzen auf der *organisatorisch-politischen* Ebene notwendig. Je nach Ausgangslage (s.u.) bedarf es für das „Auf-den-Weg-bringen" eines Konzeptes einer Fülle organisatorischer Kompetenzen.

Das gilt allerdings auch schon bereits für die Phase der Konzeptentwicklung selbst. Dieser Prozeß muß organisiert werden; dazu gehört die Schaffung der äußeren Voraussetzungen für die notwendigen Informations-, Diskussions- und Entscheidungsprozesse.

Zweitens: Charakteristisch für diese Art von Konzeptentwicklung ist darüber hinaus, daß diejenigen, die es entwickeln, es auch realisieren müssen. Auch daraus ergeben sich Konsequenzen für den Entwicklungsprozeß.

Was das Team entwickelt, muß es „selber" tun

Für die Einschätzung der Probleme und Merkmale eines Entwicklungsprozesses in einem Team ist die Tatsache von nicht geringer Bedeutung, daß Teams in der Regel Konzepte entwickeln, für deren Durchführung sie später selber aufkommen müssen. Das unterscheidet diese Form der Konzeptentwicklung von vielen anderen, bei denen Konzeptentwicklung und Konzeptrealisierung durch unterschiedliche Instanzen stattfinden.

Der *zweite Grundsatz* lautet deshalb: Die *Konsequenzen,* die sich aus den festgelegten Konzeptinhalten für die einzelnen Teammitglieder ergeben, sind beim Entwicklungsprozeß mitzubedenken.

Die Vorstellung, daß bei der Konzeptentwicklung immer auch die eigene Arbeitssituation, die eigene Belastung, die zukünftigen Arbeitsschwerpunkte, die künftige Arbeitsteilung und Arbeitsorganisation (auch und vor allem bezüglich geliebter und weniger geliebter Arbeitsgebiete) zur Debatte stehen, bestimmt, meist auf eine nicht ausgesprochene Art, die Inhalte und die Richtung von Konzeptdiskussionen. Gleichzeitig spielen die persönlichen Neigungen, Interessen und Vorlieben immer eine gewichtige Rolle – auch hier meist ohne daß sie als solche kenntlich gemacht würden.

Drittens: Schließlich kommt es darauf an, daß der Entwicklungsprozeß von einer realistischen Einschätzung der Voraussetzungen ausgeht; dies bezieht sich auf fachliche Kenntnisse, auf soziale Kompetenzen und organisatorische, zeitliche Bedingungen, unter denen die Konzeptentwicklung erfolgen soll.

Vor allem wichtig: eine realistische Einschätzung der vorhandenen oder zu schaffenden Voraussetzungen

Prozesse der Konzeptentwicklung sind Vorgänge, die über einen längeren Zeitraum hinweg in sehr differenzierter Form ablaufen müssen; daß sie Wissen, Kenntnisse und Fähigkeiten auf den verschiedenen Ebenen verlangen, wurde schon erwähnt.

Die wichtigste, wenn auch banal erscheinende Voraussetzung liegt in der *Ressource Zeit.* Konzeptentwicklung geschieht in Raum und Zeit, und für ein Team, das sich von den Arbeitsbedingungen her nicht einen zeitlichen Freiraum erkämpfen oder freihalten kann, ist eine seriöse Form von Konzeptentwicklung kaum möglich.

Es gehört deshalb zu den unerläßlichen Voraussetzungen eines Entwicklungsprozesses, sich dieser Zeit zu vergewissern.

Der *dritte Grundsatz* lautet: Ohne *Ressourcensicherung* keine Aussicht auf erfolgreichen Abschluß des Konzeptentwicklungsprozesses.

Je nachdem, worauf sich die Konzeptentwicklung bezieht, bedarf sie auch organisatorischer, gelegentlich auch finanzieller Ressourcen (z.B. zur Durchführung von Erhebungen und für die Einbeziehung von Expertinnen/Experten).

Darüber hinaus sind fachliche Kenntnisse einer bestimmten Art notwendig: Planung und Entwicklung von Konzepten setzen Kenntnisse und Kompetenzen voraus, die üblicherweise weder in der Ausbildung noch in der Fortbildung vermittelt werden. Gemeint sind u.a. eine bestimmte konzeptionelle, d.h. Zusammenhänge herstellende, in Ziel-Mittel-Relationen sich bewegende Form des Denkens, die Fähigkeit zu einer bestimmten Art der Situations- und Gegenwartsdiagnose, die Fähigkeit der Umsetzung von Befunden in pädagogische Programme usw.

Phasen der Konzeptentwicklung und -anwendung

Prozesse der Konzeptentwicklung und -anwendung in einem Team und durch ein Team können in einem Ablaufschema dargestellt werden. Es lassen sich dabei folgende Phasen unterscheiden, in denen jeweils unterschiedliche Aufgaben bewältigt werden müssen:

A Die Vorbereitungsphase

Hier besteht die Aufgabe für das Team darin, die Ausgangslage zu klären, die mit dieser Ausgangslage verknüpften Probleme und Chancen auf den verschiedenen Ebenen zu klären und bewußt zu machen. In diese Phase gehört auch die Klärung der Frage, um welche Art von Konzept es sich handeln soll, welche Voraussetzungen für die Konzeptarbeit und -erprobung vorhanden sind oder geschaffen werden können und in welchem Verhältnis sie zu der zu leistenden Aufgabe stehen.

B Die Entwicklungsphase

Hier steht im Mittelpunkt die Erarbeitung und Formulierung von Zielen, die mit Hilfe und aus Anlaß der Konzeptarbeit erreicht werden sollen. Hier spielt der Vergleich von IST- und SOLL-Zustand eine wichtige Rolle. In diese Phase gehört auch die Entwicklung einer Strategie zur Zielerreichung und die Planung der Realisierung der im Konzept enthaltenen Zielvorstellungen.

C Die Anwendungsphase

Für die Phase der Umsetzung und Anwendung des Konzeptes ist es vor allem wichtig, sich über Verfahren der Dokumetation und Beschreibung dessen, was im Realisierungsprozeß geschieht, Klarheit zu verschaffen, ferner Verfahren der Bewertung der Ergebnisse und Probleme – auch im Hinblick auf die in der Regel notwendige Fortschreibung bzw. Korrektur des Konzepts – festzulegen und schließlich auch die Öffentlichkeitsarbeit für das Vorhaben zu planen.

Das Ablaufschema soll deutlich machen, welche Aufgaben in den verschiedenen Phasen der Konzeptentwicklung von einem Team gelöst werden müssen, welche Kompetenzen dabei im Team gefragt sind und welche Konstellationen bzw. Voraussetzungen besonders günstig sind für die erfolgreiche Lösung der jeweiligen Aufgaben.

Die Übersichten, die später im Text folgen, stellen demgegenüber ins einzelne gehende,

Ablaufschema: Konzeptentwicklung im Team

	Aufgaben	*Kompetenzen*	*günstige Voraussetzungen für die Aufgabenerfüllung im Team*
V O R B E R E I T U N G S P H A S E	1. Ausgangslage klären! in bezug auf – Interessen – Erwartungen – Befürchtungen – „Auflagen“ 2. Art und Funktion des zu entwickelnden Konzepts festlegen! – Typus des Konzepts – Funktion des Konzepts – Ziel 3. Vorgehen festlegen! in bezug auf – Informationsbeschaffung – Organisation	Die Fähigkeit, – bei sich und anderen persönliche Motive, Interessen und fachliche Aspekte zu unterscheiden – Anforderungen von außen selbstkritisch und professionell zu bearbeiten Die Fähigkeit und Bereitschaft, – die soziale Wirklichkeit unter dem Aspekt ihrer Veränderbarkeit im Interesse pädagogischer Zielsetzungen durch konzeptionell geleitete Praxis zu sehen – und sich die dafür notwendigen Verfahren der Informationsbeschaffung und theoretischen Reflexion anzueignen Die Fähigkeit, Arbeitsabläufe effektiv und zielgerichtet zu organsieren (organisatorische Kompetenzen)	Offenheit, gegenseitige Respektierung, Atmosphäre der Akzeptanz von allen Teammitgliedern getragenes Engagement als Basis eingespielte Formen der Verständigung bei konkurrierenden Vorstellungen und Interessen der Wille, gemeinsam etwas zu gestalten
E N T W I C K L U N G S P H A S E	1. Ziele entwickeln! (das Herzstück der Konzeptentwicklung) – Vergleich von IST- und SOLL-Zustand – Verfahren der Zielentwicklung 2. Strategien der Zielerreichung entwickeln! – Operationalisierung der Ziele – Ressourcenfragen klären – sich das Wissen über die entsprechenden Arbeitsformen aneignen 3. Durchführung planen! – organisatorisch – zeitlich – Kontrolle sichern	Die Fähigkeit, Verfahren der Zielentwicklung und -begründung zu entwickeln und systematisch durchzuführen Strategisches Denken, d.h. die Fähigkeit, im Hinblick auf festgelegte Ziele Mittel und Wege zur Realisierung der Ziele zu entwickeln Die Fähigkeit, strategische Überlegungen in eine effektive organisatorische Form zu gießen	Gegenseitiges Ernstnehmen unterschiedlicher Formen der Wirklichkeitswahrnehmung und die Bereitschaft, sich zu verständigen Günstig ist es, wenn sich in einem Team für die verschiedenen Aspekte eines Konzepts (organisatorische, finanzielle, politische) jeweils ein Teammitglied besonders verantwortlich fühlt. Konzepte haben häufig experimentellen Charakter; deshalb ist Risikobereitschaft gefragt.

	Aufgaben	*Kompetenzen*	*günstige Voraussetzungen für die Aufgabenerfüllung im Team*
A N W E N D U N G S P H A S E	1. Ergebnisse und Erfahrungen mit der Anwendung des Konzepts dokumentieren! 2. Kriterien der Bewertung entwickeln! 3. Öffentlichkeitsarbeit sicherstellen, Erfahrungen weitergeben!	Die Fähigkeit und Bereitschaft, die eigene Praxis selbstkritisch und realistisch zu beschreiben und zu bewerten Die Fähigkeit und Bereitschaft, auf Probleme bei der Realisierung von Konzepten flexibel und sachgerecht zu antworten – auch und vor allem, wenn es um Modifikation und Korrektur des Konzepts geht Die Fähigkeit und Bereitschaft, Ergebnisse der eigenen Arbeit in die Fachdiskussion einzubringen und die Öffentlichkeit für die Arbeit zu interessieren	Verständnis des Teams dafür, daß die Beschreibung und Reflexion der Praxis ein wichtiges Instrument der Professionalisierung darstellt Im Team muß anerkannt und organisatorisch gesichert sein, daß Bewertung und Reflexion der Praxis ganz allgemein, vor allem aber auch im Zusammenhang mit konzeptionsorientierten Formen der Praxis ein eigenes Zeitbudget verlangen.

detaillierte Auflistungen der für die einzelnen Schritte wichtigen Punkte und Fragestellungen dar.

Was in diesem Schema nicht zum Ausdruck kommt, ist die selbstverständlich wichtige Tatsache, daß Kompetenzen, die beispielsweise in der Phase der Vorbereitung wichtig sind, auch in späteren Phasen noch immer gebraucht werden; sie werden aber hier – der Übersichtlichkeit und Pointierung halber – nicht noch einmal aufgeführt. Die Absicht dieses Schemas ist, zu zeigen, welche Kompetenzen bzw. Konstellationen *für die jeweilige Phase besonders* wichtig und unerläßlich sind.

Zur Spalte „Kompetenzen" ist außerdem noch zu bemerken, daß hier Fähigkeiten aufgelistet sind, die *im Team* vorhanden sein müssen – von wem auch immer sie erbracht werden.

Und schließlich ist darauf aufmerksam zu machen, daß die schematische Aufteilung in aufeinanderfolgende Phasen den Blick dafür nicht verstellen darf, daß Prozesse der Konzeptentwicklung und -realisierung keine in einer einmal festgelegten Richtung ablaufende Vorgänge sind, sondern daß jeder Schritt eine bereits erfolgte Festlegung in Frage stellen kann; umgekehrt: in den ersten Schritten müssen vorläufige Festlegungen getroffen werden, die sich im Fortschreiten des Prozesses als revisionsbedürftig erweisen. Diesen Prozeß lebendig und offen zu halten ist eine wichtige Voraussetzung für eine aufgabenorientierte Form der Konzeptentwicklung und -realisierung.

II. Ein Ablaufmodell der Konzeptentwicklung im Team

A Vorbereitungsphase

1. Die Ausgangslage klären!

Konzeptentwicklung kann von unterschiedlichen Ausgangslagen aus stattfinden.

Die gröbste Unterscheidung ergibt sich aus der Antwort auf die Frage, von wem der Impuls, ein Konzept zu entwickeln, ausgeht. Das kann einmal das Team selbst sein *(Fall A)*; Konzeptentwicklung kann aber auch als Auflage bzw. Auftrag von außen, von einem Träger, vom Vorstand, von einer Jugendhilfebehörde zur Aufgabe gemacht werden *(Fall B)*. Daneben gibt es in der Wirklichkeit sicher auch „Mischungen"; z.B. dann, wenn ein Team von sich aus bereit ist, ein Modell, ein Konzept zu entwickeln, dies aber gleichzeitig auch als Auftrag formuliert ist. Es kommt darauf an, die mit der jeweiligen Ausgangslage verknüpften spezifischen Möglichkeiten, aber auch Probleme und Gefährdungen zu erkennen.

Im *Fall A* kann die Absicht, konzeptionell zu arbeiten, folgenden Impulsen entspringen: dem Bedürfnis, etwas Neues zu erproben (eventuell aufgrund der Einsicht in veränderte Problemlagen), dem Wunsch, die eigene Arbeit besser zu begründen und damit zu qualifizieren, oder dem Gefühl des eigenen Ungenügens bei mangelndem Erfolg.

In der Vorbereitungsphase geht es in diesem ersten Schritt der Klärung der Ausgangslage darum, daß die zugrundeliegende Motivations- und Interessenlage der Mitglieder des Teams zur Sprache kommen kann und deutlich artikuliert wird. Dabei kommt es vor allem darauf an, daß Unterscheidungen, z.B. diejenige zwischen persönlichen Interessen und fachlich-professionellen Zielsetzungen, deutlich gemacht und daß sie in einer Atmosphäre ohne Diffamierung und in gegenseitiger Anerkennung ausgesprochen werden dürfen.

Weiterhin ist zu beachten, daß – vor allem in dieser Phase – die Ängste und Befürchtungen, die aus den verschiedensten Gründen mit der Entwicklung neuer Konzepte verknüpft sind, zugelassen, ausgesprochen und bearbeitet werden können.

Klärung der Ausgangslage im Fall A
(= die Initiative zur Konzeptentwicklung geht vom Team selber aus):

Bevor die Arbeit am Konzept beginnt, sind eine Reihe von Vorfragen zu klären, die die Ausgangslage ausmachen, von der aus die Arbeit an einem Konzept erfolgen soll. Die wichtigste Frage, die sich ein Team in dieser Situation stellen muß, muß sich darauf richten, ob die Erarbeitung eines neuen Konzeptes für die Arbeit wirklich die adäquate Lösung der Probleme darstellt, die ein Team bewegen. Wenn ein Team zerstritten ist, wenn es an Arbeitsdisziplin hapert oder die Organisation der Arbeit unbefriedigend ist, dann stellt ein neues Konzept nicht unbedingt die adäquate Antwort auf diese Probleme dar (obwohl nicht auszuschließen ist, daß die Verständigung über ein Konzept auch solche Probleme verbessern kann).

Notwendig ist aber in jedem Falle ein Klärungsprozeß über diese Situation.

Methodischer Hinweis:

Dieser Klärungsprozeß im Team kann in folgenden drei Schritten stattfinden:

In einem *ersten* Schritt notieren die Teammitglieder die ihnen wichtigen drei Gründe, die ihrer Meinung nach für eine Konzeptarbeit sprechen. Die Nennungen werden miteinander verglichen, und das Team kann auf diese Weise feststellen, ob und inwieweit sich die Motivationslage unterscheidet bzw. ob eine gemeinsame Basis vorhanden ist.

In einem *zweiten* Schritt kann in einem ähnlichen Verfahren die Frage „Was soll mit Hilfe eines neuen Konzepts verändert werden?" einer Klärung zugeführt werden. Wiederum formulieren die Teammitglieder ihre Auffassung zu diesem Punkt. Der Vergleich der geltend gemachten Änderungsvorstellungen kann unter dem Gesichtspunkt erfolgen, auf welchen Ebenen sich die jeweiligen Vorstellungen bewegen. Zeigt sich, daß z.B. Arbeitsverhalten, Organisationsfragen, Arbeitsbedingungen Gegenstand von Veränderungswünschen sind, dann wird damit deutlich, daß Konzeptentwicklung gar nicht die richtige Antwort ist. Stehen dagegen Zielfragen der pädagogischen Arbeit, die Frage nach Zielgruppen, nach pädagogischen Arbeitsformen und -möglichkeiten im Vordergrund, dann ist die Erarbeitung eines Konzeptes angebracht.

Schließlich sollten in einem *dritten* Schritt die persönlichen Momente im Sinne der Hoffnungen, Befürchtungen, Ängste, die für die einzelnen Teammitgleider mit der Erarbeitung eines Konzepts verknüpft sind, zur Sprache gebracht und erörtert werden. Hier ist, was das Verfahren betrifft, an ein Informationsmosaik zu denken (dabei werden zu unterschiedlichen Fragestellungen Antworten in Stichpunkten gesammelt, die dann auf einem Plakat gegenübergestellt werden).

Diese Bestandsaufnahme dient zum einen dazu, daß sich die Teammitglieder ihre persönliche Ausgangslage bewußt machen, zum anderen dazu, daß sie möglicherweise erkennen, daß sie völlig unterschiedliche Ausgangslagen haben. Die Unterschiede müssen nur dann bearbeitet werden, wenn sie so gravierend sind, daß sie eine konstruktive Zusammenarbeit gefährden. In der Regel reicht es, wenn das Team zur Kenntnis nimmt, wie verschieden die Voraussetzungen und Zugänge zur Aufgabenstellung sind.

Ziel dieser Übung ist vor allem, daß unterschieden wird, was persönliche und was fachlich-professionelle Zielsetzungen sind; wichtig ist, daß dies in einer Atmosphäre ohne Diffamierung und in gegenseitiger Anerkennung ausgesprochen werden kann. Weiterhin ist zu beachten, daß vor allem in dieser Phase die Ängste und Befürchtungen, die aus den verschiedensten Gründen mit der Entwicklung neuer Konzepte verknüpft sind, zugelassen, ausgesprochen und bearbeitet werden können, falls dies erforderlich scheint.

Klärung der Ausgangslage im Fall B
(= Konzeptentwicklung kommt als Auftrag von außen):

In dieser Situation sind folgende Fragen zu klären:

a) Versteht das Team den Auftrag als Herausforderung oder als „Mißtrauensvotum", als destruktive Kritik?
b) Welche Impulse, welche Interessen von seiten des Auftraggebers vermutet das Team?
c) Welche Ressourcen für Konzeptentwicklung und -durchführung stehen zur Verfügung?
d) Welche Fragen müssen im Hinblick auf die Realisierung geklärt werden?

Bei der Frage a) geht es darum, daß sich die Teammitglieder bewußt damit auseinandersetzen, wie sie den Auftrag, ein Konzept zu schreiben, einordnen. Dabei ist es wichtig zu unterscheiden: Was vermuten wir im Team, was nehmen wir an, und was ist über Nachfragen festzustellen?

Dabei hilft die Frage b). Die Bearbeitung dieser beiden Fragen kann zu einer Versachlichung führen; sie kann aber auch zeigen, daß, was als „Mißtrauensvotum" vom Träger erlebt wird, alte negative Erfahrungen mit Eltern, Lehrern u.a. aktualisiert. Das heißt, daß auch eingefahrene Abwehrformen wie Abblocken, Abwehren, Nichtverstehen, Abwerten des Auftrages oder der Auftraggeberin/des Auftraggebers erkannt werden müssen.

Dazu können folgende Fragen hilfreich sein:

1. Welche konkreten Informationen haben wir von der auftraggebenden Stelle? (Briefe, Telefon, Gespräche, u.a.)
2. Wie bewerten wir diese Informationen?
3. Welche Phantasien wecken diese Informationen?
4. Welche Gefühle lösen diese Informationen aus? (Angst, Unsicherheit, Zorn, Wut, Enttäuschung, u.a.)

Die Aufgabe besteht bei dieser Übung darin, wahrzunehmen, daß die Informationen und die dadurch ausgelösten Phantasien und Gefühle erst durchs Unterscheiden erfaßt werden können.

Schließlich ist es ein wichtiger Punkt bei der Klärung der Ausgangslage, daß die Vorgaben der verschiedensten Art, die in einem konkreten Fall vorhanden sind, bedacht, ernst genommen und in ihren Auswirkungen reflektiert werden.

Dies gilt besonders bei Konzeptentwicklungen unter den Bedingungen des Falles B (= ein Konzept soll auf Veranlassung einer Instanz von außen entwickelt werden). Hier ist es unerläßlich, die Frage nach den „Auflagen" vorab und systematisch zu stellen; dies kann anhand folgender Fragen geschehen:

- *Inhaltliche* Auflagen: Worin bestehen sie? In welcher Weise legen sie die Arbeit am Konzept fest? Wie verhalten sie sich zur bisherigen Praxis und den bisher verfolgten Zielen?
- *Organisatorische* Auflagen (hier geht es vor allem um Zeit): In welchen zeitlichen Rahmen soll die Konzeptentwicklung erfolgen? Ist dieser Rahmen angesichts vorhandener oder zu beschaffender Ressourcen realistisch? Ist es notwendig, eine Revision zu erreichen?
- *Personelle* Auflagen: Sind mit der Aufgabe der Konzeptentwicklung spezielle Vorgaben verbunden? (Einbeziehung bestimmter Personen als Expertinnen/Experten, Beraterinnen/Berater usw., die Notwendigkeit, zur Durchführung der Arbeit personelle Veränderungen vorzunehmen usw.) Wie ist das zu beurteilen?

2. Art und Funktion des zu entwickelnden Konzepts festlegen !

Was Konzepte sind und was sie – generell betrachtet – leisten sollen, wird in anderen Beiträgen dieses Handbuches dargestellt. Hier soll nur knapp daran erinnert werden, daß ihnen folgende Funktionen zukommen:

Sie sollen:

- informieren und orientieren nach innen und nach außen
- Klarheit bringen über Ziele und ihre Begründungen
- informieren über die Arbeitsformen und -weisen (Programme, Angebote etc.)
- Kooperationsvorstellungen festlegen

Für die nachfolgenden Überlegungen zu den Problemen der Konzeptentwicklung im Team ist aber wichtig, herauszustellen, daß diese Prozesse im Team sich unterschiedlich darstellen, daß die zu lösenden Probleme unterschiedlich sind, je nachdem um welchen Typus von Konzepten es sich handelt. Deswegen sollen hier kurz die Unterschiede charakterisiert werden, die sich bei Konzepten für und in der offenen Jugendarbeit ergeben:

Das Einrichtungskonzept

bezieht sich auf die Arbeit einer Einrichtung (z.B. eines Jugendfreizeitheimes) im ganzen. Es soll Auskunft darüber geben, was dort geschieht, beabsichtigt ist, geplant wird und mit welchen Mitteln und unter welchen Voraussetzungen es durchgeführt wird.

Der Träger betrachtet das Einrichtungskonzept als eine verbindliche inhaltliche und methodische Arbeitsabsprache, als Grundlage des „Arbeitskontrakts" zwischen ihm und seinen Mitarbeiterinnen/Mitarbeitern. Die Öffentlichkeit (Eltern, Lehrerinnen/Lehrer, Politikerinnen/Politiker u.a.) betrachtet das Einrichtungskonzept als Informationsgrundlage über das Geschehen in der Einrichtung. Die Mitarbeiterinnen/Mitarbeiter zeigen sich damit, es ist ihr Dokument nach innen und nach außen.

Das Zielgruppenkonzept

bezieht sich auf eine (oder mehrere) Adressatengruppe(n). Es ist deshalb eingegrenzter, sowohl vom Umfang her als auch oft zeitlich. Die zeitliche Begrenzung entsteht durch Veränderungen bei der ins Auge gefaßten Zielgruppe; so ändert sich etwa das Alter der Zielgruppe, die Probleme, die Anlaß für die Befassung mit einer speziellen Gruppe waren, sind bewältigt, usw. Bei einem Zielgruppenkonzept liegt der Focus auf den Adressatinnen/Adressaten; sie stehen im Mittelpunkt der Überlegungen.

Das bereichs- bzw. methodenorientierte Konzept

Hier liegt der Schwerpunkt entweder auf einem bestimmten pädagogischen Bereich bzw. Thema, wie z.B. Sexualität, Frieden, Ökologie, oder aber auf einer bestimmten Methode oder Arbeitsform der Jugendarbeit, wie z.B. Erlebnispädagogik, Kulturarbeit. Bei diesen Ansätzen stehen also Themen bzw. Methoden im Vordergrund, und die Adressatinnen/Adressaten werden dann dafür geworben. Auch diese Art von Konzepten ist meist zeitlich eher begrenzt; manchmal sind sie Teile einer Gesamtkonzeption.

Für die Arbeit im Team ist es in jedem Fall wichtig, ein klares Bewußtsein davon zu erarbeiten, um welche Art von Konzept es sich handeln soll und warum dieser und nicht ein anderer Typus gewählt wird. Dabei gibt es selbstverständlich auch Mischformen: So kann ein Einrichtungskonzept verbunden sein mit konzeptionellen Überlegungen zu Zielgruppen und zu bereichsorientierten Konzepten.

Grundsätzlich stellt aber die Entscheidung für das jeweilige Konzept auch eine spezifische Bedingung für die Arbeit an diesem Konzept im Team dar.

So stellt das Einrichtungskonzept höhere Anforderungen an Konsens und Übereinstimmung zwischen den Teammitgliedern, als dies bei einem Konzept anderer Art notwendig ist. Ein Einrichtungskonzept verlangt ein größeres Maß an Identifizierung mit der Einrichtung, an corporate identity als andere Konzeptformen.

Im weiteren Verlauf der Darstellung wird immer wieder auf die spezifischen Momente hingewiesen, die sich aus dem jeweiligen Konzept-Typus für die Arbeit im Team ergeben.

3. Vorgehen festlegen!

In bezug auf Informationsbeschaffung

Am Ende der Vorbereitungsphase müssen Festlegungen stehen. Sie stellen in gewisser Weise das Resultat aus den vorausgegangenen Klärungsprozessen dar. Diese Festlegungen betreffen folgende Punkte:

Eine vorläufige (s. dazu weiter unten) Festlegung der Art, des Umfangs der *Informationen,* d.h. des Wissens, das für die Erarbeitung des ins Auge gefaßten Konzepts notwendig ist. Dabei ist festzulegen, wer sich um welche Art von Informationen kümmert, wie sie beschafft und in welcher Form sie verarbeitet werden sollen (s. dazu die Übersicht!).

Der damit angesprochene Vorgang zielt darauf, für das Team im ganzen eine Wissensbasis zu schaffen, die die Grundlage für Verständigung und gemeinsame Arbeit darstellt. Es geht darum, daß vielerlei Einzelwissen aus den verschiedensten Quellen zu einem Teamwissen wird, d.h., daß ein gemeinsamer Wissensstand entsteht.

Die folgende Übersicht zeigt die Schritte, die in diesem Zusammenhang wichtig sind, und die Probleme, die dabei auftreten können:

Erstens geht es darum, die für die Konzeptarbeit wichtigen Informationen zu identifizieren, auszuwählen und zu beschaffen. Die Informationsquellen unterscheiden sich natürlich je nach Art des Konzepts – für die Arbeit an einem Einrichtungskonzept benötige ich andere Informationen als für eine adressatinnen/adressatenbezogene Form der Konzeptarbeit. In der nachfolgenden Übersicht sind deshalb – gleichsam als Anregung dafür, was in Frage kommen kann – Informationsquellen aufgeführt, an die in diesem Zusammenhang zu denken ist.

In einem *zweiten* Schritt geht es darum, die als wichtig erachteten Informationen so aufzubereiten und zugänglich zu machen, daß sie diskussionsfähig und Gegenstand der Aneignung im Team werden können. Die Übersicht zeigt einige der Verfahren, die sich dafür eignen (Erstellen von Auszügen, Formulieren von Thesen, Referate, Expertinnen/Expertenanhörungen usw.).

In einem *dritten* Schritt schließlich geht es um die Bewertung der Informationen, um die

Frage, was sich aus ihnen für das eigene Vorhaben ergibt; hier muß möglicherweise in der Gruppe kontrovers Diskutiertes zu einer Übereinstimmung gebracht werden. Hier hängt viel von den Spielregeln ab, die vorher festgelegt werden müssen.

Und schließlich ein ganz wichtiger **Hinweis:**

Gerade am Beispiel der Aufgabe der Informationsbeschaffung/Informationsbewertung zeigt sich, daß Prozesse der Konzeptentwicklung nicht geradlinig, sondern eher spiral- oder kreisförmig ablaufen: Keine Phase steht für sich und ist in sich abgeschlossen. Das gilt gerade für die Informationsbeschaffung und -auswertung:

Zunächst muß ich ein Vorauswissen haben darüber, worauf sich meine Konzeptarbeit beziehen soll, damit ich zielgerichtet nach den dafür notwendigen Informationen suchen und mir diese beschaffen kann. Aus den Informationen können sich aber möglicherweise Hinweise darauf ergeben, daß die bisherige Stoßrichtung der Konzeptarbeit an der Realität vorbeigeht, oder aber, daß mit unerwünschten Nebenwirkungen zu rechnen ist.

Die Auswertung von Informationen kann also auch zur Revision von Konzepten führen. Aus diesem Umstand ergibt sich die Notwendigkeit, Phasen der Informationsbeschaffung und -bewertung nicht auf die ersten Schritte der Konzeptarbeit zu beschränken; sie müssen immer wieder eingeschoben werden.

Übersicht: Informationsauswahl und -beschaffung

Schritte der Informationssammlung und -bearbeitung	*Quellen und Aufbereitungsformen*	*Was geleistet werden muß und welche Voraussetzungen dafür notwendig sind*
Informationen auswählen und beschaffen	mögliche Informationsquellen: – demographische Daten – gesellschaftstheoretische/gegenwartsdiagnostische Analysen – jugendtheoretische Diskussion – sozialökologische Daten – Zielgruppenanalyse – Fachliteratur – Praxisberichte – Expertenbefragung – Jugendlichen-Befragung	Das Team muß aus der Vielfalt und Unübersichtlichkeit auch qualitativ sehr unterschiedlicher Materialien das „Richtige" auswählen. *Hilfreich:* Inanspruchnahme von Fachinstituten (z.B. Deutsches Jugendinstitut), von Fachberatung und Fortbildungsangeboten.
Informationen aufbereiten, diskussionsfähig machen	*Formen der Aufbereitung von Informationsmaterialien:* – Exzerpte (Textauszüge) – Expertise, Stellungnahme – Thesen – Statistik	Aus der Fülle von Materialien muß ein für die Diskussion zur Konzepterarbeitung brauchbarer „Extrakt" erarbeitet werden. *Hilfreich* wäre, wenn Fortbildung sich der Vermittlung entsprechender Qualifikationen annehmen würde.

Informationen bewerten und (im Hinblick auf das zu erarbeitende Konzept) auswählen und Festlegungen treffen	Verfahren der Bewertung von Informationsmaterialien für die Konzeptentwicklung: – strukturierte Diskussion über die Vorlagen anhand explizit gemachter Kriterien – Festlegungen (= Entscheidungen) treffen – Klärung von Zielhierarchien – Operationalisierung (=Umsetzung der Ziele in Einzelschritte)	Das Team muß auf der Basis ausdrücklich gemachter Kriterien die zur Diskussion gestellten Informationen im Hinblick auf das zu erarbeitende Konzept auswerten. Kriterien ergeben sich aus den verfolgten Zielen (s. dazu später). *Günstige Voraussetzung* für diesen Prozeß: Klare Regelungen zum Diskussionsprozeß und die Fähigkeit und die Bereitschaft des Teams, die gruppendynamischen Dimensionen des Prozesses zu erkennen und konstruktiv zu bearbeiten.

In bezug auf Organisation

Darüber hinaus müssen am Ende der Vorbereitungsphase auch *organisatorische Festlegungen* getroffen werden, und es müssen eine Reihe von Punkten geklärt werden, die ganz allgemein wichtige Voraussetzungen für die Konzeptarbeit darstellen. Diese beziehen sich zum einen auf die organisatorischen Voraussetzungen der Konzeptarbeit innerhalb der Einrichtung bzw. des Teams, zum anderen auf Arbeitsschritte, die der Absicherung und Einbettung der geplanten pädagogischen Arbeit in den jeweiligen politisch-institutionellen Kontext dienen; auch Öffentlichkeitsarbeit gehört in diesen Zusammenhang.

Übersicht: Organisatorische Planung

Aufgaben	*Festlegungen*	*Was geleistet werden muß und welche Voraussetzungen dafür notwendig sind*
Organisatorische Festlegungen zur Schaffung äußerer Voraussetzungen für die Konzeptarbeit im Team	Arbeitsplanung – Arbeitsteilung (Wer tut was?) Zeitplanung im Rahmen des Zeitbudgets – Was ist an Zeit für Konzeptentwicklung investierbar – angesichts anderer Aufgaben, die auch erfüllt werden müssen?	Das Team muß zu einer präzisen Übersicht über die zu leistenden Aufgaben kommen, die Aufgaben so verteilen, daß die Interessen und Fähigkeiten der Teammitglieder zum Tragen kommen und daß schließlich auch die „ungeliebten" Arbeiten ihren Mann bzw. Frau finden. *Hilfreich* ist, wenn das Team gelernt hat bzw. zu lernen bereit ist, auf der Basis von Offenheit und Fairness zu kooperieren.

Schritte zur Absicherung und Einbettung der geplanten Arbeit im jeweiligen politischen und sozialen Kontext	Festlegen der Koalitionen und Kooperationen, die für die Realisierung des Konzepts notwendig sind (z.B. Arbeitsamt bei berufsbezogenen Projekten) Öffentlichkeitsarbeit	Das Team muß die gesellschaftlichen Bereiche und die entsprechenden Institutionen, mit denen das Konzept verflochten ist, identifizieren und frühzeitig kontaktieren. *Hilfreich* ist, wenn das Team den sozialen, politischen und kulturellen Kontext, in dem es sich mit seiner Arbeit bewegt, kennt und im Hinblick auf das geplante Konzept aktiviert.
Überprüfung und Kontrolle	Festlegen von Terminen Wer kontrolliert? Welche Sanktionen gibt es?	Der Prozeß der Konzeptentwicklung muß in einer transparent kontrollierbaren Form etabliert werden; wichtig sind klare, von allen Beteiligten akzeptierte Festlegungen. *Hilfreich* ist, wenn die Teammitglieder Einsicht in die Notwendigkeit von Kontrolle und Überprüfung zeigen.

B Entwicklungsphase

Auf die Vorbereitungsphase, in der es darum geht, die Ausgangslage und damit zusammenhängende Fragen zu klären, folgt die Phase der eigentlichen Arbeit am Konzept, *die Entwicklungsphase.*

Im Zentrum dieser Phase steht die Aufgabe, Ziele zu entwickeln, zu begründen und festzulegen. Das gilt für alle Typen von Konzepten; stets muß geklärt werden, welche Ziele aus welchen Gründen verfolgt werden sollen und wie die Differenz zum jetzigen Zustand aussieht. Es geht also immer darum, aus der Gegenüberstellung von IST- und SOLL-Zuständen und aus begründeten normativen Festlegungen Ziele zu formulieren.

Daraus ergeben sich folgende Schritte:

1. Zielentwicklung aus der Gegenüberstellung von IST-Analyse und SOLL-Zustand
2. Entwicklung einer Strategie der Zielerreichung
3. Durchführungsplanung auf der Grundlage der erarbeiteten Strategie (s. Übersicht)

1. Zielentwicklung aus der Gegenüberstellung von IST- und SOLL-Zustand und begründeten normativen Festlegungen

Fragen zur IST-Analyse:

- Erstens geht es um die Ziele, die bisher verfolgt wurden:
  Sind solche überhaupt identifizierbar – und beschreibbar? Lohnend ist dabei, zwischen quantitativen (z.B. Besucherinnen/Besucherzahlen) und qualitativen-pädagogischen Zielen (Welche inhaltlichen, pädagogischen Ziele waren leitend?) zu unterscheiden; zu differenzieren ist auch zwischen auf Dauer gestellten Zielen und solchen, die jeweils für einen befristeten Zeitraum verfolgt wurden.
- Zweitens geht es um die Adressatinnen/Adressaten; in bezug auf eine Einrichtung der offenen Jugendarbeit ist z.B. zu fragen: Wie setzt sich die Besucherschaft zusammen? Wer wird angesprochen? Sind diejenigen, die das Angebot annehmen, auch diejenigen, die das Team ansprechen will? Stimmt die Zielsetzung des Teams mit dem Bedarf, den Interessen der Besucherinnen/

Besucher überein? Wo gibt es Diskrepanzen?
- Drittens ist zu fragen: Wie steht es mit der Beziehung zwischen tatsächlich praktizierten Arbeitsformen und den proklamierten Zielen? Wo, bei welchen Angeboten stimmt beides überein? Wo gibt es Unstimmigkeiten, Widersprüche, Defizite, Mängel?
- Viertens gehört es auch zu einer IST-Analyse, das Verhältnis von zur Verfügung stehenden Ressourcen zu den verfolgten Zielsetzungen zu reflektieren. Dabei geht es um finanzielle, organisatorische, administrative, fachliche, räumliche Voraussetzungen; hier kommt es vor allem darauf an, genauer den Bedarf zu analysieren, der notwendig wäre, um die für richtig gehaltenen Ziele mit adäquaten Methoden erreichen zu können.

Zielentwicklung

In der Praxis zeigt sich immer wieder, daß die Entwicklung und Formulierung von Zielen der pädagogischen Arbeit als besonders schwierig empfunden werden. Wie läßt sich vermeiden, daß Ziele gleichsam beliebig, qua Zuruf zustandekommen? Gibt es Verfahren und Bezugspunkte für die Zielentwicklung, auf die man sich verständigen kann?

In der nachfolgenden Übersicht sind drei Möglichkeiten skizziert, die aus dieser Beliebigkeit herausführen können. Demnach können sich Zieldiskussionen *erstens* auf Vorgaben beziehen, wie sie im Grundgesetz, im KJHG oder in Ländergesetzen vorliegen; eine *andere* Möglichkeit besteht darin, sich auf die Programmatik des jeweiligen Verbandes, des Trägers einer Einrichtung zu beziehen. In beiden Fällen kommt es darauf an, aus den meist sehr allgemeinen Programmatiken handhabbare, in die Praxis umsetzbare Zielvorstellungen zu entwickeln.

Eine *dritte* Möglichkeit besteht darin, in einem kommunikativen Aushandlungsprozeß zwischen den am Zielfindungsprozeß Beteiligten (Mitarbeiterinnen/Mitarbeitern, Träger, Adressatinnen/Adressaten, politischen Instanzen) zu einer Übereinkunft hinsichtlich der verfolgten Ziele zu kommen.

Übersicht: Zielentwicklung

Ziele werden abgeleitet aus:	*Aufgaben des Teams*	*Was geleistet werden muß und welche Voraussetzungen dafür notwendig sind*
gesetzlichen Vorgaben (z.B. GG, KJHG, Ländergesetzen u.a.)	Gesetze formulieren Ziele meist in Form unbestimmter Rechtsbegriffe oder aber in sehr allgemeiner programmatischer Form („Wohl des Kindes“), es geht darum, solche allgemeinen Formulierungen zu konkretisieren und auf konkrete Verhältnisse zu beziehen.	Die Leistung des Teams besteht darin, eine „Übersetzungs- und Transformationsaufgabe“ zu erfüllen. *Hilfreich* ist eine spezifische Mischung aus sozialer Phantasie und Blick für die Realität (vor allem die Adressatinnen/Adressaten!).
der Programmatik eines Verbandes, einer Einrichtung, eines Vereins	Auch hier geht es darum, allgemein formulierte Aussagen in konkrete Zielformulierungen umzugießen und auf ihre Zeitgemäßheit hin zu überprüfen.	s.o.

kommunikativen Aushandlungsprozessen zwischen den Beteiligten, also: Träger — Mitarbeiterinnen/Mitarbeitern — Adressatinnen/ Adressaten - pol. Instanzen	Das Team hat hier vor allem die Aufgabe, eine fachliche Basis für diesen Prozeß zu erarbeiten und ihn sicherzustellen.	Das Team muß die inhaltlichen und organisatorischen Voraussetzungen für den Aushandlungsprozeß herstellen. *Hilfreich* ist die Fähigkeit des Teams, sich auf einen offenen Diskussionsprozeß einzulassen.

Nachfolgend noch einige Überlegungen zur Zielfrage, je nachdem, ob sie sich auf spezielle Zielgruppen, auf neue Arbeitsformen oder aber auf Jugendarbeits-Konzepte bezieht.

a) Bei der Entwicklung von Konzepten, die sich auf Zielgruppen beziehen, ist mit der Festlegung auf eine Zielgruppe nur in einer allerersten Form die Zielfrage beantwortet. Welche Ziele mit dieser Adressatengruppe in der praktischen Arbeit erreicht werden sollen, muß in einem Klärungs- und Diskussionsprozeß erarbeitet werden.

b) Bezieht sich das Konzept auf die Etablierung von *neuen Arbeitsformen,* so enthalten diese immer schon bestimmte Zielvorstellungen. (So ist mit der Arbeitsform der Erlebnispädagogik die Zielsetzung der Erziehung zu neuen Formen der Sozial- und Selbsterfahrung schon gegeben.) Auch hier geht es darum, die allgemeinen Ziele auf konkrete Situationen zu beziehen.

c) Das gleiche gilt für *Konzepte der Jugendarbeit,* wie z.B. Jugendarbeit als Hilfe zur Lebensbewältigung; auch hier kommt es darauf an, die allgemeine Programmatik auf konkrete Hier-und Jetzt-Situationen zu beziehen.

2. Eine Strategie der Zielerreichung erarbeiten

In dieser Phase stehen strategische Überlegungen (die sicherlich auch bisher eine Rolle gespielt haben und spielen mußten) im Vordergrund.

Sie beziehen sich auf die Fragen, auf welchen Wegen die im vorausgegangenen entwickelten Ziele erreicht und welche Voraussetzungen der verschiedensten Art für diese Zielerreichung notwendig sind.

Übersicht: Strategische Planung

Aufgaben	*Was geleistet werden muß und welche Voraussetzungen dafür nötig sind*
Strategische Planung setzt Operationalisierung der Ziele, d.h. Umsetzung der allgemeinen Zielvorstellungen in Einzelziele voraus.	Siehe die Ausführungen zur Zielentwicklung!
Strategien müssen die vorhandenen bzw. mobilisierbaren Ressourcen der verschiedensten Art reflektieren.	Das Team muß in seine Strategien Überlegungen einbeziehen, welche Kooperationspartnerinnen/partner anzusprechen und welche Koalitionen (mit wem?) der Zielsicherung förderlich sein könnten. Es geht auch darum, zusätzliche mobilisierbare Ressourcen zu aktivieren.
Strategische Überlegungen setzen die Kenntnis der Fachliteratur, insbesondere zu Arbeitsformen der Sozialpädagogik voraus.	Das Team muß den Prozeß der Aneignung des zum fraglichen Themenbereich vorhandenen Fachwissens organisieren und die vorhandenen Erfahrungen und Erkenntnisse in die strategischen Überlegungen einbeziehen.

3. Durchführungsplanung auf der Grundlage der erarbeiteten Strategie

Steht die Strategie fest, geht es darum, die Durchführung organisatorisch, zeitlich und personell zu planen, d.h. festzulegen, wer im einzelnen was zu tun hat.

Folgende Schritte sind dabei wichtig:

1. Zuständigkeiten festlegen: Wer ist wofür zuständig, wer macht was?
   Zuständigkeiten: Ressourcensicherung, Koalitionen, Öffentlichkeitsarbeit, politische Absicherung
2. Zeitliche Planung
   - Gesamtdauer festlegen
   - Festlegung der einzelnen zeitlichen Abschnitte
   - Festlegung der Zeiten für besonders aufwendige Arbeitsschritte, wie z.B. Fragebogenaktionen, Interviews usw.
3. Kontrolle – Überprüfung (vgl. Übersicht Anwendungsphase)

Was kann dabei schiefgehen?
- unrealistische Planung in den Bereichen:
  - zeitliche Terminierung
  - Ressourcen
  - Adressatinnen/Adressaten
  - Einschätzung der vorhandenen Kompetenzen
- Hinderlich auf das Gelingen wirkt sich aus:
  - mangelnder Konsens, Zerstrittenheit
  - unterschiedlich starkes Engagement
  - ungerechte Belastung
  - ungerechte Aufgabenverteilung

C Anwendungsphase

Auf die Entwicklungsphase folgt die Phase, in der *mit dem Konzept* gearbeitet wird, in der Erfahrungen mit dem Konzept gesammelt werden, in der es – möglicherweise – weiterentwickelt, modifiziert, vielleicht auch korrigiert wird.

Daß ein Konzept, wenn damit gearbeitet wird, weitergeschrieben werden muß, daß es meist auch überprüft und „verbessert" werden muß, ist die Regel. Es ist deshalb richtig und notwendig, sich von vornherein darauf einzustellen und die notwendigen Vorkehrungen zu treffen. Dazu sind drei Schritte notwendig, die im folgenden kurz skizziert werden sollen:

1. Es ist unerläßlich, sich darüber im Team zu verständigen, wie die Erfahrungen, die in der Arbeit mit dem Konzept gemacht werden, *dokumentiert,* beschrieben und so der Diskussion zugänglich gemacht werden können. Dafür ist es notwendig, Kriterien für das, was beschrieben werden soll, zu entwickeln und Zeit, personelle Ressourcen für Dokumentation und Beschreibung zu reservieren.
2. Es ist notwendig, Vorkehrungen für eine systematisch sichergestellte (und nicht nur beiläufig und punktuell durchgeführte) *Bewertung* dieser Erfahrungen zu treffen; dabei kann es sich um Verfahren der Selbstevaluation oder aber der Fremdevaluation handeln.
3. Schließlich hat Konzeptentwicklung und -arbeit auch etwas mit *Öffentlichkeit* zu tun. Dies liegt da auf der Hand, wo der Prozeß der Konzeptentwicklung und -erprobung durch Auflagen von außen angestoßen wird; hier ist es naheliegend, daß die „Auftraggeber" und die Öffentlichkeit ein Interesse am Gang der Dinge haben. Es liegt aber auch im Interesse der Teams, daß die Arbeit Eingang in die Öffentlichkeit findet.

Übersicht: Aufgaben und Arbeitsformen der Anwendungsphase		
Aufgaben	*Arbeitsformen*	*Was geleistet werden muß und welche Voraussetzungen dafür notwendig sind*
Beschreiben und Dokumentieren der Prozesse bei der Realisierung des Konzepts = Dokumentation der Erfahrungen!	teilnehmende Beobachtung; Berichte, Notizen erstellen; Tagebucheintragungen vornehmen; Auswertung von Gesprächen mit Akteurinnen/Akteuren und Adressatinnen/Adressaten; Videoaufzeichnungen	Aus dem zugrundeliegenden Konzept müssen Kriterien dafür entwickelt werden, *was* beobachtet, dokumentiert und beschrieben werden soll; darüber hinaus muß das Team die Aufgabe lösen, für diese „Dokumentationsaufgabe" Zeit und personelle Ressourcen sicherzustellen. *Hilfreich* ist, wenn das Team die Notwendigkeit einer kontinuierlichen Dokumentation der Erfahrungen anerkennt und die dafür notwendigen Kompetenzen (evt. im Rahmen von Fortbildung oder Fachberatung) erworben werden.
Kriterien der Bewertung entwickeln = Voraussetzungen für die Bewertung der Erfahrungen schaffen!	Vergegenwärtigung der mit dem Konzept verbundenen Ziele und Ableitung daraus resultierender Bewertungskriterien in Form von Teamdiskussionen; Festlegung der Bewertungsformen (Selbstevaluation – Fremdevaluation); Diskussion möglicherweise notwendiger Korrekturen am Konzept im ganzen oder an Teilen desselben	Das Team muß die – nicht einfache – Leistung erbringen, aus den Zielsetzungen des Konzepts Kriterien der Bewertung der tatsächlich mit der Konzeptrealisierung verbundenen Erfahrungen zu entwickeln und anzuwenden. *Hilfreich* ist es, wenn die Ziele, die mit dem Konzept verbunden sind, so klar formuliert sind, daß sich Bewertungskriterien aus ihnen eindeutig ableiten lassen; wichtig ist ferner, daß Evaluation (Selbst- und Fremdevaluation) als Moment und Möglichkeit der Qualifizierung und nicht als Instrument der Kontrolle mißverstanden wird.
Öffentlichkeitsarbeit sicherstellen = Erfahrungen weitergeben!	Medienarbeit (örtliche Presse, Radio); Kontakte und Zusammenarbeit mit Eltern, Schule, Politikerinnen/Politikern	Das Team muß die auf der Grundlage des Konzepts verfolgten Arbeitsschritte und Ziele in einer auf die jeweiligen Adressatinnen/Adressaten bezogen Weise verdeutlichen und übermitteln. *Hilfreich* ist, wenn das Team in der Lage ist, die unterschiedlichen Interessenlagen und Erwartungen der Adressatinnen/Adressaten der Öffentlichkeitsarbeit einzuschätzen, und es über die Fähigkeiten und Kompetenzen verfügt, entsprechende Strategien der Öffentlichkeitsarbeit zu entwickeln.

III. Schlußbemerkungen

Zum Schluß drei Punkte, die sich einerseits vor dem Hintergrund der vorausgegangenen Darstellung aufdrängen, die aber zugleich auch noch einmal den Grundgedanken, die Grundthese dieses Beitrags pointieren.

1.
Wer die hier angestellten Überlegungen zur Kenntnis nimmt, wird sicherlich unter dem Eindruck stehen, daß angesichts der vielfältigen Probleme, der höchst unterschiedlichen Gesichtspunkte und Zusammenhänge, die im Prozeß der Konzeptentwicklung in einem Team bedacht werden müssen, es eher unwahrscheinlich ist, daß derartige Vorhaben zu einem wirklichen Ergebnis führen. Gleichzeitig zeigt die Erfahrung, daß es immer wieder – gleichsam wider Erwarten – klappt. Wann, unter welchen Voraussetzungen ist dies der Fall?

Aus dem Vorausgegangenen sollte deutlich geworden sein, daß die soziale Seite des Prozesses eine höchst wichtige Voraussetzung für derartige Vorhaben ist; das Team muß sich verständigen können, es muß über eine gemeinsame Basis verfügen, muß sich an Absprachen und Arbeitsorganisation halten; aber gleichzeitig gilt auch, daß soziale Funktionsfähigkeit („wir verstehen uns doch alle so gut, und wir können uns doch so gut leiden!“) allein noch nicht ausreicht, um zu einem tragfähigen, die Arbeit strukturierenden Konzept zu kommen.

Ein solches Konzept ist Ergebnis eines Arbeitsprozesses, bei dem sich fachliches Wissen, inhaltliches Engagement, organisatorische Fähigkeiten, Innovationslust und die Freude am Erproben neuer Wege miteinander in einer spezifischen Weise verbinden.

2.
Daß heute über Konzepte und über die Notwendigkeit neuer Programme so häufig und heftig diskutiert wird, ist zwar sicherlich den verschiedensten Gründen (und nicht immer nur den sachlichen) zuzuschreiben; andererseits kann kein Zweifel darüber bestehen, daß die immer schneller sich verändernden Problemlagen der Heranwachsenden, die Wandlungen in den gesellschaftlichen Rahmenbedingungen der Sozialisation, nicht zuletzt auch der Zwang, sich angesichts knapper gewordener Mittel auf das Wesentliche und Notwendige zu konzentrieren – daß dies alles den Bedarf an Konzeptentwicklung enorm steigert. Konzeptentwicklung wird also ein Thema der Zukunft sein! Sich dafür die notwendigen Kompetenzen zu verschaffen wird deshalb stärker als bisher in Ausbildung und Fortbildung erforderlich sein.

3.
Schließlich ein letzter Gedanke: Die Darstellung dieses Beitrags mag der Leserin/dem Leser den Eindruck vermitteln, daß Konzeptentwicklung vor allem eine Last sei. Was muß nicht alles bedacht, berücksichtigt, bewältigt werden! Dabei kommt vielleicht folgendes zu kurz: Wenn Konzepterstellung heißt, die eigene Arbeit zu strukturieren, in ihren Akzenten festzulegen, ihr neue Perspektiven zugrundezulegen, dann liegt darin ein Moment von Selbstbestimmung und Gestaltungsmöglichkeit, das im Arbeitsleben, auch im pädagogischen Bereich, üblicherweise selten, wenn überhaupt, vorkommt. Sich dies klarzumachen könnte einen wesentlichen Impuls dafür bedeuten, sich der Herausforderung, die in einer Konzeptentwicklung steckt, auch weiterhin, trotz aller Probleme, zu stellen.

Literatur

Böhnisch, L./Münchmeier, R.: Pädagogik des Jugendraums. Weinheim/München (Beltz Verlag) 1990.

Eichner, A.: Konzeptentwicklung – Zielentwicklung – Konzeptdurchführung. In: Bezirksjugendring Schwaben (Hrsg.): Dokumentation der Fachtagung für Mitarbeiter/innen in der offenen Kinder- und Jugendarbeit in Schwaben. Oktober '93/April '94/Oktober '94. Augsburg 1994.

Graf, P.: Konzeptentwicklung. Alling (Verlag Prof. Dr. Jürgen Sandmann) 1995.

Hornstein, W.: Jugend heute – Individualisierung und soziale Ausdifferenzierung. In: Scharinger, K. (Hrsg.): Jugend in den neunziger Jahren. Planen und (H)offen. Nürnberger Forum der Jugendarbeit 1989. Nürnberg 1990, S. 15-29.
Krafeld, F.J. (Hrsg.): Konzeptionen in der Jugendarbeit. Bremen (Zentrum für soziale Beratung und Bildung, Hochschule Bremen, Fachbereich Sozialwesen) 1994.
Landschaftsverband Westfalen-Lippe (Hrsg.): Praxis der Jugendarbeit. Münster 1994.
Schilling, J.: Didaktik/Methodik der Sozialpädagogik. Grundlagen und Konzepte. Neuwied/Kriftel/Berlin (Luchterhand Verlag) 1993.
Stadtjugendring Augsburg (Hrsg.): Das Konzeptionenhandbuch. Augsburg 1993.

Sport, Bewegung und Abenteuer – Konzepte aus der Praxis heraus entwickeln

Christoph Gilles

Tischtennisplatte, Fußballmannschaft, Discotanz und Kanutour gehören zum Standardangebot offener Einrichtungen. Doch kommen Sport, Bewegung und Abenteuer in den Konzeptionsdebatten der offenen Kinder- und Jugendarbeit nur am Rande vor. In der Praxis werden bewegungsorientierte Angebote meist aus dem „Ärmel geschüttelt“ und selten in einen konzeptionellen Gesamtzusammenhang gestellt. Der vorliegende Aufsatz greift diese Situation auf. Ziel ist es, die pädagogische und konzeptionelle Relevanz von Sport, Bewegung und Abenteuer deutlich zu machen.

Im ersten Kapitel wird der theoretische Hintergrund erläutert. Im Mittelpunkt stehen vier Szenen aus dem (Bewegungs-) Alltag der offenen Arbeit. Sie zeigen das große Spektrum der bewegungsorientierten Angebote und lassen verschiedene Ansatzpunkte für eine konzeptionelle Reflexion erkennen.

Im zweiten Kapitel geht es um die Praxis der Konzeptentwicklung. Das beschriebene Handlungsraster stellt eine praxisnahe Arbeitshilfe für die Anwendung in der offenen Kinder- und Jugendarbeit dar.

I. Sport, Bewegung und Abenteuer als Medium der Kinder- und Jugendarbeit: Der theoretische Hintergrund

Um Sport, Bewegung und Abenteuer im Rahmen konzeptioneller Überlegungen zu bearbeiten, sind begriffliche Klärungen notwendig. Es gibt jedoch keine klaren und eindeutigen terminologischen Festlegungen. Gemeinsam ist allen Phänomenen nur, daß der Körper als handelndes Subjekt im Mittelpunkt steht (Sack 1989).

Während die Medien und die allgemeine Öffentlichkeit dazu tendieren, alle Bewegungsphänomene unter dem Begriff Sport zu fassen, unterscheiden Pädagogen[1] eher zwischen dem institutionalisierten, geregelten Sport (Sportverein, Schulsport, Sportarten) und den – meist bei Kindern zu beobachtenden – freien Bewegungsformen des Alltags (klettern, kriechen, rennen, hüpfen etc.). Die Zuschreibung Abenteuer gibt die besondere, spannende Qualität von Sport- und Bewegungsaktivitäten

1 Um den Text lesbar zu gestalten, werden in der Regel nur die männlichen Formen gebraucht. Es sind jedoch immer Frauen und Männer gemeint.

wieder, die sich auf Situationen von Wagnis, Risiko, Selbst- und Grenzerfahrung beziehen.[2]

Der in diesem Aufsatz verwendete Sport- und Bewegungsbegriff umfaßt also nicht nur die Palette von alten (Fußball, Tischtennis, Volleyball) und neuen Sportarten (Badminton, Squash, Bodybuilding, Streetball), sondern bezieht auch die am Rande des geregelten und organisierten Sports gelegenen Bewegungs- und Spielphänomene mit ein: Frisbee, Skateboard, New Games, Akrobatik, Discodance, Wendo, Bewegungstheater .... Letztlich bleiben diese Unterscheidungen jedoch immer unscharf, wie das folgende Beispiel zeigt:

Kinder und Jugendliche balancieren gerne. Tun sie dies auf einem Geländer, das die Wiesenfläche eines Parks begrenzt, spricht man von einer spielerischen Bewegungsform.

Geschieht das Balancieren jedoch auf einem Schwebebalken im Unterricht, ist es Sport. Abenteuersport wird es genannt, wenn der Schwebebalken Teil eines Abenteuerparcours in der Sporthalle ist. Ganz anders bei dem Baumstamm, mit dessen Hilfe die Kinder balancierend einen Bach überqueren – dann ist es ein Element der Abenteuerpädagogik. Werden in den Anden durch solche Baumstämme reißende Flüsse überquert und ist noch ein Kamerateam dabei, dann heißt später die Sendung im Deutschen Sportfernsehen „Die letzten Abenteuer dieser Welt"!

Die Bedeutung von Sport, Bewegung und Abenteuer für Kinder und Jugendliche

Körper, Bewegung und abenteuerliche Grenzerfahrungen spielen in den jugendkulturellen Lebensstilen eine zentrale Rolle. Dies läßt sich wie folgt zusammenfassen (Becker 1993, Gilles 1995, Koch 1989):

– Körper und Bewegung sind Mittel jugendlicher Selbstdarstellung. Das dazu notwendige Körpermanagement gestaltet sich als eine modebewußte Körperstilisierung. Sexuelle Anziehungskraft und die Statuszuweisung innerhalb der Jugendszenerie ergeben sich ganz wesentlich aus der attraktiven Präsentation des eigenen Körpers nach außen und aus der Präsentation von Bewegungsfertigkeiten, wie z. B. Discotänzen, Breakdance, Bewegungskunststücken im Schwimmbad oder auf dem Skateboard.

– Körper und Bewegung sind gesellschaftliches Kapital. Die jugendliche Dynamik, Kreativität und Fitness stellen im Wirtschaftssystem wichtige „Schlüsselqualifikationen" dar.
In den sozial benachteiligten Jugendszenen und hier vor allem bei den männlichen Jugendlichen sind Körper, Kraft und Stärke das zur Verfügung stehende Kapital im Kontext von Arbeitswelt und Statuszuschreibung.

– Die verregelte, durchorganisierte und „versicherte" Lebenswelt läßt die Bedürfnisse der Kinder und Jugendlichen nach spannenden und risikohaften Grenzerfahrungen wachsen. Es sind vor allem die körperbezogenen Ernsterlebnisse, die Handlungs-

2 Mit der Aufwertung von Abenteuer und Erlebnis in der Jugendarbeit (Fischer; Klawe; Thiesen 1985; Becker 1991) haben Ausflüge und Freizeiten einen neuen Stellenwert bekommen. Kinder und Jugendliche können in naturhafter Umgebung Bewegungserfahrungen machen. Es ergeben sich neue Möglichkeiten, die individuellen Grenzen unter Wagnis und Risko richtig einschätzen zu lernen und zu erproben. Hier spielt der Aspekt der Veränderbarkeit und des Selbstbauens mit der anschließenden Nutzung eine wichtige Rolle. Naturbezogene Abenteuererfahrungen beschränken sich nicht nur auf eine Kanutour in Schweden oder auf das Klettern in Südfrankreich. Sie können auch in der direkten Umgebung der Jugendeinrichtung stattfinden. Kinder und Jugendliche suchen nach alltagsbezogenen und lebensweltorientierten Möglichkeiten von Erlebnissen und Grenzerfahrungen mit dem eigenen Körper (Hildebrandt 1992, Sportjugend NW 1989).
Dies schließt herausgehobene Freizeiten und Unternehmungen in fernere Regionen natürlich nicht aus.

kompetenz und persönliche Erfolgserlebnisse vermitteln.

- Sport und Bewegung machen Spaß. Sie ergeben sich aus dem kindlichen und jugendlichen Bewegungsdrang und gewinnen in der Gruppe, im Kontakt mit anderen eine besondere Qualität.

Szenen aus dem (Bewegungs-) Alltag der offenen Kinder und Jugendarbeit

Die folgenden vier Szenen zeigen die Relevanz von Sport, Bewegung und Abenteuer im Alltag von Kinder- und Jugendeinrichtungen und unterstreichen die Notwendigkeit einer konzeptionellen Auseinandersetzung. Die Erläuterungen im Anschluß an die Szenen sollen punktuell die Möglichkeiten konzeptioneller Reflexion zeigen.

Der Streetballkorb

Önder, Frank und Sebastian sind im Streetballfieber. Nachdem sie in der Schule bei einem Wettbewerb der Krankenkassen mitgemacht haben, können die drei nicht genug von dieser Form des Basketballspielens bekommen. Deshalb sprechen die drei den Leiter des Jugendzentrums an, ob man nicht dort eine Korbanlage installieren könne.

Der bespricht das mit seinem Träger, und man kommt zu folgendem Ergebnis: Eine unzerstörbare Korbanlage im Außenbereich anzuschaffen ist zu teuer. Deshalb soll ein einfacher mobiler Korb angeschafft werden, der leicht an der Außenwand des Jugendzentrums an- und abzumontieren ist. Die Jungen sollen dabei helfen, die entsprechende Halterung anzubringen.

Das tun sie gerne, denn sie haben die Verantwortung über die Anlage übernommen, und sie achten penibel darauf, daß nur sie oder die Mitarbeiter der Einrichtung den Korb an der Wand aufhängen.

Mittwochs kommt nun auch eine Honorarkraft, die allen Interessenten einige Tricks und Techniken des Streetballspielens beibringt. Nach kurzer Zeit ist das Jugendzentrum zu einem Treff der Streetballszene im Stadtteil geworden. Die Idee von Önder, auch im großen Saal des Jugendzentrums eine Halterung für den Korb anzubringen, wird im nächsten Herbst verwirklicht.

Einige Erläuterungen dazu:

- Jugendliche bringen die aktuellen Sporttrends in das Jugendzentrum hinein. Sie brauchen Bereitschaft und Möglichkeiten, sie dort realisieren zu können.
- Die drei Jungen sind dann begeistert bereit, mitzuarbeiten und kreative Lösungen für eine mobile Korbaufhängung zu entwickeln, wenn sie echte Verantwortung übertragen bekommen.
- Das offene Streetballangebot der Honorarkraft ermöglicht auch noch anderen Interessenten, die notwendigen Kompetenzen zu erwerben und so an der Szene teilzuhaben.
- Die Bewegungsgelegenheiten im Jugendzentrum müssen auch dort erschlossen werden (Saal), wo ursprünglich eine andere Nutzung vorgesehen ist.

Wir gehen schwimmen

Ein heißer Sommernachmittag kurz vor den Ferien. Viele Kinder sind heute nicht zu erwarten, die spielen einfach draußen — und das ist gut so. Heute ist Dienstag, und die verantwortliche Mitarbeiterin des Jugendzentrums ist gespannt, ob ihre Ankündigung, ins nahe Freibad zu gehen, von den Kindern auch behalten worden ist. Ist sie! Acht Kinder warten ungeduldig mit ihrem Schwimmzeug, um mit ihr zusammen ins Schwimmbad zu gehen. Die Kinder, Mädchen und Jungen, sind zwischen acht und zwölf Jahren alt.

Unterwegs schildert Angelo aufgeregt den Inhalt eines Horror-Videos, das er gestern gesehen hat. Ismael, Ela und Diana erzählen von der Schule. Nach 15-minütigem Fußmarsch ist das Bad erreicht, und schreiend und tobend laufen die Kinder auf die Wiese. Schnell ist die Mitarbeiterin von anderen Kindern und auch Jugendlichen umringt, die sie lauthals begrüßen — alles Besucher und Besucherinnen des Jugendzentrums. Gemeinsam wird gespielt, erzählt und gemütlich auf der Decke gelegen. Plötzlich fängt es an zu regnen, und das Bad leert sich schlagartig. Nun ist Platz im Becken. Unter der Anleitung der Mitarbeiterin spielen alle zusammen im Wasser. „Ausbruch der Haie" und „Wer hat Angst vor Neptun?" kommen am besten an.

Einige Erläuterungen dazu:

- Miteinander zu Fuß gehen schafft eine Atmosphäre, die intensive Gespräche und Kontakte zwischen der Pädagogin und den Kindern ermöglicht.
- Das Schwimmbad bietet die notwendigen Voraussetzungen, um sich auf vielfältige Weise zu bewegen und zu toben. Das Schwimmbad ist also Ort einer bewegungsorientierten Kinder- und Jugendarbeit.
- Die Kinder und Jugendlichen suchen die Nähe der Mitarbeiterin. Sie ist ein wichtiger Kristallisationspunkt, der auch Sicherheit (z.B. für die Mädchen) bietet.
- Wenn die Situation stimmig ist, können auch angeleitete Gruppenspiele gelingen, die allen Beteiligten ungewohnte Bewegungserfahrungen und Erlebnisse in der Gruppe ermöglichen.

Die Mädchenfußballmannschaft

Zuerst wollten sie nur Fußball spielen, die Mädchen zwischen elf und sechzehn Jahren. Der große Mehrzweckraum der „Offenen Tür" war für sie reserviert, und unter Anleitung einer Sportlehrerin wurde begeistert trainiert. Zuschauen durften auch nur Mädchen. Im Laufe der Zeit entwickelte sich daraus eine echte Sportgruppe mit einem breiten Spektrum. Dazu gehören nun Krafttraining, Akrobatik, Bewegungsspiele, Tischtennis und sogar Entspannungstraining. Die Trainingszeit ist nie länger als eine Stunde, und die meiste Zeit wird immer noch Fußball gespielt. Durch einige Erfolge in Freundschaftsspielen bekam die Gruppe einen sehr festen Zusammenhalt. Erstaunlich viele Jungen waren bei den Spielen als echte Schlachtenbummler dabei. Wenn montags Mädchenfußball ist, sind auch immer besonders viele andere Mädchen in der „Offenen Tür".

Einige Erläuterungen hierzu:

- Mädchen brauchen gerade im Sport geschützte Räume, um für sie ungewohnte Bewegungserfahrungen zu machen (z.B. Fußball und Tischtennis) oder um ihren Neigungen ohne die kritischen Blicke der Jungen nachgehen zu können (Krafttraining, Entspannungstraining, Akrobatik).
- Wichtig ist die sportkompetente Begleitung, die nach außen (den Jungen) wie nach innen (der Gruppe) vermittelt, daß auch Frauen und Mädchen im Sport kompetent sind und z.B. Fußball spielen können.
- Die stabile Mädchensportgruppe stellt auch für die nichtbeteiligten Mädchen eine wichtige symbolische Größe dar: Mädchen beanspruchen Räume und personelle Ressourcen und gewinnen dadurch einen ganz anderen Status innerhalb der „Offenen Tür".

Mülltonnen und Abenteuer

Seit Wochen beobachten die Mitarbeiter des Jugendhauses einige Jungen und Mädchen, die auf den gegenüberliegenden Glascontainern und Müllboxen sehr waghalsige Spiele veranstalten. Ins Jugendhaus zu gehen hätten sie keine Lust, da wäre es ihnen zu langweilig, so antworteten sie auf eine Anfrage hin.

Die eingezäunte Rasenfläche, das Außengelände der Einrichtung wird von den Kindern nicht zum Spielen genutzt, da zudem auch Fußball spielen aus Sicherheitsgründen verboten ist.

Ein Artikel in einer Fachzeitschrift gab den Anstoß für das Fachkräfteteam, eine Umgestaltung des Außengeländes anzugehen. Die Umsetzung dieser Idee gestaltete sich recht schwierig, aber mit Beteiligung der Kinder, einiger Eltern und einer gesponserten „Baggerstunde" konnte zumindest eine Ecke neu gestaltet werden. Es wurde ein Erdhügel aufgeschüttet, eine Hütte aus Weiden wurde gebaut, vom großen Baum hängt nun eine Strickleiter, und am Rande sind Haselnuß- und Holundersträuche gesetzt worden. Zusätzlich liegen noch einige große Bretter und Steine als Baumaterial bereit. Das Gras soll ab jetzt nur noch zweimal im Jahr gemäht werden.

Die Kinder haben die Spielfläche schon nach kurzer Zeit intensiv angenommen. Schade nur, sagen sie, daß am Wochenende, wenn das Jugendhaus geschlossen hat, niemand dort spielen kann.

Einige Erläuterungen dazu:

- Soweit es irgend geht, sollten Kinder und Eltern an der Planung und Umsetzung eines solchen Projektes beteiligt werden. Auf diese Weise entstehen bei den mitarbeitenden Menschen intensive persönliche Bezüge zu dieser Spielfläche.
- Einfache, naturbezogene und bewegungsauffordernde Gestaltungen haben oft einen höheren Spielwert als teure Spiel- und Klettergeräte.
- Eine lebensweltorientierte pädagogische Arbeit kann sich nicht auf die Öffnungszeiten eines Jugendzentrums beschränken. Durch Eltern- und Großelternbeteiligung (Spielplatzpaten) können auch über das Wochenende die notwendigen Kontrollfunktionen gewährleistet werden.

Wie bewegen sich Kinder und Jugendliche? Aktionsformen von Sport, Bewegung und Abenteuer in der offenen Arbeit

Aus der Beobachtung des Sport- und Bewegungsverhaltens von Kindern und Jugendlichen lassen sich für den Bereich der offenen Arbeit drei typische Aktionsformen unterscheiden (Diettrich 1984, Gilles 1989):

1. Spontane und unnormierte Bewegungsformen des Alltags

Kinder und Jugendliche bewegen sich auf vielfältige Weise. Bewegung ist Teil ihres Alltags. Dazu gehören laufen, springen, klettern, raufen, schwingen, balancieren. Das tun sie am liebsten draußen und suchen dort auch Situationen von Wagnis, Risiko und Grenzerfahrung. Wenn diese Bewegungsmöglichkeiten auch noch gestaltbar und veränderbar sind, gewinnt das Bewegungsspiel besondere Qualität (Balz 1992).

Kinder und Jugendliche nutzen aber auch die Möglichkeiten und Gelegenheiten innerhalb einer Einrichtung. Das Treppengeländer wird zum Rutschgerät; Tische, Schränke, Gänge und Treppen bieten sich an zum bewegungsbetonten Spiel.

2. Sportgelegenheiten, die selbst organisiert und selbstbestimmt genutzt werden können

Dazu gehört unter anderem die Freifläche zum Fußballspielen, die Tischtennisplatte, das Netz zum Federballspielen, ein Toberaum mit Judomatten zum Raufen, ein Raum, in dem Mädchen ungestört ihre neuen Tänze ausprobieren können.

Um in den neuen Sportarten und Sporttrends aktiv werden zu können, suchen Kinder und Jugendliche Flächen, die kurzfristig dafür zur Verfügung stehen (Streetball, In-line-Skating) oder die entsprechend „möbliert“ werden können (Rampen etc. für Skateboarder). Aus Sicht der Jugendlichen gewinnen diese Sportgelegenheiten ihre Attraktivität durch eine distanzierte pädagogische Kontrolle. Die Pädagogen sind eher als Mitspieler denn als Aufpasser gefragt.

3. Angeleitete Bewegungs- und Sportangebote (Kurse und feste Gruppen)

Die Beweggründe, Sport, Bewegungs- und Abenteuerangebote unter fachlicher Anleitung wahrzunehmen, sind sehr unterschiedlich. Folgende Aspekte lassen sich dabei unterscheiden:

- Etwas Neues lernen zu wollen (z. B. Streetballkurs, Tischtennisangebot, Rettungsschwimmkurs).
- Miteinander Spaß zu haben. Dies ist durch eine fachliche Begleitung eher garantiert

(z.B. Bewegungsspiel-Abschlußrunden im Kinderbereich, Schwimmgruppe, Mädchensportgruppe).

– Aktivitäten wahrnehmen zu können, die sonst unerreicht bleiben oder eine kompetente Anleitung brauchen (z. B. Kanutour, Kistenklettern, Abenteuerturnhalle).

– Leistungs- und ergebnisorientierte Sport- oder Bewegungsangebote wahrzunehmen (z. B. Tischtennis- oder Fußballteams, die regelmäßig gegen andere Mannschaften aus Jugendeinrichtungen spielen, oder Zirkus- bzw. Bewegungstheatergruppen, die eine Aufführung vorbereiten).

Viele Besucherinnen und Besucher suchen im Rahmen der fachlich angeleiteten Angebote die persönliche Nähe und den Kontakt zu den Fachkräften, der durch die gemeinsamen (Bewegungs-) Erlebnisse in einer überschaubaren Gruppe leicht zu ermöglichen ist.

Aufgaben und Ziele der offenen Kinder- und Jugendarbeit stimmen mit den Aktionsformen überein

Sport, Bewegung und Abenteuer sind ein wichtiger Baustein in der Gesamtkonzeption offener Einrichtungen. Deshalb sind die beschriebenen Aktionsformen in Beziehung zu setzen mit den allgemeinen Aufgaben und Funktionen der offenen Kinder- und Jugendarbeit (Damm 1988, Krafeld 1990, Strack 1987):

1. Ort sozialer Kommunikation, Treffpunkt

Die Angebote der Kinder- und Jugendarbeit geben die Möglichkeit, ohne direkte pädagogische Betreuung sich mit anderen Kindern und Jugendlichen zu treffen, zu spielen, gemeinsam etwas zu erleben. Sie sind Ausgangs- und Endpunkt gemeinsamer Unternehmungen, es ergeben sich dort Kontakte in der eigenen Peer-group und zu anderen Altersgruppen. Jugendarbeit bietet die Chance zur selbsttätigen Aneignung von Räumen und der darin liegenden Möglichkeiten (Böhnisch/ Münchmeier 1990, Deinet 1992).

Die beschriebenen unnormierten Bewegungsformen des Alltags und die selbstorganisierten Sportgelegenheiten erfüllen diese Treffpunktfunktion. Das Jugendzentrum als Institution stellt die Bewegungs-, Sport- und Abenteuergelegenheiten zur Verfügung. In den Szenen „Streetballkorb“ und „Mülltonnen und Abenteuer“ lassen sich hierfür Beispiele erkennen.

2. Ort neuer Erfahrungen

Jugendarbeit stellt einen Ort neuer Erfahrung dar, wo Anstöße gegeben, Fähigkeiten und Fertigkeiten erworben werden oder alternative, d.h. subjektiv neue Formen der Freizeitgestaltung für sich und mit anderen kennengelernt werden können. Dies bezieht sich zum einen auf die fachlich begleiteten Sportgruppen, Mannschaften und Projekte und zum anderen auf die vielfältigen Erfahrungs- und Lernchancen, die Kindern und Jugendlichen über körperliches und sportliches Tun ermöglicht werden.

Beispiele finden sich dazu vor allem in den Szenen „Die Mädchenfußballmannschaft“ und „Mülltonnen und Abenteuer“. Zu diesem Bereich gehören auch die Wochenend- und Ferienfreizeiten mit einer Bewegungs- und Abenteuerorientierung.

3. Ort persönlichen Kontaktes

Kinder und Jugendliche suchen Kontakt zu Erwachsenen, zu den Pädagoginnen und Pädagogen in der Einrichtung. Sie suchen Orientierung und auch Auseinandersetzungen, sie brauchen Vorbilder und Menschen, an denen sie sich reiben können, um so eigene Positionen zu entwickeln. Erst wenn sich zwischen Besuchern und Pädagogen ein besonderes Vertrauensverhältnis entwickelt hat, kann sich dieser Kontakt zur persönlichen Hilfe, zur Beratung, zur Unterstützung und zum persönlichen Austausch entwickeln.

Das gemeinsame Erleben im Sport und in Abenteuerangeboten und die damit verbundene Erlebnisdichte bieten vielfache Möglichkeiten von Kontakten als Partner, Gegner oder Schiedsrichter.

Zentrale Zielsetzungen für sportliche Angebote in der offenen Arbeit

Auf der Basis der theoretischen Verknüpfung von Aufgaben und Funktionen der offenen Kinder- und Jugenarbeit auf der einen Seite und den spezifischen Aktionsformen von Sport, Bewegung und Abenteuer auf der anderen Seite lassen sich zentrale, übergeordnete Zielsetzungen ableiten. Sie beziehen sich auf die aktuelle Fachdebatte der Jugendarbeit und orientieren sich an dem konzeptionellen Rahmen der jeweiligen Einrichtung.

Die formulierten zentralen Zielsetzungen sind als aktueller Qualitätsmaßstab für eine erfolgreiche pädagogische Arbeit zu verstehen. (Im Sinne einer sprachlichen Vereinfachung wird im folgenden von „sportlichen Angeboten“ gesprochen; gemeint ist damit das ganze Spektrum von Sport, Bewegung und Abenteuer.)

- Sportliche Angebote bieten einen Ausgleich für die in der Lebenswelt der Kinder und Jugendlichen verschwundenen Bewegungsgelegenheiten und Bewegungsräume (Zeiher/Zeiher 1994).
- Sportliche Angebote regen zur Bewegung, zur Auseinandersetzung mit dem eigenen Körper an. Dies ist Vorausetzung zur Verwirklichung persönlichkeitsbezogener Lernprozesse. So werden neue Wahrnehmungen des eigenen Körpers mit seinen persönlichen Möglichkeiten und Grenzen geschaffen (Becker/Koch/Vieth 1995). Das Ziel „Gesundheit“ ist in diesem Zusammenhang zu sehen und wird unter ganzheitlichen, präventiven Gesichtspunkten entwickelt.[3]
- Sportliche Angebote schaffen einen Kommunikationsraum in der Gruppe der Gleichaltrigen, aber auch zwischen jüngeren und älteren Menschen. Dieser Kommunikationsraum ermöglicht intensive soziale Lernprozesse (Gilles 1995).
- Sportliche Angebote sollen eine sozialräumliche Orientierung haben, d. h. die Einbeziehung anderer Anbieter (Schule, Vereine etc.) und die Berücksichtigung der informellen Bewegungsorte in der Lebenswelt der Kinder und Jugendlichen (Böhnisch/Münchmeier 1990, Thiersch 1992).
- Sportliche Angebote müssen die geschlechtsspezifischen Bedürfnisse von Mädchen und Jungen berücksichtigen, die sich in Körperorientierung, Wettkampf-, Risiko- und Gruppenbezug wesentlich unterscheiden (Rose 1993, Sielert 1993).
- Sportliche Angebote sollen so konzipiert sein, daß sie den Kindern und Jugendlichen die Möglichkeit der Selbstorganisation und der Selbstregelung bieten, was Prozesse der Veränderung und des Selbstgestaltens miteinschließt (Krappmann 1990).

In der konzeptionellen Anwendung ist es wichtig, das eigene Profil von Sport, Bewegung und Abenteuer in der offenen Kinder- und Jugendarbeit zu betonen, das sich wesentlich vom Schul- und Vereinssport unterscheidet. Dies bezieht sich sowohl auf Ziele und In-

3 Im Zusammenhang mit Überlegungen zu einer stärkeren präventiven Ausrichtung von Jugendarbeit wird der Gesundheitsbegriff aktuell neu diskutiert (Laaser; Hurrelmann; Wolters 1994). Gesundheitserziehung wird als ein ganzheitlicher, präventiver Ansatz verstanden.
Die Bundeszentrale für gesundheitliche Aufklärung (BzgA Köln) hat im Rahmen der Jugendaktion „Gut drauf“ das Projekt „Das gesunde Jugendhaus“ initiiert. In Zusammenarbeit mit dem Verein zur Förderung bewegungs- und sportorientierter Jugendsozialarbeit (BSJ e.V.) in Marburg wird dieses Projekt in einer Kölner Jugendeinrichtung durchgeführt.
Über architektonische Gestaltungsmaßnahmen innerhalb und außerhalb der Einrichtung, Angebote im Bereich von Sport, Bewegung und Abenteuer und attraktive und gesunde Ernährungsangebote wird versucht, die „Übersetzung“ des Begriffes Gesundheit im Rahmen der offenen Kinder- und Jugendarbeit zu leisten (BzgA Köln 1995, Zeitschrift Spielraum 2/1995).

halte als auch auf die Organisation der sportlich orientierten Angebote. Diese Abgrenzung ist wichtig, da die Besucherinnen und Besucher, die meist noch zur Schule gehen, in den Jugendeinrichtungen andere Formen von Sport und Bewegung suchen:

- miteinander sein,
- mehr spielen, statt üben und trainieren,
- Spaß und Freude an der Bewegung ohne Druck von Noten, Meisterschaft und Trainingsdisziplin,
- aber auch Leistungsvergleich und Wettkampf nach persönlichen Maßstäben (Gilles 1989, 276).

II. Handlungsraster für die Konzeptentwicklung

Ein Konzept ist ein Ordnungsschema, das die Gedanken, Ideen, Erfahrungen und pädagogischen Rahmenbedingungen strukturiert und handhabbar macht. Ein Konzept ist ein Leitfaden für die pädagogische Praxis. Das im folgenden beschriebene Handlungsraster will dazu motivieren, einen solchen Leitfaden zu entwickeln. Die schematische Darstellung (s. Schaubild) will diesen Prozeß erleichtern und handhabbar machen.[4]

Kommunikation im konzeptionellen Diskurs

Motor dieses Prozesses der Konzeptentwicklung, der Antrieb für die im Schaubild dargestellte Spirale, sind im allgemeinen die Fachkräfte der Einrichtung. Sie müssen die notwendigen Vorarbeiten, das Sammeln von Informationen und Erkenntnissen, das Erstellen von diskussionsfähigen Vorlagen und die Gesamtkoordination als – meist – Hauptamtliche übernehmen. An diesem konzeptionellen Diskurs sind auch die Träger, Fachleute im Stadtteil und die Besucher der Einrichtung zu beteiligen. In diesem Sinne ist Konzeptentwicklung als kommunikativer Prozeß zu verstehen.

Eine fehlende oder unterentwickelte Kommunikationskultur in der Konzeptentwicklung führt zu unnötigen Auseinandersetzungen und Blockaden (bei fehlender Trägerbeteiligung) oder läßt den wirklichen Bedarf der Kinder und Jugendlichen (bei Nichtbeteiligung der Besucher) nicht deutlich werden.

Die Einbeziehung von Fachleuten und Verantwortlichen für Jugend und Jugendarbeit im Stadtteil verhindert Konkurrenzen und ermöglicht eine effektive Ressourcennutzung im Sinne der Kinder und Jugendlichen.

Das Fundament

Der konzeptionelle Diskurs basiert auf einem theoretischen Fundament (s. Schaubild). Die einzelnen Bausteine dieses Fundamentes beeinflussen den gesamten Prozeß der Konzeptentwicklung, die Analyse, die Planung und Entscheidung, die Praxisdurchführung und die Reflexion. Im einzelnen besteht dieses Fundament aus folgenden Bausteinen:

- Theoretische Grundlagen der Jugendarbeit
  Dazu gehört z. B. die Pädagogik des Jugendraums oder die Aufgaben- und Zielbeschreibungen der offenen Arbeit.
- Sportpädagogische Grundlagen
  Darunter zählen z. B. die Erkenntnisse der Entwicklungspsychologie im Bezug auf Bewegungsbedürfnisse und Bewegungsfähigkeiten, die Didaktik und Methodik einzelner Sportarten oder die Aktionsformen von Sport, Bewegung und Abenteuer.
- Rahmenziele der Einrichtung
  Sport, Bewegung und Abenteuer als Konzeptbausteine können nicht losgelöst vom Gesamtkonzept der Einrichtung betrachtet werden. Die in einem solchen Gesamtkonzept formulierten Rahmenziele bestimmen

---

4 Das hier entwickelte Modell der Konzeptentwicklung basiert auf der Berliner Didaktik von Heimann; Otto; Schulz (1961). Dazu wurden Anregungen von Ficinus (1990), Hecker (1979), Martin (1989) und Scherr (1994) übernommen.

Sport, Bewegung und Abenteuer in der Jugendarbeit

Konzeptentwicklung als kommunikativer Prozeß

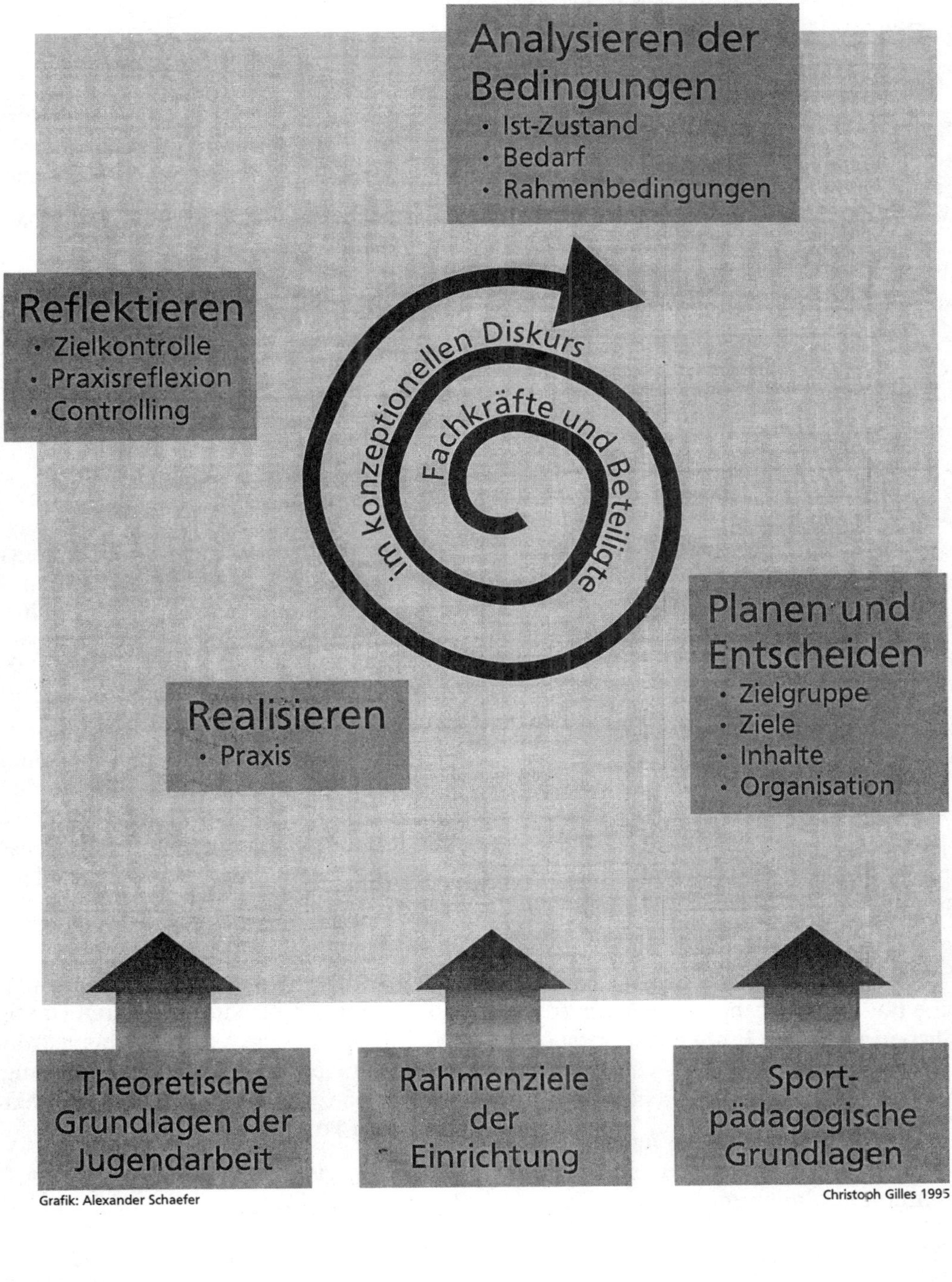

Grafik: Alexander Schaefer

Christoph Gilles 1995

wesentlich die weitere Konzeptentwicklung im Bereich von Sport, Bewegung und Abenteuer.

Ein solches Fundament ist jedoch kein starres Gebilde, sondern muß sich weiter entwickeln und neue fachliche Erkenntnisse berücksichtigen.

Die vier Schritte der Konzeptentwicklung

Konzeptentwicklung vollzieht sich nach didaktischen Kriterien. Die Berücksichtigung der Rahmenbedingungen, die Entscheidungen über Ziele, Inhalte und die kritische Überprüfung der Praxis sind Voraussetzung für ein professionelles und erfolgreiches pädagogisches Handeln. Es lassen sich vier Schritte der Konzeptentwicklung unterscheiden:

1. Analysieren der Bedingungen

Als Arbeitshilfe sind einige Leitfragen formuliert, die jedoch immer an die jeweilige Situation vor Ort angepaßt bzw. ergänzt werden müssen:

– Ist-Zustand

Was machen wir bisher schon für Angebote im Bereich von Sport, Bewegung und Abenteuer?

Welche Zielgruppen haben wird damit erreicht?

Wer macht außer uns Angebote?

Wo gibt es entsprechende Flächen, Orte und Räume, die Kinder und Jugendliche im o. g. Sinne nutzen?

– Bedarf

Welche Bedürfnisse haben die Kinder und Jugendlichen, die die Einrichtung besuchen, welche Angebote im Bereich von Sport, Bewegung und Abenteuer wünschen sie sich?

Welche Bedürfnisse haben diejenigen Kinder und Jugendlichen, die man als Besucher der Einrichtung gewinnen möchte?

Welche Bedürfnisse werden von Elternseite formuliert?

Welchen Bedarf sehen die Fachkräfte in der Einrichtung?

Welcher Bedarf wird von den Fachleuten im Stadtteil formuliert?

Rahmenbedingungen

Welche personellen Ressourcen (Honorarkräfte, Referenten) und persönlichen Qualifikationen der Fachkräfte sind vorhanden?

Welche finanziellen Mittel (Anschaffung, Veranstaltungen) stehen zur Verfügung?

Welche Räume, Flächen, Turnhallenzeiten etc. stehen für sportliche Angebote zur Verfügung?

Mit welchen Partnern (Sportvereinen, Schulen, Familienbildungsstätten etc.) können wir kooperieren?

2. Planen und Entscheiden

Aus der Analyse der Bedingungen ergeben sich Konsequenzen für die Konzeptentwicklung und die aktuelle praktische Arbeit. Konsequenzen wie „Ich will endlich mal mit dieser Clique Kontakt aufnehmen, um sie zum Klettern zu begeistern!“ oder „Es wird Zeit, daß wir mal wieder OT-Stadtmeister im Fußball werden!“ machen die enge Verknüpfung von Konzeptentwicklung und den persönlichen Vorlieben, Motivationen und Zielen der einzelnen Mitarbeiter deutlich. Die Fragestellung *„Was will ich und was will ich nicht?“* ist also unbedingt konzeptionell zu berücksichtigen.

Ziele

Operationalisierbare, also handhabbare und überprüfbare Ziele zu formulieren ist schwer. Wichtig ist es, ausgehend von übergeordneten Rahmenzielen, z. B. „Berücksichtigung geschlechtspezifischer Aspekte“, zu konkreten Zielen zu kommen:

– Bildung einer Mädchen-Sport-Gruppe (Tanzen und Fußball).

- *Ritualisierung der „Kämpfchen“ der Jungen im Sinne eines fairen Raufens und Tobens auf Judomatten.*
- *Grundsätzlich sollen in der Angebotsgestaltung und der Reflexion des Kinderbereiches die Bewegungsbedürfnisse von Mädchen stärkere Beachtung finden.*

Solche Zielformulierungen sind in einem überschaubaren Zeitraum auch überprüfbar und als erfolgreich oder nicht erfolgreich zu bewerten.

Zielfestlegungen in der Jugendarbeit schließen Überlegungen zur Zielgruppe, für wen denn das Angebot gemacht werden soll, mit ein. Aus den Entscheidungen zu Zielen und Zielgruppen ergeben sich dann die Inhalte und die organisatorische Struktur. Grundsätzlich gilt, daß bei einer kompetenten Leitung der Angebote und bei einem festgestellten Bedarf so gut wie jede Sportart oder Bewegungsform in der Jugendarbeit erfolgreich angeboten werden kann. Praxisbeispiele reichen von Boxen, American Football, Rock'n roll, Schach bis hin zum Geräteturnen.

Eine klare Festlegung des organisatorischen Rahmens, vor allem bei größeren Projekten, ist Voraussetzung für eine erfolgreiche Praxis:

Wer macht was?

Mit wem?

Wann?

Wo?

Was kostet es?

3. Realisieren

Während der Realisierung verdichten sich die Prozesse der Analyse, Entscheidung und Reflexion. Neue Erkenntnisse ergeben sich aus der reflektierten Praxis. *Deshalb sollten diejenigen Konzepte entwickeln, die Praxis gestalten!*

4. Reflektieren

Die Reflexion, die Überprüfung von Konzepten ist in der Kinder- und Jugendarbeit nicht selbstverständlich. Sie ist aber Voraussetzung für ein erfolgsorientiertes pädagogisches Handeln und für die Weiterentwicklung von Konzepten. Reflexion vollzieht sich auf verschiedenen Ebenen. Zum einen gibt es die persönliche und kollegiale Reflexion im Anschluß an ein Angebot – Praxisreflexion – und zum anderen die strukturierte Zielkontrolle in Dienst- bzw. Teamgesprächen oder auch in Stadtteilkonferenzen. Erstrebenswert ist dabei ein System permanenter Zielkontrollen als Instrument der Steuerung pädagogischer Arbeit – Controlling -, an dem im Sinne des kommunikativen Prozesses neben den Fachkräften auch die Träger und Besucher angemessen beteiligt werden sollten.

Jeder reflektierte und ausgewertete Prozeß der Konzeptentwicklung führt zu neuen Erkenntnissen, die wiederum in die weitere pädagogische Arbeit einfließen. Die Spirale in der Mitte des Schaubildes soll diese Dynamik der konzeptionellen Weiterentwicklung verdeutlichen. Die jeweilig gemachten Erfahrungen legen sich wie ein Ring neuer Erkenntnis an die Spirale an.

Fazit

Konzeptentwicklung als kommunikativer Prozeß aller Beteiligten ist immer auch eine qualifizierende Weiterentwicklung der pädagogischen Praxis. Offene Kinder- und Jugendarbeit kann sich so ein eigenes Profil von Sport, Bewegungs- und Abenteuerangeboten schaffen, ein Profil, das sich bei den Kindern und Jugendlichen wie in der breiten Öffentlichkeit durch Freiwilligkeit, Offenheit, Selbstbestimmung, Freizeitorientierung und professionelle pädagogische Begleitung auszeichnet und sich so von den anderen kommerziellen und pädagogischen Anbietern abhebt.

Konzeptentwicklung heißt, Ideen, Gedanken und Erfahrungen zu sammeln, zu ordnen und in einem Gesamtsystem zusammenzufügen. Dies gelingt jedoch nur, wenn auf der einen

Seite die pädagogischen Fachkräfte über die Lebenswelt „ihrer“ Kinder und Jugendlichen wirklich Bescheid wissen, wenn sie in einem engen persönlichen Kontakt stehen. Dazu braucht man Empathie, Emotionalität, pädagogische Profession, Engagement und Motivation, d. h. so etwas wie Lust und Liebe an der Arbeit. Im Kontext von Sport, Bewegung und Abenteuer ist dies – bei vorausgesetztem eigenem Spaß an der Sache – durch gemeinsames Tun leicht zu entwickeln.

Auf der anderen Seite erfordert eine professionelle Konzeptentwicklung immer wieder, daß die Fachkräfte aus dieser emotionalen Bindung heraustreten. Sie müssen mit reflexiver Distanz die Dinge „von außen“ betrachten und analysieren.

Nur wenn beide Seiten, die emotionale Nähe und die reflexive Distanz, zum Tragen kommen, kann es zu einem erfolgreichen Prozeß der Konzeptentwicklung kommen. Sport, Bewegung und Abenteuer werden so zu einem qualifizierenden Element einer bedarfsorientierten und professionellen offenen Kinder- und Jugendarbeit.

Konzeptionelle Hilfen für die Praxis

Becker, Peter; Koch, Josef; Vieth, Jürgen: Mit Kopf, Herz und Hand: An-Sichten einer Sozialarbeit mit Jugendlichen. Butzbach-Griedel 1995

Brendecke, Rolf: Arbeitshilfe „Sport in der Offenen Jugendarbeit“. Kraft- und Konditionstraining Teil II, 2, Köln 1993. Bezugsadresse: Kath. LAG OT, Marzellenstr. 32, 50668 Köln

Gilles, Christoph: Arbeitshilfe „Sport in der Offenen Jugendarbeit“
- Schwimmen, Spiele im Wasser. Teil II, 1, Köln 1992.
- Tischtennis.Teil II,5 Köln o.J.
Bezugsadresse: Kath. LAG OT, Köln

Gilles, Christoph: Spielen, Erfahren, Lernen – Zur Konzeption der offenen Arbeit mit Kindern. In: deutsche jugend, 11/1992, S. 438-447

Gilles, Christoph: Vom einfachen Leben und Traumschiffluxus. Segeln auf Plattbooten. In: Sportpädagogik, 5/1994, S. 65-67

Gilles, Christoph; Krhcken-Pasch, Gisela (Hrsg.): Abenteuersport mit Mädchen in der Offenen Kinder- und Jugendarbeit. Projektdokumentation, Köln 1991. Bezugsadresse: Kath. LAG OT, Köln

Hense, Josef; Kötter, Heiner; Türk, Ulrike: Circusspiele. Köln 1993. Hrsg. von Kölner Spielecircus, Wißmannstr. 38, 50823 Köln

Schirp, Jochem; Koch, Josef: Risikosportarten in der Sozialarbeit. Möglichkeiten und Grenzen ihrer Anwendung am Beispiel einer Kanufreizeit, Frankfurt 1988.

Sportjugend NW (Hrsg.): Praxismappe Abenteuer/Erlebnis, 1994. Bezugsadresse: Friedrich-Alfred-Str. 25, 47055 Duisburg

Literatur

Balz, E.: Spiel- und Bewegungsräume in der Stadt. In: Sportpädagogik 4/1992, S. 22-27

Becker, P.: Sozialarbeit mit Körper und Bewegung, Frankfurt 1991

Becker, P.: Step-Aerobic, Zoom Runner und jugendliches Körperkapitel. Zur Aufwertung von Körperlichkeit und Jugend in der Erlebnisgesellschaft. In: Der pädagogische Blick, 3/1993, S. 169-177

Becker, P.; Koch, J.; Vieth, J.: Mit Kopf, Herz und Hand. Ansichten einer Sozialarbeit mit Jugendlichen. Butzbach-Griedel 1995

Böhnisch, L.; Münchmeier, R.: Pädagogik des Jugendraumes. München und Weinheim 1990

Brettschneider, W.-D.; Baur, J.; Bräutigam, M. (Hrsg.): Sport im Alltag von Jugendlichen. Schorndorf 1989

Bundeszentrale für gesundheitliche Aufklärung (Hrsg.): Gut Drauf. Köln 1995

Damm, G.: Thesen zur Chancen und Problemen der Offenen Jugendarbeit. In: deutsche jugend, 10/1988, S. 431-438

Deinet, U.: Das Konzept „Aneignung“ im Jugendhaus. Opladen 1992

Diettrich, M.: Sport in offenen Jugendeinrichtungen. In: Zeitschrift des Landessportbundes/Sportjugend NW, 10/1984, S. 12-13

Ficinus, R.: Kompetenz und Professionalität – Managementstrategien in der Offenen Jugendarbeit. In: Kath. LAG Heime der Offenen Tür (Hrsg.) 1992, S. 4-30

Flade, A.; Kustor-Hüttl, B. (Hrsg.): Mädchen in der Stadtplanung. Weinheim 1993

Fischer, D.; Klawe, W.; Thiesen, H.J. (Hrsg.): (Er)leben statt Reden – Erlebnispädagogik in der offenen Jugendarbeit. Weinheim und München 1985

Gilles, C.: Sport- und bewegungsorientierte Angebote in der Offenen Jugendarbeit – ein innovativer Ansatz? In: Jugendwohl, 6/1989, S. 271-279
Gilles, C.: Jugend und Sport. In: Bienemann u.a. (Hrsg.): Handbuch des Kinder- und Jugendschutzes. Münster 1995, S. 277-279
Hecker, G.: Kompendium Didaktik Sport. München 1979
Heimann, P.; Otto, G.; Schulz, W.: Unterricht, Analyse und Planung. Hannover 1965
Hildebrandt, R.: Das Lüneburger Spielmobil – eine Spielraumlobby für Kinder. In: Sportpädagogik, 4/1992, S. 12-15
Koch, J.: Flüsse, Flöße, Floßgesellen. Frankfurt 1989
Krafeld, F.-J.: Stärken Offener Jugendarbeit. In: deutsche jugend, 2/1990, S. 61-66
Krappmann, L.: Soziale Kinderwelt und kindliche Entwicklung. In: Deutsches Jugendinstitut, Jahresbericht 1989, München 1990, S. 193-199
Laaser, M.; Hurrelmann, K.; Wolters, P.: Prävention, Gesundheitsförderung und Gesundheitserziehung. In: Hurrelmann; Laaser (Hrsg.): Gesundheitswissenschaften. Weinheim 1993, S. 176-203
Martin, E.: Didaktik in der sozialpädagogischen Arbeit. Weinheim 1989
Rose, L.: Bewegungsräume für Mädchen. In: Flade; Kustor-Hüttl (Hrsg.), Weinheim 1993, S. 171-182
Sack, H.-G.: Zum Sportbegriff von Jugendlichen. In: Brettschneider u.a. 1989, S. 68-94
Scherr, A.: Anregung zur Verbesserung der Fachlichkeit in der Offenen Jugendarbeit. In: deutsche jugend, 4/1994, S. 160-168
Sielert, U.: Jungenarbeit. Weinheim und München 1993
Sportjugend NW (Hrsg.): Abenteuersport. Duisburg 1989
Thiersch, H.: Ganzheitlichkeit und Lebensweltbezug als Handlungsmaximen der Sozialen Arbeit. In: Deutscher Verein (Hrsg.): Jugendhilfe im gesellschaftlichen Wandel, Frankfurt 1992, S. 97-116
Zeiher, H.-J.; Zeiher, H.: Orte und Zeiten der Kinder. Soziales Leben im Alltag von Großstadtkindern. Weinheim und München 1994
Zeitschrift „Spielraum" 2/1995, S. 8-19

Neue Konzepte zur Förderung der freiwilligen Tätigkeit in der Jugendarbeit

Erich Sass

Beispiel Dortmund: Vom Forschungsprojekt zur Personalentwicklung durch ein Freiwilligenzentrum

Die Problemlage ist bekannt: Die Jugendverbandsarbeit stößt bei ihrer Zielgruppe – „der Jugend" – nur noch auf geringe Resonanz. Es fehlt an MitarbeiterInnen auf allen verbandlichen Ebenen. Aktivitäten werden eingestellt oder reduziert, Vorstandspositionen nicht besetzt, und die in der Arbeit verbliebenen MitarbeiterInnen klagen über immer größere, vor allem zeitliche Belastungen.

Auf der anderen Seite boomt die Jugendindustrie wie noch nie, und unter dem Druck schwieriger Haushaltslagen schwächt die Politik die angeschlagenen Jugendverbände noch weiter, indem sie rigorose Mittelkürzungen durchzusetzen versucht und auch durchsetzt.

Die Gründe für diese Entwicklungen sind nicht unbekannt und unter den Stichworten „Milieuzerfall", „Wertewandel", „Risikogesellschaft", „Erlebnisorientierung" in der Literatur ausreichend diskutiert.

Aber warum dann eigentlich noch Jugendverbandsarbeit? Geht es nur darum, die zwar spärlich, aber immerhin vorhandenen Arbeitsplätze auf diesem Feld zu sichern? Oder geht es um das Ego „ehrenamtlicher" Funktionäre in den Verbandsspitzen? Wenn auf dem Sektor der Freizeitgestaltung die Optionen für Kinder und Jugendliche nicht zu wenige, sondern eher schon zu viele sind – warum sich dann noch abstrampeln auf einem Markt, der sowieso verloren scheint?

Es gibt auch gegenläufige Tendenzen. MitarbeiterInnen erlebnisorientierter Verbände (z.B. Pfadfinder, Naturfreundejugend) berichten von großem Interesse bei Kindern, teilweise von Wartelisten, technisch orientierte Hilfsdienste (z. B. Jugendfeuerwehr, THW) über ein entsprechendes Interesse bei Jugendlichen. Handelt es sich da um reine Marktnischen oder aber um Freizeitsektoren, die der Markt überhaupt nicht abdecken kann und will?

Der Zugang zum Markt ist einfach. Er regelt sich über Geld. Seine Eintrittskarten sind käuflich zu erwerben. Auf einen Jugendverband zuzugehen ist dagegen weitaus schwieriger. Dieser Schritt bedeutet, auf Menschen zugehen zu müssen, sich auf soziale Prozesse einzulassen, personale und kommunikative Kompetenzen einbringen zu müssen, die vielfach nicht vorhanden sind und erst ihrer Entwicklung bedürfen. Dies gilt für die Kinder und Jugendlichen, die sich für die Angebote der Verbände interessieren, aber in noch stärkeren Maße für potentielle MitarbeiterInnen, die ihre Zeit und Arbeitskraft in die verbandliche Jugendarbeit einbringen wollen.

Lange Zeit standen die freiwilligen MitarbeiterInnen der Verbände nicht gerade im Zentrum des Interesses. Sie wurden erst wieder ins Visier genommen, als sie selbst zu verschwinden begannen, als die Jugendverbände sich auf eine Weise veränderten, die sie so nicht geplant hatten, nämlich durch Auszug ihrer MitarbeiterInnen.

Nachdem die Jugendverbände und -ringe diese Entwicklung zur Kenntnis nehmen mußten, reagierten sie (wenn sie überhaupt reagierten) mit MitarbeiterInnen-Werbekampagnen (z.B. „Kampagne E“ des Landesjugendrings Niedersachsen), mit an die jeweiligen Regierungen gerichteten Forderungskatalogen zur besseren politischen und gesellschaftlichen Anerkennung freiwilliger Tätigkeit, mit Seminaren und Disputen zum Thema (z.B. Deutscher Bundesjugendring: Viel Einsatz wenig Ehre – Ehrenamtliche im Jugendverband) und mit Forschungsprojekten (z.B. DPSG, Feuerwehrjugend, DLRG-Jugend, Bund der Deutschen Landjugend, Jugendring Dortmund).

Das heißt, es wurden im Prinzip zwei Wege beschritten, um der Misere beizukommen: Entweder trat man mit seinen Forderungen nach außen, an die Politik, um so die Arbeitsbedingungen der MitarbeiterInnen, die Möglichkeiten ihrer Anerkennung und Freistellung zu verbessern, oder man richtete seinen Blick in die Innenräume der Verbände, d.h. auf die MitarbeiterInnen selber, wie Heide Funk und Reinhard Winter dies in ihrer DPSG-Studie beispielhaft getan haben.[1]

Daß beide Vorgehensweisen wichtig und richtig sind und sich auch nicht gegenseitig ausschließen, liegt auf der Hand – nur scheint mir der Blick auf die Innenräume der Verbände der folgenreichere und ernsthaftere zu sein. Personalentwicklung im Jugendverband muß – der Begriff sagt es schon aus – bei den MitarbeiterInnen beginnen.

Als ich im Juni 1992 im Forschungsprojekt des Jugendrings Dortmund zur „Ehrenamtlichen Tätigkeit in der Jugendarbeit“ mit der Arbeit begann, hatte der Begriff „Personalentwicklungsplanung“ noch keinen Eingang in die Diskussion gefunden[2]. Mit dem Forschungsprojekt wurden Denk- und Veränderungsprozesse angestoßen, die dazu beigetragen haben, es am Ende des Projektes nicht bei Appellen an die Politik zu belassen, aber auch nicht die Gründe für die nachlassende Attraktivität verbandlicher Jugendarbeit allein im Innenraum der Verbände zu suchen, sondern mit dem

1 vergl. Funk, Heide/Winter, Reinhard: Das modernisierte Ehrenamt, Neuss-Holzheim 1993

2 Diese Debatte begann etwas später. Anstöße finden sich bei Sturzenhecker, Benedikt: Ehrenamtliche fördern – praktische Vorschläge für die Jugendarbeit, Münster 1993

Freiwilligenzentrum neue Wege zur Gewinnung, Begleitung und Förderung freiwilliger MitarbeiterInnen zu gehen.

Wenn ich im folgenden den Weg vom Forschungsprojekt bis hin zum Freiwilligenzentrum beschreibe, dann nicht, um einen Königsweg zur besseren Förderung freiwilliger Tätigkeit vorzustellen, der auf alle Jugendverbände und -ringe übertragbar wäre – was bei der Heterogenität der Organisationen und den unterschiedlichen regionalen Voraussetzungen sowieso nicht vorstellbar ist –, sondern um anhand des Dortmunder Beispiels zu zeigen, welche Möglichkeiten bestehen, zu einem Konzept des bewußteren Umgangs mit Freiwilligen zu kommen.

Im Jugendring Dortmund als Dachverband von 25 Jugendverbänden mit zwei hauptberuflichen Vollzeitbeschäftigten (Geschäftsführer und Verwaltungskraft) und einer langen Tradition jugend-, aber nicht nur jugendpolitischer Einmischung[3], waren die Voraussetzungen zur Durchführung einer solchen Projektarbeit zwar äußerst positiv, sind aber wohl nicht direkt auf kleinere Jugendringe mit rein freiwilligen Strukturen und erst recht nicht auf einzelne Jugendverbände übertragbar.

Deshalb werde ich im folgenden versuchen, neben der Beschreibung der Dortmunder Praxis zusätzlich Vorschläge für die Konzeptionierung von Personalentwicklung innerhalb eines einzelnen Jugendverbandes, auch auf der örtlichen Ebene, zu entwickeln.

3 Themen der letzten Jahre waren unter anderem: Friedenspolitik, Erhalt der Steinwache (Gestapo-Gefängnis) als Mahn- und Gedenkstätte, Jugendgästehaus, Windenergie, Antirassismusforum, Jugendwohnen . . .

Beispiel einer Zielgruppenanalyse: Das Forschungsprojekt: „Ehrenamtliche Tätigkeit in der Jugendarbeit – Klärung der Situation ehrenamtlicher Tätigkeit und Förderung ehrenamtlicher MitarbeiterInnen in den Dortmunder Jugendverbänden“[4]

Um zu einem bewußteren Umgang mit den freiwilligen MitarbeiterInnen zu kommen, sie angemessener fördern, begleiten und anerkennen zu können, muß man zunächst einiges über die Menschen wissen, die sich in jugendverbandliche Zusammenhänge einbringen – über ihre Motive, ihre Tätigkeitsbereiche, ihre Schwierigkeiten in und mit den Organisationsstrukturen, ihre Wünsche nach Anerkennung u.s.w.

Die Argumentation bezüglich des gesamten Themenkreises „Freiwilligkeit“ scheint, besonders auf dem politischen Feld, oftmals in erster Linie von den Sichtweisen der Verbandsleitungen geprägt. Diese müssen sich allerdings nicht unbedingt mit den Sichtweisen an der Basis der Verbände decken. Aus diesem Grund kann Personalentwicklungsplanung im Jugendverband nicht bei den Verlautbarungen der Verbandsleitungen ansetzen, sondern muß zunächst die MitarbeiterInnen selbst zu Wort kommen lassen.

Allerdings macht Personalentwicklung im Jugendverband nur dann Sinn, wenn sie von allen Beteiligten getragen wird. Für die Projektarbeit im Jugendring bedeutete dies, Gespräche mit allen beteiligten Ebenen

4 Wenn im Titel des Forschungsprojektes drei mal der Begriff „Ehrenamt“ auftaucht, so spiegelt dies den Diskussionsstand zu Beginn der Projektarbeit im Sommer 1992 wider. Nach intensiver Diskussion um die Begrifflichkeit, auf die an dieser Stelle nicht näher eingegangen werden soll, hat der Vorstand des Jugendrings Dortmund beschlossen, diesen Begriff für Tätigkeiten in der Jugendarbeit nicht mehr zu verwenden und statt dessen Begriffe wie „Freiwilligkeit“ oder „Teilhabe“ zu verwenden.

- Vorstand und Geschäftsführung des Jugendrings,
- Verbandsleitungen und Hauptberufliche, der Jugendverbände,
- freiwilligen MitarbeiterInnen der Jugendverbände

zu führen.

Im folgenden möchte ich den Verlauf einer Projektarbeit, wie sie im Jugendring Dortmund durchgeführt wurde, in ihren einzelnen Arbeitsschritten darstellen. Da nicht nur ein Jugendring, sondern auch ein einzelner Jugendverband Auftraggeber einer solchen Studie sein kann, werde ich dort, wo sich die Notwendigkeit ergibt, versuchen, entsprechende Variationsmöglichkeiten des Vorgehens zu beschreiben.

1. Schritt: Klärungsphase

Unbedingt vor Projektbeginn abklären:

- Worin besteht die Motivation, ein solches Projekt zu beginnen?
- Was sind die Ziele des Projektes? Für welche Zwecke werden die Ergebnisse verwandt?
- Wie gestalten sich die personalen, materiellen und räumlichen Voraussetzungen?
- Welche Formen der Begleitung und Möglichkeiten der Reflexion gibt es für die MitarbeiterInnen im Projekt?
- Welcher Zeitrahmen ist insgesamt und für die einzelnen Untersuchungsschritte vorgegeben?
- Gibt es bereits eine Präferenz für eine bestimmte Methode der Sozialforschung? Wenn ja, welche und warum diese? Welche Zielgruppe soll genau angesprochen werden? Wie groß ist sie?
- Werden die Ergebnisse veröffentlicht? Wenn ja, in welcher Form? Wie werden die Projektergebnisse in die befragten Gruppen zurückgekoppelt?
- Welche weiteren Themen und Inhalte sollen neben der empirischen Forschung während der Projektphase behandelt werden?

Nach diesen ersten Klärungsgesprächen, die sich bei einem Projekt in einem einzelnen Jugendverband ähnlich gestalten können und dort mit der Verbandsleitung oder Hauptberuflichen des Verbandes geführt werden, sollte von der Projektleitung eine Projektskizze mit den Inhalten, Fragestellungen und Methodenvorschlägen, aber auch mit einem relativ genauen zeitlichen Verlaufsplan vorgelegt werden. Wichtig ist, Form und Zeitpunkt der Schlußveröffentlichung bereits zu diesem Zeitpunkt festzulegen und auch ihre Finanzierung zu sichern.

Reflexion und Begleitung

Die MitarbeiterInnen des Forschungsprojektes müssen, sowohl zur Klärung von organisatorischen als auch von inhaltlichen Fragen, in ständigem Kontakt mit ihren Auftraggebern stehen. Darüber hinaus ist es sinnvoll, einen Beirat zu installieren, der in methodischen und inhaltlichen Fragen berät, Ergebnisse diskutiert und durch kritische Fragestellungen die Arbeit begleitet. Dieser Beirat sollte sich in regelmäßigen Abständen treffen und ständig über den Stand der Projektarbeit informiert sein.

Es empfiehlt sich, in der Zusammensetzung des Projektbeirates, Personen aus unterschiedlichen Arbeitsbereichen, beruflichen Positionen und unterschiedlicher Nähe zur Praxis der Jugendverbandsarbeit auszuwählen.

Beispiel für die Zusammensetzung eines Projektbeirates für ein Forschungsprojekt in einem Jugendring (Jugendring Dortmund):

1 Vertreter der Wissenschaft, Universität (Prof. Dr. Thomas Rauschenbach, Universität Dortmund)

1 Vertreter einer übergeordneten Behörde (Dr. Benedikt Sturzenhecker, Landesjugendamt Westfalen-Lippe)

1 Vertreterin eines befreundeten Jugendringes (Regina Prizebilla-Voigt, Bielefelder Jugendring)

1 ehemaliges Vorstandsmitglied des Jugendring Dortmund (Burghard Huisken)

1 Mitarbeiter aus einem weiteren Sektor der Freiwilligenarbeit (Holm Schüler, Kirchenkreis Recklinghausen)

1 Vertreter des Auftraggebers (Josef Niehaus, Geschäftsführer Jugendring Dortmund)

Ein Projektbeirat eines Forschungsprojektes in einem einzelnen Jugendverband könnte sich in ähnlicher Weise zusammensetzen.

Allgemeine Recherchen zu Themen der Jugendverbandsarbeit und der Freiwilligenarbeit

Es erscheint wichtig, daß die Arbeit der ProjektmitarbeiterInnen sich nicht allein auf die empirische Sozialforschung beschränkt, sondern daß diese sich parallel dazu mit Thematiken beschäftigen, die im engeren oder weiteren Sinne mit Jugendverbandsarbeit, Freiwilligenarbeit etc. verknüpft sind. Die fachliche Aufarbeitung dieser über den eigentlichen Forschungsansatz hinausweisenden Inhalte kann sowohl in die Abschlußveröffentlichung als auch in Zwischenveröffentlichungen, Seminare, Diskussionen, Fachveranstaltungen oder Exkursionsangebote einfließen.

Mögliche Themen einer begleitenden Recherche:

- Begrifflichkeit (Ehrenamt, Freiwilligkeit, Hauptamt, Amtsbegriff . . .)
- Geschichte des Jugendverbandes, -ringes, der Jugendarbeit in der Region
- Jugendkultur, Jugendindustrie, jugendliche Szenen
- Beispiele der Förderung freiwilliger Tätigkeit in anderen Städten, Ländern
- andere Forschungsprojekte zum Thema
- Jugendpolitik, Finanzierung der Jugendarbeit
- Fundraising, Sponsoring
- Methodenreflexion

2. Schritt: Reflexionen mit den Hauptberuflichen und Verbandsleitungen der Verbände

Gleich welche quantitative oder qualitative empirische Methode bei der späteren MitarbeiterInnenbefragung angewandt werden soll, ob Fragebogen, Gruppeninterview, Einzelinterview, teilnehmende Beobachtung . . .-, um Arbeitshypothesen formulieren zu können, bedarf es immer der Vorinformationen.

Diese Vorinformationen können bei den Verbandsleitungen oder auch bei den Hauptberuflichen der Verbände einholt werden. Außerdem haben diese Gespräche den Effekt, die verbandliche Akzeptanz für das Forschungsvorhaben zu erhöhen. Darüber hinaus können über diese Schiene erste Kontakte zu den zu befragenden MitarbeiterInnen aufgebaut werden.

In den Gesprächen mit den Verbandsleitungen/Hauptberuflichen sollte angesprochen werden:

- Geschichte, Arbeitsbereiche, Struktur des Verbandes
  Welche Gremien gibt es?
- In welchen Arbeitsbereichen sind Freiwillige tätig? Tätigkeitsbeschreibungen!
- Wie viele Freiwillige gibt es im Verband? Können Aussagen über die soziale Struktur der MitarbeiterInnenschaft gemacht werden?
- Haben sich die Sozialstruktur und die Anzahl der MitarbeiterInnen in den letzten Jahren verändert?
- Welche Motive der Mitarbeit werden vermutet?
- Wo werden Schwierigkeiten der MitarbeiterInnen innerhalb des Verbandes, in ihrer Arbeit mit den Kindern und Jugendlichen, etc. vermutet? Wie gestaltet sich ihr Verhältnis zu ggf. vorhandenen Hauptberuflichen?
- Wie gestaltet sich die innerverbandliche Aus- und Fortbildung? Was tut der Verband bereits, um neue MitarbeiterInnen zu gewinnen und vorhandene zu begleiten und zu fördern?
- Welche Formen der Anerkennung gibt es im Verband? Werden Aufwände erstattet?

3. Schritt: Hypothesenbildung und Methodenwahl

Aus dem in den Vorgesprächen gesammelten Material (Notizen bzw. Tonbandprotokollen) werden Forschungshypothesen formuliert. Diese sollten Annahmen über die Sozialstruktur der MitarbeiterInnen, ihre Motive, Schwierigkeiten, ihr Verhältnis zu Hauptberuflichen u.s.w. enthalten.

Bezieht sich die Studie auf mehrere Jugendverbände (Jugendringstudie), sollten Hypothesen über die mit den Verbandsgrößen, Verbandsstrukturen, der Wertgebundenheit der Verbände zusammenhängenden Unterschiede aufgestellt werden. Eine Unterteilung der Verbände in Kategorien wie „große – mittlere – kleine“, „mit und ohne Erwachsenenorganisation“, „mit und ohne Hauptberufliche“ etc. erscheint oft schwierig, kann aber sinnvoll sein.

Die Arbeitshypothesen sollten vor Beginn der Erhebung mit dem Auftraggeber und dem Projektbeirat ausführlich diskutiert und präzisiert werden. Die Erhebungsmethoden müssen auf das Ziel der Befragung abgestimmt sein. Wo es um Motive, Schwierigkeiten etc. geht, dürfte eine rein quantitative Erhebung nicht ausreichen. Neben dem Fragebogen, der sich zur Erhebung von Grunddaten eignet, sollten qualitative Methoden einbezogen werden.

Methoden der MitarbeiterInnenbefragung

– *Fragebogen*

  – zur Erhebung von Grunddaten geeignet
  – nicht länger als 2 Seiten
  – möglichst geschlossene Fragen
  – sollte per EDV auswertbar sei (auf Codierung achten!)

  Inhalte eines Fragebogens zur Erhebung von Grunddaten

  – Personendaten (Alter, Geschlecht, Beruf . . .)
  – Einstieg in den Verband (Wann?, Wie?)
  – Tätigkeitsbereiche
  – aufgebrachte Stundenzahl
  – erfahrene Aus- und Fortbildung
  – Vergütungen, Aufwandsentschädigungen, Anerkennung

– *Gruppeninterviews*

  – eignen sich zur Erforschung von Motivlagen, Schwierigkeiten . . .
  – Aussagen einzelner können durch die Gruppe relativiert werden
  – sollten leitfadengesteuert sein
  – in bereits bestehenden Gruppen (LeiterInnenrunde, Arbeitskreis . . .) durchführen
  – möglichst am Ort der regelmäßigen Treffen
  – TeilnehmerInnen über Ziele und Methoden der Studie informieren
  – Tonbandmitschnitt ist sinnvoll
  – Notizen zum Gesprächsverlauf
  – Verschriftlichung ganz oder in wichtigen Auszügen möglichst kurz nach dem Termin
  – für die Verschriftlichung ausreichend Zeit einplanen

  Inhalte, die in Gruppen- bzw. Einzelinterviews angesprochen werden können:

  – Zugänge zur Jugendverbandsarbeit
  – Tätigkeitsbereiche, typische Wochen, Streßphasen
  – Motive, warum gerade dieser Verband?
  – Anerkennung innerhalb und außerhalb des Verbandes
  – verbandsinterne Probleme, Zusammenarbeit mit Hauptberuflichen
  – Probleme mit Kindern und Jugendlichen
  – Begleitung, Aus- und Fortbildung
  – Veränderungswünsche

– *Einzelinterviews*

  – eignen sich für Untersuchungen in einzelnen Verbänden, auch in Problemlagen etc.
  – Nachteil: Aussagen können kaum überprüft werden
  – Vorteil: keine Verzerrung durch opinion leaders

– *Interviews mit VerbandsaussteigerInnen*

  – zusätzlich zu Gruppen- oder Einzelinterviews zu empfehlen
  – bieten die Möglichkeit der Sicht auf innerverbandliche Probleme aus einer anderen Perspektive
  – bieten sich besonders bei kleinräumigen Studien an

– *Erkundungen im Verbandsumfeld*

  – Gespräche mit FreundInnen, Eltern, LehrerInnen . . . der MitarbeiterInnen
  – nur bei kleineren Studien praktikabel
  – Vorteil: Beschreibung des verbandsexternen kulturellen Umfeldes wird möglich

– *Expertengespräche*

  – soweit in der Vorerhebung nicht geschehen, sollten zusätzliche Gespräche mit verbandsinternen und -externen Fachleuten stattfinden (Hauptberufliche, ehemalige Freiwillige etc.)

– *Teilnehmende Beobachtung* – sinnvoll bei kleinräumigen Studien – beste Möglichkeit, um etwas aus dem Innenleben der Verbände zu erfahren	– erfordert hohe (Selbst)-Reflexionsfähigkeit der MitarbeiterInnen – hoher Zeitaufwand

4. Schritt: Befragung der MitarbeiterInnen:

Gleich, für welche empirische Methode man sich entscheidet: Die zu befragenden MitarbeiterInnen müssen vor Beginn der Erhebung über Zielsetzung und Methodik der Projektarbeit informiert werden.

Bei rein quantitativen Erhebungen sollte durch Auswahl der Stichprobe Repräsentativität angestrebt werden. Dies muß bei qualitativ angelegten Studien nicht der Fall sein.

Bei Untersuchungen in einem Jugendring empfiehlt es sich, aus jedem angeschlossenen Verband zumindest eine MitarbeiterInnengruppe zu befragen, in größeren Verbänden auch mehrere unterschiedliche.

Bei kleinräumigen Studien sollte eine Befragung möglichst vieler MitarbeiterInnen angestrebt werden. Wo möglich, können zusätzlich auch Personen aus dem Umfeld der Verbände (Freunde, Eltern, Lehrer ...) oder auch Kinder und Jugendliche aus den Verbänden befragt werden.

In den meisten Fällen empfiehlt sich eine Kombination aus mehreren Untersuchungsmethoden, z.B. Fragebogen und Gruppeninterviews. In diesem Fall sollten mit dem Fragebogen nur einige Grunddaten erhoben werden. Tiefergehende Fragen können in den Gruppengesprächen angesprochen werden.

5. Schritt: Verschriftlichung und Rückkopplung der Ergebnisse

Nach Abschluß der Erhebungsphase, Verschriftlichung der Tonbandprotokolle und Auswertung der Fragebogenergebnisse müssen die Untersuchungsergebnisse auf Grundlage der Ausgangshypothesen und unter Zuhilfenahme der Fachliteratur, anderer Untersuchungsergebnisse etc. zu Texten verdichtet werden.

Bei geplanter Veröffentlichung muß, wie bereits angesprochen, die Form dieser Veröffentlichung bereits zu Beginn der Projektarbeit festgelegt werden. Zur Dokumentation der Untersuchungsergebnisse des Jugendring Dortmund haben wir uns für eine Veröffentlichung in Form von sechs themenzentrierten Broschüren entschieden.[5]

Auch am Auswertungsprozeß sollten alle Beteiligten teilhaben können. Dies bedeutet: Diskussion der Projektergebnisse mit Auftraggeber und Projektbeirat, Fachveranstaltungen mit den beteiligten Verbänden, Reflexionsgespräche in den befragten Gruppen.

6. Schritt: Entwicklung eines Personalentwicklungskonzeptes

Die Auftraggeber einer Studie zur freiwilligen Tätigkeit werden über eine Ergebnisdarstellung hinaus Vorschläge und Konzepte zur Praxis einer veränderten, der konkreten Situation des Jugendringes oder -verbandes entsprechenden MitarbeiterInnengewinnung und -begleitung – also ein Personalentwicklungskonzept – erwarten. Ein derartiges Konzept muß den im Forschungsprojekt ermittelten Voraussetzungen, Problemlagen, Defiziten des Jugendringes oder -verbandes angepaßt sein, auf jeden Fall aber folgende Bausteine enthalten:

5 Broschüren zu folgenden Themen sind entstanden:
- MitarbeiterInnenstruktur – Zugänge – Motive
- Zeitaufwand – Anforderungen – Tätigkeitsbereiche
- Veränderungen in der Kindheits- und Jugendphase
- Äußere und innere Anerkennung
- Arbeitsbarrieren – Schwierigkeiten – Zusammenarbeit mit Hauptberuflichen
- Veränderte MitarbeiterInnenbegleitung – neue Handlungsfelder der Jugendverbandsarbeit

Bausteine eines Personalentwicklungskonzeptes in der Jugendarbeit[6]

- *Zielgruppenbeschreibung*
  - *Vorhandene Freiwillige*
    - Alters-, Geschlechtsstruktur
    - Familien- und Wohnsituation
    - Ausbildung, Beruf, Arbeitsalltag
    - allgemeine Zeitbudgets, Freizeitplanung,
    - Freizeitgestaltung, (jugend)kulturelle Orientierungen, Hobbys
    - soziale Kontakte, Eingebundenheit in soziale Netzwerke, Vereine, Parteien . . .
    - Erfahrungen in der Jugendarbeit, Aus- und Fortbildung
    - Art der freiwilligen Tätigkeiten, Funktionen im Verband, Mitarbeit in Gremien
    - Zeitaufwand für verbandliches Engagement
    - Motive der Mitarbeit, Wünsche nach Anerkennung
    - eigene Rollendefinition, (ggf. auch in bezug auf hauptberufliche MitarbeiterInnen)
    - Probleme und Schwierigkeiten im Verband, mit Kindern, Jugendlichen, anderen MitarbeiterInnen, verbandlichen Gremien, Erwachsenenorganisationen . . .
  - *Zu gewinnende Freiwillige*
    - Welche personalen und fachlichen Qualifikationen sind gefragt?
    - In welchem kulturellen Umfeld lassen sich entsprechende Personen ansprechen?
    - Wo bestehen bereits persönliche Kontakte?
    - Wie lassen sich erste Kontakte initiieren und ausbauen (Feste, offene Tür, Ausflüge, Möglichkeiten der Hospitation . . .)
    - Welche Personengruppen sollen nicht angesprochen werden?
- *Tätigkeitsbeschreibungen*

  Ähnlich wie Stellenbeschreibungen in der Wirtschaft sollen Tätigkeitsbeschreibungen in der Freiwilligenarbeit dazu beitragen, die Suche nach geeigneten MitarbeiterInnen zu erleichtern. Den Freiwilligen helfen sie, ihre Stellung im Verbandsgefüge zu definieren und ihre Tätigkeits- und Verantwortungsbereiche gegenüber anderen abzugrenzen. Diese Tätigkeitsbeschreibungen sollten von den Verbandsleitungen oder Hauptberuflichen zusammen mit den betreffenden MitarbeiterInnen erstellt und schriftlich fixiert werden und folgende Fragen beantworten:

  - Woraus besteht der beschriebene Tätigkeitsbereich? Welche Verantwortungen sind mit den Tätigkeiten verknüpft?
  - Wie grenzt sich der Tätigkeitsbereich gegenüber anderen, vor allem von hauptberuflichen MitarbeiterInnen, ab?
  - Welche personalen und fachlichen Voraussetzungen müssen erfüllt werden?
  - An welcher Stelle in der Verbandsstruktur, der innerverbandlichen Hierarchie ist der Tätigkeitsbereich angesiedelt?
  - Wieviel freie Zeit muß investiert werden?
  - Handelt es sich um traditionelle Handlungsfelder der Jugendverbandsarbeit, bei denen auf Vorerfahrungen zurückgegriffen werden kann, oder um neue, mit entsprechendem Bedarf an innovativen Ideen und Improvisationsfähigkeit?

6 Vergl. dazu auch Sturzenhecker 1993 S. 60f.

- Welche Konsequenzen können sich in diesem Tätigkeitsbereich aus mangelndem Verantwortungsgefühl oder nachlässigem Handeln ergeben?
- Gibt es für die Funktion auch eine entsprechende Bezeichnung (z. B. GruppenleiterIn, Vorstandsmitglied, Materialwart . . .)?
- Wer hat diese Tätigkeitsbeschreibung wann erstellt? In welchen Zyklen wird sie überarbeitet und den aktuellen Gegebenheiten angepaßt?

– *MitarbeiterInnengewinnung*
Möglichkeiten, neue MitarbeiterInnen zu gewinnen:
- persönliche Ansprache (Personen aus dem Verbandsumfeld, dem Bekanntenkreis der bereits tätigen MitarbeiterInnen
- Schnupperaktionen und Möglichkeiten der unverbindlichen Hospitation
- offene Veranstaltungen, Feste, Aktionen, Ausflüge . . .
- Teilnahme an Projekttagen in Schulen
- Informationsstände bei Stadtfesten, in Einkaufszonen, an Universitäten . . .
- Pressearbeit, Anzeigen in der Tagespresse
- Gestaltung eines Schaukastens, Darstellung von Verbandsaktivitäten

Möglichkeiten, innerverbandlichen Abschottungstendenzen entgegenzuwirken:
- Reflexion des Phänomens „Abschottung" in der Gruppe (LeiterInnenrunde, Vorstand . . .)
- Schwellenängste in der Gruppe problematisieren und Rituale zur Begrüßung und Aufnahme Neuer (er)finden
- außenorientierte Gruppenaktivitäten (z.B. ein Fest, eine Veranstaltung für andere) planen und durchführen

Möglichkeiten, neue MitarbeiterInnen in ihrer ersten Arbeitsphase zu begleiten:
- Feste AnsprechpartnerInnen im Verband
- Einarbeitungsphasen, Möglichkeiten der Hospitation, Kennenlernen des Verbandsalltags, ohne in Verantwortungen eingebunden zu werden
- Möglichkeit des Austausches mit erfahrenen MitarbeiterInnen
- Vereinbarung einer „Probezeit", an deren Ende ein Gespräch über die Bedingungen, unter denen die Arbeit fortgesetzt wird, steht, aber auch ein Abruch der Zusammenarbeit jederzeit möglich ist

– *MitarbeiterInnenbegleitung*
Folgende Punkte sind bei der Begleitung und Beratung vorhandener MitarbeiterInnen zu beachten:
- Gibt es für Freiwillige feste AnsprechpartnerInnen im Verband? Wer berät in Konfliktfällen?
- Welche Angebote der Aus- und Fortbildung bestehen?
- In welche Gremien können sich Freiwillige einbringen? Wo und wie können sie auf Arbeitsinhalte, -abläufe und -strukturen Einfluß nehmen? Welche Freiräume werden für sie bereitgehalten?
- An welchen Stellen können die MitarbeiterInnen ihr Tun gemeinsam reflektieren?
- Besteht die Möglichkeit, Arbeitsbereiche zu wechseln, persönliche „Karriereplanung" im Verband zu betreiben?
- Wie gestalten sich Ausstiege aus der Arbeit?

– *Anerkennung und Aufwandserstattung*
- Wie werden die MitarbeiterInnen materiell oder immateriell anerkannt?
- Werden Aufwände erstattet?
- Sind die MitarbeiterInnen ausreichend versichert?
- Wird – vor allem den Mitarbeiterinnen – Teilnahme an Veranstaltungen durch Kostenübernahme für Kinderbetreuung ermöglicht?
- Welche Möglichkeiten der öffentlichen Selbstdarstellung bestehen?

- *Rahmenbedingungen*
  - Wer im Verband sichert die finanziellen, materiellen und räumlichen Rahmenbedingungen?
  - Wer sorgt für öffentlichkeitswirksame Präsentation der Arbeit, z.B. in den Medien?
  - Wo im Verband wird Personalentwicklungsplanung betrieben?

Beispiel einer praktischen Umsetzung: Das Freiwilligenzentrum Dortmund

Ein Ergebnis des Forschungsprojektes im Jugendring Dortmund war, die Ergebnisse nicht in der Papierform zu belassen, sondern Personalentwicklung in der Jugendverbandsarbeit auch praktisch zu erproben.

Mit dem Modellprojekt: „Ehrenamtlichen- und Freiwilligenentwicklungsplanung in der Jugendarbeit" und seiner institutionellen Umsetzung im Freiwilligenzentrum beschreitet der Jugendring Dortmund – für den Bereich der Jugendarbeit erstmalig – neue Wege der trägerübergreifenden Beratung und Begleitung freiwilliger MitarbeiterInnen.

Das Freiwilligenzentrum ist ein auf zwei Jahre angelegtes Modellprojekt des Jugendrings Dortmund zur Förderung der freiwilligen Tätigkeit in der Jugendarbeit. Es wird aus Fördermitteln der Stiftung Deutsche Jugendmarke e.V., des Landes Nordrhein- Westfalen, des Landesjugendamtes Westfalen-Lippe, der Stadt Dortmund/Stadtsparkasse Dortmund sowie Eigenmitteln des Jugendrings Dortmund finanziert.

Nach einer ca. viermonatigen Vorbereitungsphase hat das Freiwilligenzentrum am 2. Januar 1995 im Gebäude der Auslandsgesellschaft, in unmittelbarer Nähe des Hauptbahnhofs, seine Arbeit aufgenommen. Neben der räumlichen Präsenz in der Dortmunder Innenstadt gehört zur Konzeption des Freiwilligenzentrums ein mobiles Beratungsangebot. Mit dem zu einem Infostand umgebauten Lastenrad „Long John" soll stadtteilorientiert für freiwilliges Engagement geworben werden.

Im Freiwilligenzentrum sind drei MitarbeiterInnen tätig: ein Projektleiter, eine Freiwilligenberaterin (beide Vollzeit) und eine Verwaltungskraft (Teilzeit).

In seiner Konzeption orientiert sich das Freiwilligenzentrum stark an den niederländischen Freiwilligenzentralen, die dort bereits seit den 70er Jahren in ca. 130 Städten arbeiten. Während in den Niederlanden die Arbeit schwerpunktmäßig an der Unterstützung von Organisationen der Wohlfahrtspflege, Bürgerinitiativen, Nachbarschaftsgruppen, etc. ausgerichtet ist, bezieht sich das Freiwilligenzentrum in erster Linie auf die Jugendarbeit, wobei allerdings eine dem Bedarf entsprechende Ausdehnung der Angebote auch auf andere Sektoren der Freiwilligenarbeit geplant und gewollt ist. Die Aufgaben und Angebote des Freiwilligenzentrums lassen sich kurz in drei Punkten beschreiben:

Arbeitsschwerpunkte des Freiwilligenzentrums

1. Gezielte Werbung für freiwilliges Engagement.
2. Beratung und Begleitung von Freiwilligen, Vermittlung in Organisationen und Beratung der Organisationen zu einem bewußterem Umgang mit ihren MitarbeiterInnen.
3. Stadtteilorientierte Entwicklung und Unterstützung von Kooperationsmodellen zwischen verschiedene Trägern zur Umsetzung konkreter Projekte in der Jugendarbeit.

Gezielte Werbung für freiwilliges Engagement bedeutet, nicht in das allgemeine Wehklagen über die sinkende Bereitschaft zum sozialen Engagement einzustimmen, sondern an konkreten Beispielen zu zeigen, wo durch freiwillige Tätigkeit in Projekten, Initiativen, Verbänden und anderen Zusammenhängen der soziale Wandel mitgestaltet werden kann.

Mit dem mobilen Beratungsstand werden auf öffentlichen Plätzen in den Stadtbezirken derartige Beispiele freiwilliger Tätigkeit vorgestellt und die Jugendverbände und andere Trägerorganisationen dabei unterstützt, ihre Arbeit in der Öffentlichkeit zu präsentieren.

Beratung und Begleitung Freiwilliger bedeutet, interessierte Personen und die Träger der Freiwilligenarbeit miteinander in Kontakt zu bringen.

Davon ausgehend, daß die Bereitschaft zum sozialen Engagement generell nicht nachgelassen hat und weitaus mehr Menschen dazu bereit sind, sich zu engagieren, als dies bereits der Fall ist, ist mit dem Freiwilligenzentrum eine niedrigschwellige und trägerübergreifende Anlaufstelle geschaffen worden, an der Interessierte sich unverbindlich über die Möglichkeiten freiwilliger Tätigkeit informieren können. Sie können sich mit ihren Vorstellungen in eine Kartei aufnehmen lassen, werden an entsprechende Organisationen vermittelt und während ihrer Tätigkeit beraten und begleitet.

Für die Organisationen besteht die Möglichkeit, vakante Freiwilligenstellen beim Freiwilligenzentrum zu melden und mit seiner Hilfe (Stellenkartei, Stellenanzeigen, Werbeaktionen) zu besetzen. Außerdem wird eine Beratung in allen Fragen der Freiwilligengewinnung und -begleitung angeboten.

Im Freiwilligenzentrum werden zwei Karteien aufgebaut – eine mit vakanten Freiwilligenstellen in den Organisationen, eine mit an freiwilliger Arbeit interessierten Personen:

Arbeitsschritte zum Aufbau von Stellen- und Freiwilligenkarteien

1. Schritt: Werbung
- Presse- und Rundfunkarbeit
- öffentlichkeitswirksame Eröffnungsveranstaltung
- Erstellen von Faltblättern, Projektinfos, Konzeption eines Infostandes

2. Schritt: Kontakt zu den Organisationen
- Fachtagung zur Freiwilligenarbeit
- Informationsveranstaltungen in und mit Organisationen
- Anschreiben mit einer Grundinformation zum Freiwilligenzentrum und zwei Fragebögen zum Aufbau der *Stellenkartei*:

  Fragebogen 1 (Organisationsprofil) enthält Fragen zu
  - Arbeitsfeldern und Strukturen der Organisation
  - Tätigkeitsbereichen von vorhandenen Freiwilligen
  - Anforderungen an die Freiwilligen
  - Einsatzmöglichkeiten für neu zu gewinnende Freiwillige
  - Formen der Anerkennung, Aufwandserstattungen, Versicherungen, Mitspracherechte in Gremien
  - AnsprechpartnerInnen für Freiwillige, Möglichkeiten der ersten Kontaktaufnahme

  Fragebogen 2 (vakante Freiwilligenstellen) enthält Fragen zu:
  - konkreten Tätigkeitsbereichen der zu besetzenden Freiwilligenstellen
  - zeitlichem Rahmen der Tätigkeit
  - Ort des Einsatzes
  - Aufwandserstattungen, Form der Anerkennung, Versicherungen

- Beteiligung in Gremien
- AnsprechpartnerInnen, Einarbeitungsphase
- Möglichkeiten der Aus- und Fortbildung
- Anforderungen an die Freiwilligen

3. Schritt: Gewinnung von Freiwilligen:

- Informationsstände (Lastenfahrrad) an stark frequentierten Orten: Innenstadt, Märkten, Universität, Schulen, bei Festen, Einkaufszentren . . ., zur Darstellung der Möglichkeiten freiwilligen Engagements
- Stellenanzeigen in Tageszeitungen, Anzeigenblättern . . .
- persönliche Beratung Interessierter im Freiwilligenzentrum
- Erstellung einer Freiwilligenkartei mit folgenden Angaben:
  - Personendaten
  - Interessensgebiete
  - gewünschte Tätigkeitsfelder
  - möglicher Zeitaufwand
  - gewünschter Ort der Tätigkeit
  - gewünschte Zielgruppe
  - Erwartungen an die Trägerorganisation
  - Vorerfahrungen, spezielle Kenntnisse, Fähigkeiten

Im alltäglichen verbandlichen Miteinander können Schwierigkeiten, Probleme und Fragen auftauchen, die im innerverbandlichen Kontext nicht oder nur unzureichend geklärt werden können. Hier bietet das Freiwilligenzentrum Hilfestellungen an. Für die Jugendverbände, Initiativen und andere Organisationen wie auch für einzelne Freiwillige besteht die Möglichkeit, sich hier über Fragen der Aus- und Fortbildung, der Anerkennung, Versicherungsfragen u.s.w. zu informieren.

Stadtteilorientierte Entwicklung und Unterstützung von Kooperationsmodellen bedeutet, daß mit dem Freiwilligenzentrum dazu beigetragen werden soll, daß neue Ideen in der Jugendarbeit auch umgesetzt werden können. Die Freiwilligenarbeit wird sich nur weiterentwickeln, wenn die Organisationen ihren MitarbeiterInnen Räume eröffnen, in denen sie ihre Ideen realisieren können. Wenn sie weiterhin am sozialen Wandel Anteil haben wollen, müssen die Trägerorganisationen ihre Tätigkeitsbereiche stärker als bisher an den Wünschen und Vorstellungen ihrer MitarbeiterInnen ausrichten, unterschiedliche Formen der Beteiligung an Entscheidungsprozessen zulassen und auch neue Formen der Teilhabe entwickeln.

Für die zukünftige Entwicklung der Jugendverbandsarbeit wird es von größter Wichtigkeit sein, den Rahmen der Aktivitäten zu erweitern und neben der bisherigen Schwerpunktsetzung auf Freizeitangebote für Kinder und Jugendliche Bereiche wie Jugendwohnen, Beschäftigungsprojekte, Jugendinformation etc. stärker zu berücksichtigen. Dort, wo aufgrund fehlender materieller oder personeller Ressourcen ein Verband, eine Initiative allein eine solche Ausweitung der Arbeit nicht leisten kann, versucht das Freiwilligenzentrum Kooperationsmodelle anzustoßen und zu begleiten, in denen verschiedene Organisationen an der Umsetzung konkreter Projektideen arbeiten. Solche Projekte können sein: Mädchen- und Frauencafés, interkulturelle Jugendtreffs, Medienprojekte etc. Das Freiwilligenzentrum organisiert Treffen der Projektgruppen, spricht potentielle MitarbeiterInnen an und stellt Projekte der Öffentlichkeit vor.

Neben der Unterstützung von Kooperationsmodellen versucht das Freiwilligenzentrum kleinere, innovative Projekte zusammen mit einzelnen Freiwilligen selbst umzusetzen. So wird zum Beispiel ein NeubürgerInnenstammtisch eingerichtet, der neu hinzugezogenen DortmunderInnen den Neubeginn durch Informationen über die Stadt, Besichtigungen etc. und informelle Kontakte erleichtern soll.

Begleitung des Projektes

Begleitet wird das Projekt von einer Arbeitsgruppe, bestehend aus MitarbeiterInnen der im Jugendring Dortmund zusammengeschlossenen Jugendverbände. Diese berät in erster Linie in allen Fragen, die Kontakte zu den Jugendverbänden betreffen, aber auch in Fragen der alltäglichen Arbeit.

Beratend tätig ist außerdem ein Projektbeirat. Dieser setzt sich aus MitarbeiterInnen der fördernden Stellen sowie des Deutschen Bundesjugendringes, des Landesjugendringes NRW und des Partnerjugendringes Zwickau zusammen. Hinzu kommt Prof. Dr. Thomas Rauschenbach, Universität Dortmund, der auch die wissenschaftliche Begleitung des Projektes übernommen hat.

Transfer der Projektergebnisse

Vieles von dem, was im Freiwilligenzentrum erprobt wird, ist für den Bereich Jugendarbeit Neuland. Das Projekt ist als Modellprojekt konzipiert, und dementsprechend gehört es zu den Aufgaben der ProjektmitarbeiterInnen, Ideen, Erfahrungen und Ergebnisse aus der Projektarbeit an interessierte Stellen, Jugendringe, Jugendverbände, Träger der freien Wohlfahrtspflege, Initiativen etc. weiterzugeben. Hierzu werden Fachgespräche geführt, Interessierte ins Freiwilligenzentrum eingeladen, Beiträge zu Seminarveranstaltungen geliefert, Veröffentlichungen für die Fachpresse erstellt u.s.w.

Im Verlauf seiner Modellphase lädt das Freiwilligenzentrum außerdem zu zwei Fachtagungen zum Thema „Freiwilligenarbeit“ ein. Zum Abschluß des Modellprojektes ist eine Veröffentlichung der Projektergebnisse in Buchform geplant.

Literatur

Deutscher Bundesjugendring: Die Jugend braucht ihren Teil – Zur Förderung der Jugendverbandsarbeit, Bonn 1994

Deutscher Bundesjugendring: Viel Arbeit – Wenig Ehre – Ehrenamtliche im Jugendverband, Bonn 1993

Deutscher Bundesjugendring: Zwischen Erlebnis und Partizipation – Jugendverbände in der Bindestrich-Gesellschaft, Bonn 1993

Funk, Heide und Winter, Reinhard: Das modernisierte Ehrenamt, Neuss-Holzheim 1993

Heeg, Franz J. (Hrsg): Handbuch Personal- und Organisationsentwicklung, Stuttgart 1993

Landelijke Vereniging van Vrijwilligerscentrales: Werken mit Vrijwilligers, Utrecht 1987

Landelijke Vereniging van Vrijwilligerscentrales: Afspraken van en met Vrijwilligers, Utrecht 1993

Rauschenbach, Thomas und Gängler, Hans (Hrsg): Soziale Arbeit und Erziehung in der Risikogesellschaft, Neuwied 1992

Strombach, Manfred E.: Personalentwicklung, Würzburg 1992

Sturzenhecker, Benedikt: Ehrenamtliche fördern – praktische Vorschläge für die Jugendarbeit, in: Landschaftsverband Westfalen-Lippe -Landesjugendamt- (Hrsg): Ehrenamtliche fördern – Analysen, Methoden, Beispiele für die Jugendarbeit, Münster 1993

Praxisbeispiele 3
Konzept- und Organisationsentwicklung verbinden

Von der Konzeptentwicklung zum Organisationsumbau

Armin Wöhrle

Reflektierte Modernisierung, Individualisierung der Institutionen und problemangemessener Strukturumbau

Noch nie wurde im Bereich des Gesundheits- und Sozialwesens so viel über das Sparen diskutiert wie derzeit. Den Sparzwang zum Ausgangspunkt zu nehmen, um über Management, Effektivität, Konzeptentwicklung, Controlling und Marketing nachzudenken, wäre jedoch eine unzulässige Vereinfachung von Zusammenhängen. Die Hinweise darauf, daß soziale Organisationen überdimensioniert gewachsen sind, ohne daß ihr Management Schritt gehalten hat, mehrten sich bereits seit den siebziger Jahren (vgl. Wöhrle 1993a, S. 15f). Es ist durchaus richtig, wenn man die Ursachen für einen verpaßten Umbau sozialer Organisationen in Richtung auf problemangemessene Strukturen dem Management anlastet. Das Management der sozialen Organisationen trägt die Verantwortung. Doch mit dieser Benennung von Verantwortung ist man hinsichtlich der inhaltlichen Problemstellungen noch keinen Schritt weiter. Und wer ist denn das Management in einem kleinen eingetragenen Verein, der offene Jugendarbeit anbietet? Die ehrenamtlichen Vorstandsmitglieder, die man überreden muß, zu kandidieren? Warum schimpfen so viele Sozialarbeiter und Sozialpädagoginnen über die Leitung ihrer Einrichtung und überlassen Leitungsfunktionen anderen Berufsgruppen? Warum wurde Leitungs- und Führungswissen so lange in den Hochschulausbildungen der Sozialen Arbeit nicht vermittelt?

In dem folgenden Beitrag will ich mich nicht auf die Suche nach den Verantwortlichen machen, sondern – ausgehend von den inhaltlichen Anforderungen – einen Weg nachzeichnen, wie Verantwortung übernommen werden kann. *Ich gehe davon aus, daß Sozialarbeiterinnen und Sozialpädagogen nicht nur für die unmittelbare fachliche Arbeit mit dem Klienten zuständig sind, sondern auch für die Konzeptentwicklung, die Umsetzung von Konzepten in fachliches Handeln und die Überprüfung des Handelns wie der Konzepte. Darüber hinaus tragen sie die Verantwortung dafür, daß die Strukturen, in denen sie handeln, problemangemessen und förderlich für die Umsetzung des Arbeitsauftrages sind.* Es wäre eine sonderbare Profession, wenn sie sich lediglich mit unmittelbaren Arbeitsvollzügen beschäftigen und die Setzung von Rahmenbedingungen anderen Berufsgruppen überlassen würde. Damit fällt die Verantwortung, die so schnell bei „dem Management“ (und damit weit weg) zu landen schien, den Praktikern und Praktikerinnen sozusagen wieder vor die Füße.

Der Konflikt zwischen den beiden Modernen (der „einfachen“ und der „reflexiven“ nach

Beck 1992 und 1993) erzeugt auch in der Sozialen Arbeit ein Spannungsverhältnis, das sich, vereinfacht ausgedrückt, zwischen dem „Weiter-wie-bisher" einerseits und der Suche nach neuen Lösungen andererseits entfaltet. Da sich die Akteure im Bereich des Sozialwesens in der Regel automatisch zur fortschrittlichen Seite rechnen, tun sie sich besonders schwer damit, wenn auch sie ihre Wirkungszusammenhänge nicht auf der unmittelbar fachlichen Ebene der Beziehungsarbeit, sondern auf der strukturellen Ebene reflektieren müssen. Roland Merten und Thomas Olk brechen auf dieser Ebene mit der eindimensionalen Modernisierungslogik der Sozialen Arbeit, indem sie auch ihr „nicht-intendierte Nebenwirkungen" im Sinne von Kolonialisierung und Entmündigung von Zielgruppen nachweisen (Merten/Olk 1992, S. 84). Die Zielrichtung einer reflektierteren Form der Modernisierung verlangt das Verlassen bisheriger Spezialisierungspfade. Die Reduktion der Aufmerksamkeit auf Zuständigkeitsfragen, die damit verknüpfte Bürokratisierung wie die Herausbildung eines Expertenstatus, mit dem Zugangsbarrieren geschaffen und Problemstellungen auf mit bisherigen Methoden handhabbare Ausschnitte zugeschnitten wurden, verlangen nach neuen Lösungen. Professionelles Handeln muß auch in seiner beschränkenden Wirkung auf Betroffene wahrgenommen und durch die unmittelbare Ausrichtung an den Lebenswelten und den Betroffenen sowie unmittelbaren (im Gegensatz zu verrechtlichten) ethischen Fragen neu ausgerichtet werden. Mit den sozialstaatlichen Ansprüchen konkurrieren Erfordernisse eines ökologischen Umbaus der Marktwirtschaft und die internationalen Probleme der Armut sowie deren Mobilisierung in der Gestalt von Zuwandererströmen. Auch dies kann für die Organisationen und Konzepte der Sozialen Arbeit und Erziehung nicht folgenlos bleiben (vgl. Lewkowicz 1991).

Verunsicherten bereits Selbsthilfebewegungen bestehende Institutionen Sozialer Arbeit und deren Konzepte der Dienstleistungserbringung, so tritt mit der „Individualisierung der Institutionen" (Beck 1992, S. 187) der „Störenfried" sozusagen in sie ein. Ulrich Beck leitet diesen Zusammenhang global folgendermaßen ab: „Die sozialen Gußformen, auf denen politische Parteien und Organisationen ihre Programmatik und Arbeit aufbauen, verschwimmen. Die sozialen Sicherungssysteme, Arbeitsverwaltung, Familienpolitik konservieren eine industriegesellschaftliche Normalität, die für immer größere Kreise der Bevölkerung nicht mehr zutrifft. Männerinstitutionen treffen auf den Widerstand der in sie eintretenden Frauen. All dies bedeutet: Institutionen werden *individuum-abhängig;* und zwar nicht, weil die Individuen so mächtig, sondern die Institutionen historisch widersprüchlich werden" (Beck 1992, S. 190). „Man könnte von einem *‚institutional lag'* in dem Sinne sprechen, daß der Stillstand der Institutionen in der demokratischen Kultur in Widerspruch zu der sich lebensweltlich wandelnden Gesellschaft gerät. Dies läuft auf etwas hinaus, das ich eine *‚Individualisierung der Institutionen'* nennen möchte, denn Institutionen können nicht länger individuenunabhängig gedacht werden. Es brechen Konflikte *in* den Institutionen *um* institutionelle Politik auf" (ebd., S. 187).

Die Suche nach neuen Wegen einer reflektierten Modernisierung kann – eingedenk der Erneuerungen, die durch Selbsthilfeprojekte angeschoben wurden – nicht allein den Experten überlassen bleiben. Die Organisationen müssen sich auch an ihren Grenzen verflüssigen. Ob dies nun unter den Stichworten „offene Systeme" oder „Runde Tische" diskutiert wird, jedenfalls wird die „Frage nach mehrdeutigen, Ambivalenzen zulassenden, ermöglichenden, grenzübergreifenden, systemverzahnenden Systembildungen (. . .) zentral" (Beck 1993, S. 189).

Im Management des Wirtschaftssektors, das im Gefolge eines generellen gesellschaftlichen Umwälzungsprozesses vor vergleichbaren Problemstellungen steht, wird nach Wegen gesucht, die „Individualisierung der Institutionen" für das einzuspannen, was die bisherigen schwerfälligen Steuerungssysteme nicht mehr schaffen. Die Anpassung an rasante Veränderungen des Bedarfs können nur noch sich selbst steuernde kleine Einheiten (Teams), bestehend aus hochmotivierten Beschäftigten, die in intensiver Verbindung mit den Nutzern der Leistungen stehen, bewerkstelligen. Dafür muß ihnen aber auch mehr Kompetenz gegeben werden. Der Mensch wird in neueren Managementkonzepten als entscheidender Produktionsfaktor erkannt. Er rückt deutlicher in den Mittelpunkt. Diese angestrebte „Humanisierung des Wirtschaftslebens" geht nicht auf eine plötzliche ethisch und moralisch ausgerichtete Selbstkritik kapitalistischen Wirtschaftens zurück, sondern folgt der profit-orientierten Logik und dem Ziel der Anpassung an sich veränderte Bedingungen im Weltmaßstab (Wöhrle 1992, S. 29ff). Insbesondere die „japanische Herausforderung" leitete amerikanische und europäische Managementexperten bei der Entwicklung neuer Managementkonzepte an (vgl. z.B. Peters 1988, Beckérus/Edström 1990). „Lean production" und „lean management" sind Stichworte, unter denen heute diese Ansätze breit und kontrovers diskutiert werden (vgl. z.B. Hans-Böckler-Stiftung/Industriegewerkschaft Metall 1992). Die Zerstückelung früherer Produktionsweisen wird zu überwinden gesucht. Es wird ganzheitlicher gedacht und Wert auf organisatorische Integration gelegt. Auch die dem Produktionsprozeß nachgeordnete Qualitätssicherung wird integriert. Ebenfalls werden die Zulieferer aus Kostengründen stärker eingebunden. Durch die ganzheitliche Wahrnehmung, die Integration und Delegation von Verantwortung auf die kleineren Einheiten wird eine Prozeßinnovation in Gang zu setzen gesucht, die verbunden mit einer konsequenten Marktorientierung wiederum eine Produktinnovation auslösen soll (vgl. G. Schwarz 1994, S. 47 ff).

Bei dieser Suchbewegung nach beweglichen Einheiten und schnellen, kreativen Lösungen denkt man unwillkürlich an die Sozialbürokratie, die mit ihrer Verrechtlichung, ihrer Zentralisierung und mangelhaften Effizienz sich zunehmend selbst lahmlegt. „An den Grenzen ihrer Problemlösungsfähigkeit angelangt, geraten Verwaltungen und bürokratisch geführte Organisationen in einen ‚institutionellen Streß', aus dem sie durch kurzatmiges Krisenmanagement herauszukommen suchen. Dieses permanente Krisenmanagement führt zu einem immer weitergehenden Verzicht auf prinzipielle und konzeptionelle Überlegungen, so daß die Gesamtsituation immer undurchsichtiger und unbeherrschbarer wird" (G. Schwarz 1994, S. 19). Aber auch kleine soziale Organisationen sind nicht automatisch wendiger. Durch ihre Unterorganisiertheit, ihren Verzicht auf bewußte Steuerung treiben sie nicht selten führungslos dahin oder werden von außen dirigiert. An diesen Nahtstellen können Überschneidungen von Suchbewegungen fruchtbar werden, die sich im Bereich des Sozialwesens und im Dienstleistungsmanagement vollziehen. Hier wie dort wird im Spannungsfeld zwischen Kreativität und Zuverlässigkeit nach neuen Wegen gesucht, um im Interesse des Kunden/der Betroffenen, unter seiner direkten Einbeziehung und Beteiligung befriedigendere und qualitativ bessere Lösungen zu finden.

Das Konzept des „schlanken Unternehmens" (Biehal 1994) wird allerdings im Sozialbereich oft mißverstanden, indem damit lediglich das Ziel des Personalabbaus verwirklicht werden soll. In diesem Fall wird „schlank" im Sinne von „weniger" verstanden, und dabei bleibt das umfassende Verständnis auf der Strecke. Übersehen wird dann, daß es auch im Wirtschaftssektor in erster Linie entwickelt wurde, um eine *Erhöhung der Qualität* zu erreichen. Für Franz Biehal heißt schlankes Unternehmertum:

- „von den wahren Bedürfnissen auszugehen,
- zwischen meinen und fremden Interessen einen fairen Ausgleich zu suchen,
- die Aufmerksamkeit auf den Ort und die Zeit der Leistungserbringung zu lenken,
- ständig an der Verbesserung der Qualität zu arbeiten,

- das Gesamtunternehmen als Dienstleistungsorganisation für die im Primärprozeß Stehenden zu verstehen,
- die Sparsamkeit in den eingesetzten Mitteln und Ressourcen zur Maxime zu erheben,
- den Kunden und seine Zufriedenheit als Steuerungsgröße zu akzeptieren,
- sich der Gesamtverantwortung für Gesellschaft und Umwelt bewußt zu sein und ihr entsprechend zu handeln“ (Biehal 1994, S. 65).

Für die sozialen Dienste hebt Gotthart Schwarz insbesondere folgende Zielkategorien hervor:

- „Ganzheitliche Orientierung und proaktives Denken . . .,
- umfassende Kommunikation und sensitives Denken . . .,
- Reduktion von Komplexität und ökonomisches Denken . . .,
- optimale Ressourcennutzung durch Kooperation und Vernetzung . . .“ (G. Schwarz 1994, S. 53).

Würden Anforderungen an soziale Institutionen lediglich unter dem Blickwinkel massiver finanzieller Engpässe diskutiert – so das Fazit aus dieser Einführung –, würde ein massiver Bedarf an Neuorientierung und würden Anforderungen an einen Umbau problemangemessener Strukturen der Sozialen Arbeit ausgeklammert. Allein der rasante quantitative Anstieg der Beschäftigungsverhältnisse (Rauschenbach 1993) legt die Vermutung nahe, daß ein „Weiter-so-wie-bisher“ bzw. ein „Mehr-von-demselben“ nicht der Weisheit letzter Schluß sein kann.

Von der Beratung pädagogischer Konzepte zur Beratung des fachlich-organisatorischen Umbaus

Erst durch die Erweiterung des Blickfeldes können die Dimensionen der Konzeptentwicklung auftauchen, die in der Praxis einerseits die Schwierigkeiten bei der realen Erstellung von Konzepten verursachen, andererseits aber auch die Qualitätsunterschiede zwischen Konzepten ausmachen. Bei Beachtung heutiger Anforderungen greift man zu kurz, wenn man lediglich versucht, ein existierendes sozialpädagogisches Konzept fortzuschreiben. Sozialpädagogische Konzepte müssen heute viel deutlicher in ihren Gesamtzusammenhang eingeordnet werden. Nicht selten bestehen zwischen ihnen, ihrer Realisierung und den organisatorischen Bedingungen Widersprüche. Hervorragend begründete Konzepte können dadurch als „Luftblasen“ erscheinen. Gute fachliche Konzepte können im Sog einer ineffektiven Gesamtorganisation untergehen. Schlecht profilierte Einrichtungen können brilliante Arbeitsansätze grau werden lassen. Man erwartet keine Qualität von einer Institution, die nach außen dilettantisch erscheint.

Mit dem vorliegenden Beitrag soll versucht werden, eine Realität nachzuzeichnen, die einem bei der Beratung von kleinen Einrichtungen, aber auch von großen Institutionen bzw. Organisationseinheiten in großen Institutionen der Sozialen Arbeit begegnet. Der Beitrag fußt auf der Beratungserfahrung, daß Ziele der Beratung durch die Nachfragenden benannt werden, die nur erreicht werden können, wenn Umwege beschritten werden. Im konkreten Fall heißt dies: Eine stringente Beschreibung, wie man zu einem Konzept für eine Einrichtung oder Organisationseinheit kommt, nützt nur den organisatorischen Einheiten etwas, die über die Voraussetzungen verfügen, um ein (neues) Konzept unter Nutzung der Chancen, die in jeder Krise stecken, stringent erarbeiten zu können. Dies sind allerdings nach meiner Beratungserfahrung nur sehr wenige. Damit ist aber die systematisch aufgebaute Konzepterarbeitung in ihrem praktischen Gebrauchswert für die meisten Einrichtungen zwar nicht unnütz, aber doch erheblich relativiert. Um dennoch eine Anleitung für die Konzepterarbeitung geben zu können, versuche ich mit diesem Beitrag die

Nahtstellen zu theoretischen Defiziten und organisatorischen Schwierigkeiten sowie die Umwege zur Klärung von Steuerungsvoraussetzungen nachzuzeichnen. Damit veranschauliche ich gleichzeitig eine These: *In einem weitgehend unaufgeklärten Organisationsbereich, um den es sich bei sozialen Institutionen handelt, landet seriöse Konzeptberatung fast schon automatisch bei Fortbildung und Organisations- bzw. Managementberatung.* Sich darauf nicht einzulassen hieße eine eindimensionale Konzeptberatung zu betreiben, die letztlich zu Konzepten ohne Gehalt für die betreffende Organisation führt, bzw. zu Konzepten, die nur auf Druck von außen geschrieben werden, ohne daß sie intern handlungsanleitend sind. Schlimmer noch: Eine derartige Konzeptberatung befähigt die Organisationseinheiten nicht zur Selbstevaluation, sondern macht sie von der Anleitung durch externe Berater und Beraterinnen abhängig. Im extremsten Fall füllen Beratende wissentlich oder unreflektiert (es ist schlecht auszumachen, was der schlimmere Fall von beiden ist) fehlende Steuerungsfunktionen aus und lassen sich somit in die Organisation einbauen, die in einem unreflektierten Zustand verharrt.

Der Ausgangspunkt: Bedarf nach schnellen Lösungen

Einrichtungen bzw. Arbeitseinheiten in Institutionen der Sozialen Arbeit begeben sich selten aus freien Stücken und ausschließlich, weil die Fachlichkeit es verlangt, in den Prozeß der Konzeptentwicklung. Meist sind es *Problemstellungen* der Einrichtung, die eine derartige Reaktion auslösen, oder es handelt sich um die Notwendigkeit der *Legitimation* der Aufgabenerfüllung, die als ein von außen herangetragener Zwang erlebt wird. Konkret: Entweder verlangt der eigene Träger oder der öffentliche Finanzgeber eine Konzeptfortschreibung bzw. -konkretisierung, oder die Fachleute stellen fest, daß die Nachfrage ihrer Leistungen zurückgeht (Besucherrückgang etc.) oder daß die Finanzierungsspielräume enger werden und man nur mit einer klareren Profilierung oder Erweiterung der Aufgabenstellung der aktuellen Rotstift-Politik entgehen und mit der Einrichtung überleben kann.

Da in sozialen Einrichtungen keine Tradition im Managementdenken existiert, aber durchaus zwischenzeitlich erkannt wurde, daß soziale Organisationen allein dadurch, daß sie qualifiziert fachlich handeln, nicht ihren Bestand sichern können, wird nicht selten nach modischen Antworten gesucht, die man in der Art von schnell einsetzbaren Patentrezepten handhaben möchte. So wird in den oben angedeuteten Fällen oft nach einer Lösung gesucht, wie man schnell zu einem neuen Konzept kommt, das mit moderneren Begriffen das Bisherige, zugeschnitten auf diejenigen Instanzen, die das Konzept verlangen, passend darstellt. Oder man sucht unter dem Schlagwort des Sozialmarketings nach einer Beratung, die das bisherige Angebot besser darzustellen hilft unter dem Motto: „Wir machen zwar gute Arbeit, haben es aber bisher nicht geschafft, diese Arbeit auch gut zu verkaufen."

Dies ist oft die Ausgangssituation, in der man als Berater oder Beraterin angefragt wird. Die nachfragende Einheit stellt dann die aktuelle Situation als eine Drucksituation dar, in der jetzt auch noch zusätzlich zur Überbelastung durch die alltägliche Arbeit eine konzeptionelle Leistung abverlangt wird. Das Zeitvolumen, das für die zusätzliche Aufgabe eingeplant ist, umfaßt vielleicht eine Woche. Dann aber sollte das neue Konzept schon stehen.

Berater oder Beraterinnen müssen in dieser Ausgangslage noch vor Eingehen eines Kontraktes klar benennen, ob sie bereit sind, sich in ein derart aussichtloses Verfahren einbinden zu lassen. Als seriös Beratende werden sie verdeutlichen, daß Konzeptentwicklung kein Schnellschuß als Reaktion auf eine Drucksituation sein kann, sondern einer Eigenlogik zu folgen hat, die mehr in den Beratungsprozeß einbezieht, als ursprünglich angedacht wurde.

Konzeptberatung muß Mythen überwinden

Gehen wir einmal davon aus, daß der Beratungskontrakt zustande kommt. Und gehen wir davon aus, daß die Organisationseinheit sich darauf eingelassen hat, einen ungefähr einjährigen Weg bis zur Konzepterstellung mitzugehen. In diesem Fall können die nachfolgend angedeuteten Stationen des Weges beschritten werden. Bei der Beschreibung will ich insbesondere die Nahtstellen markieren, an denen die Verbindung zu Unklarheiten der Organisation und des Managements deutlich werden und an denen hinsichtlich Wissen und Reflexion inhaltlicher Art ein Zuwachs erfolgen muß. Anders ausgedrückt: *Die Konzeptentwicklung kann in Institutionen, die sich selbst und ihre organisatorischen Ressourcen nicht in den Reflexionsprozeß einbinden, nur erfolgreich sein, wenn im Prozeß der Konzepterarbeitung auch auf der Basis des Organisationsverständnisses und der Steuerung nachgebessert wird. Ein Umbau ohne Steuerung und Zielvorgabe ist schlecht möglich. Die Nachbesserung ist auf das engste verkoppelt mit der Qualifizierung der Beschäftigten* (Pfeiffer/Wöhrle 1993).

Dieser Zusammenhang wird den Teilnehmenden an der Beratung schnell deutlich. Seine Aufhellung beginnt mit den Fragen der Berater bzw. Beraterinnen nach

– dem *Ziel* der Einrichtung bzw. der Organisationseinheit,
– ihrem *Profil* (im Spannungsfeld der Eigen- und Fremdwahrnehmung),
– dem *Erfolg,* der angestrebt wird, und
– der *Effizienz* der Dienstleistungserbringung.

Alle vier Fragen erschüttern fast regelmäßig das Selbstverständnis sozialer Einrichtungen und werden oft als unzulässige Fragen abgewiesen. Mit folgenden stereotypen Antworten müssen die Fragenden rechnen:

– „Wir können keine festen Ziele vorgeben, da wir uns flexibel auf laufend veränderte Situationen einstellen müssen."
– „Unser Profil ist nicht anders als das von anderen sozialen Einrichtungen auch."
– „Wir machen Beziehungsarbeit. Erfolg läßt sich in unserer Arbeit nicht messen."
– „Effizienz ist etwas für Industriebetriebe. Wir sind aber kein Industriebetrieb."

In diesen und ähnlichen Anworten stecken vielerlei Abwehrhaltungen, die wiederum Gründe haben. Es wurden vielleicht negative Erfahrungen mit eindimensional angesetzten Meßgrößen gemacht (z.B. nur Besucherzahlen ohne weitere Beachtung der Intensität der Betreuung). Eventuell wurde die Beachtung von Effizienz bislang nur als der Versuch erlebt, die Arbeit um jeden Preis zu verbilligen. Aber es könnte auch sein, daß die Frage nach Zielen und Erfolgen deshalb als bedrohlich erlebt wird, weil durchaus eine Ahnung vorhanden ist, daß man sich „gemütlich im Elend eingerichtet" hat und daß die Arbeit mit Qualität und reflektierter Fachlichkeit nur noch wenig zu tun hat. Allerdings sind es nicht nur individuelle Gründe, die zu einer Abwehr gegenüber derartigen Fragen führen. Man kann durchaus von verallgemeinerbaren Mythen reden, die in allen Sektoren der Sozialen Arbeit zu wirken scheinen. Die in Schaubild 1 dargestellten vier Komplexe sind die auffälligsten, wenn es um die Vermeidung einer rationalen Zielsetzung und Steuerung von sozialen Organisationen geht (Wöhrle 1993c, S. 132, vgl. auch Pfeiffer 1993b).

Konzeptberatung kommt in der Talsohle dieser Mythen nicht voran. Allerdings haben Praktiker und Praktikerinnen auch einen Schatz von Erfahrungswerten, der zwar wenig reflektierte, aber vorhandene, feine Meßinstrumente für die Beurteilung von Erfolg und Zielerreichung beinhaltet. Niemand geht abends aus der Einrichtung ohne ein Gespür davon, ob ihm etwas gelungen ist. Ob Aktionen erfolgreich waren, ob ein Gespräch weitergeführt hat, ob das Haus angemessen voll oder zu leer war, ob es an der Zeit ist, neue Zielgruppen zu gewinnen und „überaltete" Zielgruppen abzulösen usw., zu all diesen Fragen haben Praktiker und Praktikerinnen klare und begründete Meinungen. Allerdings diskutieren sie darüber meist nicht unter Begrif-

Die Organisationskultur in der sozialen Arbeit
Mythen und Riten zur Erhaltung des Status quo

"Aus der Not eine Tugend machen"

1. Situationen werden positiv dargestellt, die diffus und belastend sind.
2. Planlosigkeit wird zu Spontaneität und Behelfsmäßigkeit zu Improvisation uminterpretiert. Dadurch entsteht die Selbsttäuschung, man würde kreativ handeln.

Die Kultur des Machens

1. "Das Ziel ist das, was wir tun."
2. "Machst Du viel, dann ist die Arbeit gut. Machst Du wenig, dann stimmt etwas nicht."
3. "Viel tun hilft viel."
4. "Erfolg ist in der Sozialarbeit nicht meßbar."
5. Es werden keine Anstrengungen unternommen, Ziele zu definieren und das Erreichen dieser Ziele zu überprüfen.
6. Es gibt keine Rückmeldungen über gute Arbeit. Es überwiegen Unsicherheit und schlechtes Gewissen.
7. Die Einrichtungen können keine Erfolge in der Öffentlichkeit und gegenüber Finanzgebern nachweisen.
8. Die Berufsgruppe der sozialpädagogischen Fachkräfte wird nicht selten in der Öffentlichkeit als die "Vertreter von leeren Spruchblasen" angesehen.

Familien- und Geschwistermodelle

1. "Wir sind alle gleich und entscheiden alles gemeinsam."
2. Wenn Leitungsfunktionen vergeben werden, dann an die schwächsten Teammitglieder, die die "Geschwisteridylle" nicht stören.
3. Überfrachtung von Teamsitzungen, endlose und ineffektive Diskussionen, die oft zu keinen Ergebnissen führen oder deren Ergebnisse nicht für alle verbindlich sind.
4. Unbeweglichkeit, weil Innovationen nicht zielstrebig angegangen, sondern todgeredet werden.
5. Steuerungslosigkeit. Entscheidungen werden "von der Hand in den Mund" getroffen.
6. Personen werden nicht nach ihren Stärken und Fähigkeiten ausgewählt und eingesetzt.
7. Hoher Energieverbrauch für die Bearbeitung emotionaler Störungen.

Die Mißerfolgsorientierung

1. Generelle Ausrichtung auf das Vermeiden von Fehlern.
2. Legitimation wird primär defensiv durch Abgrenzung und Rechtfertigung zu erreichen gesucht.
3. "Kassandra- bzw. Bedenkenträger"-Mentalität gekoppelt mit der Überschätzung der Schwächen und der Unterschätzung der Stärken.
4. Periodische Deutungswettkämpfe darüber, warum alles so ist, wie es ist, und man nichts machen kann.
5. Nicht die Inhalte stiften den sozialen Zusammenhang, sondern die Beziehungen.

Schaubild 1

fen wie Ziel, Zielerreichung, Erfolg und Effizienz. Aber sie können diese Begriffe übernehmen, wenn sie ihnen nicht als fremde, durch eine Kontrollinstanz gesetzte, entgegengestellt werden. Diese Begriffe verkörpern auf Grund ihrer Herkunft immer ein Stück „Feindesland“, zu dem sich die Fachleute der Sozialen Arbeit erst einen Zugang verschaffen müssen, um den Gehalt für sich zu erschließen. Es macht Sinn, die Begriffe unter den heutigen Bedingungen Sozialer Arbeit und bezogen auf die heutigen Aufgabenstellungen zu überdenken und interpretiert einzuführen.

Die Begriffe Erfolg, Zielsetzung und Effizienz

Um ein Konzept erarbeiten zu können, müssen die Beteiligten wissen, welche Ziele sie erreichen wollen, was sie sich gemeinsam unter einer erfolgreichen Arbeit vorstellen und welche Wege dorthin sie für angemessen und begehbar halten.

Erfolg kann in diesem Zusammenhang so definiert werden,

- daß ein Anbieter Probleme besser löst als andere,
- daß die Angebote echte Bedürfnisse von Zielgruppen befriedigen und deshalb deutlich mehr angenommen werden als vergleichbare andere,
- daß die Angebote ein unverwechselbares Profil haben und damit die Einrichtung sowohl bei den Zielgruppen wie in der Fachöffentlichkeit und bei den Finanzgebern Ansehen genießt.

Erfolg hat nach Arnold Weissman damit zu tun, daß eine Vision vorhanden ist, die Energie freisetzt. Energie und die vorhandenen Ressourcen (Räume, Personal, Finanzen) müssen konzentriert werden. Er meint: „In der Konzentration ist der durchschnittlich Begabte dem Genie überlegen. Auf der ganzen Welt gibt es kein Instrument mit durchschlagender Kraft, das nicht spitz wäre. Mit der flachen Hand ist kein Mensch in der Lage, einen Bierdeckel zu durchschlagen – mit dem Finger geht es problemlos“ (Weissman 1993, S. 15). Konzentration bedeutet somit, daß die Stärken der Einrichtung dort eingesetzt werden müssen, wo sie am meisten Nutzen für die Problemlösung und die Wünsche, Erwartungen und Bedürfnisbefriedigung der Zielgruppen bringen. Ohne Zergliederung, d.h. innerhalb eines undurchdringlichen Knäuels von Erwartungen und Aufgaben ist keine Konzentration möglich. Es müssen die eigenen Stärken und Potentiale ebenso deutlich sein wie die der anderen Einrichtungen, die Angebote an dieselben Zielgruppen richten. Festzustellen, ob die eigenen Angebote gleich gut, besser oder schlechter als die anderer Anbieter sind, ist schwer feststellbar, wenn die Angebote der anderen nicht bekannt sind. Es bedarf der Schwerpunktsetzung innerhalb der eigenen Einrichtung, damit nicht alle dasselbe tun und damit überwiegend etwas, von dem sie nicht gerade sonderlich viel verstehen (Wöhrle 1994). Dasselbe gilt von der ganzen Einrichtung: Sie wird sich nicht sonderlich positionieren können, wenn ihr Profil beschrieben werden kann als „08/15-Einrichtung“, von der es im Einzugsbereich acht weitere gibt.

Erfolg ist eher eine vorwissenschaftliche Kategorie, die zwar immer noch verwendet wird und von der wir alle eine – wenn auch unterschiedliche – Vorstellung haben, die dadurch aber auch nicht sonderlich exakt sein kann. Der Begriff Erfolg wurde in den Wirtschaftswissenschaften weiter präzisiert. Heute spricht man eher von Effizienz, Effektivität und Wirtschaftlichkeit. Allerdings werden diese Begriffe unterschiedlich verwendet. Einleuchtend erscheint mir folgende Unterscheidung von Peter Schwarz (1986, S. 27):

Bei dieser Unterscheidung wird deutlich, daß der einfachste Zugang für Fachleute in der Sozialen Arbeit zur *Effektivität* besteht. Beiträge zu leisten, die zur Lösung eines sozialen Problems beitragen und für die Zielgruppen nützlich sind, damit sie ihr Leben besser meistern können, sind darin einpaßbar und entsprechen dem Selbstverständnis Sozialer Arbeit. Mit ihnen kann Effektivität im Sinne einer fachlichen Leistung definiert werden.

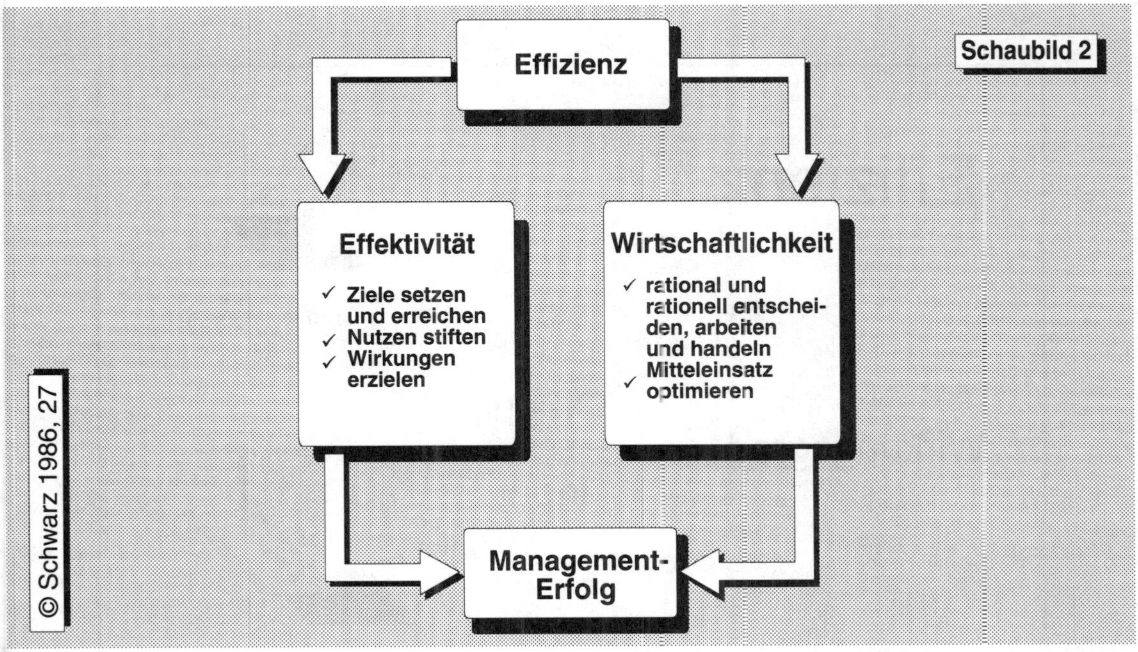

Wirtschaftlichkeit wird in der Sozialen Arbeit eher der Verwaltung zugerechnet und als notwendiges Übel betrachtet. Dennoch ist für die Praktikerinnen und Praktiker, die über Ressourcen entscheiden, unmittelbar einzusehen, daß es im Interesse des Ganzen wenig Sinn macht, mit Kanonen auf Spatzen zu schießen. Selbst wenn sie getroffen werden, wäre es mit weniger Einsatz auch möglich gewesen, denselben Effekt zu erzielen. Beide Begriffe entsprechen in vielen sozialen Institutionen dem Denken in zwei voneinander abgegrenzten zentralen Abteilungen: der Fachabteilung und der Verwaltungsabteilung. Auf der Ebene der praktisch handelnden Fachleute überwiegt in der Regel das Denken in Kategorien des Nutzens für die Zielgruppen. Die Kategorie der Wirtschaftlichkeit wird hier eher als Sachzwang erlebt. Dies mag mit ein Grund dafür sein, daß der übergeordnete Begriff der *Effizienz,* der das Verhältnis von Aufwand und Ergebnis in all seinen Dimensionen meint, als zu wirtschaftlich geprägt abgelehnt wird (vgl. Engelhardt 1991, S. 11).[1] Im angemessenen Verständnis ist Effizienz, definiert als Wirkungsgrad in der Relation zwischen Output und Input (vgl. Schaubild 3), eine spannende Kategorie im Zusammenhang mit Konzeptentwicklung. Ein Konzept sollte ja gerade verdeutlichen können, was herauskommen soll und was hineingesteckt werden kann, damit das auch möglich wird.

1 Selbst einschlägig ausgewiesene Fachleute, die dafür plädieren, die Herausforderungen anzunehmen und die Krise als Chance für den Umbau zu begreifen, bleiben der „pädagogischen Großzügigkeit" (im Sinne von „viel einsetzen hilft viel") verhaftet und betrachten Effizienz als „pädagogisch problematische Kategorie" (so z.B. Hafeneger 1994, S. 177. Allerdings löst sich bei ihm bereits das Mißverständnis im nächsten Satz, indem „effizienter" mit „billiger" übersetzt wird.)

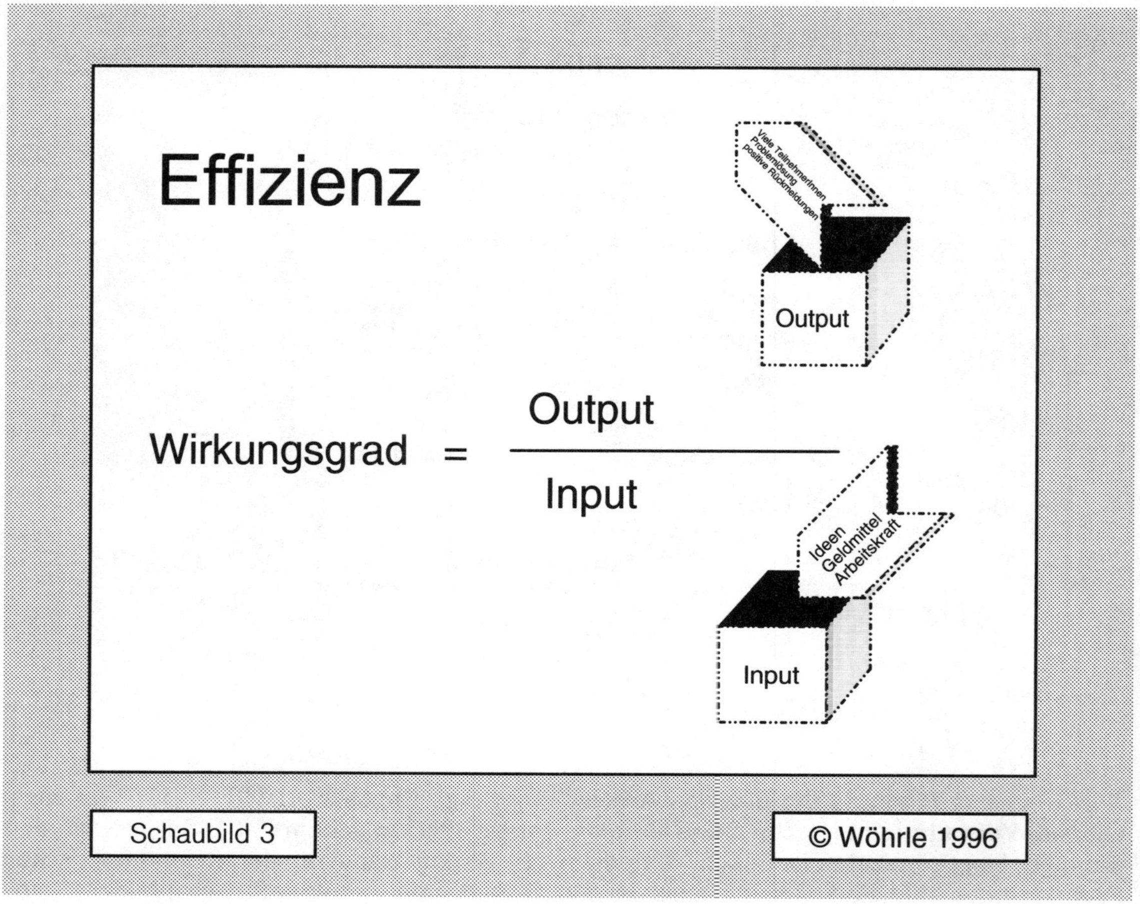

Fachlicher Erfolg kann auf diesem Hintergrund als Effektivität gefaßt werden, Effektivität wiederum als Art und Grad der Zielerreichung (vgl. Schaubild 4). Spätestens mit dieser Definition wird klar, *daß ohne Ziele auch kein Erfolg bzw. keine Effektivität festgemacht werden kann.* Mit Rückerinnerung an die angedeuteten Mythen ist einleuchtend, warum die Beschäftigten in den Handlungsfeldern darunter leiden, daß sie keine positiven Rückmeldungen erhalten. Die Träger verfügen lediglich über sehr grobe Ziele als Gesamtorganisation, und unterhalb dieser Ebene wird wenig Zeit darauf verwendet, Ziele zu operationalisieren und deren Umsetzung zu überprüfen. Damit ist kein Instrument vorhanden, das Erfolg oder Mißerfolg rückmelden kann. Alles bleibt im Vagen. Niemand ist in der Lage zu loben. Eher schon wird getadelt, aber dies weniger auf Grund eigener Maßstäbe der Einrichtung, sondern eher auf Grund einer Kritik, die von außen an die Einrichtung gerichtet wird. Dieser Kritik kann wiederum wenig Begründetes entgegengesetzt werden, da intern keine Erfolgskontrolle und damit keine Daten zum Nachweis erfolgreicher Arbeit existieren.

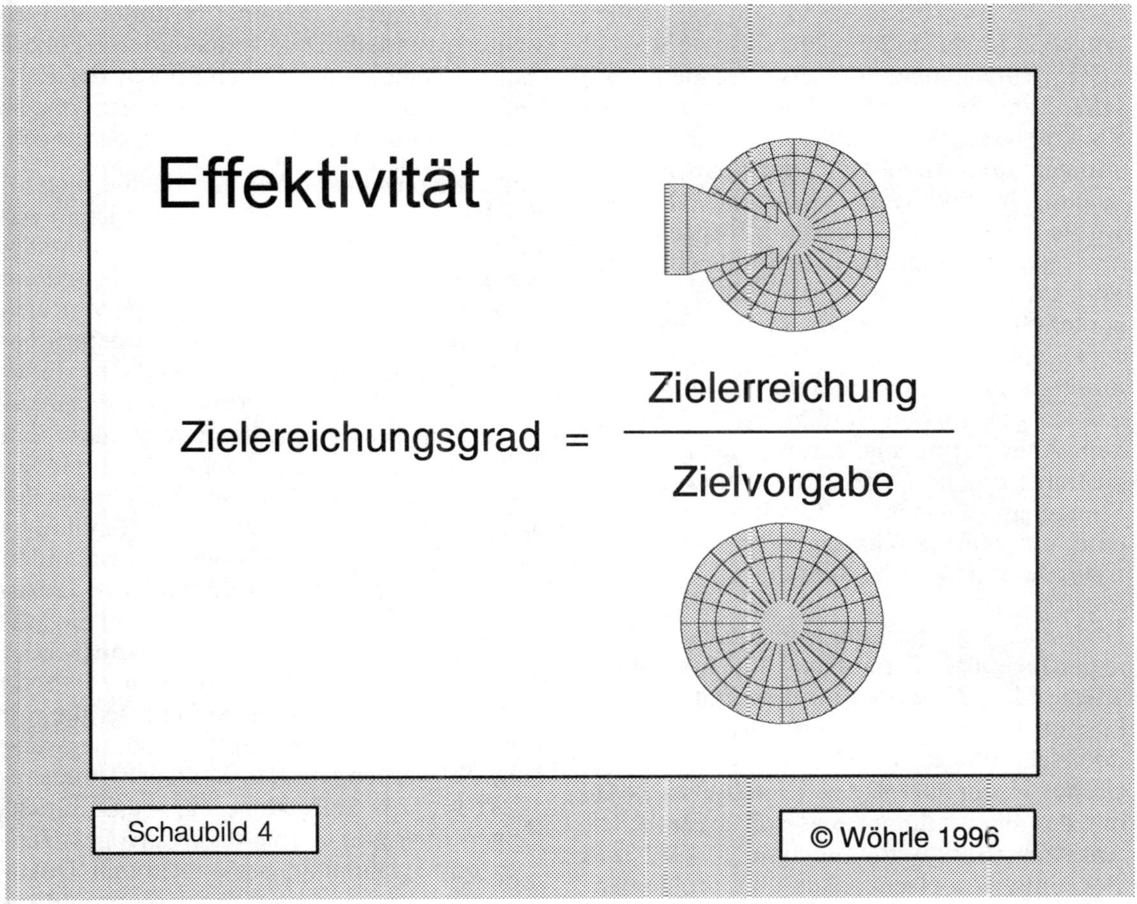

Schaubild 4

Soll ein Konzept mehr sein als der Versuch, kurzschlüssig zu begründen, warum die Einrichtung so weiterarbeiten können soll wie bisher und dafür vom Finanzgeber entsprechende Mittel benötigt, muß es Zielsetzungen beinhalten.

Der Prozeß der Selbstevaluation

Für Konzepte sozialer Einrichtungen wurden in den siebziger Jahren meist eine der sich regelmäßig polarisierenden Positionen der aktuellen Fachdebatte oder gar große Pädagogen bemüht. So orientierten sich Konzepte in der Jugendarbeit entweder am Ziel der emanzipatorischen Jugendarbeit oder dem antikapitalistischen Ansatz, aber auch Paulo Freire und andere Denkansätze wurden bemüht. Zwischen den Zielen, die durch eine allgemeine Analyse gewonnen wurden, und den realen Angeboten der jeweiligen Einrichtung klaffte in der Regel eine Kluft. In Konzepten der achziger und neunziger Jahre nahmen die Daten über die Zielgruppen zu, und die Angebote wurden deutlicher hierzu in Beziehung gesetzt. Dabei verblaßten zunehmend die Formate. Patchworkartig stand Angebot neben Angebot. Im Jugendbereich eröffnete sich ein „Gemischtwarenladen“ aus kompensatorischen, auf Beteiligung und Aktivierung der Zielgruppen zielenden Angeboten, Serviceleistungen und Angeboten, die Spaß machen sollten, in fast jedem Konzept. Daneben wurde das Ganze als soziale Infrastrukturleistung eingeordnet, die man vergleichbar mit einem Schwimmbad sehen sollte, nur anspruchsvoller. Die alten wie die neueren Konzepte sind selten wirklich von einer Idee durchdrungen. Meist merkte man ihnen an, daß sie geschrieben werden mußten. Es war kein Anliegen herauszulesen, Ideen in Ziele zu transformieren, diese zur Grundlage von Strategien zu machen, Ressourcen zu bündeln, um geplant Wirkungen zu erzielen, die nachgewiesen werden können.

Über pädagogische Leitideen hinaus wurden in der Jugendarbeit ohnehin keine handlungsanleitenden Ziele bemüht. Erst mit der Diskussion fachlicher Standards als nicht mehr unterschreitbare Level für sozialpädagogisches Handeln (vgl. z.B. Kreft/Lukas 1990), mit der Begründung eines sozialräumlichen Ansatzes (Böhnisch/Münchmeier 1989 und 1990), mit dem Nachdenken über problemangemessene Strukturen wie Dezentralisierung, Regionalisierung und Vernetzung in der Jugendhilfe (vgl. z.B. G. Schwarz 1991) und der Formulierung von Managementanforderungen auch für diesen Bereich (vgl. z.B. Wöhrle 1992) wurden von Trägern und Finanzgebern Anforderungen an Konzepte formulierbar, die umfassendere Überlegungen nach sich ziehen mußten. Konzepte sollten nun auch Aufschluß darüber geben, wie die Einrichtung sich in Vorstellungen eines kommunalen Kinder- und Jugendplans einbindet, wie sie mit anderen Einrichtungen eines Stadtteils kooperiert, wie sie auf neu entstehende Bedarfslagen reagiert bzw. wie sie zu der Angebotspalette kommt, die sie anbietet, und welche Art der Selbstevaluation vorgesehen ist. Träger, die unterschiedliche Leitungsmodelle zuließen, wollten nun auch wissen, wie denn das konkrete Leitungsmodell einer bestimmten Einrichtung aussieht. Damit entstand eine höhere Anforderung an das Durchdringen der Rahmenbedingungen und der Arbeitsprozesse unter handlungsanleitenden Fragestellungen.

Soll ein Konzept kein für sich allein dastehendes Papier sein, das mit der eigentlichen Arbeit wenig zu tun hat, so muß bei den Beteiligten eine Vorstellung vorhanden sein, wie ein Prozeß gestaltet werden kann, in dem sich fachliches Handeln umsetzt und überprüfbar wird. Gerd Gehrmann und Klaus D. Müller haben mit der *„Environment-Aktivierungs-Methode“* ein Verfahren vorgestellt, das dem Selbstmanagement der Fachleute in der Sozialen Arbeit dient. Von der Handlungsfeldanalyse über das Aufstellen von Handlungszielen, dem Herstellen eines aktivierenden Environments (Umgebung) und der Dokumentation des Arbeitsprozesses leitet die Methode bis zur Evaluation (Gehrmann/Müller 1993a, S. 39ff, 1993b, S. 191ff). Diese Methode beinhaltet alle wesentlichen Schritte, die mit Praktikern und Praktikerinnen in der Beratung eingeübt werden müssen, damit der Umklappeffekt hin zur Selbststeuerung von Einrichtungen über zielorientiertes, planvolles Handeln und Evaluation, begleitet durch Dokumentation und gesteuert durch Kommunikation und Entscheidung, eintritt.[2]

Die Vision und die Gewinnung von Zielsetzungen

Der Beratungsprozeß hat bis zu dieser Stelle u.a. folgende methodische Schritte hinter sich gebracht:

1. Es wurden mit den Beteiligten die *vorhandenen Ressourcen* gesichtet.
2. In einer gemeinsamen Analyse wurden *Stärken und Schwächen bei den Angeboten*

2 Auf das Verfahren der Selbstevaluation soll hier nicht weiter eingegangen werden, da Hiltrud von Spiegel in diesem Band näheres dazu ausführt.

wie bei den Mitarbeitern und Mitarbeiterinnen herausgearbeitet.

3. Es wurden im Vergleich hierzu auch die *Stärken und Schwächen anderer Einrichtungen und deren Angebote* untersucht.

Insgesamt kann also von einer groben Bestandsaufnahme ausgegangen werden. Man weiß in etwa, was einem zur Verfügung steht, auf was man aufbauen kann und eventuell auch, wo nachgebessert werden muß, weil Engpässe vorhanden sind, aber auch, wo „Unkraut" gewachsen ist, wo sich Ansätze überlebt haben und nicht mehr notwendig sind.

Auf dem Hintergrund einer Vorstellung von den heutigen widersprüchlichen Anforderungen an die Konzipierung fachlicher Arbeit und eines Prozesses der Selbstevaluation bzw. Weiterentwicklung fachlicher Angebote kann nun, nach der groben Bestandsaufnahme, nach vorn geblickt werden. Die Fragestellungen lautet nun u.a.:

- Wohin wollen wir?
- Wie soll das Profil unserer Einrichtung aussehen?
- Was soll die besondere Qualität unserer einzelnen Angebote sein?
- Wie soll sich unsere Qualifikation weiterentwickeln?
- Wie soll sich unsere Organisation verändern?
- Wie sollen unsere Arbeitsbedingungen aussehen?

Bei dieser Reise in die Zukunft sollte nicht gleich zu Beginn das unmittelbar Machbare im Vordergrund stehen. Um alle Energien freizusetzen, muß auch das miteinbezogen werden, was man schon immer wollte, aber nie anzudenken gewagt hatte. Auch paradox erscheinende Vorstellungen (wie die Reduzierung der Arbeit bei gleichzeitiger Erhöhung der Angebote) sollten nicht ausgeklammert werden. Es *darf* hier um den großen Wurf gehen, um eine *Vision,* die weit über die gegenwärtige Realität der Einrichtung hinausweist. Alle bremsenden Mechanismen (die z.B. in folgenden Blockadesätzen zum Ausdruck kommen: „Das war schon immer so und geht nicht anders." „Das wird nachher ohnehin wieder nicht genehmigt." „Was wir schon alles versucht haben! Alles ist im Alltag wieder eingeebnet worden.") müssen durch Phantasie übersprungen werden, um den Blick für wirklich motivierende Perspektiven frei zu bekommen.

Die Konzipierung, der Entwurf einer Einrichtung aus einem Guß ist etwas anderes als ein pädagogisches Konzept. Wir müssen erst die Vorstellung vom Ganzen haben, um die Teile zueinander fügen zu können. Jeder Mitarbeiter und jede Mitarbeiterin muß die Möglichkeiten und den Rahmen, die Bedingungen und Visionen des Arbeitszusammenhangs durchdringen, um den Ansatzpunkt für die eigene Kreativität und Leistung zu finden. Für diese Phase im Prozeß der Konzeptentwicklung gilt aber auch: „Wenn wir Menschen ‚aktivieren', ohne zuerst eine *gemeinsame* Vision herzustellen, verbessern wir nur ihre Fähigkeit, sich gegenseitig aufzuheben" (Lynch/ Kordis 1991, S. 176). D.h. die Sammlung von Visionen muß auch wieder auf den Punkt kommen, muß zu einer *gemeinsamen Einrichtungsvision und Betriebsphilosophie* werden. Dabei darf einiges nebeneinander stehenbleiben, solange es nicht gemeinsame Grundsätze verletzt.

Bleibt die Vision noch grob, interpretierbar und schillernd, so beginnt der schwierige Teil der Konkretisierung mit der Festlegung von *Grundsatzzielen* und deren Operationalisierung, d.h. der Festlegung von *Rahmen- und Ergebniszielen.* Auch diese Konkretisierung bezieht sich nicht auf pädagogische Ziele allein. Ziele der Organisationsreform, der Profilierung, kurz alles, was in der gemeinsamen Vision wichtig war, sollte bei der Zielbestimmung auch wichtig genommen werden.

Die *Zielesammlung* kann relativ unstrukturiert (z.B. im Brainstorming) erfolgen. Es ist wichtig, daß hier alles enthalten ist. Erst mit der *Zieldifferenzierung* muß zwischen Grundsatz-,

Rahmen- und Ergebniszielen unterschieden werden (Müller-Schöll/Priepke 1991, S. 54f). Bereits *Rahmenziele* sollten Auskunft darüber geben können, welche Maßnahmenkomplexe innerhalb eines längeren Zeitraums bearbeitet werden sollen, um ein Grundsatzziel der Realisierung zuzuführen. Die *Ergebnisziele* sollten so konkret benannt werden, daß deutlich wird, *wer was, wie, bis wann zu tun hat, damit das Ergebnis eintritt, wie das Ergebnis auszusehen hat, wie und wann es festgestellt wird und in welcher Bandbreite das Ergebnis als erreicht angesehen werden kann.* Eine *Bewertung der Ziele* kann wichtig sein, wenn die Arbeitskapazität und die Zeit nicht ausreicht, um alle Ergebnisziele anzugehen. Für das Erreichen der Ziele kann es bedeutend sein, die *hemmenden und fördernden Bedingungen* zu kennen, damit Strategien zur Bewältigung der hemmenden erarbeitet werden können. Es stehen zwischenzeitlich eine ganze Reihe von erprobten Methoden zur Verfügung, die helfen, endlose Debatten in den Teams abzukürzen.

An dieser Stelle mag die ausschnitthafte Behandlung der Zielebestimmung als ein wesentliches Glied aus der methodischen Arbeit in der Konzeptentwicklung genügen.[3] Es sollte bereits deutlich geworden sein, daß ein Prozeß, der nicht nur unmittelbar fachliches Handeln in konkreten Situationen reflektiert (wie die Fallarbeit in der Supervision), sondern den Gesamtzusammenhang betrachtet und bearbeitet, in dem fachliches Handeln entworfen, geplant und überprüft wird, um Innovation zu erzeugen, auch mit anderen Dimensionen der Steuerung zu rechnen hat.

Steuerungsbedarf

Durch die erweiterte Anforderung an Steuerung kann im Beratungsprozeß nicht unbeachtet bleiben, daß Einrichtungen ihre Kompetenz hinsichtlich der Selbststeuerung erhöhen. Sie müssen in der Lage sein, selbst Ziele zu setzten, diese in Praxis umzusetzen, zu überprüfen und darüber ihre Praxis weiterzuentzuwickeln. Damit muß betrachtet werden, wie die Einrichtungen sich gegenwärtig steuern.

Das Schaubild 5 gibt eine Vorstellung davon, welche generellen Funktionen zur Steuerung, Absicherung und Weiterentwicklung von Organisationen der Sozialen Arbeit (gleich welcher Größenordnung) erbracht werden müssen, damit sie auf Dauer überlebensfähig sind (Wöhrle 1992, S. 135).

Wie bereits erwähnt, werden an heutige Konzeptionen im Blick auf funktionale Organisationsformen deutlichere Anforderungen gestellt. Es besteht ein Innovations- und Managementbedarf, der sich aus drei zentralen Bezugsgrößen ableiten läßt:

1. *Bedürfnis- und Problemangemessenheit der Dienstleistungen und Angebote,*
2. Vorhandensein *qualifizierten Fachpersonals und die Professionalität der Leistungserbringung* durch dieses Fachpersonal,
3. *Problemangemessenheit der Strukturen,* in denen fachlich gehandelt wird.

Stichpunktartig lassen sich Defizite und der Bedarf des Umbaus im Bereich der Jugendhilfe folgendermaßen andeuten (Schaubild 6: Wöhrle 1993c, S. 134):

Ist die Konzeptberatung mit ihrer inhaltlichen Zielausrichtung bis zu dem Punkt vorgedrungen, an dem Zielentwürfe in strategisches Handeln überführt werden sollen, treten oft zentrale Mängel bei der Steuerung der Einrichtungen zu Tage. Insbesondere Initiativen und kleine Einrichtungen (vgl. Wöhrle 1992, S. 132ff), aber auch kleine Träger und Abteilungen größerer Träger (vgl. Wöhrle 1992, S. 162ff) unterschätzen oft ihren Steuerungsbedarf. Er ist meist sehr minimal, oft disfunktional, d.h. nicht problemangemessen abgedeckt (vgl. auch Wöhrle 1993b, 1993c, 1994). In der Beratungssituation tritt Steuerungsmangel als Überlastung auf. Es wird wahrge-

---

3 Zur inhaltlichen Auseinandersetzung mit der Zielkategorie in der Jugendarbeit vgl. den Beitrag von Hiltrud von Spiegel in diesem Buch.

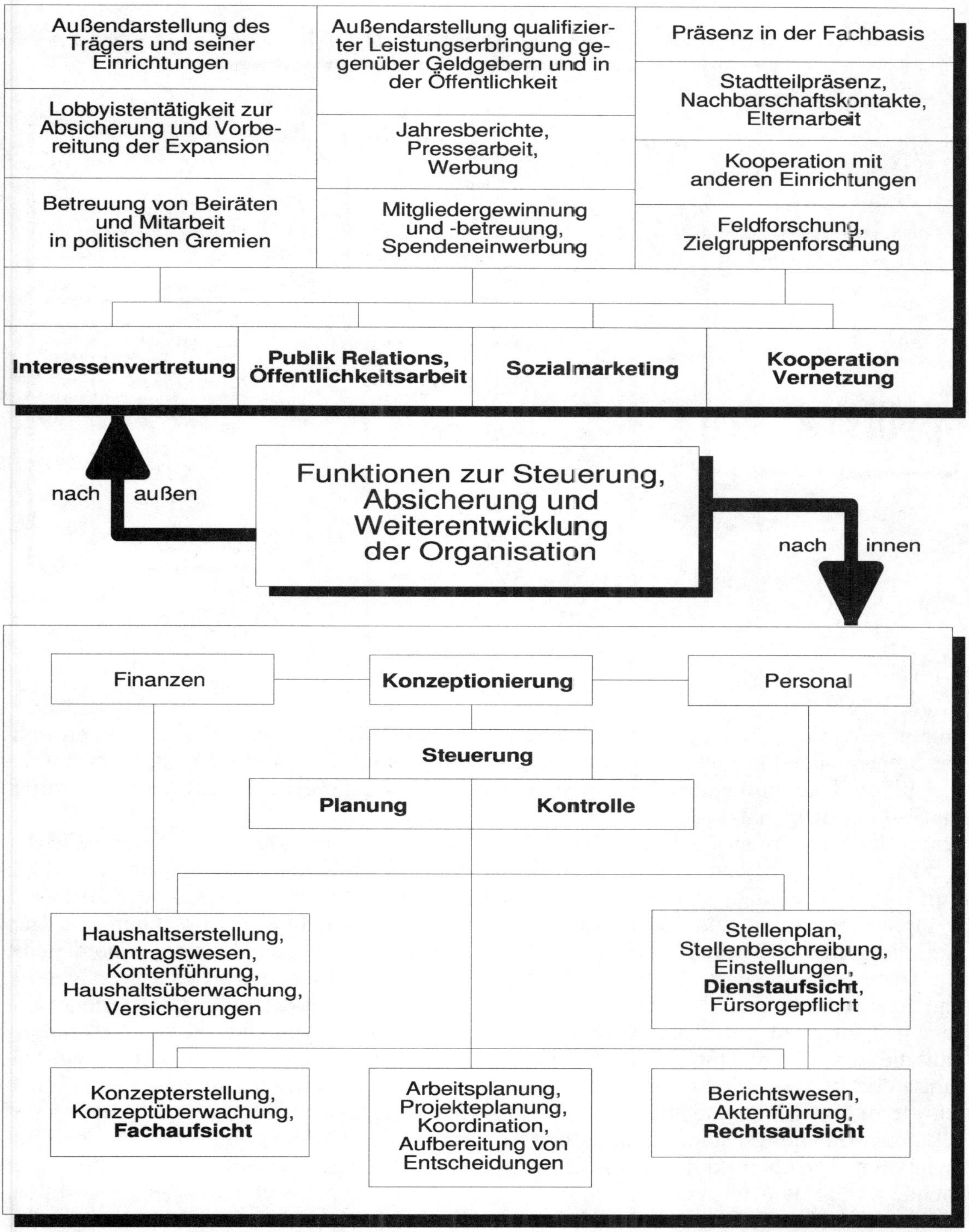

Schaubild 5

© Wöhrle 1992, 135

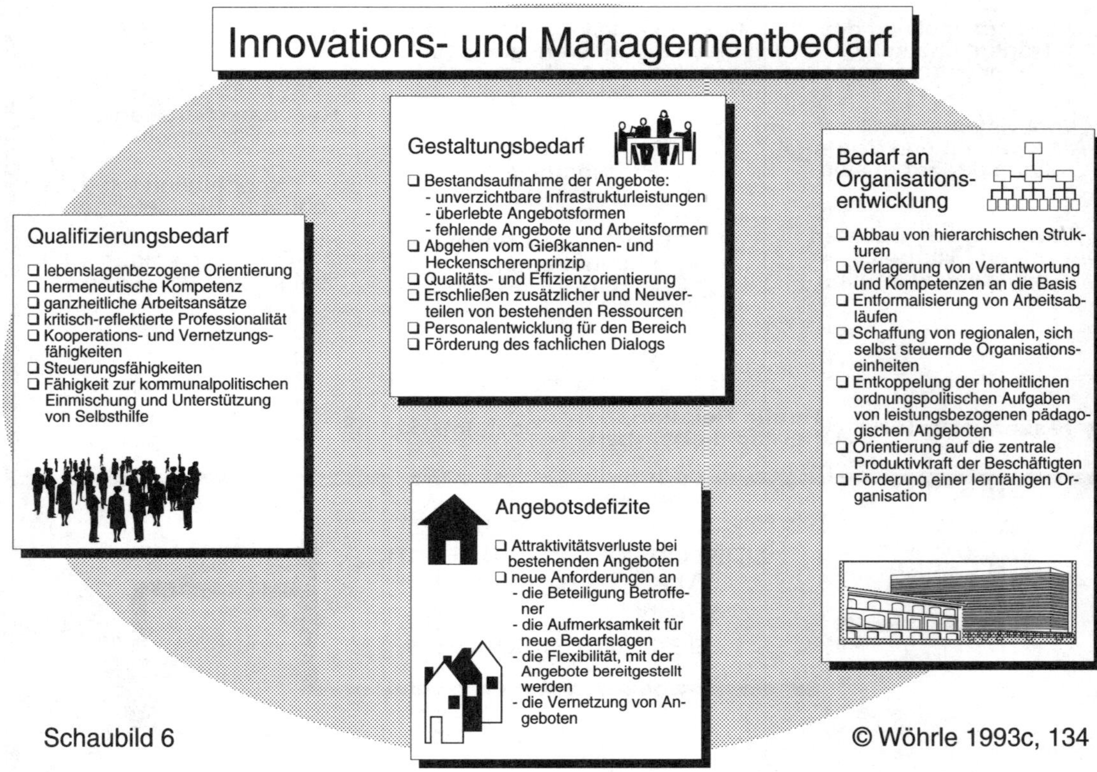

Schaubild 6 © Wöhrle 1993c, 134

nommen, daß die Entwicklung von Konzepten umfassender Blickrichtungen bedarf, etwas mit der Durchdringung aller Aspekte der Einrichtung zu tun hat. Lediglich Angebote zu beschreiben, die auf allgemeine Bedarfslagen von Zielgruppen reagieren, würde dem Entwurf einer Vorstellung von der eigenen Arbeit in ihrer Vernetztheit und inmitten heutiger Anforderungen nicht mehr gerecht werden. Die Dimension, die damit aber zur Planung und Realisierung ansteht, kann zeitlich und personell oft nicht aufgefangen werden. Es fehlt die Zeit, alle inhaltlichen Aspekte in organisatorische, planerische und Handlungsschritte zu überführen und in den bereits ausgelasteten Handlungsplan der Einrichtung zu integrieren. Personen im Team, die entsprechende Fähigkeiten für Vorarbeiten, für die Anleitung oder die Steuerung mitbringen, wird nicht der notwendige Raum gegeben; die Erlaubnis zur Führung und Kontrolle wird nicht erteilt (vgl. Wöhrle 1994). Nun entsteht ein persönlich wahrnehmbarer, nicht nur abstrakt erschließbarer Bedarf nach Steuerung.

Besonders kraß wirkt sich an dieser Stelle aus, daß in Organisationen des Sozialbereichs zwar das Steuerungselement der Administration (d.h. der verwaltenden Abwicklung von Geldern und anderer Ressourcen, ohne die eine Einrichtung nicht existiert) ausgebildet ist, teilweise auch das Steuerungselement der Leitung im Sinne von Über- und Unterordnung (z.B. in öffentlichen Verwaltungen) und teilweise das der (kollegialen) Beratung (in Initiativen und kleinen Trägern). Nicht ausgebildet ist jedoch die Steuerungsfunktion des Führens. Diese ist aber genau die Funktion, der mit der Steuerung durch Visionen und über Zielvereinbarungen die zentrale innovative Rolle zufällt und die somit bei der Konzeptentwicklung die eigentliche Schubkraft ent-

Schaubild 7: Schwächen bei der Steuerung sozialer Organisationen

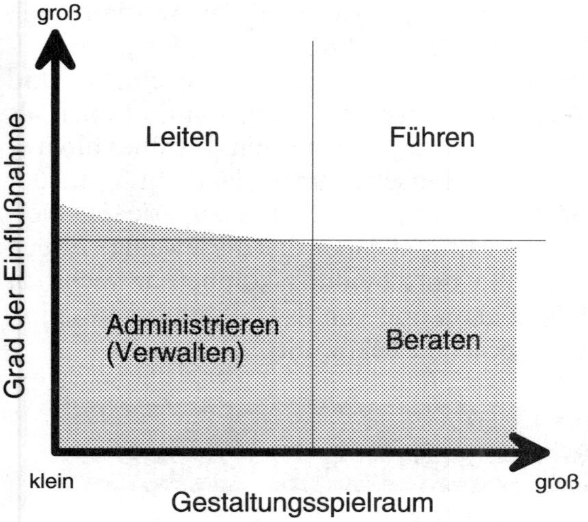

Steuerung in Initiativen und bei kleinen Trägern

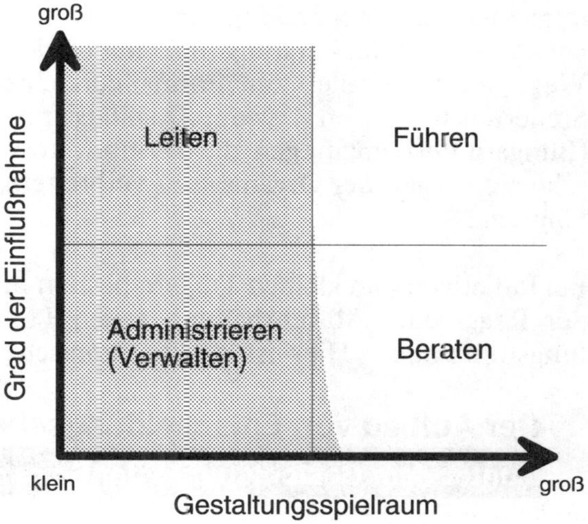

Steuerung in öffentlichen Verwaltungen

(Grundschema nach Fatzer)

© Wöhrle 1993c, 137

wickeln muß (siehe Schaubild 7: Wöhrle 1993c, S. 137).

In dieser Phase wird Konzeptberatung nicht selten zur Organisationsberatung. Ohne hier auf Teilschritte und Methoden eingehen zu können, werden notwendige Voraussetzungen nachgearbeitet werden müssen, die folgende Aufgabenstellungen des Managementhandelns in sozialen Organisationen betreffen:

- Herstellung von *Aufgaben- und Zielklarheit* für die Organisation und ihre Teile,
- Klärung des *Selbstverständnisses* und Entwicklung einer *Betriebsphilosophie,*
- Förderung *konzeptorientierten Handelns,*
- Herstellung von *Organisationstransparenz,*
- Klärung von *Kompetenzen und Entscheidungsbefugnissen,*
- Entwicklung *einsichtiger und eindeutiger Regelwerke,*
- *Erhöhung der Entscheidungsbeteiligung der Beschäftigten* durch den Abbau von Hierarchie und die Förderung sich selbst steuernder, überschaubarer Einheiten,
- Aufbau einer *beteiligungsorientierten, systematischen Planung über Zielvereinbarungen,*
- Verbesserung des klientzentrierten Handelns durch die Förderung von *Verfahren, in denen Betroffene bzw. Zielgruppen eingebunden sind,*
- Entwicklung einer *zielbezogenen Erfolgskontrolle,*
- *Erweiterung der Mittelbeschaffung* und *Effektivierung des Ressourceneinsatzes,*
- Schaffung von *Motivationsanreizen* für die Beschäftigten durch *Personalentwicklung,*
- *Erhöhung der Lernfähigkeit der Organisation* (Fatzer 1993, S. 125ff) durch Förderung paralleler Lernstrukturen, Kooperationsstrukturen und Vernetzungen mit dem Umfeld,
- *Verbesserung der Außenwirkung* der Organisation.

Bei großen Institutionen, insbesondere bei Ämtern, sind die Hierarchiestufenleitern klar vorgezeichnet. Damit ist Zuständigkeit markiert, wenn diese jedoch nicht gefüllt wird, besteht ein Steuerungsdefizit, das nur schwer durch andere bestehende Instanzen ausgeglichen werden kann. Beratung muß hier oft den Weg gehen, parallel zur Formalhierarchie Steuerungsinstanzen wie Qualitätszirkel (Bungard 1992) anzuregen, die das innovatorische Vermögen der Organisation verbreitern können.

Bei Initiativen und kleinen Trägern besteht in der Regel eine Abwehrhaltung gegen Leitungsfunktionen. Hier ist der harmonische Weg zur Installierung von Steuerungsinstanzen die Einführung von Entscheidungsstufen, die nicht von oben gesetzt, sondern von unten erarbeitet, weil sie benötigt werden (vgl. Schaubild 8). Als Prinzip kann hier gelten: Alles, was auf der unteren Stufe entschieden und verantwortet werden kann, soll dort auch als Kompetenz angesiedelt sein. Darüber hinausgehender Entscheidungsbedarf muß auf der nächsten logischen Ebene angesiedelt werden. Wichtig ist dabei, daß die jeweilige Ebene auch die Entscheidungskompetenz rechtlich haben kann und von der Gesamtorganisation zugesprochen bekommt.

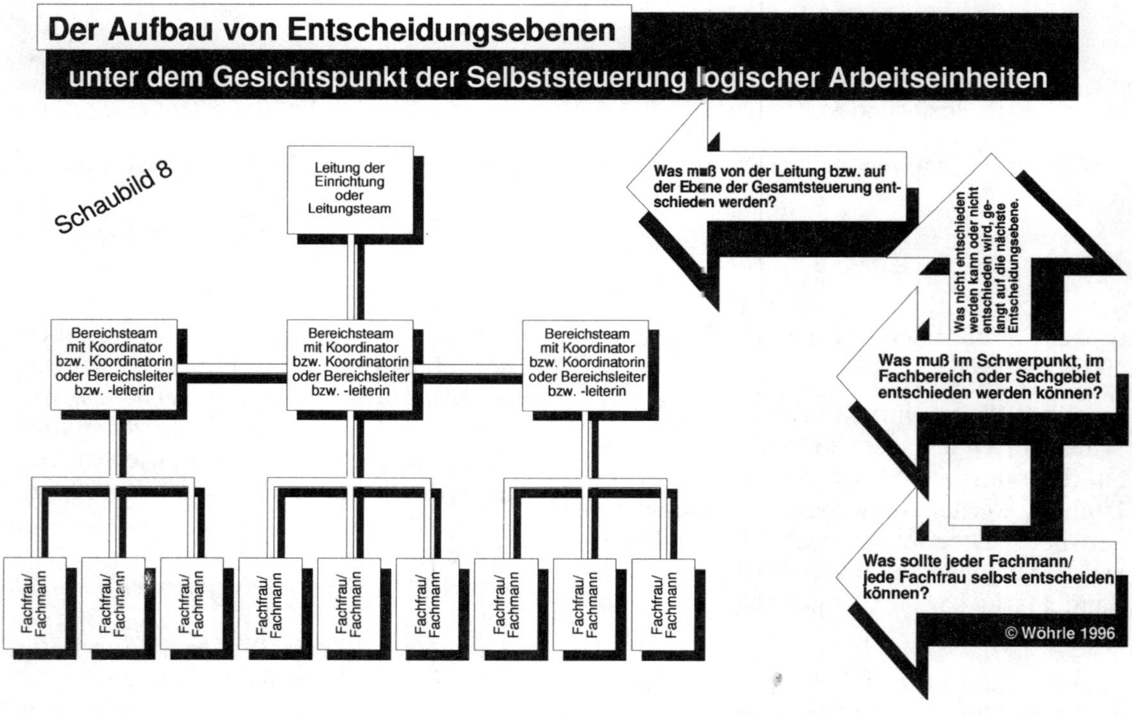

Eine (Konzept-)beratung, die Steuerungsdefizite feststellt, darf sich jedoch – auch wenn ihr die Legitimation angeboten wird – nicht in das System einbinden lassen und darf nicht zulassen, daß durch sie gesteuert bzw. das Steuerungsvakuum aufgefangen wird. Es ist die Aufgabe der Steuerungsinstanzen der Organisation, die Bedingungen zu schaffen, die benötigt werden, um die Konzeptentwicklung sicherzustellen. Diese Instanzen müssen den derzeitigen Personaleinsatz überprüfen, wenn wichtige Aufgaben zu kurz kommen. Sie müssen die Freistellung von Personen für die konzeptionelle Zuarbeit in ihren Bereichen und Schwerpunktsetzungen, aber auch die Freistellung für zentrale Aufgaben der Prozeßsteuerung, der Datenerhebung und -aufbereitung regeln. Manche Einrichtungen stoßen erst im Zusammenhang mit derartigen Planungen auf Phänomene, die ihnen regelmäßig

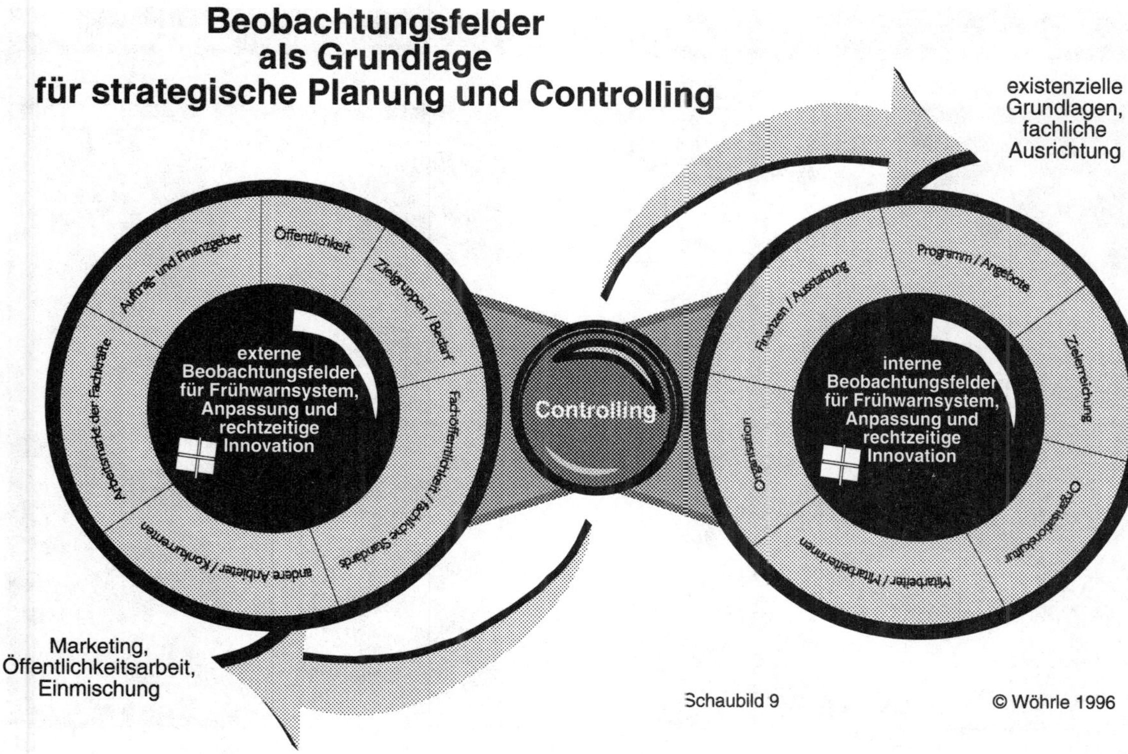

Schaubild 9 © Wöhrle 1996

die Arbeit erschweren und sie in mißliche Überlastungssituationen bringen.

Hinsichtlich eines Konzeptverständnisses in dem hier besprochenen weiteren Sinnzusammenhang muß durch die Steuerungsinstanzen der Einrichtung ein Controlling-System ausgebildet werden, das die wesentlichen Faktoren im Blickfeld behält. Schaubild 9 benennt interne und externe Beobachtungsfelder, die das Steuerungs- bzw. Führungssystem der Einrichtung nicht aus den Augen verlieren darf, wenn die Einrichtung nicht ins Schleudern geraten soll. Die Beobachtungsfelder sollten zu Frühwarnsystemen ausgebaut werden. Die beobachteten Daten sollten so genau sein, daß sie als Ausgangspunkt für rechtzeitige Anpassungsleistungen der Einrichtung und für Innovationen taugen.[4]

4 Auf weiterführende Fragen des Controllings kann im Rahmen dieser Arbeit nicht eingegangen werden (vgl. dazu Reiss 1993).

Konzeptentwicklung

Was ist ein Konzept?

Erst nach diesen Anmerkungen zum Beratungshandeln im Rahmen der Konzeptentwicklung wird deutlich, daß die Frage, was ein Konzept ist, nicht gleich zu Beginn beantwortet werden konnte. Erst jetzt wird deutlich, daß Konzepte in einem vieldimensionalen Spannungsfeld stehen und mehr zu leisten haben, als auf eine unmittelbare Drucksituation zu reagieren. Konzeptionen haben Funktionen in mindestens vier Richtungen zu erfüllen (vgl. Schaubild 10).

Konzeptionen dienen der professionellen Selbstvergewisserung. Sie haben eine Außen- und eine Innenwirkung. Da die Außenwirkung in aller Regel überbetont wird, will ich mit der Innenwirkung beginnen.

Nach innen sollte eine Konzeption die Vision und Betriebsphilosophie markieren, unter der

Anforderungen an eine Konzeption | **Kern- und Anschlußkonzeptionen**

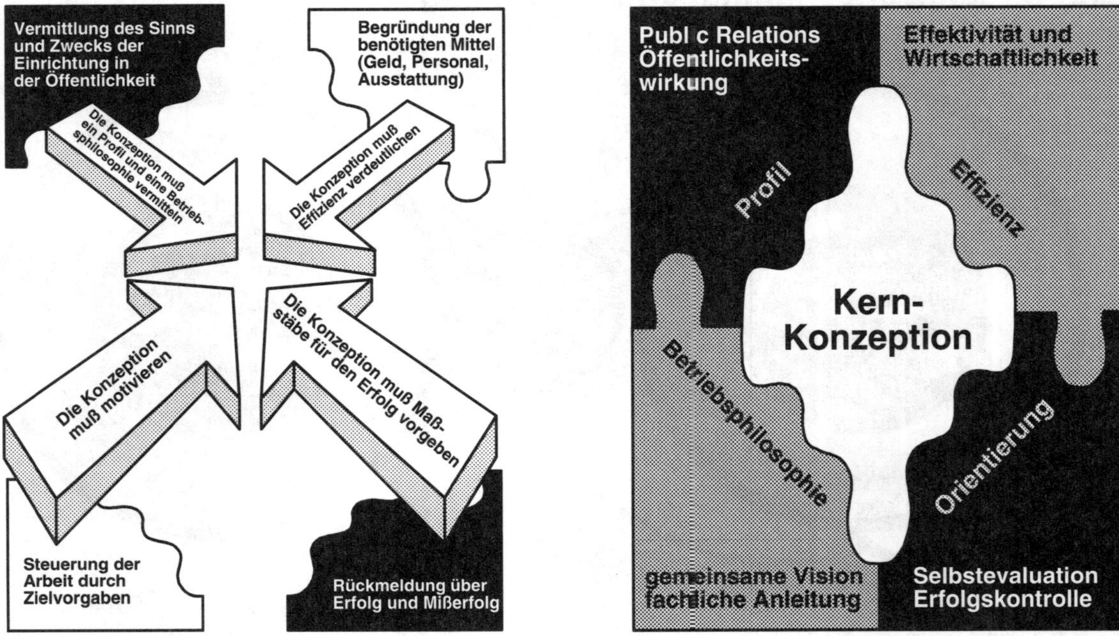

Schaubild 10 © Wöhrle 1996

sich die Professionellen versammelt haben, um ihre fachlichen Leistungen zu erbringen. Ihre fachlichen Überzeugungen, die sie miteinander ausgestritten und auf die sie sich geeinigt haben, sollten sich darin wiederfinden. Personen, die an die Erledigung einer Aufgabe herangehen, ohne daß sie von einer gemeinsamen Vorstellungswelt und gemeinsamen Zielen angeleitet werden, blockieren sich gegenseitig mehr, als daß sie die gesteckten Aufgaben produktiv lösen. Dies hat nichts damit zu tun, daß die unterschiedlichsten Professionen (Juristen, Psychologinnen, Sozialarbeiter, Erzieherinnen, Künstlerinnen und Handwerker) an denselben Aufgabenstellungen arbeiten können und dabei produktive, sich gegenseitig befruchtende Ergebnisse einspeisen können. Wesentlich ist nicht, daß alle dasselbe tun, sondern daß sie einer gemeinsam abgestimmten und auf das Profil der Einrichtung bezogenen Idee folgen. Bei einer ernstgenommenen Konzepterarbeitung darf es durchaus vorkommen, daß man sich von Mitarbeitern und Mitarbeiterinnen trennt, da fachliche und die Idee vom Ganzen betreffende Vorstellungen zu weit auseinanderliegen. Die gemeinsame Richtung kann nicht in den Niederungen des Alltags sozusagen tagtäglich neu verhandelt werden. Die gemeinsame Vision und die Vorstellung vom eigenen Betrieb und seinen Zielen muß auch in Konfliktsituationen tragen.

Ebenso entscheidend ist, daß diese gemeinsame Idee operationalisiert wird, so daß Ergebnisziele festmachbar sind und eine Rückmeldung über den Erfolg eintritt. Nichts ist belastender als permanenter Leistungsdruck ohne Rückmeldung, ob irgendein Etappenziel erreicht wurde und ob man sich überhaupt noch auf dem „richtigen Dampfer" befindet. Erfolg muß innerhalb der Mann- und Frauschaft erlebbar sein, sei es durch positive Rückmeldungen im Team bzw. durch die Leitung, aber auch durch das gemeinsame Erleben eines Durchbruchs, durch Anerkennung von außen, durch Situationen wie das Feiern eines Etappensiegs. Professionalität zeichnet sich nicht durch beständige Überlastungssituationen aus, sondern eher durch das selbstbewußte Zur-Schau-Tragen einer *begründeten* Siegerpose auch in Zeiter der allgemeinen Misere. Das Selbstbewußtsein, das sich auf fachlicher Leistung gründet und durch ein Team verstärkt ist, hat mehr Durchschlagskraft auch in der Kritik an sozialpolitischen Fehlentscheidungen. Ein Konzept muß die Grundlagen hierfür nach innen legen. Es ist die selbst erstellte Meßlatte, die deshalb auch geeignet ist, das Wesentliche zu messen. Damit ist das Konzept auch ein Schutz gegenüber dilettantischen Meßversuchen von außen.

Erst auf dieser Basis kann sich die konzeptionelle Grundlage auch nach außen wenden. Wenn die Konzeption nach innen motivierend ist und Maßstäbe für den Erfolg beinhaltet, dieser auch nachgewiesen werden kann, ist der Sinn und Zweck der Einrichtung auch für die Öffentlichkeit und die Finanz- und Auftraggeber wirklich plausibel zu machen. Das hat wenig damit zu tun, daß sich Einrichtungen nach außen gut verkaufen können, aber im Inneren durchaus ob ihrer eigenen Seifenblasen husten müssen. So moralisch, wie sie tun, sind soziale Einrichtungen in der Realität ja oft nicht. Im Blick auf andere und den sozialen Zweck insgesamt verkaufen sie nicht selten bedrucktes Papier als richtungsweisende Arbeit, um einen Zustand aufrechtzuerhalten, den man als gemütliches Einrichten im Elend bezeichnen könnte.

Die Vermittlung von Sinn und Zweck der Einrichtung in der Öffentlichkeit ist dann erfolgreich, wenn die Botschaft ankommt. Nicht selten übersehen sozialarbeiterische und sozialpädagogische Profis allerdings, daß auch sie eine Expertensprache ausgebildet haben, die keine Nachbarin und kein Stadtrat mehr verstehen. Was ist denn nun „Kinderarbeit"? Wurde die nicht irgendwann abgeschafft? Soziale Einrichtungen sind gut beraten, wenn sie ihre konzeptionellen Vorstellungen von einem Journalisten oder einer Marketingfachfrau durchlesen lassen, bevor sie damit die Öffentlichkeit beglücken. Es schadet auch nichts, wenn die Einrichtung bzw. der Träger sich dazu durchringt, *nach* der Konzepterstellung eine Marketingstrategie (Stemmle/Nader/Neises 1992) zu erarbeiten, die die Einrichtung als Einheit zu präsentieren versucht. Wesentlich bei der Öffentlichkeitsarbeit ist jedoch, daß die Einrichtung glaubhaft und seriös vermittelt kann, daß sie die (Dienst-)leistungen, die sie zu erbringen vorgibt, auch tatsächlich erbringt.

Dies gilt ebenfalls im Blick auf die Finanzgeber. Effizienz in dem hier eingeführten Sinn ist unter pädagogischen Prämissen nichts Verwerfliches. Aus dem Blick von Finanzgebern unterscheidet sich ihr Nachweis wohltuend von den meisten Begründungen, die darauf abzielen, öffentlichen Kassen Geld zu entlocken. Es wird von sozialpädagogisch denkenden Menschen oft übersehen, daß die Übernahme der Kameralistik aus älteren politischen Systemen deshalb erfolgte, weil man der Meinung war, daß es kein besseres Verfahren gibt, um auch in der Demokratie sicherzustellen, daß die Mittel, über deren so exakt wie möglich zugeordnete Vergabe im demokratischen Willensbildungsprozeß entschieden wurde, genau dort ankommen, wo die demokratische Willensbildung sie hinhaben wollte (Ortmann 1994). Sich gegen diesen Nachweis sperren zu wollen würde den Nachweis über Möglichkeiten anderer Geldmitteleinnahmen in derselben Höhe nach sich ziehen. So wichtig in manchen sozialen Arbeitsfeldern heute Nebeneinnahmen aus selbsterwirtschafteten oder Sponsoring-Quellen auch sind, sie können doch die Haupteinnahmequelle aus öffentlichen Töpfen nicht ersetzen. Ein wesentlicher Aspekt des Konzeptausflusses wird somit immer die Begründung des Bedarfs von Zuwendungen aus öffentlichen Töpfen sein.

Die unterschiedlichen Anforderungen an Konzepte erfordern Klarheit. Klarheit bedeutet, daß ein heutiges Konzept unter Umständen nicht mehr eine Papier sein kann, sondern daß sich aus einem Kernpapier die verschiedensten Vorlagen ableiten lassen müssen (vgl. Schaubild 10). Für deren Erstellung kann es wichtig sein, nicht nur unterschiedliche Blickrichtungen einzunehmen, sondern auch unterschiedliche Fachleute heranzuziehen. Der Aufwand mag überdimensioniert erscheinen. Die Praxis lehrt anderes. Gut durchdachte und sich selbst steuerende Einrichtungen verfügen in der Regel über den Kontakt zu Fachleuten, denen dieses Geschäft nicht nur keine Belastung ist, sondern sogar als eine Bereicherung erscheint.

Konzeptionierung verlangt Distanz zum Alltag, zusätzliches Wissen und Reflexion

Anforderungen an neue Konzepte sind heute multidimensional. Sie haben die zentrale Aufgabe, Übersicht in einem zunehmend unübersichtlichen Gelände herzustellen. Es stellen sich aber nicht allein mehr Anforderungen, sondern diese sind auch zunehmend widersprüchlicher. Gleichzeitig sind Rahmenbedingungen immer weniger stabil und kaum über lange Zeiträume planbar. Die zu bewältigenden Aufgaben wachsen, jedoch nehmen die Hilfsmittel zur Bewältigung der Aufgaben eher ab. Mit herkömmlichen Denkansätzen, mit dem gebräuchlichen „Mehr-von-demselben" sind diese Anforderungen nicht zu bewältigen. Die Aufgabe lautet schlichtweg, wie wir *mit weniger mehr erreichen* und wie wir *neue Ressourcen in den vorhandenen oder gar abnehmenden erschließen*. Denn eines ist sicher: Trotz des unverzichtbaren Protestes gegen einen Abbau notwendiger sozialer Infrastruktur- und Hilfeleistungen wird auch den professionell Tätigen in der Sozialen Arbeit keine andere Realität geschenkt. Auch sie müssen sich auf das Realitätsprinzip einstellen, das sie ihrem Klientel anraten.

In einer derartigen Situation erscheint es sinnvoll, den engen Teich, aus dem die gegenwärtigen Informationen bezogen werden, zu verlassen. Es kommt hier nichts Neues hinzu, die Spiele bewegen sich im Rahmen von „Nullsummen"-Spielen. Es bedarf *mehr Übersicht* durch einen „Delphin-Sprung" aus dem Tümpel. Oder in einem anderen Bild ausgedrückt: Der Wanderer, der sich im Dickicht verirrt, sollte den nächsten Berg erklimmen, um wieder Übersicht zu gewinnen. In jedem Fall kommen neue Informationen hinzu, und die *Distanz zu den alltäglichen „Nullsummen"-Spielen* ermöglicht *Reflexion, Besinnung auf das Wesentliche, Kreativität und Probehandeln.* Es sind nicht nur philosophische Arbeiten, sondern in jüngerer Zeit oft Arbeiten aus dem Managementbereich, die derartige Kategorien verhandeln (vgl. z.B. Lynch/Kordis 1991). Beratungstätigkeit und Fortbildung sind die wesentlichen „Delphin-Sprünge" und „Berge", die das professionelle Alltagsgeschäft zu unterbrechen vermögen. Sie können allerdings die zu enge Verwicklung mit der alltäglichen Praxis nur dann durchbrechen, wenn es ihnen gelingt, etwas Neues zwischen die Reflexion der unmittelbaren alltäglichen Praxis einerseits und den absoluten Ausstieg aus einer als unbefriedigend erlebten Praxis andererseits zu schieben. Diese Anreicherung, diese Erweiterung des Blicks kann die in der Praxis oft so geschmähte Theorie sein. Sie muß es sein, wenn erst neue Erkenntnisse den Stoff liefern können, um in der Reflexion des Alltagsgeschäftes voranzukommen. Aber auch Beispiele größerer Würfe und gelingender Praxis können Anregungen geben. Es ist mir nicht verständlich, warum Fachleute so selten Exkursionen zu anderen Einrichtungen machen, die interessante neue Konzepte erproben.

Zunächst sollten sich die an der Konzepterarbeitung Beteiligten eine Vorstellung davon erarbeiten, was der *Bedarf der Kinder und Jugendlichen* allgemein und insbesondere in ihrem Einzugsgebiet ist (Schaubild 11). Ebenso sollte der *fachliche Auftrag*, dem sie sich stellen müssen und wollen, klar herausgearbeitet werden (Schaubild 12). Eine offene und ehrliche Klärung des *Ist-Zustandes der Einrichtung*

Eingrenzung des Bedarfs der Kinder und Jugendlichen

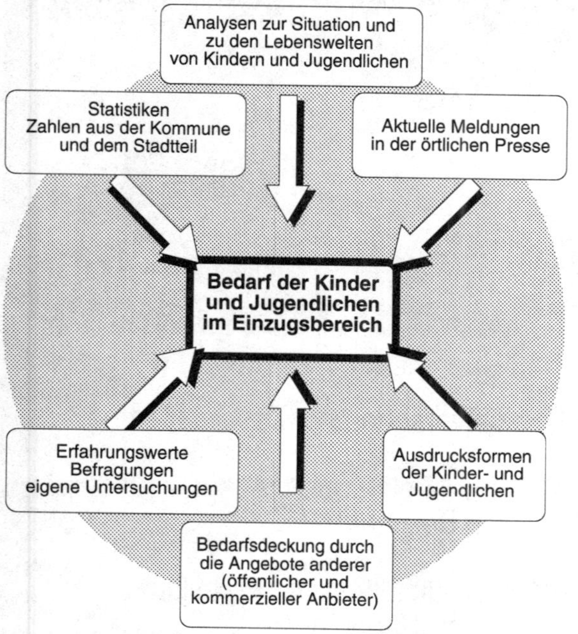

Schaubild 11 © Wöhrle 1996

Eingrenzung des fachlichen Auftrags

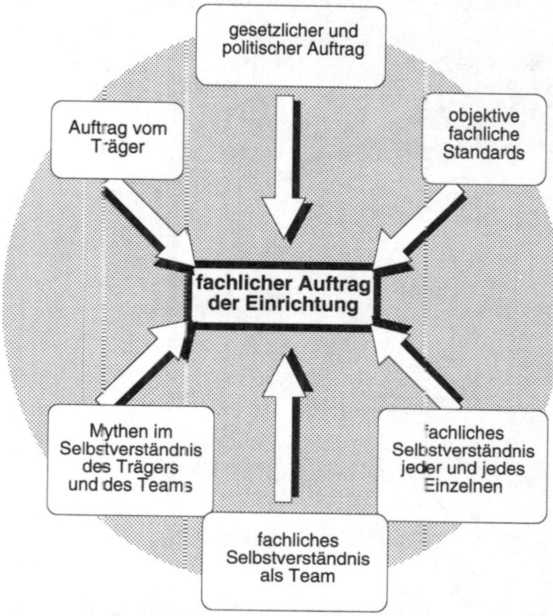

Schaubild 12 © Wöhrle 1996

und ihrer Leistungserbringung liefert ein weiteres Element, um Diskrepanzen deutlich zu machen (Schaubild 13). Die weit gesteckten Ziele müssen nun im *Spannungsfeld zwischen der Erweiterung der Möglichkeiten und der Blockaden* abgeglichen werden (Schaubild 14). Hier zeigt sich nun, ob eine Entwicklungsoffensive einleitbar ist.

Das eigentliche Konzept als Kernstück sollte keine überfrachtete Doktorarbeit sein. Es sollte eine schlichte, gut aufgebaute Broschüre sein, die in etwa folgende Punkte behandelt:

- Die Kinder und Jugendlichen im Stadtteil bzw. im Einzugsgebiet,
  - ihre Alterstruktur,
  - der Anteil von Mädchen und Jungen,
  - der Ausländeranteil und
  - besonders hervorstechende Merkmale einzelner Gruppen,
  - ihre besonderen Problemlagen,
  - eventuell besondere Problemgruppen,
- die Möglichkeiten, wie Kinder und Jugendliche ihre Freizeit verbringen und ihre Bedürfnisse befriedigen können; in diesem Zusammenhang aber auch eine Analyse des Mangels: Welche Bedürfnisse, welcher Bedarf ist nicht durch die Familie, durch die Schule, auf der Straße und in selbstorganisierten Cliquen abzudecken? Welche Probleme entstehen daraus? Welche kompensatorischen Angebote, welche Freizeitangebote, welche aktivierenden Angebote fehlen gerade diesen Zielgruppen?
- Was wird von anderen Einrichtungen (kommerziellen wie öffentlichen) angeboten? Wie wirken sich diese Angebote aus? Was wird durch sie ausreichend oder nicht ausreichend abgedeckt?

Klärung des Ist-Zustandes und Entwurf von Perspektiven

Analyse

Perspektive

Bewertung

- der gesteckten Ziele
- der Besucherstruktur
- der Angebotsstruktur
- der Qualität der Angebote
- der Effizienz (Effektivität und Wirtschaftlichkeit)
- des Images, der Außenwirkung
- des Betriebsverständnisses
- der Organisationsstruktur
- der Arbeitszufriedenheit

- Zielveränderung, Zielerweiterung?
- neue Zielgruppen, Ausgrenzung von Besuchern?
- Qualitätsoffensive, Fortbildung, neue Mitarbeiter?
- mehr Planung, mehr Kontrolle?
- mehr/andere Öffentlichkeitsarbeit, PR, anderes Styling?
- Änderung der Betriebsphilosophie, der Organisationskultur?
- Entwicklung von Führung und Änderung von Leitung?
- Organisations- und Personalentwicklung beim Träger notwendig?

Zündstoff

Schaubild 13 © Wöhrle 1996

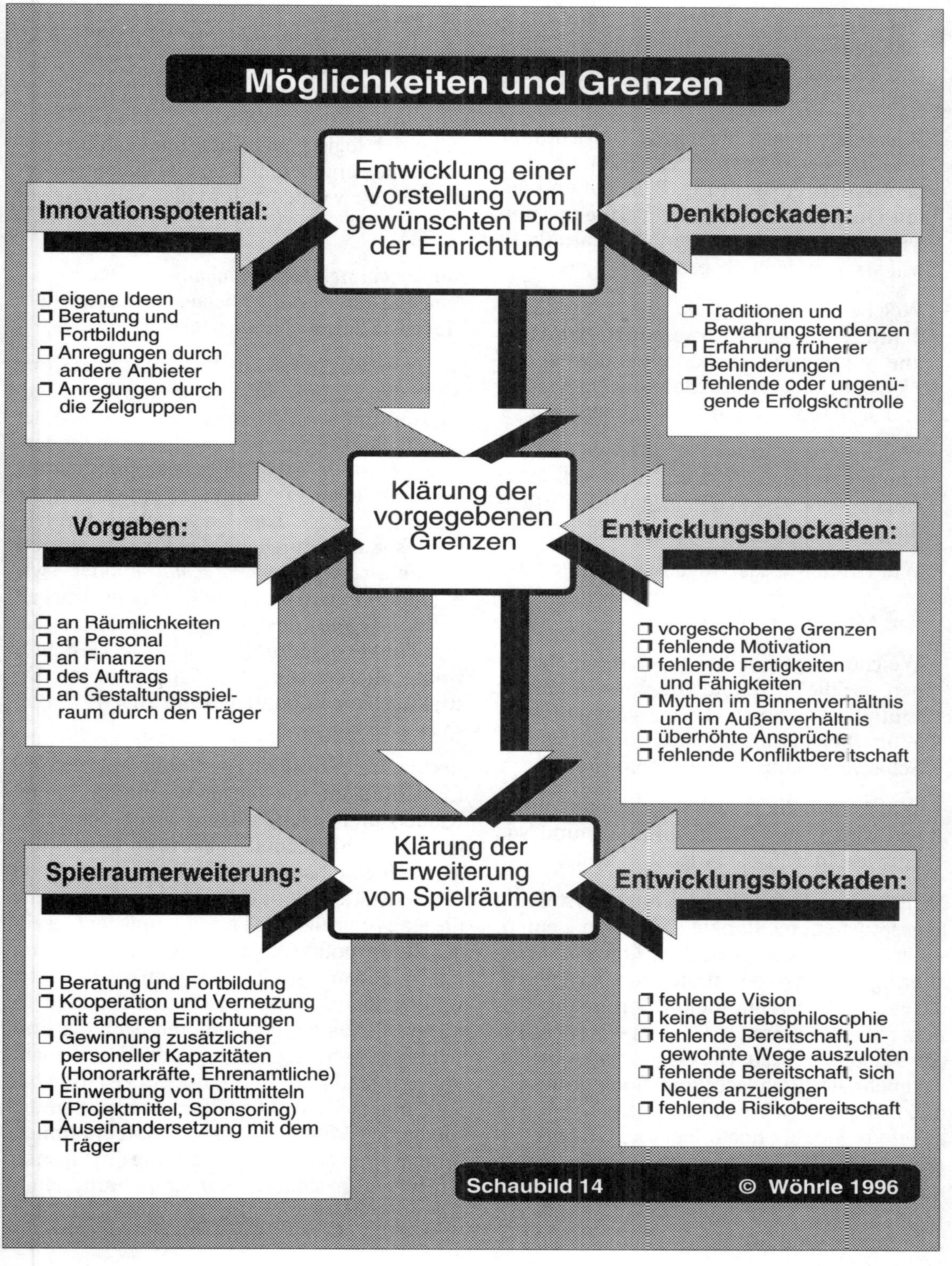
Möglichkeiten und Grenzen
Entwicklung einer Vorstellung vom gewünschten Profil der Einrichtung
Innovationspotential:
❐ eigene Ideen
❐ Beratung und Fortbildung
❐ Anregungen durch andere Anbieter
❐ Anregungen durch die Zielgruppen
Denkblockaden:
❐ Traditionen und Bewahrungstendenzen
❐ Erfahrung früherer Behinderungen
❐ fehlende oder ungenügende Erfolgskontrolle
Klärung der vorgegebenen Grenzen
Vorgaben:
❐ an Räumlichkeiten
❐ an Personal
❐ an Finanzen
❐ des Auftrags
❐ an Gestaltungsspielraum durch den Träger
Entwicklungsblockaden:
❐ vorgeschobene Grenzen
❐ fehlende Motivation
❐ fehlende Fertigkeiten und Fähigkeiten
❐ Mythen im Binnenverhältnis und im Außenverhältnis
❐ überhöhte Ansprüche
❐ fehlende Konfliktbereitschaft
Klärung der Erweiterung von Spielräumen
Spielraumerweiterung:
❐ Beratung und Fortbildung
❐ Kooperation und Vernetzung mit anderen Einrichtungen
❐ Gewinnung zusätzlicher personeller Kapazitäten (Honorarkräfte, Ehrenamtliche)
❐ Einwerbung von Drittmitteln (Projektmittel, Sponsoring)
❐ Auseinandersetzung mit dem Träger
Entwicklungsblockaden:
❐ fehlende Vision
❐ keine Betriebsphilosophie
❐ fehlende Bereitschaft, ungewohnte Wege auszuloten
❐ fehlende Bereitschaft, sich Neues anzueignen
❐ fehlende Risikobereitschaft
Schaubild 14
© Wöhrle 1996

– Wie will die eigene Einrichtung ihre Angebote in diese Bedarfs- und Angebotssituation einpassen? Wie begründet sie die Auswahl, die sie vornimmt?

– Wie versteht sich die eigene Einrichtung? Was hat sie an Ressourcen (Räumen, Außenflächen, Ausstattung, Personal und deren Qualifikation etc.) zur Verfügung und wie will sie diese einsetzen? Welches Profil will sie sich dadurch geben?

– Welche *besonderen* Ziele gibt sich die Einrichtung mit ihren Schwerpunktsetzungen, und wie passen sich diese in übergreifende Zielvorstellungen des kommunalen Kinder- und Jugendplans und der Fachbasis ein?

– Welche Angebote werden offeriert, und wie sind sie profiliert? Wie ergänzen sich diese Angebote (auch mit denen anderer Einrichtungen)?

– Wie können diese Angebote wahrgenommen werden (Erreichbarkeit, Öffnungszeiten, Mobilität etc)?

– Welche Möglichkeiten haben die Zielgruppen, auf die Angebote und ihre Gestaltung Einfluß zu nehmen (Berücksichtigung von Wünschen bis hin zur Mitbestimmung oder Selbstverwaltung von Teilbereichen)?

– Wie werden die gesteckten Ziele überprüft, wie wird neuer Bedarf ermittelt, und wie entwickeln sich die Angebote weiter?

Nicht alle im Rahmen der Konzepterstellung angesprochenen Punkte sind in einem schlichten und verständlichen Konzept unterzubringen. Neben den strategischen Papieren, die lediglich der internen Orientierung dienen, müssen – je nach Adressat – weitere Papiere erstellt werden. Die Gestaltung sollte dabei ebenfalls durchdacht sein. So unprofessionell früher mit Schreibmaschine getippte und geheftete Blätter ohne Bilder und Graphik waren, so unangemessen erscheinen heute manche Hochglanzbroschüren mit einem Logo, aus denen auf alles andere, nur nicht auf eine Kinder- und Jugendeinrichtung geschlossen werden kann. Die Form sollte etwas mit dem Inhalt und die spezielle Aufmachung etwas mit den Adressaten zu tun haben. Aber auch die Gestaltung aller Teile der Einrichtung, ihr „Styling", sollte aus einem Guß sein, sollte sich logisch aus einer inhaltlich begründeten Idee ergeben, um bereits äußerlich verstanden zu werden (Stemmle/Nader/Neises 1992).

Konzeptentwicklung als inhaltliche Durchdringung und elegante Lösung (am Beispiel des Modells Stuttgart Fasanenhof)

Nehmen wir einmal an, die Konzeptberatung hätte die vordem angedeuteten Hürden gemeistert und würde sich nun in der Phase der eigentlichen Konzeptentwicklung befinden. Dabei wäre ein Ziel nicht nur die Verarbeitung herkömmlicher Lösungsversatzstücke für die Begründung des Überlebens einer Einrichtung, sondern durchaus die *Vision, „mehrere Fliegen mit einer Klappe zu schlagen"* oder – wie es Dudley Lynch und Paul Kordis ausdrücken – eine *„elegante Lösung" zu finden.* Bis zu diesem Punkt vorgedrungen, kann die Verdeutlichung selbstverständlich nicht mehr im Abstrakten bleiben, sondern muß mit einem Beispiel arbeiten.

Im Stadtteil Stuttgart-Fasanenhof gibt es drei Einrichtungen, die Angebote für die offene Kinder- und Jugendarbeit machen. Sie gehören unterschiedlichen Trägern an: Dem Stuttgarter Jugendhaus e.V. als Träger von ca. 30 Freizeitstätten, der evangelischen Gemeinde, die eine Freizeitstätte betreibt, und der Gesellschaft für mobile Jugendarbeit, die wiederum ein Trägerverbund ist und mehrere Projekte, unter anderem eines in diesem Stadtteil finanziert. Aus der Not geboren, weil die Einrichtung des Stuttgarter Jugendhaus e.V. nicht voll, d.h. statt mit vier nur mit zwei Kräften besetzt und damit nicht geöffnet werden konnte, die beiden Mitarbeiter bzw. Mitarbeiterinnen einmal einer anderen Einrichtung des eigenen Trägers, zum anderen der Einrichtung eines fremden Trägers (welch professionelle, aber deshalb auch für andere Städte undenkbare

Entscheidung!) zur Verfügung gestellt wurden, entwickelten die Profis, die zueinander Kontakt hatten, folgende radikale Fragestellung: Wie wäre es, wenn wir aus dieser Situation mehr und mit den Prämissen der heutigen Fachdiskussion ernst machen würden?

Folgende Vision wurde in der Beratung konkretisiert: Es müßte möglich sein, daß mit den Ressourcen (Häusern, Räumen, Finanzen, Personal, Zeit und Angebotsmöglichkeiten) von drei Einrichtungen flexibler umgegangen werden kann. Es könnten Gesamtlösungen für den Stadtteil erdacht werden, insbesondere im Einsatz stationärer und mobiler Angebote. Die Ressourcenvernetzung könnte ein Konzept aus einem Guß ergeben, das flexibel genug ist, um sich auf die unterschiedlichsten Lebenslagen und selbst auf sich kurzfristig verändernde Bedarfssituationen einzustellen. Mit der Durcharbeitung dieser Vision müßte sich nicht nur die Qualität der Angebote, sondern auch die Fachlichkeit der beteiligten Mitarbeiter und Mitarbeiterinnen erhöhen lassen. Es könnte sich eine organische Verbindung zwischen Spezialistentum, Beibehaltung des Überblicks und unverzichtbarem Generalistentum ergeben. Dabei sollten sich die Angebote profilieren und voneinander absetzen können, gleichzeitig sollten wandelnde Bedarfslagen durch den neu entstehenden Überblick bemerkt und es sollte auf sie mit neuen Angeboten reagiert werden könnte. Diese Möglichkeiten könnten zur Arbeitszufriedenheit beitragen, weil eine Arbeit auf der Höhe der Zeit geleistet wird und neue Möglichkeiten des professionellen Einsatzes eröffnet werden. Nicht nur der Überblick der einzelnen könnte zunehmen, sondern auch die Tätigkeitsbereiche könnten – je nach Bedürfnis – einerseits angereichert werden (Fachleute stationär und mobil tätig sein) und sich andererseits quer über verschiedene Einrichtungen hinweg spezialisieren (im offenen und im Bereich fester Gruppen mit ihren Schwerpunktgebieten tätig werden).

Die Vision wurde – derzeit mit acht Fachleuten – in Ansätzen Realität. Ich überspringe jetzt die Mühen, die es bedurfte, die drei beteiligten Träger dazu zu bringen, diesem Experiment zuzustimmen und sich mit einer Konstruktion der Fachaufsicht in einem gemeinsamen Trägerrat bei gleichzeitigem Zugriff auf ihre eingebrachten Ressourcen an Räumlichkeiten, Finanzen und Personal zu „begnügen". In der Regel treten genau bei der Konstruktion der Rahmenbedingungen die meisten Schwierigkeiten auf, und auch auf dieser Ebene stellen sich bei diesem Modellprojekt bereits die nächsten Schwierigkeiten. Die Auswertung des eigentlichen, nämlich fachlichen Projektes ergab in den wesentlichen Zielsetzungen folgende Resultate bei einer Zwischenauswertung nach einem Jahr der Einführung des Konzeptes:

- Das vernetzte Projekt schaffte es, mehr Angebote als früher im Stadtteil anzubieten. Allerdings wurde es durch dieses spannende Konzept auch möglich, drei neue Mitarbeiter bzw. Mitarbeiterinnen zu gewinnen, nachdem zuvor Stellen lange vakant waren.
- Es existieren heute sich weitgehend selbst finanzierende Angebote (wie ein Jugendcafé und Workshops) neben fachlich sehr intensiv betreuten und damit öffentlich bezuschußten Beratungsangeboten, Gruppenaktivitäten und Aktivitäten mit Kindern. Die unterschiedlichen Profile der drei Häuser (mit 1. selbstorganisierten (Kurs-)angeboten, 2. sozialpädagogisch betreuten Angeboten und 3. der mobilen Jugendarbeit) sind im Bewußtsein der Zielgruppen angekommen.
- Die Annahme der ausdiffernzierten Angebote durch die Zielgruppen wurde schneller realisiert, als von den Initiatoren und Initiatorinnen erwartet worden war. Die „Nesthocker" in ihren gewohnten Angebotsstrukturen wurden von denen überflügelt, die realisierten, daß ihnen nun die Nutzung einer größeren Palette von Möglichkeiten offenstand. Es hätten noch konsequentere Schnitte vollzogen werden können, um

neuen Möglichkeiten schneller zum Durchbruch zu verhelfen. Im Endeffekt wurde dennoch festgestellt, daß die unterschiedliche Profilierung der Einrichtungen und deren Angebote zu einer Erweiterung des Klientels führte. Sogar das Stammpublikum ist mitgewachsen und ordnet sich heute einem für seinen Entwicklungsstand angemessenen Angebot zu.

- Die Feineinpassung zwischen Angebot und Bedürfnis der Zielgruppen ist besser geworden, da die Mitarbeiter und Mitarbeiterinnen mehr Zeit haben, sich auf einzelne und Gruppen einzulassen. Das Besucherverhalten hat sich positiv verändert. Es wird eine hohe Zufriedenheit zurückgemeldet.
- Durch gezielte Angebote und durch Verhaltensänderungen bei männlichen Besuchern wird heute eine eindeutig höhere Zahl an Mädchen erreicht.
- Insbesondere der Ausbau mobiler Angebote im Stadtteil (z.B. Aktionen mit Kindern und Teenies) wird von der Stadtteilöffentlichkeit positiv registiert.
- Es konnten mehr Besucher und Besucherinnen für ehrenamtliche und minimal vergütete Tätigkeiten gewonnen werden, aber auch Bürger und Bürgerinnen aus dem Stadtteil engagieren sich deutlicher für das Projekt (z.B. Mütter im Rahmen der Kinderbetreuung).
- Der Spielraum der Fachleute hinsichtlich der kurzfristigen Einführung neuer Angebote und der Verlagerung stationärer auf mobile Angebote hat sich erhöht. Allerdings kann hier noch nicht von einer fachlichen Autonomie gesprochen werden. Es gibt auch andere Einrichtungen, die hierbei genauso frei in ihren Entscheidungen sind.
- Obwohl die einzelnen Mitarbeiter und Mitarbeiterinnen durchaus quer durch die Angebote aller Häuser und des mobilen Bereichs wechseln können und dies auch wahrnehmen, sind noch nicht alle Möglichkeiten ausgeschöpft. Die Spezialisierung und die „Hausverbundenheit" halten sich die Waage.
- Die Mitbestimmung als ein zentraler Faktor des neuen Konzeptes hat sich nicht so entfaltet wie ursprünglich geplant. Nur in Teilbereichen wie in der Disco und im erlebnispädagogischen Bereich sind die entsprechenden Ansätze vorhanden. Allerdings – so wurde selbstkritisch festgestellt – wurden auch keine Anstrengungen gemacht, um strukturelle Rahmenbedingungen zu schaffen, die weitergehende Verhandlungen zwischen verschiedenen Interessengruppen über Ressourcen eröffnet hätten. Die Chance dieser Einrichtung bestünde darin, große finanzielle und räumliche Ressourcen den aktiven Gruppen unter ihren Besuchern zur Mitbestimmung anzubieten, um einerseits Verhandlungsspielräume, andererseits Möglichkeiten der Verantwortungsübernahme für weniger konflikttaugliche, sondern eher in Obhut zu nehmende Personenkreise zu ermöglichen.
- Die Information über Bedarfszustände im Stadtteil hat sich erhöht. Alle Mitarbeiterinnen und Mitarbeiter erhalten heute mehr Bedarfsanfragen aus dem Stadtteil als früher. Ebenso sind sie stärker mit Informationen über einzelne Kinder und Jugendliche sowie deren Angehörige versorgt, weil die Vertreter und Vertreterinnen von Zielgruppen in den unterschiedlichsten Zusammenhängen der Gesamteinrichtung auftreten.
- Es ergeben sich damit fachliche Vernetzungsgesichtspunkte, die an anderen Orten zu extremen Spannungen unterschiedlicher Spezialisierung führen. Werden anderenorts Drogenkonsumenten und Dealer aus einer Freizeitstätte ausgegrenzt, weil die Einrichtung ansonsten ihr Publikum verliert, die Eltern ihre Kinder und Jugendlichen dort nicht mehr hingehen lassen, gleichzeitig die Fachleute der Streetwork aufbegehren, weil sie berechtigterweise ins Feld führen können, daß auch noch sozialpädagogische Fachleute an der Ausgren-

zung beteiligt sind und so die Klientel überhaupt keine Chance mehr hat, so gibt es in diesem Projekt einen Übergang. Es wird von derselben Crew mitvertreten, wo ausgegrenzt wird und wo man und frau zur Aussprache bereit steht. Es gibt also keine Ausgrenzung an sich, sondern die Ansprechpartner bzw. -partnerinnen und die Vermittlungsmöglichkeiten erhöhen sich. Es wird praktiziert, daß derselbe Mitarbeiter, der einen Jugendlichen aus einer Einrichtung verweist, ihn in einem anderen Rahmen (z.B. als Mitarbeiter in der mobilen Arbeit) weiterbetreut.

– Nicht übersehen werden darf, daß sich – trotz vieler Vorteile des heutigen Konzeptes für die Befriedigung des fachlichen Selbstbewußtseins – die Belastungen im Interesse des Projektganzen erhöhen. In Zeiten nebeneinderherbestehender Einrichtungen unterschiedlicher Träger war es leicht, z.B. fehlende Angebote im Stadtteil der zu niedrigen Präsenz anderer und der mangelnden Fachlichkeit in anderen Institutionen anzulasten. Unter den Bedingungen des Projektganzen ist die allseitige Präsenz und Einsatzbereitschaft gefragt. Nicht daß es an ihr mangelt, eher ist unter den Bedingungen heutiger Ausrichtung auf Sparpolitik die Gefahr gegeben, daß dort eingespart wird, wo ein Konzept existiert, das durch seinen eleganten Lösungsansatz und seine Felxibilität sogar Einsparungen auffangen kann.

– Betrachtet man die fachlichen Gesichtspunkte des Konzeptes und die damit entstandenen Spielräume, so kann man eindeutig von einer höheren Arbeitszufriedenheit unter den Beschäftigten sprechen. Auch die gestiegene Flexibilität beim Personaleinsatz wird positiv beurteilt. Allerdings sind die Mitarbeiter und Mitarbeiterinnen mit einem der beteiligten Träger unzufrieden, der es nicht schafft, seinen Teil der Rahmenbedingungen für das Projekt auf eine solide Basis zu stellen.

Das beschriebene Beispiel wird nicht als Patentrezept verstanden. In anderen Bereichen und in anderen Situationen stehen völlig andere Lösungen an. Beispielgebend ist bei diesem Modell allerdings die Verzahnung fachlicher und organisatorischer Lösungen. Hier wurde die Chance, die in jeder Krise steckt, genutzt. Die inhaltliche Durchdringung der Konzeptbestandteile auf der Basis zu Ende gedachter Ideen wird in den unterschiedlichen Handlungsansätzen des Modellprojektes deutlich. Selbst die unterschiedlichen Träger konnten im Kleinen etwas realisieren, was Gotthart Schwarz als „historischen Kompromiß“ fordert, nämlich Konkurrenzen zu überwinden und „einen neuen Pakt, ein neues Bündnis zur Sicherstellung der sozialen Versorgung“ einzugehen (G. Schwarz 1994, S. 62). Die Eleganz der Lösungen besteht darin, daß Effizienz und profilierte Fachlichkeit eine einleuchtende Verbindung eingehen. Das Prinzip des „Mehr-vondemselben“ wurde durch eine effektivere Nutzung vorhandener Ressourcen durchbrochen. Das entwickelte Konzept ist ein großer Wurf, der so operationalisiert werden konnte, daß er sich als praxistauglich erweist. Die Rückmeldungen durch die Zielgruppen (Bedarfsbefriedigung) und durch die Beschäftigten (Arbeitszufriedenheit) bestätigen letztlich die Richtigkeit der theoretischen Ansätze, die zu den Konzeptionsentwürfen führten.

Literatur

Beck, Ulrich: Risikogesellschaft. Auf dem Weg in eine andere Moderne. Frankfurt a.M. 1986

Beck, Ulrich: Der Konflikt der zwei Modernen. Vom ökologischen und sozialen Umbau der Risikogesellschaft, S. 185ff, in: Rauschenbach/Gängler 1992

Beck, Ulrich: Die Erfindung des Politischen. Frankfurt a.M. 1993

Beckérus, Ake/Edström, Anders: Wirtschaftswikinger. Neue Erfolgsstrategien schwedischer Unternehmer. Düsseldorf, Wien, NewYork 1990

Biehal, Franz (Hrsg.): LeanService. Dienstleistungsmanagement der Zukunft für Unternehmen und Non-Profit-Organisationen. Bern, Stuttgart, Wien 1994 (2. Aufl.)

Böhnisch, Lothar/Münchmeier, Richard: Wozu Jugendarbeit? Orientierungen für Ausbildung, Fortbildung und Praxis. Weinheim und München 1989 (2. Aufl.)
Böhnisch, Lothar/Münchmeier, Richard: Pädagogik des Jugendraums. Zur Begründung und Praxis einer sozialräumlichen Jugendpädagogik. Weinheim und München 1990
Bungard, Walter: Qualitätszirkel in der Arbeitswelt. Ziele, Erfahrungen und Probleme, Göttingen 1992
Engelhardt, Hans Dietrich: Innovation durch Organisation. Unterwegs zu problemangemessenen Organisationsformen. München 1991
Fatzer, Gerhard (Hrsg.): Organisationsentwicklung für die Zukunft. Ein Handbuch. Köln 1993
Gehrmann, Gerd/Müller, Klaus D.: Environment-Aktivierungs-Methode. Eine sozial-ökologische Methode der sozialen Arbeit, S. 34 ff, in: Sozialmagazin 4/1993a
Gehrmann, Gerd/Müller, Klaus D.: Management in sozialen Organisationen. Handbuch für die Praxis Sozialer Arbeit, Berlin/Bonn/Regensburg 1993b
Hafeneger, Benno: Jugendpolitik in der Krise — Krise in der Jugendpolitik, S. 168ff, in: neue praxis 2/1994
Hans-Böckler-Stiftung/Industriegewerkschaft Metall (Hrsg.): Lean Production. Kern einer neuen Unternehmenskultur und einer innovativen und sozialen Arbeitsorganisation? Baden-Baden 1992
Kreft, Dieter/Lukas, H. (Hrsg.): Perspektivenwandel in der Jugendhilfe. Berichte und Materialien aus der sozialen und kulturellen Arbeit. Institut für soziale und kulturelle Arbeit (ISKA). Nürnberg 1990
Lewkowicz, Marina (Hrsg.): Neues Denken in der Sozialen Arbeit. Mehr Ökologie, mehr Markt, mehr Management. Freiburg i. Br. 1991
Lynch, Dudley/Kordis, Paul: DelphinStrategien. ManagementStrategien in chaotischen Systemen. Fulda 1991
Merten, Roland/Olk, Thomas: Wenn Sozialarbeit sich selbst zum Problem wird. Strategien reflexiver Modernisierung, S. 81ff, in: Rauschenbach/Gängler 1992
Müller-Schöll, Albrecht/Priepke, Manfred: Sozialmanagement. Zur Förderung systematischen Entscheidens, Planens, Organisierens, Führens und Kontrollierens in Gruppen. Neuwied, Kriftel, Berlin 1991 (3. Aufl.)
Ortmann, Friedrich: Öffentliche Verwaltung und Sozialarbeit,Weinheim und München 1994
Peters, Tom: Kreatives Chaos. Die neue Management-Praxis. Hamburg 1988
Pfeiffer, Alexander/Wöhrle, Armin: Personalentwicklung als strategischer Erfolgsfaktor für die Jugendhilfe, S. 282ff, in: Schwarz, Gotthart 1993 a
Pfeiffer, Alexander: Unternehmenskultur der offenen Jugendarbeit, S. 55ff, in: Scharinger 1993 b
Rauschenbach, Thomas/Gängler, Hans (Hrsg.): Soziale Arbeit und Erziehung in der Risikogesellschaft. Neuwied, Kriftel, Berlin 1992
Rauschenbach, Thomas: Soziale Berufe im Umbruch, S. 18ff, in: Sozialmagazin 4/1993
Reiss, Hans-Christoph: Controlling und Soziale Arbeit. Neuwied, Kriftel, Berlin 1993
Scharinger, Karl (Hrsg.): Reicht guter Wille? Jugendarbeit & Management (Nürnberger Forum der Jugendarbeit 1992). Nürnberg 1993
Schwarz, Gotthart: Verwaltete Jugend(t)räume. Jugendarbeit zwischen organisierter Ohnmacht und sozialem Management. München 1991
Schwarz, Gotthart (Hrsg.): Profil und Professionalität. Praxis der Sozialarbeit im Umbruch. München 1993
Schwarz, Gotthart: Sozialmanagement. München 1994
Schwarz, Peter: Management in Nonprofit-Organisationen; Reihe „Die Orientierung" Nr. 88. Bern 1986
Stemmle, Dieter/Nader, Ursula/Neises, Gerd u.a.: Marketing im Gesundheits- und Sozialbereich. Einführung und Grundlagen für die Praxis. Bern, Stuttgart, Wien 1992
Weissman, Arnold: Grundlagen des Managements, S. 13ff, in: Scharinger 1993
Wöhrle, Armin: Jugendhilfe und Management. Fortbildung und Beratung im Kontext von Personal- und Organisationsentwicklung. München 1992
Wöhrle, Armin: Innovation durch Management? Warum wird Management im Sozialabereich zum Thema? Legitimationskrise und Innovationsbedarf, S. 14 ff, in: Sozialmagazin 7-8/1993 a
Wöhrle, Armin: Innovatives Management als Ziel. Falsche Hoffnungen, Reduktionen, Kriterienlosigkeit, S. 24ff, in: Sozialmagazin 7-8/1993 b
Wöhrle, Armin: Management und Jugendarbeit. Reicht guter Wille?, S. 105ff, in: Scharinger 1993 c
Wöhrle, Armin: Wir sind alle gleich . . .!? Steuerungstabus und Organisationsentwicklungserfordernisse in alternativen Projekten und bei kleinen Trägern, S 30ff, in: Sozialmagazin 6/1994

Konzeptionen der Jugendarbeit: Produkt- und Kundenorientierung

Alexander Pfeiffer

Die seit mehreren Jahren diskutierte Frage nach der Angemessenheit der bestehenden konzeptionellen Grundlagen sozialer Institutionen und nach der Effizienz und Effektivität ihrer jeweiligen Dienstleistungen kann nicht allein mit dem Verweis auf knappe finanzielle Mittel und der Krise kommunaler Finanzen erklärt werden.

Vielmehr verweist die immer breiter werdende fachliche und politische Diskussion über den gesamten Bereich der öffentlich erbrachten sozialen Dienstleistungen auf einen einschneidenden und tiefgreifenden gesellschaftlichen Wandlungsprozeß und auf eine damit verbundene Grenze des bestehenden sozialpolitischen Wachstumsmodells. Daß es bei dieser Diskussion um Grundsätzliches geht, zeigt auch die Bandbreite der betroffenen Institutionen: die Wohlfahrtsverbände, die sozialen Dienstleistungen der Kirchen, die kommunalen Dienstleistungen, insbesondere die der Gesundheits-, Sozial- und Jugendämter und als Teil der sozialen Infrastruktur natürlich auch die Institutionen der Jugendarbeit.

In all diesen Bereichen wird unter dem Stichwort dezentraler Ressourcenverwaltung über neue Steuerungsmodelle diskutiert, die mehr Kundennähe und Kundenfreundlichkeit, mehr Transparenz bei den Dienstleistungen und eine schnellere Anpassung an sich ändernde Bedürfnisse und Interessenslagen ermöglichen. Die vielbeschworenen Klienten der sozialen Dienstleistungen geben sich nicht mehr zufrieden mit der Rolle dankbarer Nutzer. Sie wollen als Kunden ernst genommen werden und pochen auf ihr Recht als kritische Verbraucher.

Diese neuen Leitbilder haben grundsätzliche Rückwirkungen auf die institutionellen Organisationsstrukturen, – abläufe, – kulturen und auf die damit verbundene Konzeptionsentwicklung. Zur Debatte steht ein geändertes Verhältnis zwischen Individuen und sozialen Institutionen. Die Diskussion über den Umbau bestehender Strukturen und Institutionen sozialer Infrastruktur, statt eines weiteren Ausbaus nach der Devise „mehr vom gleichen", steht mittlerweile nicht mehr unter dem Verdacht, ein ausschließlich konservativ geprägtes Synonym für Sozialabbau zu sein.[1]

Die Ursachen für diesen grundlegenden Wandlungsprozeß sind ausführlich durch die Theorien und Untersuchungen zur Individualisierung und Pluralisierung von Lebensläufen, zu den veränderten Anforderungen an die individuelle Lebensbewältigung und den damit verbundenen Risikolagen untersucht worden.[2] Der fortschreitende Individualisierungsprozeß hat – dies ist hier entscheidend – auch das Verhältnis zwischen den gesellschaftlichen Sozial-Institutionen und der von ihnen repräsentierten Professionalität grundsätzlich verändert und in Frage gestellt. U. Beck hat dies auf den Punkt gebracht:

„Die gesellschaftlichen Institutionen (politische Parteien, Gewerkschaften, Regierungen, Verbände, Sozialämter etc.) werden zu Konservatoren einer sozialen Wirklichkeit, die es immer weniger gibt. Während die traditionellen Lebenslaufbilder von Familie, Beruf, Frau, Mann (und entsprechend von Kindern, Ju-

---

1 Vgl. z.B. B.Müller, Lean Management in der Jugendarbeit, sozialmagazin 4/1992

2 U. Beck, Risikogesellschaft, Frankfurt 1986, T.Rauschenbach, Inszenierte Solidarität: Soziale Arbeit in der Risikogesellschaft, in: Riskante Freiheiten, Hrsg. U.Beck/E. Beck-Gernsheim, Frankfurt 1994

gendlichen) an Wirklichkeitsgehalt und zukunftsleitender Kraft einbüßen, werden sie in den ‚Betreuungsinstitutionen‘ konserviert und gegen ‚abweichende‘ Entwicklungen und Orientierungen geltend gemacht.“[3]

1. Die Individualisierung entläßt ihre Kinder. Anforderungen an zukünftige Konzeptionsentwicklungen

Die Auswirkungen der Individualisierung auf Kindheit und Jugend sind ausführlich analysiert worden. Im Kern der Diagnose steht die Erkenntnis, daß es *die* Jugendlichen, *die* Kinder, *die* Mädchen, *die* Schüler, *die* Unterschicht etc. so eindeutig nicht mehr gibt. Jugendarbeit sieht sich vielmehr zunehmend einem vielschichtigen Klientel gegenüber, die Bandbreite der individuellen Lebensführungen und Lebensbewältigung ist so groß wie nie zuvor. Bei der Herausbildung ihrer Persönlichkeit und der Entfaltung ihres Lebensplans stehen Kindern und Jugendlichen – anders als früher – vielfältige Wahlmöglichkeiten und Identitätsangebote zur Verfügung. Die Sozialverbindlichkeit von Lebensläufen wird biographisiert, die Selbstverantwortung für die eigene Entwicklung steigt. Die Sonnenseite dieser Entwicklung ist eine Vergrößerung der Entfaltungspielräume und Wahlmöglichkeiten, besonders auch im Bereich der Freizeit und des Konsums, die für die Gestaltung der eigenen Entwicklung, des Selbstvertrauens und Selbstbewußtseins genutzt und ausgeschöpft werden können. Auf der Schattenseite liegen aber auch vielfältige Unsicherheiten und Risiken des Scheiterns und Versagens, die die Bewältigungskapazität von Kindern und Jugendlichen überschreiten und zu starken Belastungen und Problemdruck führen können.

Individualisierung ist dabei kein historisch wertender Begriff. Er bezeichnet die veränderten, komplexeren und neuen Anforderungen an die Lebensbewältigung und keine generelle Verschlechterung der Lebenslage von Kindern und Jugendlichen.[4] Zum anderen führt der Prozeß der Individualisierung dazu, daß die Verteilung der Lebensrisiken nicht mehr eindeutig entlang der Linien des sozial-ökonomischen Status und der gesellschaftlichen Schichtung erfolgt.[5]

Auch die Institutionen der Jugendarbeit unterliegen vor dem Hintergrund der forcierten Individualisierungsprozesse bei Kindern und Jugendlichen dem Risiko, die einmal herausgebildeten institutionellen Strukturen, Denk- und Handlungsweisen und Angebotsformen zu konservieren und gegen „abweichende“ Entwicklungen und neue Anforderungen zu verteidigen. Diese Institutionslogik, die sich – besonders in Zeiten des Wandels – primär auf Bestandserhaltung und Absicherung der bestehenden Konzeptionen, Verfahren und Angebotsstrukturen konzentriert, statt offensiv und flexibel auf geänderte Bedürfnisse ihrer Kunden zu reagieren, ist auch für den Sozialbereich und die Jugendarbeit mehrfach analysiert worden.[6]

3 U.Beck, Risikogesellschaft, Frankfurt 1986, S. 158

4 Damit ist angedeutet, daß der Prozeß der Individualisierung in der Praxis der Jugendarbeit häufig im Sinne einer pauschalen Verschlechterung der Lebenslage von Kindern und Jugendlichen benutzt wird. Die Argumentationsfigur: „Der Jugend geht es immer schlechter, also brauchen wir mehr Jugendarbeit“ ist so alt wie die Jugendarbeit. Sie ist empirisch in dieser Allgemeinheit nicht verifizierbar und steht deshalb stets unter dem Verdacht der Zweckbehauptung.

5 Damit ist auch eine zweite, in der Praxis der Jugendarbeit immer wieder vorgebrachte Argumentationsfigur: „Bedürftige Jugendliche = Unterschichtsjugendliche = Hauptzielgruppe“ in Frage gestellt.

6 Vgl. W.Seibel, Funktionaler Dilettantismus, Baden-Baden 1994, A.Pfeiffer, Unternehmenskultur der offenen Jugendarbeit, in: Reicht guter Wille? Jugendarbeit und Management, Nürnberg 1993, A.Wöhrle, Jugendhilfe und Management, München 1992.

Dabei wurden Konzeptionen der Jugendarbeit in der Vergangenheit häufig primär unter dem Legitimationsaspekt entwickelt, die jeweils bestehenden Strukturen und Ressourcen zu rechtfertigen. Das Muster solcher Konzeptionen ist immer gleich. Nach einer ausführlichen pädagogischen Begründung der Jugendarbeit, die fast immer direkt oder indirekt Defizite/Schwierigkeiten bei Jugendlichen ausmacht, wird als Antwort auf die Defizite die Notwendigkeit der Jugendarbeit als allgemeine Kompensationsagentur für Defizite geschlußfolgert. Anschließend werden die eigenen Ressourcen (Räume, Geld, Personal, Arbeitsfelder) beschrieben und wird die „Wichtigkeit" unter jeweiligen regionalen Gesichtspunkten betont.

Über den Status der Rechtfertigung und Bestandsaufnahme der einmal bestehenden institutionellen Strukturen und Angebote kommen solche primär auf Legitimation abgestellten Konzeptionen nicht hinaus. Allgemein formulierte Ansprüche und Ziele werden nicht auf Handlungskonzepte für den Alltag der Jugendarbeit übersetzt und sind deshalb selten überprüfbar. Konzeption und Praxis sind getrennt und unvermittelt, eine Steuerungsfunktion erfüllt die Konzeption nicht, das Verhältnis von Input und Output bleibt offen und den jeweils subjektiven Interpretationen überlassen.

Unter institutionellen Gesichtspunkten erfolgt die Steuerung der Jugendarbeit bisher hauptsächlich über den Input, d.h. über die Zuteilung bestimmter Ressourcen. Es wird festgelegt, wieviel Geld (Personal- und Sachmittel) ausgegeben werden darf. Unklar bleibt regelmäßig, welche konkreten Leistungen mit diesen Ressourcen erzeugt werden sollen. Das Fehlen einer Verbindung zwischen Input und Leistungsoutput ist deshalb ein häufiger Konstruktionsmangel bestehender Konzeptionen.

2. Von der Institutionenlogik zur Kundenorientierung oder: von der Input- zur Output-Orientierung

In Zukunft werden sich die Institutionen der Jugendarbeit aber nicht mehr mit solchen halbierten Konzepten zufriedengeben können. Individualisierungsprozesse zwingen auch die Jugendarbeit, ihre Ressourcen *rechtzeitig* und *flexibel* an sich lokal und regional sehr unterschiedlich ausprägende Lebenslagen und Lebensbewältigungserfordernisse anzupassen.

Damit tritt die *Steuerungsfunktion* von Konzeptionen in den Vordergrund. Steuerung bezieht sich dabei auf das *sozial-wirtschaftliche* Verfahren der Planung und Herstellung der Dienstleistungen/Angebote der Jugendarbeit und auf die regelmäßige Überprüfung, ob und wie das Produkt zum Kunden/Nutzer kommt und welchen Gebrauchswert es für ihn hat.

So verstanden, sind Konzeptionen gleichzeitig *Produktionskonzepte*. Sie müssen Aufschluß darüber geben, wie die Ziele durch den Einsatz der bestehenden Ressourcen der Institutionen der Jugendarbeit (= Input) in Produkte/Dienstleistungen (= Output) umgesetzt werden. Im Mittelpunkt einer solchen Überlegung stehen daher das Produkt und seine Nutzer.

Auch in der Jugendarbeit müssen Konzeptionen in Zukunft eindeutiger auf den Output ausgerichtet sein, wollen sie ihre zentrale Steuerungsfunktion erfüllen. Dies erfordert zwei Schritte: Zum einen müssen die zahlreichen Einzelaktivitäten der Jugendarbeit zu einer überschaubaren Zahl von Leistungspaketen zusammengefaßt werden. Solche Leistungpakte werden im folgenden *Produkte* genannt[7]. Außerdem ist festzulegen, welche Ziele mit den Produkten erreicht werden sollen. Hieraus lassen sich dann auch die kon-

7 Vgl. z.B. Kommunale Gemeinschaftsstelle (KGSt), Bericht 9/1994, Outputorientierte Steuerung in der Jugendhilfe, Köln 1994

Abb. 1: Steuerungsfunktion von Konzeptionen

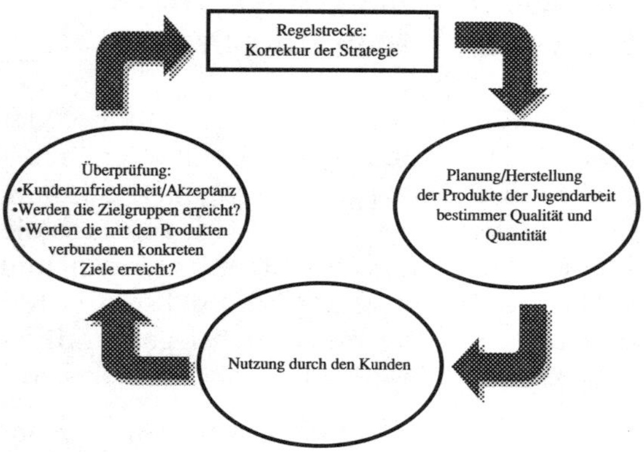

krete Menge, Qualität, Zielgruppe und die Kosten für das jeweilige Produkt bestimmen.

Konzeptionen der Jugendarbeit sind dabei nicht beliebig, sie bewegen sich innerhalb allgemeiner Maximen und Leitziele.

Jugendarbeit ist ein dynamisches System.

Inhalte und Formen stehen nicht für immer fest und müssen deshalb regelmäßig an die geänderten Lebensweisen und Lebensbedingungen von Kindern und Jugendlichen angepaßt werden. Niemand kann heute vorhersagen, wie Jugendarbeit in zehn Jahren aussehen und welche konkreten Angebote es geben wird. Das jeweilige Leistungsangebot der Jugendarbeit muß sich deshalb möglichst schnell an die Veränderung der Nachfrage anpassen.

Die Ziele und Aufgaben der Jugendarbeit müssen nicht laufend neu erfunden und hergeleitet werden.

Der allgemeine Auftrag der Jugendarbeit ist verbindlich in seiner gesamten Bandbreite im Kinder- und Jugendhilfegesetz von 1990 beschrieben, insbesondere im § 11. Als normatives Leitziel der Jugendarbeit wird dort formuliert, daß Jugendarbeit einen Beitrag zur Verbesserung der Entwicklungsmöglichkeiten und der Lebensqualität von Kindern und Jugendlichen leistet. Durch vielfältige, offene, thematische und zielgruppenbezogene Angebote unterstützt und fördert sie die Entwicklung der Identität bei Kindern und Jugendlichen. Sie stellt hier personelle und materielle Ressourcen bereit und ermöglicht dadurch Lern- und Erfahrungsprozesse in offenen oder themenorientierten Situationen.

Identitätsentwicklung heißt dabei auch immer alltägliche Lebensbewältigung in einer individualisierten Gesellschaft: Finden eines Gleichgewichts zwischen jeweils eigenen Interessen und den Anforderungen der gesellschaftlichen Umwelt.

Jugendarbeit muß also als Teil der sozialen Ressourcenstruktur zur alltäglichen Lebensbewältigung verstanden werden. Dies macht auch *eine andere Art* der Thematisierung ihrer Adressaten als Nachfrager und Nutzer der Leistungen notwendig. Dabei ist weniger zu fragen, welche „Probleme" Jugendliche oder Kinder haben – das führt nur wieder in die nicht mehr entwirrbare Unübersichtlichkeit und Unüberschaubarkeit von „normal" und „abweichend", „sozial angepaßt" und „deviant"[8]. Zu fragen ist vielmehr, mit Hilfe welcher Ressourcen die Kinder und Jugendlichen versuchen, die Aufgaben der Lebensbewältigung zu lösen und welche infrastrukturelle Gelegenheitsstruktur sie dazu brauchen.

Eine solche Ressourcenorientierung der Konzeptionen der Jugendarbeit beinhaltet dabei ein handlungsorientiertes Subjektverständnis, das die Jugendlichen nicht zum Objekt der Erziehung/Hilfe macht, sondern davon ausgeht, daß die jungen Menschen immer schon versuchen, aktiv die Alltagssituationen zu gestalten und zu bewältigen, in denen sie leben.

Die Abkehr vom nach wie vor in vielen Konzeptionen der Jugendarbeit vorherrschenden Defizitansatz, der in seiner praktischen Kon-

8 R. Münchmeier, Herausforderung für die Jugendhilfeforschung, in Diskurs 2/1993, S.17, München 1993

sequenz die Jugendlichen zum Objekt macht und damit den Zugang zu ihnen oft verbaut, ist aber nicht nur aus pädagogischen Gründen dringend erforderlich[9].

Wenn Institutionen der Jugendarbeit ihre Kunden als defizitär, problembeladen, sozial schwach – also auf irgendeine Art und Weise als „Looser"- definieren, bauen sie sich gleichzeitig eine *Marketingfalle* auf. In der Sprache des Marketings: Welcher Kunde kauft schon gerne ein Produkt, das den Geruch des Problembeladenen und des „Loosers" hat.

Jugendarbeit ist Teil der sozialen Infrastruktur.[10]

Jugendarbeit ist eine *öffentlich* erbrachte Dienstleistung und nicht für *alle* Kinder- und Jugendfragen zuständig. Sie steht in einem arbeitsteiligen Verhältnis mit den Angeboten anderer Institutionen, ist *Teil* einer Angebotsstruktur für Jugendliche und muß sich auch deshalb in dieser Gesamtstruktur mit ihrem jeweiligen Profil verorten. Ihre Angebote zielen auf die Freizeit und sind hier Teil einer sozio-kulturellen Grundversorgung für alle Jugendlichen.

Gemeinwesenbezug und Lebensweltorientierung als Grundorientierung.

Die Freiwilligkeit der Teilnahme an den Angeboten der Jugendarbeit erfordert eine Ausrichtung der Angebote auf die lokale/regionale Situation und Ressourcenstruktur und muß auch auf die vorfindliche Lebenssituation der Nutzer bezogen sein.

9 Exemplarisch sind die praktischen Konsequenzen des Defizitansatzes jüngst aufgezeigt worden von: J.Held, H.W. Horn, A.Marvakis, Politische Orientierungen und Gewaltbereitschaft von Jugendlichen in Deutschland. Folgerungen für die Jugendarbeit, in: deutsche jugend 11/1994

10 Der Begriff der Infrastruktur impliziert, daß es sich hier um Güter/Dienstleistungen handelt, die zur gesellschaftlichen Reproduktion notwendig sind, aber nicht privatwirtschaftlich hergestellt werden können.

3. Mehr Markt- und Produktorientierung

Die dargestellten Aspekte „Allgemeiner gesellschaftlicher Auftrag", „Dynamik des Arbeitsfeldes", „Infrastrukturfunktion", „Gemeinwesenbezug und Lebensweltorientierung" stellen den normativen *Datenkranz* dar, in dem sich alle Konzeptionen der Jugendarbeit bewegen müssen. Die primäre Aufgabe von Konzeptionen besteht darin, diese im Datenkranz formulierten allgemeinen Leitziele unter Berücksichtigung der lokalen Gegebenheiten in klar beschreibbare und abgrenzbare Produkte/Dienstleistungen für die potentiellen Kunden – Kinder und Jugendliche – zu übersetzen und sie diesen anzubieten.

Da in der Jugendarbeit die verschiedensten Leistungen und Gegenleistungen zwischen verschiedenen Akteuren ausgetauscht werden, um offensichtlich vorhandene Bedürfnisse zu befriedigen, kann man auch hier von „Markt" und „Marktorientierung" sprechen.

Mit „Markt" wird dabei der Ort bezeichnet, an dem die Güter/Dienstleistungen ausgetauscht werden. „Markt" impliziert die Freiwilligkeit des Austausches zwischen Anbieter (Produzent) und Nachfrager (Kunde). Allerdings unterscheiden sich die Marktbeziehungen, in die die Institutionen der Jugendarbeit als Non-Profit-Organisationen eingebunden sind, von denen im Profitsektor. Während hier der Käufer einer Dienstleistung auch gleichzeitig der Bezahler ist, nimmt der Kunde/Besucher der Angebote in der Jugendarbeit zwar Leistungen in Anspruch, die Bezahlung kommt aber von jemand anderem, im Falle der Jugendarbeit ist der Subventionsgeber direkt oder indirekt regelmäßig die Kommune/ die kommunalen Gebietskörperschaft.

Die Austauschbeziehungen der Institution Jugendarbeit im Markt sozialer Dienstleistungen sind daher zweiseitig. Auf der einen Seite steht als Auftraggeber direkt oder indirekt die Kommune, die auf der Grundlage des KJHG die Institutionen der Jugendarbeit finanziert

(= Input), damit diese den allgemeinen Auftrag in konkrete Dienstleistungen und Angebote für Jugendliche umsetzen. Auf der anderen Seite stehen die Jugendlichen als potentielle Kunden, die *frei* darüber entscheiden, ob und wieweit die Produkte der Jugendarbeit (= Output) für sie interessant sind. Die Besonderheit der zweifachen Austauschbeziehung hat grundlegende Konsequenzen für Funktion und Bedeutung von Konzeptionen.

Als *Steuerungs- und Produktionskonzepte* müssen sie gegenüber dem Geld- und Auftraggeber Auskunft darüber geben, wie sie den allgemeinen Auftrag mit den bestehenden Ressourcen umsetzen[11]: Warum wurden welche Dienstleistungen und Angebote produziert, und wie wirtschaftlich wurden sie hergestellt? Was sind die pädagogischen Begründungszusammenhänge für das jeweils besondere Profil des Angebots, und welche Zielgruppen sollen angesprochen werden?

Auf der anderen Seite – und darauf soll hier zunächst das Augenmerk gerichtet werden – muß jede Konzeption eine klare Beschreibung von Quantität und Qualität des Outputs (Produkte/Dienstleistungen) für den Kunden ermöglichen.

> Die zentrale Frage des Marketings „Für wen wollen wir eigentlich welche Leistungen erbringen, und wie kommen die Leistungen zu möglichst allen Kunden?" kann auch als die Leitfrage für jede Konzeption der Jugendarbeit gelten.

Unstrittig „produziert" die Jugendarbeit für den Freizeitmarkt. Sie hat hier allerdings kein Monopol. Aus der Sicht der Kunden (Jugendlichen) sind die Angebote der Jugendarbeit nur ein Angebot unter vielen anderen kommerziellen und nicht-kommerziellen. Jugendliche wählen deshalb die jeweils für sie in ihrer Lebenssituation attraktivsten Angebote aus. Mit Blick auf diese Wahlfreiheit ist es gerechtfertigt, auch in der Jugendarbeit von Kunden zu reden.

Abb. 2: Austauschbeziehungen: der Markt der Jugendarbeit

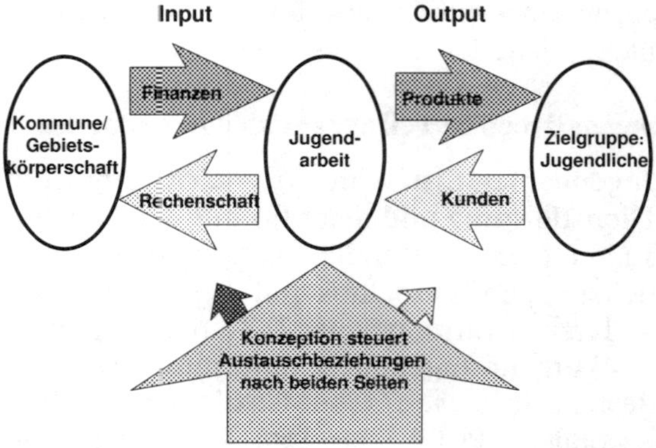

4. Die Produkte der Jugendarbeit

Damit Jugendarbeit ihren Nutzen für möglichst viele Kunden entfalten kann, muß in einem ersten Schritt die mögliche Produktpalette eingegrenzt werden. Zunächst ist entscheidend, daß der Jugendliche als Kunde weder am „Kauf" pädagogischer Bedeutungszusammenhänge (z.B. „Prävention"/„Beziehungsarbeit" / „Identitätsbildung" / „Emanzipation") interessiert ist noch am guten Willen der Mitarbeiter/innen („Wir sind für Euch da, wir helfen Euch"). Vielmehr sind Jugendliche an Erlebnissen, an Erfahrungs- und Lernmöglichkeiten und Chancen interessiert, die ihnen spannend, attraktiv und anregend erscheinen[12].

11 Damit ist ausgesagt, daß Jugendarbeit über einen Gestaltungsspielraum verfügt, da sich aus dem allgemeinen Auftrag nicht logisch deduzieren läßt, wie das genaue Angebot vor Ort aussehen soll. Dieser Gestaltungsspielraum bedingt auch die Definitionsmacht.

12 Zur pädagogischen Begründung, die hier nicht mehr entwickelt wird, vgl. z.B. Böhnisch/ Münchmeier, Wozu Jugendarbeit? Weinheim/ München 1989

Diese Möglichkeiten manifestieren sich in den Programmangeboten/Dienstleistungen der Jugendarbeit. Allgemein lassen sich fünf zentrale Angebotsbereiche in der Jugendarbeit ausmachen.

Abb. 3: Die Angebote der Jugendarbeit

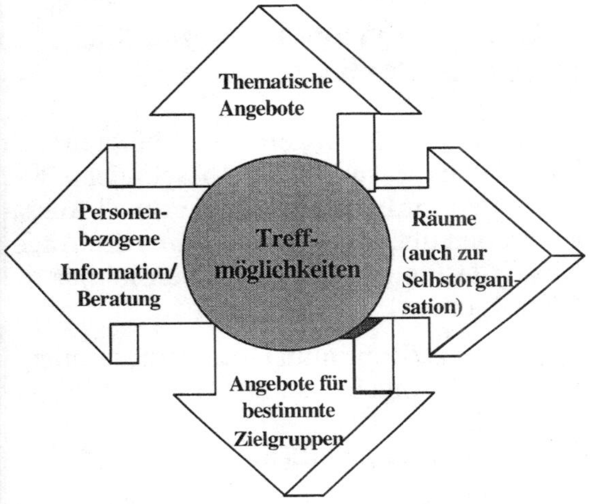

Basis und Zentrum ist zunächst die Treffpunktfunktion[13], auf die alle anderen Angebote aufbauen. Prinzipiell lassen sich im Rahmen einer Konzeption mehrere Produktgruppen oder Angebotsbereiche nach Quantität und Qualität beschreiben.

5. Beschreibung der Produktpalette der Offenen Jugendarbeit (Output)

1. Treffpunkt/Cafe

- Visitenkarte der Einrichtung. Bedeutend sind:
  - Regelmäßige Öffnungszeiten
  - Umfang und Qualität des Service (Getränke/Speisen/Unterhaltung: Spiele/ Zeitschriften etc.)
  - Garantie einer attraktiven Ausstattung und eines attraktiven Ambientes
  - . . . .

Wie ist die Nutzung/wie soll sie sein? (Ist-Soll-Vergleiche)

2. Räumliche Ressourcen

- Welche Gruppenräume stehen zur Verfügung in welchen Zeiträumen?
  - Von wem werden sie genutzt und sollen sie genutzt werden?
  - Was sind die Zugangsvoraussetzungen?
  - Was kostet die Nutzung?
  - Wie attraktiv sind die Räume?
  - . . . .
- Welche Werkstätten (z.B. handwerkliche/ künstlerisch-kreative/Medien) stehen zur Verfügung?
  - Was sind die regelmäßigen Öffnungszeiten?
  - Wie ist die Qualität der Ausstattung?
  - Was kostet die Nutzung?
  - . . . .
- Angebote zur Selbstorganisation (z.B. Proberäume/Veranstaltungsräume/Werkräume)
- Welche Sportmöglichkeiten stehen zur Verfügung, in welcher Qualität?

Wie ist die Nutzung/wie soll sie sein? (Ist-Soll-Vergleiche)

3. Veranstaltungen

- Welche Veranstaltungen werden regelmäßig in welcher Qualität angeboten:
  - im Bereich Jugendkultur (Musik/Tanz/ . . .)?
  - im Bereich Information/Bildung (aktuelle Themen . . .)?
  - Im Bereich Kurse/Workshops?
  - im Bereich Projekte?
  - im Bereich Reisen/Freizeiten?
  - . . . .

Wie ist die Nutzung/wie soll sie sein? (Ist-Soll-Vergleiche)

---

13 Die Bedeutung der Gleichaltrigengruppe für Jugendliche wird hier nicht mehr hergeleitet. Alle Untersuchungen über Freizeitpräferenzen bei Jugendlichen zeigen regelmäßig, daß an der Spitze der Interessen „Sich mit Freunden treffen und mit ihnen zusammensein“ steht.

4. Angebote für besondere Zielgruppen

- Welche Angebote werden regelmäßig in welcher Qualität angeboten:
  - für Kinder?
  - für Mädchen/Jungen?
  - für ausländische Jugendliche?
  - für Jugendliche in bestimmten Risikosituationen (z.B. Hausaufgabenhilfe)?
  - im Rahmen einer aufsuchenden Arbeit außerhalb der Einrichtung?
  - ....

Wie ist die Nutzung/wie soll sie sein? (Ist-Soll-Vergleiche)

5. Personenbezogene Information/Beratung

- Welche Informationen zu welchen Themen können regelmäßig abgerufen werden?
- Welche Beratung zu welchen Themen kann in welcher Qualität verbindlich abgerufen werden?
  - Zur Bewältigung welcher Lebensrisiken kann dadurch beigetragen werden?
  - Gibt es Angebote zum CASE-Management/Einzelfallhilfe?

Wie ist die Nutzung/wie soll sie sein? (Ist-Soll-Vergleiche)

Gerade das Produkt „Information/Beratung" wird in der Jugendarbeit heute noch immer pädagogisch überdehnt, wird es doch häufig dazu benutzt, das Besondere der pädagogischen Arbeit herauszustellen. („Man kann dort über Probleme sprechen und sich Rat holen.") Aus der Sicht der Pädagogen sind Hilfe, Zuwendung, Verständnis und Beratung, „Beziehungsarbeit", zentrale moralische Topoi.

Der Blick durch die Kunden- und Produktbrille zwingt aber auch hier zur Präzision. Genau genommen wird auch hier wieder ein implizierter pädagogischer Bedeutungszusammenhang reklamiert, der aber aus der Sicht des Kunden keinem konkret faßbaren Angebot entspricht[14]. Deshalb muß auch hier in Zukunft das Angebot in klar definierte Produkte/Dienstleistungen übersetzt werden. Nur so kann der Kunde überhaupt den Nutzen für sich identifizieren und einschätzen, ob das Angebot für ihn hilfreich sein kann oder nicht.

6. Qualität/Quantität/Kontinuität/Preise der Produkte

Konzeptionen der Jugendarbeit können sich nicht darauf beschränken zu beschreiben, was angeboten wird, sondern müssen auch Aussagen treffen über das *Wie* und *Wann* des Angebots. Alle Produktgruppen haben immer die Dimensionen:

- Quantität/Kontinuität (Leistungsumfang/Zahl der Angebotsstunden)
- Qualität
- Preis-Leistungsverhältnis

Diese Dimensionen beeinflussen die Akzeptanz und den Nutzen der jeweiligen Produkte für den Kunden und damit auch den Erfolg (Zielerreichung) der Jugendarbeit.

Eine zeitgemäße Produktqualität und eine Kontinuität des Angebots sind zentrale Voraussetzungen. Das gilt für die „Hardware" (Räume/Ausstattung) ebenso wie für die „Software", also die Programmangebote und die damit verbundenen Dienstleistungen.

Fehlende *Quantität/Kontinuität* (z.B. unregelmäßige und im Umfang wechselnde Öff-

---

14 Daß die scheinbar wohlgemeinte Auffassung der Pädagogen, eine besondere Qualität der Jugendarbeit bestehe darin, daß Jugendliche dort über ihre Probleme sprechen und sich Rat holen können, auf Jugendliche problematisch wirkt und zu kontraproduktiven Effekten führt, hat die Untersuchung von Weeber und Partner herausgearbeitet. Insbesondere bei Jugendlichen, die nicht in Jugendeinrichtungen gehen, wird mit Jugendhaus z.B. der „social touch" assoziiert, daß sich dort die sozial Bedürftigen, die Außenseiter und Problemfälle aufhalten. Vgl. Weeber u. Partner, Gutachten über Angebot und Besuch Stuttgarter Jugendhäuser, Teil 2, Befragung von Nichtbesuchern, Stuttgart 1989.

nungszeiten, unregelmäßige oder nur einmalige Programmangebote), unattraktiv ausgestattete und nicht dem jugendkulturellen Lifestyle entsprechende Räumlichkeiten und Treffpunkte/Cafés, schlechter und unfreundlicher „Service“, mangelhaft ausgestattete Werkstätten mit immer wieder defekter Infrastruktur (dazu zählen nicht nur handwerklich orientierte Werkstätten, sondern z.B. auch Medien- und Musikwerkstätten), all das kann nicht als ein besonderer pädagogischer Wert gesehen werden, sondern mindert die Qualität und führt zu Attraktivitätsverlusten.[15]

Dabei kann es sich die Jugendarbeit auf Dauer nicht leisten, ihre Produkte nach dem Prinzip „Wundertüte“ oder „Überraschungspaket“ anzubieten: Mal gibt es ein Programmangebot, mal nicht, mal kann man die Ressourcen nutzen, mal stehen sie leider nicht zur Verfügung etc.

Auch wird es wenig nutzen, einmalige „Highlights“ zu organisieren, um damit dann Unzulänglichkeiten in Qualität, Kontinuität und Nutzung anderer Angebotsbereiche zu kaschieren.[16]

Gleiches gilt für die „Software“, also personenbezogene Angebote im Bereich Veranstaltungen, Workshops, Projekte, Information/ Beratung etc. Hier müssen Pädagogen – im Interesse einer Qualitätssicherung der verschiedenen Produkte der Jugendarbeit – möglicherweise Grenzen ihrer Qualifikation in Rechnung stellen und von einem Alleskönnertum und fachlicher Allzuständigkeit Abschied nehmen[17]. Bedingt durch die breite Palette möglicher Produkte der Jugendarbeit ist es konzeptionell und fachlich sinnvoll und für den Kunden häufig attraktiver, Expert/innen des jeweiligen Fachgebiets auf Honorarbasis für Programmangebote/Workshops/Projekte etc. einzusetzen. Dies gilt sowohl für die Angebote im breiten Spektrum der Jugendkultur, im Bereich der außerschulischen Bildung/Information (z.B. über aktuelle Themen) als auch z.B. im Bereich Sport (aktuell: Erlebnispädagogik). Expert/innen müssen dabei nicht unbedingt Erwachsene sein. Gerade im aktuellen jugendkulturellen Bereich (ein Beispiel: z.Zt. Hip-Hop, Break-Dance, Graffiti) sind Jugendliche oft *die* Expert/Innen[18].

Jugendarbeit muß hier eine von der Jugendforschung immer wieder bestätigte Erkenntnis ernst nehmen: Jugendliche sind – bedingt durch die Besonderheiten ihrer biographischen Entwicklungsphase – stark an Vorbildern interessiert, die auf ihrem Gebiet etwas gut können und entsprechend erfolgreich sind. Glaubwürdigkeit wird bei Jugendlichen primär mit dem Prinzip „Taten und Können“ statt „Verständnis und wohlwollende Worte“ verbunden.

Die Bestimmung des jeweiligen *Personaleinsatzes* ist deshalb für jede Konzeption unabdingbar: Welche Produkte können mit welchem Personal (Pädagogen/Honorarkräften/ ehrenamtlichen Mitarbeitern/durch Selbstorganisation der Kunden etc.) erbracht werden?

Unter der Bedingung marktförmiger Austauschbeziehungen (Freiwilligkeit der Inanspruchnahme) lassen sich auch für die Produkte der Jugendarbeit keine *objektiv* be-

15 Mangelnde Qualität und schlechter Zustand der Ausstattung fördern die Bereitschaft zu weiterer Destruktion.

16 Was wir aus der Verbraucherforschung wissen, kann man sicherlich auch für die Jugendarbeit unterstellen. Ein unzufriedener Kunde erzählt seinen Ärger zehn anderen weiter, ein zufriedener berichtet maximal drei Personen über seine Qualtitätserlebnisse. Vgl. M. Kohl, Qualitätsmanagement im Tourismus in: Schlüsselfaktor Qualität , Hrsg. Deitzel/Seitschek, Wien 1993.

17 Daß die Qualifikation der Mitarbeiter ein zentraler Produktionsfaktor für die Jugendarbeit ist und Personalentwicklung/Fortbildung deshalb regelmäßige Standards sein sollten, wird hier nicht mehr entwickelt.

18 Damit wird auch die immer wieder in der Jugendarbeit von pädagogischen Mitarbeitern zu hörende Auffassung „Viel pädagogisches Personal hilft viel“ relativiert.

stimmbaren *Qualitätsstandards* herleiten. Über die Qualität bestimmen letztlich die Kunden, indem sie möglichst zahlreich die angebotenen Produkte nutzen. Qualität besteht schlicht in der Übereinstimmung mit den Erwartungen des Kunden.

Auch in der Jugendarbeit ist es daher sinnvoll und für die Entwicklung der Angebote hilfreich, die angebotenen Produkte regelmäßig aus der Sicht der Verbraucher und der potentiellen Verbraucher bewerten zu lassen[19]. In vielen Bereichen lassen sich dabei Qualitätsanforderungen nur zusammen mit den Kunden entwickeln, statt ausgedehnt darüber zu spekulieren, was denn die „wahren" und die „falschen" Bedürfnisse von Jugendlichen seien[20].

Der Begriff „zeitgemäße" Qualität verweist außerdem darauf, daß Qualität ein relationaler Begriff ist. Qualität zeigt sich durch Vergleiche auf der Basis des jeweiligen Lebensstandards und vergleichbarer Angebotsstandards, die es immer schon gibt und die die jeweiligen Geschmacksurteile der Kunden prägen. Die Angebote der Jugendarbeit werden von den Kunden zeitgemäß jeweils daran gemessen, inwieweit sie auf die aktuelle Lebensweise der Jugendlichen und die damit verbundene soziokulturelle Entwicklung bezogen sind und an diese anknüpfen.

Aus der Sicht der Mitarbeiter der Jugendarbeit ist die Dimension Qualität durch die genaue Bestimmung der jeweiligen *Paßform* der Angebote auf die Erwartungen und Interessen aller – auch der potentiellen Kunden – bestimmt. Mit Paßform ist gemeint, daß sowohl die Hardware- als auch die Software-Produkte der Jugendarbeit auf die aktuelle Lebenssitutation und -weise der Jugendlichen bezogen sind. Sie müssen nicht nur anknüpfen an ihre Geschmacksurteile, Ästhetik und Präferenzen, sondern auch durch die Art und Weise des Arrangements und der Präsentation die Experimentier-, Lern- und Erfahrungsmöglichkeiten eröffnen, die mit den pädagogischen Zielen verbunden sind. Die Herstellung einer angemessenen Paßform, ihre ständige Überprüfung und Weiterentwicklung durch Praxiserfahrung ist die genuine pädagogische Leistung und Aufgabe.

Daß viele Angebote der Jugendarbeit den Kunden etwas kosten (Gebühren), ist mittlerweile weit verbreitet. Diese Entwicklung kann aber nicht auf die (immer) zu knappe finanzielle Ausstattung zurückgeführt werden. Vielmehr hat sich mittlerweile der aus der Marketingforschung bekannte Effekt „Nur was etwas kostet, ist auch etwas wert" auch in der Jugendarbeit durchgesetzt. Daß ein genereller Nulltarif für alle Produkte der Jugendarbeit keine besondere Qualität ausmacht und angemessene Gebühren/Preise die Jugendlichen nicht von der Nutzung der Angebote fernhalten, ja sogar in vielen Bereichen eher Attraktivität signalisieren, ist offensichtlich. Auch angesichts einer von der Wirtschaft auf über 30 Milliarden geschätzten Kaufkraft der Jugendlichen wäre ein pauschaler Nulltarif naiv.

Die Entscheidung, für ein bestimmtes Produkt der Jugendarbeit eine angemessene Gebühr zu bezahlen, macht auch deshalb Sinn, weil sie die Kunden im Rahmen ihrer finanzi-

---

19 Es könnte von großem Interesse und Anregungspotential für die Jugendarbeit sein herauszufinden, welche Institutionen der Jugendarbeit im Bereich der Bundesrepublik die jeweils besten und innovativsten sind. Ein solches „Ranking" könnte -vergleichbar der Stiftung Warentest- im Rahmen von Ansätzen einer Art „Stiftung Dienstleistungstest" stattfinden und würde dazu beitragen, einen Diskurs über Maßstäbe in Gang zu bringen, in dessen Verlauf sich viele produktive Erkenntnisse ergeben könnten.

20 Der Diskurs, daß die Mitarbeiter der Jugendarbeit als Anbieter der Produkte der Jugendarbeit besser wissen, was die Kunden brauchen, als der Kunde selbst, ist noch immer weit verbreitet. Aussagen wie: „Das ist nichts für unsere Jugendlichen", „Das wollen die nicht", „Das interessiert die doch nicht" verweisen eher auf das Menschenbild der Pädagogen denn auf die Interessen der Kunden.

ellen Möglichkeiten zwingt[21], Präferenzentscheidungen zu treffen und somit auch indirekt eine Entscheidung darüber, ob das Produkt ihnen das „wert“ ist . Damit wird auch die Möglichkeit eröffnet, Preise und Preisgestaltung der Produkte der Jugendarbeit als zusätzlichen Indikator für die Wertschätzung (Qualität) durch den Kunden zu installieren.

Insgesamt wird durch die Beschreibung der potentiellen Produktpalette der Jugendarbeit der Input in einen Output übersetzt und damit operationalisiert. So beschriebene Produktgruppen lassen sich unmittelbar in Angebote und Programme für den Kunden übersetzen. Zum einen weiß der Kunde nur über ein konkretes Programmangebot, was ihn genau erwartet. Darauf hat er ein Recht. Er kann seine Erwartungen und damit den Nutzen der Produkte überprüfen. So entsteht etwas für die Jugendarbeit sehr entscheidendes: Glaubwürdigkeit. Gleichzeitig wird verhindert, daß Jugendarbeit ein allgemeines Gebrauchswertversprechen dem Kunden gegenüber abgibt, das sie nachher nicht halten kann, so daß sie den Kunden zwangsläufig enttäuscht. „Bei uns kann man kreativ sein“ z.B. ist, jenseits aller gut gemeinten Absichten, eher eine Mogelpackung, weil nicht deutlich wird, was sich hinter diesem Angebot verbirgt und welches Gebrauchtwertversprechen hier eingelöst wird. Es fehlt das Wo und Wie des Angebots.

7. Keine Konzeption ohne fachliches Controlling

Generell verhindert eine präzise Beschreibung der angebotenen Produkte/Dienstleistungen, daß mögliche und beabsichtigte pädagogische Wirkungen (Prävention/Identitätsbildung/Handlungsfähigkeit etc.) der Angebote mit den Produkten selbst verwechselt werden[22]. Gleichzeitig wird die Möglichkeit eröffnet, den Jugendlichen als Kunden zu sehen und so von einer subtilen oder offenen Stigmatisierung der Zielgruppe als besonders Bedürftige, als defizitär, randständig, benachteiligt etc. abzusehen.

Eine klar beschriebene Angebots- und Produktpalette der Jugendarbeit ist nun die grundlegende Voraussetzung für regelmäßige Überprüfung der Zielerreichung und Erfolgskontrolle. Nur auf dieser Basis ist überhaupt eine Überprüfung der Zielerreichung möglich.

Im Mittelpunkt jedes Controllings stehen die Produkte und ihre Nutzung[23] .

Wichtig sind insgesamt kontinuierliche und regelmäßige Vergleich von Kennziffern[24]. Controlling meint dabei mehr als der deutsche Begriff der Kontrolle und entspricht in seiner Wortbedeutung eher dem Begriff von Steuerung. Er ist im Gegensatz zur Kontrolle prozeßbegleitend und *zukunftsgerichtet.*

---

21 Gebühren lassen sich dabei in der Jugendarbeit durchaus sozial staffeln. Auch sozialwirtschaftlich macht eine Abschöpfung eines kleinen Teils der Kaufkraft von Jugendlichen Sinn, wird doch sozial in die Jugendarbeit reinvestiert.

22 Diese permanente Vermischung von pädagogischen Aussagen über die beabsichtigten Wirkungen der Angebote der Jugendarbeit mit der pragmatischen Beschreibung des Angebots selbst für die Kunden reproduziert m.M.n. den „social touch“.

23 Als detaillierte Anregung sei verwiesen auf: Produktbeschreibung der Stadt Münster für ein Zentrum für Kinder und Jugendliche. In: Outputorientierte Steuerung der Jugendhilfe, Bericht Nr.9/1994 der KGSt, Köln 1994

24 Dabei sind neben regelmäßigen quantitativen Zählungen und Soll-Ist Vergleichen auch andere Methoden der Erfolgskontrolle wie regelmäßige Kundenbefragung, Leistungsdokumentation und Evaluation von Bedeutung (z.B. bei Projekten). Ausführlich wird hier nicht mehr auf diese unterschiedlichen Möglichkeiten der Erfolgskontrolle eingegangen. Das Instrumentarium ist bekannt, wird aber in der Jugendarbeit selten angewandt bzw. genutzt. Die Jugendarbeit hält es hier so wie mit der allmorgendlichen kalten Dusche. Alle halten sie für notwendig und gesund, nur wenige praktizieren sie.

Zentrale Fragen des Controllings sind :

- Wie viele Angebotsstunden (Pro Woche/im Jahr/durchschnittlich) werden insgesamt und in den einzelnen Produktbereichen erbracht?
- Wie viele Angebotsstunden sind dabei von den hauptamtlichen Pädagogen angeleitet, von Honorarkräften, von ehrenamtlichen, durch Selbstorganisation der Kunden? Stimmt diese Arbeitsteilung und entspricht sie den jeweiligen Zielen?
- Wie viele Besucher nutzen die einzelnen Produktbereiche, und wie viele sind es insgesamt (pro Woche/im Jahr)?
- Nutzen die Zielgruppen, die angesprochen werden sollen, die Produkte (z.B. bestimmte Altersgruppierungen/Mädchen/Nationalitäten).
- Werden die konkreten Ziele, die an die Produktgruppen gebunden sind, erreicht: z.B. Erhöhung des Anteils von Mädchen/Förderung von Selbstorganisation und Eigentätigkeit der Kunden, Förderung von Interessen und Aktivitäten in bestimmen Themenbereichen etc.).
- Wie bewerten die Kunden das Angebot? Ist es auch bei den potentiellen Kunden bekannt, die erreicht werden sollen?
- Wie hoch sind die Kosten pro Angebotsstunde insgesamt und in den verschiedenen Produktbereichen?

8. Profil und Positionierung

Die Bandbreite möglicher Produkte der Jugendarbeit zwingt zu Entscheidungen, welche Produkte und Dienstleistungen mit den jeweils vorhandenen Ressourcen (Räumen – Personal – Sachmitteln) erbracht werden können und welche nicht. In der Sprache des Marketings nennt man den Prozeß des regelmäßigen Vergleichs der bestehenden Angebote der Jugendarbeit mit der Nachfrage Positionierung.

Regelmäßige Positionierung ist die zentrale strategische Aufgabe einer professionellen Jugendarbeit und ihrer Konzeptionen.

Strategisch-organisatorisch bedingt dies einen Perspektivenwechsel für die Institutionen der Jugendarbeit.

- Sie müssen sich in Zukunft primär nachfrage- und kundenorientiert verhalten und sich von außen nach innen organisieren statt von innen nach außen.
- Sie müssen in Produktzyklen denken und ihre Produkte laufend der veränderten Nachfrage anpassen und selbstverständlich den vorhandenen Mitteln.
- Sie müssen auf ihre Wettbewerbsfähigkeit achten und sollten direkte Vergleiche mit anderen Anbietern und vergleichbaren Produkten nicht scheuen.

So wird verhindert, wovor auch die Institutionen der Jugendarbeit nie gefeit sind: institutionelle Selbstbezogenheit und Festhalten an der einmal herausgebildeten Institutionenlogik und der damit verbundenen Produktstruktur. Regelmäßige Positionierung zwingt dazu, über den Tellerrand der Institution hinauszuschauen und zu versuchen, die Angebote der Jugendarbeit aus der Sicht aller – also auch der potentiellen – Kunden zu sehen und zu überprüfen[25].

Dies erfordert regelmäßige Marktbeobachtung und Marktanalyse. Die Instrumentarien sind bekannt: Feldstudien/Regionalanalysen/Stadtteilanalyse geben Aufschluß über die demographische, sozio-ökonomische und sozialkulturelle Situation der Jugendlichen im Einzugsgebiet der jeweiligen Institution der Jugendarbeit. Die regelmäßige genaue Beobachtung jugendlicher Szenen und Kulturen nach dem Prinzip „Ohren und Augen beim Kunden haben" ermöglicht Einblicke in die soziokulturellen Bedürfnislagen, Lebensweisen und die jeweiligen Trends[26].

Marktbeobachtung und Marktanalyse bedeutet dabei auch zu analysieren, welche Freizeitangebote neben der Jugendarbeit bestehen und was die Stärken und Schwächen dieser Angebote sind, welche Lücken es gibt. Erst nach diesem Schritt folgt die Analyse der eigenen Situation. Wo sind die Stärken und Potentiale der jeweiligen Einrichtung, welche Ressourcen gibt es? Worauf soll sich das jeweilige Angebot mit welchen Produkten konzentrieren? Wo ist die jeweilige Marktnische, die besetzt werden kann, wer sind die jeweiligen Zielgruppen und potentiellen Kunden?

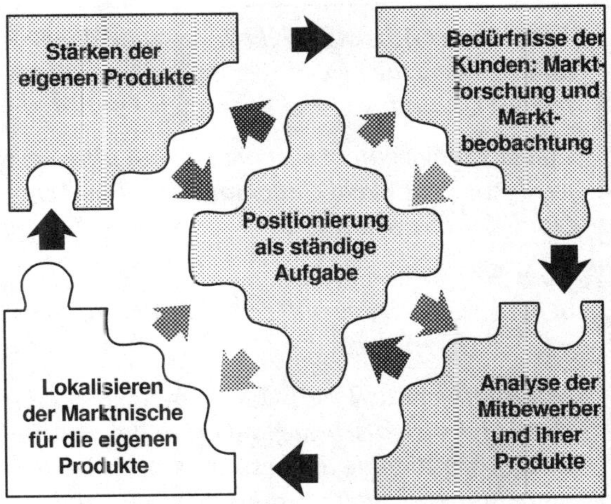

Die Konzentration der vorliegenden Potentiale und Stärken der Jugendarbeit auf bestimmte Angebote und damit verbundene Bedürfnislagen bestimmt das Profil der jeweiligen Einrichtung. Profil heißt wörtlich: stark ausgeprägte persönliche Eigenart/Charakter, aber auch: Seitenansicht, Schnitt in oder senkrecht zu einer Ebene. Profil ermöglicht Identifikation und Unterscheidung für die Kunden. Das Profil der jeweiligen Einrichtungen der Jugendarbeit wird dabei bestimmt durch:

- die jeweilig spezifischen Schwerpunkte in der Angebotsstruktur (Räume/Programme Projekte/Service)
- die entsprechende Aufbau- und Ablauforganistion, die zur Herstellung der Produkte erforderlich ist. Sie umfaßt:
  - Die Klärung von Leitung und Verantwortung.
  - Die verbindliche Strukturierung der Arbeits- und Aufgabenfelder: Wer macht was wie und warum?
  - Die Überprüfung der jeweiligen Entwicklung der Organisationskultur: Entspricht das Handeln den Worten, stimmen die Gebrauchswertversprechungen?
  - Das Controlling.

Allgemein lassen sich folgende Maximen für die Profilbildung in der Jugendarbeit formulieren:

25 Dieser regelmäßige Blick über den Tellerrand ist in vielen Bereichen der Jugendarbeit nicht weit verbreitet. Die Besucher bestehen häufig aus einem Stammpublikum, das von den Mitarbeiter/innen gepflegt wird. Laufende Überprüfung der Angebotsstruktur, der Zielgruppen und des potetiellen Besucherpotentials, Innovationen und damit verbundene Ansprache neuer Zielgruppen werden häufig mit der Begründung abgelehnt, daß man damit das Stammpublikum vertreibe oder bestimmte Angebote für diese nicht geeignet seien. Damit begibt man sich in eine Position, daß die Mitarbeiter-/innen besser wissen als die Kunden, was für diese gut ist. Vgl. dazu die Untersuchung von Weeber u. Partner.

26 Auch die empirischen Ergebnisse der Jugendforschung, z.B. der Shell-Studien und der Freizeitforschung, geben hier wichtige Hinweise.

Weg von der Allzuständigkeit. Auswahl der Produkte treffen, die regelmäßig und mit gleichbleibender Qualität angeboten werden können.

Lieber wenige gute Angebote als von allem ein wenig und mit wechselnder und unzulänglicher Qualität und Kontinuität.

Vom No-Name-Produkt zum Markenprodukt in der jeweiligen Jugendszene. Was drauf steht, muß auch drin sein.

Je markanter das Profil, desto interessierter die Kunden. Es ist falsch zu glauben, daß durch eindeutige Profilierung auf bestimmte Produkte die Einrichtung weniger Attraktivität bekommt.

Markantes Styling und Flair bei den Räumlichkeiten, besonders im Treffpunkt/Cafébereich.

Räume und Service müssen stimmen. Schlechter Service, schlechte Ausstattung sind keine pädagogischen/erzieherischen Werte.

Weg vom Billigimage/Problemimage der angebotenen Produkte.

Keine schlechten Kopien von Produkten, die andere besser anbieten.

Weg vom Image des pädagogisch Absichtsvollen. Zurücknahme der pädagogischen Ambitionen gegenüber den Kunden — besonders auch den potentiellen.

Die Menuekarte der Jugendarbeit: regelmäßige schriftliche Programme/Programmankündigungen, aus denen die angebotenen Produkte hervorgehen.

9. Anforderung an die Seite der Auftraggeber

Die beschriebenen allgemeinen Maximen und Erfordernisse für eine Konzeptionsentwicklung bedingen ein gewisses Maß an Planungssicherheit. Sollen Konzeptionen kontinuierliche Steuerung und Controlling auf der Basis einer Produkt- und Marktorientierung ermöglichen, muß über größere Zeiträume der Input der jeweiligen Institutionen konstant bleiben. Ein jährlich beginnendes Bangen darum, inwieweit die Finanzierung der jeweiligen Einrichtung überhaupt gewährleistet ist, unterläuft alle konzeptionellen Anstrengungen und Neuorientierungen ebenso wie die nach wie vor noch immer sehr verbreitete Unterwerfung vieler Institutionen der Jugendarbeit unter die kameralistischen Haushaltsstrukturen, die verhindern, daß eine effektive, effiziente und sich flexibel den wandelnden Kundenbedürfnissen anpassende Sozial-Wirtschaft auch in der Jugendarbeit möglich ist[27].

Die Instrumentarien für eine produktorientierte Steuerung sind dabei mittlerweile entwickelt: dezentrale Ressourcenverantwortung, Budgetierung und Kontraktmanagement sind hier die zentralen Maximen, die auch für die Institutionen der Jugendarbeit von existentieller Bedeutung sind, aber praktisch bisher kaum greifen.[28]

27 Häufig können in der Jugendarbeit z.B. keine Rücklagen gebildet werden, was zum jährlich berüchtigten „Dezemberfieber" bei den Ausgaben führt. Für eine effektive Bewirtschaftung der Mittel gibt es keine Anreize, da eine Unterschreitung des jährlichen Haushaltzuschusses durch effektives Wirtschaften und durch Steigerung der Einnahmen/Spenden/Sponsorengelder bestraft wird, indem der Zuschuß im nächsten Jahr vermindert wird oder zusätzliche Einnahmen mit der Höhe des Zuschusses verrechnet werden etc. Diese Prinzipien gelten häufig nicht nur für öffentliche Träger, sondern auch für freie Träger und Trägerstrukturen innerhalb der Wohlfahrtverbände und Kirchen! Es ist kein Zufall, daß das bestehende System der Kameralistik als zunehmend uneffektives Steuerungssystem für kommunale Dienstleistungen zunehmend in die Kritik geraten ist.

28 Vgl. dazu KGSt-Bericht 5/1993, Das Neue Steuerungsmodell, Köln 1993

10. Anforderung an die Forschung: mehr Verwendungswissen statt mehr Begründungswissen für die Jugendarbeit

Die Diskussion über Jugendarbeit und ihre jeweiligen Konzeptionen ist – auch historisch – regelmäßig durch das kleine Wort „mehr" geprägt. In keiner anderen (auch pädagogischen) Profession wird mit solcher Konstanz ein Diskurs über „mehr" Fachlichkeit und „mehr" Professionalität geführt. Fast immer konzentriert sich dieser Diskurs jedoch auf die veränderte und zeitgemäß neue Begründung der Jugendarbeit und die Herleitung der entsprechenden theoretischen Begründungszusammenhänge. Der Zuwachs an theoretischen Erkenntnissen und des damit einhergehenden Begründungs- und Legitimationswissens steht aber in keinem Verhältnis zur Praxis. Über große Strecken bleibt die Praxis von den jeweils aktuellen theoretischen Erkenntnissen unberührt. Diese werden – ähnlich wie des Kaisers neue Kleider – häufig dazu benutzt, die einmal herausgebildeten Konzeptionen, Institutionen, Verfahrensweisen und Organisationskulturen (Praxen) der Jugendarbeit beizubehalten und unverändert fortzuschreiben, aber jetzt mit der jeweils neuen Begründung.

Die sich dadurch reproduzierende Trennung zwischen Theorie und Praxis, bestenfalls ihre lose Koppelung, kann nicht oberflächlich mit den Schlagworten „Theoriefeindlichkeit der Jugendarbeiter", im Gegenzug mit „Abstraktheit von Theorie" und institutionell gewendet mit der „Unzulänglichkeit der Ausbildung" erklärt werden.

Beschäftigt man sich mit den aktuellen Erfordernissen von Konzeptionen der Jugendarbeit, so wird klar, daß die Forschung sich in Zukunft mehr auf die Schnittstelle zwischen Input und Output der Jugendarbeit konzentrieren sollte. Die Frage der Übersetzung und des Transfers des jeweiligen Inputs in die Produkte der Jugendarbeit und die Beschreibung möglicher Nutzen für die Kunden ist dabei zentral. In diesem Transferprozeß findet eine Kopplung von Theorie und Praxis statt, die nicht logisch-deduktiv aus theoretischen Aussagen erfolgt. Die Verwendung von theoretischem Wissen erfolgt durch seine Verwandlung in praktische Operationalisierungen. Diese Verknüpfung von Theorie und Praxis nach dem Prinzip „Verwendung als Verwandlung" wird nur unzulänglich erforscht, reflektiert und wissenschaftlich begleitet. Genau an dieser Schnittstelle zwischen Theorie und Praxis fließen deshalb viele unreflektierte Deutungsmuster und handlungsleitende pädagogische „Alltagsideologien" ein. Für die Praxis wäre eine größere Konzentration der Forschung auf diesen Anwendungsbereich hilfreich. So gesehen mangelt es nicht an Begründungswissen, sondern an Verwendungswissen[29].

Auf den Punkt gebracht

Ein Vorschlag zum Schluß: Konzeptionen sind Gebrauchsanleitungen für den Umgang mit den Institutionen der Jugendarbeit. Schreiben Sie deshalb eine verständliche Gebrauchsanweisung, die neuen Kunden und neuen Mitarbeiter den Einstieg in ihre Organisation erleichtern soll.

29 Vgl. dazu: Weder Sozialtechnologie noch Aufklärung. Analysen zur Verwendung sozialwissenschaftlichen Wissens. Hrsg. U.Beck/ W.Bonß, Frankfurt 1989

Ressourcen

Diethelm Damm

In den meisten Lexika wird der Begriff „Ressourcen" mit „Hilfsmitteln, Geldmitteln" erklärt. Eben diese scheinen JugendarbeiterInnen geradezu strukturell zu fehlen. Jedenfalls drängt sich dieser Eindruck auf, wenn man in Fortbildungsveranstaltungen ihre Hauptprobleme thematisiert. Neben konzeptionellen Unsicherheiten, Problemen mit Jugendlichen, KollegInnen und Trägern werden dann in West- wie Ostdeutschland vor allem mangelnde Ressourcen beklagt – insbesondere zu wenig Geld, zu wenige MitarbeiterInnen, unzureichende Räume.

Es ist hier nicht der Ort, die Dimension und Herkunft dieses Mangels zu analysieren. Vielmehr geht es im folgenden darum, einige Kriterien zu erläutern, mit deren Hilfe ein Konzept zur Ressourcenanalyse und -recherche im Bereich der Jugendarbeit entwickelt werden kann. Dabei geht es im wesentlichen um die Beantwortung von fünf Fragen:

I Ressourcen im Kontext welchen Konzepts?
II Welche Ressourcen werden benötigt?
III Welche Ressourcen sind im eigenen Umfeld vorhanden?
IV Welche Ressourcen können wie beschafft werden?
V Wie werden vorhandene Ressourcen zugänglich gemacht?

1. Konzeptionelle Vorüberlegungen

Welche Ressourcen benötigt werden, hängt vom jeweiligen Konzept der Jugendarbeit und den vorgesehenen Vorhaben ab. Erst wenn klare konzeptionelle Grundsatzentscheidungen gefallen und dazu passende Aktivitäten bestimmt sind, wird deutlich, welche Ressourcen benötigt werden. Allerdings hat man oft den Eindruck, daß im Alltag vieler Jugendarbeitsträger umgekehrt verfahren wird. Häufig bestimmen wohl die vorhandenen Ressourcen das Konzept. Dann verkommt Jugendarbeit leicht zur perspektivlosen Mangelverwaltung, die auf Dauer weder MitarbeiterInnen noch Jugendliche motivieren wird.

Insofern scheinen mir einige konzeptionelle Vorüberlegungen wichtig zu sein, wenn es nicht nur um die Durchführung einzelner Veranstaltungen geht, sondern um Überlegungen für eine Infrastruktur längerfristig angelegter Jugendarbeit:

Jugendarbeit ist heute und wird in Zukunft noch stärker der Konkurrenz zahlreicher anderer Freizeit-, Beratungs- und Sinnanbieter ausgesetzt sein. Diesen sich differenzierenden Angeboten stehen sich immer mehr ausdifferenzierende Bedürfnisse und Probleme möglicher Zielgruppen der Jugendarbeit gegenüber. Sowohl verschiedene soziale, Alters-, Geschlechts- und ethnische Gruppen wollen unterschiedlich angesprochen werden als auch verschiedene Szenen und Cliquen der gleichen sozialen, Alters-, Geschlechts- oder ethnischen Gruppe.

Insofern gilt es in der Konzeptionsentwicklung zunächst genau herauszuarbeiten, auf welche Bedarfe welcher Zielgruppe das eigene Angebot zugeschnitten sein und mit welchem möglichst klaren eigenen Profil es präsentiert werden soll. Wie sich Jugendarbeit in einer sich immer stärker differenzierenden Gesellschaft klar positionieren kann, habe ich an anderer Stelle ausführlicher dargelegt (vgl. z.B. für die Verbandsarbeit Damm u.a. 1990, für die offene Jugendarbeit Damm 1991, für die Arbeit in Verbänden, Projekten und Initiativen, Damm/Schröder 1992, Damm 1993). Für das hier behandelte Thema sind vier Konsequenzen festzuhalten:

Jugendarbeit als profilloser Gemischtwarenladen wird langfristig wohl nur noch in unterversorgten Gebieten eine Chance haben. Nötig scheint es mir deshalb für jeden Jugendarbeitsträger und jede/n JugendarbeiterIn als erstes zu sein, klarzumachen, worin das eigene Profil, die eigene Philosophie, die eigene Vision, die eigenen Zielvorstellungen und Werte bestehen. Darauf abgestimmt ist ein in die jeweilige Region und zu den dort vorfindlichen Bedürfnissen und Problemen passendes Sonderleistungskönnen zu entwickeln und nach innen und außen überzeugend zu kommunizieren. Solches Sonderleistungskönnen im Sinne eines Könnens, das ich anderen voraus habe und was mich von anderen deutlich abhebt, kann beispielsweise in besonderen spiel-, erlebnis-, umwelt- oder medienpädagogischen Animations- und Aktionskompetenzen bestehen oder auch in einem speziellen Beratungs- und Unterstützungsangebot. Wichtig ist, daß es im Blick auf die jeweils eigene Vereinsphilosophie, die sonstigen regionalen Angebote und die Bedürfnisse und Probleme der Zielgruppe Sinn macht.

Die eigentliche gesellschaftliche Bedeutung und Notwendigkeit von Jugendarbeit läßt sich allerdings nicht damit begründen, daß sie bestimmte spezialisierte „Sonderangebote“ unterbreitet. Vielmehr machen diese pädagogischen Sinn nur im Rahmen eines Konzeptes, das Jugendliche dazu animiert und befähigt, im Kontext sozialökologischer Zielsetzungen möglichst selbständig entscheidungs- und handlungsfähig zu werden. Insofern bleibt die persönliche Begleitung von Jugendlichen, die „Lebenslaufberatung (im Blick auf biographische Krisen und Entscheidungszwänge) sowie (die) Biographie-Begleitung (unter dem Aspekt einer intergenerativen Beziehung)“ (Schumann 1995, S. 471; vgl. auch Zinnecker 1988), ebenso ein Kernbereich der Jugendarbeit wie die kontinuierliche gemeinsame Reflexion von Bedürfnissen und angemessenen Umsetzungsstrategien in- und außerhalb der Jugendarbeit.

Im Rahmen der oben genannten Bedürfnisaushandlung werden JugendarbeiterInnen stets mit zahlreichen Problemen und Bedarfen konfrontiert, die weder mit den institutionellen Möglichkeiten des Trägers noch den personellen des/der JugendarbeiterIn produktiv weiterverfolgt werden können. Denn niemand kann zugleich z.B. Konzert- und Reiseagentur, Wohnungs- und Lehrstellenvermittlung, Drogen-, Verbraucher- oder Schuldnerberatung ersetzen.

Alle nur denkbaren Funktionen mit übernehmen zu wollen ist auch nicht sinnvoll. Andererseits sind reine Unzuständigkeitserklärungen ebensowenig hilfreich. Deshalb sollte m.E. ein Spezifikum von JugendarbeiterInnen darin bestehen, daß sie im Rahmen ihrer persönlichen Begleitung persönliche (Wert-)Orientierungen vermitteln, im Rahmen ihres Sonderleistungskönnens zu ausgewählten Bedürfnissen profilierte Angebote unterbreiten und in allen anderen Fragen eine Brücken- bzw. Scharnierfunktion wahrnehmen können. Letzteres meint, daß Jugendarbeit die kompetente Stelle sein sollte, die es Jugendlichen ermöglicht, sowohl einen Überblick über das vorhandene Freizeit-, Beratungs- und Unterstützungsangebot zu gewinnen als auch eine eigene begründete Auswahl zu treffen.

M.E. ist es Aufgabe der Jugendarbeit, Jugendliche dabei zu unterstützen, ihre gesellschaftlichen Interessen selbst besser zu vertreten und als Anwalt jugendlicher Interessen aufzutreten. Dazu bieten sich zum einen Aktionen und Projekte mit Jugendlichen an und zum anderen die Einmischung von JugendarbeiterInnen in die Jugendpolitik, wie z.B. die Jugendhilfeplanung.

2. Benötigte Ressourcen

Welche Ressourcen für Jugendarbeit benötigt werden und welche Prioritäten und Kriterien für ihre Beschaffung gelten, muß in Konkretisierung der konzeptionellen Grundsätze bestimmt werden, seien es nun die oben genannten oder andere. Legt beispielsweise ein Jugendarbeitsträger vorrangig Wert auf ein ökologisches Profil und entsprechende umweltpädagogische Aktivitäten, wird damit zugleich die gesamte Richtung der Ressourcenanalyse und -recherche in spezifischer Weise festgelegt.

Für persönliche Begleitung und die Repräsentation des Sonderleistungskönnens der jeweiligen Organisation werden dann MitarbeiterInnen gewonnen und entsprechend aus- und fortgebildet werden müssen, die möglichst authentisches ökologisches Engagement leben, umweltpädagogische Aktivitäten entwickeln und entsprechende Werte vermitteln können. Im Rahmen ihrer persönlichen Begleitung von Jugendlichen werden ökologische Fragestellungen einen besonderen Stellenwert einnehmen. Im Rahmen ihrer Brükkenfunktion zu anderen Personen, Angeboten und Institutionen wird die Frage der ökologischen Verträglichkeit stets bedeutsam sein. Die gesellschaftliche Einmischung und Interessenvertretung wird sich vor allem auf Umweltprobleme beziehen. Nötige Räume, Medien und Materialien werden ebenso ökologischen Prüfkriterien gerecht werden müssen wie die benutzten Verkehrsmittel oder etwa die in Frage kommenden Sponsoren.

Im Sinne der oben genannten vier Konzeptionsschwerpunkte sollten die MitarbeiterInnen jedes Jugendarbeitsträgers gemeinsam mit möglichst vielen weiteren im Jugendbereich engagierten Personen, Initiativen und Institutionen sich regelmäßig über wichtige Jugendbedarfe und Probleme in der Region verständigen. Dies wäre sowohl eine Aufgabe für Ehrenamtlichen- wie Hauptamtlichen-Runden, Jugendringe oder Runde Tische der Jugend. Dabei wären sowohl die Problemwahrnehmung von externen ExpertInnen, wie z.B. Wissenschaftler-, Regional- oder JugendhilfeplanerInnen, von ständig mit Jugendlichen Arbeitenden, wie etwa Jugendarbeiter-, Lehrer-, Jugendrichter- oder LehrlingsausbilderInnen, als auch von Jugendlichen selbst zusammenzutragen. Daraus ließe sich eine Prioritätenliste der in der Region vorhandenen Jugendprobleme und -bedarfe erstellen und eine Übersicht über nötige und vorhandene Ressourcen.

Zumindest zu den wichtigsten Jugendfragen müßten JugendarbeiterInnen Antworten entwickeln – sei es in Form spezieller Angebote im Rahmen ihres Sonderleistungskönnens, als profunde Ratschläge im Rahmen persönlicher Begleitung, durch das Herstellen von entsprechenden Kontakten und das Mobilisieren von Unterstützung im Rahmen ihrer Scharnierfunktion und/oder durch entsprechende Aktivitäten im Rahmen ihrer Interessenvertretungsfunktion.

Sowohl in jedem Jugendarbeitsteam als auch in übergreifenden Runden wären dann folgende Fragen zu beantworten:

Welche Ressourcen werden benötigt:

1. zur Sicherung der Rahmenbedingungen der Initiative/Institution/des Verbundes (z.B. Koordinations- und Kommunikationskosten . . .)
2. für Aktivitäten im Rahmen des Sonderleistungskönnens
3. für persönliche Begleitung
4. für Animation zu Selbstorganisation, Kontrasterfahrungen etc.
5. für Beratung und Unterstützung
6. für Interessenvertretung (je nach konzeptionellen Schwerpunkten)

Dabei ist es hilfreich, die Frage nach den benötigten Ressourcen im Sinne des eigenen Konzepts möglichst präzise zu formulieren; denn nur wenn man weiß, was man sucht, hat man Chancen, etwas zu finden. Die eingangs kurz skizzierten Jugendarbeitsschwerpunkte würden z.B. folgende Ressourcendifferenzierung nahelegen:

Nötige Ressourcen für Jugendarbeit

1. MitarbeiterInnen

- Hauptamtliche
- Honorarkräfte
- freiwillige MitarbeiterInnen

- für kontinuierliche Jugendarbeit, z.B. Gruppenarbeit mit Jugendlichen im Alter von ...
- für zeitlich befristete Jugendarbeitsvorhaben, z.B. Projekt- und Initiativgruppenarbeit
- für Beratungs- und Unterstützungsaufgaben
- für Interessenvertretung

2. Räume

Räume, die geeignet sind, z.B.

- für kontinuierliche Jugendarbeit
- für zeitlich befristete Vorhaben/einzelne Projekte
- zur (werblichen) Darstellung des Trägerprofils und Sonderleistungskönnens
- zur Entwicklung einer eigenständigen, nicht kommerziell oder pädagogisch strukturierten Gleichaltrigenkultur
- für persönliche Begegnung und Beratung sowohl für MitarbeiterInnen wie Jugendliche
- für Ressourcenspeicherung und -vermittlung
- für Animation zu Selbstorganisation, Selbsterfahrung und Selbsttätigkeit
- für kulturelle Produktion und Selbstdarstellung
- als Werkstätten
- für Gegen- und Kontrasterfahrungen (z.B. erlebnispädagogische Grenzerfahrungen, für Erfahrungen mit kontrastierenden politischen, religiösen oder anderen Lebenseinstellungen ...)
- für Interessenvertretung und gesellschaftliche Einmischung ...

3. Ausstattungsmittel

- Einrichtungsgegenstände
- erlebnispädagogische Ausstattung (von Booten über Kletterausrüstung bis zu Zelten)
- Kommunikationsmittel für Rezeption und Produktion (von Büchern über EDV-Hard- und Software bis Tonstudio, Zeitungen und Zeitschriften)
- Materialien und Werkzeuge für Bauen, Basteln und kreatives Gestalten
- Spiel- und Sportgeräte ...

4. Finanzierungsmöglichkeiten

- Öffentliche Mittel (Kommune, Land, Bund, EU)
- Stiftungen
- Spenden
- Sponsoren
- durch Vernetzung und Kooperation
- selbsterwirtschaftete Mittel
- Darlehen und Bürgschaften

5. Erfahrungen

z.B. mit bestimmten Spielen, Projekten, ExpertInnen ...

3. Ressourcenrecherche

Im Jugendarbeitsalltag werden in der Regel Ressourcen erst dann gesucht, wenn sie aktuell benötigt werden. Die Quellen werden nur selten systematisch gesammelt. Meist ist das Wissen darüber an einzelne Personen gebunden. Sind diese nicht da oder scheiden sie aus, gehen auch viele Erfahrungen und Ressourcenzugänge verloren. Da Jugendarbeit von großer Fluktuation geprägt ist und ständig haupt-, neben- oder ehrenamtliche MitarbeiterInnen aufhören bzw. neu beginnen, ist eigentlich ein kontinuierlicher, sehr transparenter Informationsaustausch auch über Ressourcen nötig. Die Regel ist er nicht. Fluktuation trägt so vor allem zum Ressourcenverlust bei, statt daß durch die immer neuen Personen und Erfahrungen immer mehr Ressourcen zusammenkommen.

Ein Grund dafür besteht wohl darin, daß Jugendarbeit stark beziehungsorientiertes und situatives Verhalten nahelegt. Um die Rahmenbedingungen zu sichern, ist jedoch strukturiertes und planerisches Verhalten nötig. Offenbar ist es schwierig, diesen beiden unterschiedlichen Anforderungen gleichzeitig gerecht zu werden. Da es häufig aber auch einfach an Problembewußtsein und praktikablen Modellen zur Strukturierung fehlt, soll dazu hier ein Vorschlag unterbreitet werden.

So richtig und nötig situatives Agieren in der pädagogischen Arbeit ist, so nötig ist ein Mindestmaß an langfristiger Planung und Strukturierung im Rahmen der Ressourcenrecherche und -beschaffung. Insofern gilt als *Grundsatz: Ressourcenrecherche und -bereitstellung ist nicht individuell und situativ zu organisieren. Vielmehr ist sie eine kontinuierlich, systematisch und gemeinsam zu betreibende Aufgabe für alle MitarbeiterInnen einer Jugendarbeitsinitiative bzw. -institution und — wie oben bereits ausgeführt — möglichst auch regionaler und überregionaler Jugendarbeitszusammenschlüsse.*

Hat sich ein Jugendarbeitsteam erstens konzeptionell verständigt (s. 1.) und geklärt, welche Ressourcen es benötigt (s. 2.), sind zur Ressourcenrecherche folgende Fragen zu thematisieren:

1. Es ist zu überlegen, welche Ressourcen nicht selbst recherchiert werden müssen, weil sie mit Sicherheit bereits von anderen aufbereitet wurden und werden. Einen entsprechenden Überblick wird man schnell über Bibliotheken, Fachorganisationen sowie Netze und Zusammenschlüsse der Jugendarbeit gewinnen. Da wird man dann beispielsweise feststellen, daß die Akademie Remscheid eine umfangreiche Projektdatenbank unterhält (dataKULTUR), die Bundesanstalt für Arbeit eine Fortbildungsdatenbank (Kurs Direkt), der Bundesverband Soziokultur umfassende Materialien für soziokulturelle Zentren (Arbeitshilfen Soziokultur), das Bundesumweltamt eine Umweltdatenbank (Oekobase), cash coop eine Infothek Fördermöglichkeiten (cash coop 1995), daß es stets aktualisierte Computerprogramme und Publikationen über bundesweite Tagungshäuser gibt (GrukiD, Kraftzwerk 1994) u.v.a.m. Dieser erste Schritt hilft, sich überflüssige Arbeit zu ersparen und die Richtung der eigenen Recherche zu strukturieren.

2. Im Team ist zu überlegen, wer aus dem persönlichen und Initiativenumfeld sich für Ressourcenrecherche interessieren, über Kenntnisse und Zugänge zu Ressourcen verfügen und bereit sein könnte, diese einzubringen.

3. Fragen zur Ressourcenrecherche wären vorzubereiten, die mit den persönlich gut Bekannten und dem Team bzw. der Initiative verbundenen Personen bei einem gemeinsamen Treffen zu klären wären. Dort sind zum einen die Organisationsziele und geplanten Vorhaben (s. 1) und zum anderen die benötigten Ressourcen (s. 2.) vorzustellen. In Kleingruppen mit jeweils nicht mehr als acht TeilnehmerInnen wäre dann z.B. mit Hilfe der Metaplanmethode zu sammeln, was wem zu welchem Problem ein-

fällt. Um hier zu einer möglichst guten „Ressourcenausbeute" zu kommen, empfiehlt es sich, mit möglichst präzisen Fragen zu beginnen; also nicht: „Welche ExpertInnen für Projektarbeit sind bekannt?", sondern: „Wer kennt wen, der/die einen ca. sechswöchentlichen Fotokurs mit Dreizehn- bis Fünfzehnjährigen durchführen könnte"; „Wer weiß, wo kostenlose oder billige Schwartenbretter für ein Blockhaus beschafft werden können?"; „Wer kennt eine Jugendrichterin, einen Rechtsanwalt, eine Jugendschöffin, einen Staatsanwalt, eine Finanzamtsmitarbeiterin, über die Bußgelder eingeworben werden könnten?" . . .

Danach wären dann verallgemeinernde Fragen zu stellen, die zu Ressourcen führen können, an die man selbst vielleicht gar nicht gedacht hat: „Wer kennt freiwillige MitarbeiterInnen für ähnliche Projekte wie den Fotokurs, z.B. aus dem kreativen, handwerklichen, ökologischen Bereich?"; „Wer kennt günstige Bezugsquellen für andere für Jugendarbeit brauchbare Materialien und Geräte, wie etwa für Bastelarbeiten, kulturelle Aktionen, Sport, Camping?"; „Wer kennt wen, oder wen, der wen kennt, der Einfluß auf die Vergabe von Mitteln hat – Abgeordnete, Unternehmer . . .?" . . .

Dabei ist es wichtig, Ressourcennennungen in diesem Stadium noch nicht zu bewerten. Kommentare wie „Das brauchen wir nicht", „Das paßt nicht zu uns" oder ähnliches können nämlich den Informationsfluß rasch blockieren. Zur weiteren Ideenanregung wären in Anlehnung an die o.g. Fragen schriftliche Listen vorzubereiten, auf denen möglichst alle Ressourcen aufgeführt sein sollten, die gerade gesucht werden. Diese können ständig fortgeschrieben und auch kontinuierlich eigenen Mitteilungsblättern, Zeitschriften, Protokollen etc. beigelegt werden.

4. Nicht so gut bekannte Personen und Institutionen sollten durch einzelne MitarbeiterInnen oder im dritten Schritt ausfindig gemachte Personen individuell befragt werden, wobei das inhaltliche Vorgehen dem unter 3. beschriebenen gleicht.

5. Die bei solchen Abfragen in der Regel zunächst zögerlich, dann aber oft sprudelnd zusammenkommenden Informationen sind in einer systematischen Übersicht zusammenzustellen. Dabei ist wichtig, die Tipgeber zu vermerken, da viele Quellen nur über sie erschlossen werden können. Außerdem ist mit diesen zu vereinbaren, in welcher Weise sie bei der Ressourcenerschließung eingeschaltet werden können und welche weiteren Personen sie zur Kontaktaufnahme empfehlen.

6. Im nächsten Schritt sind die gesammelten Informationen über potentielle Ressourcen genauer zu gewichten, wenn möglich mit den TipgeberInnen, gegebenenfalls auch mit Hilfe von Finanzierungshandbüchern, BeraterInnen oder bei Fortbildungsveranstaltungen. Dabei wäre dann genaueres herauszufinden über die Ressourcenquelle sowie über die Konditionen und Konsequenzen der Ressourcenakquisition (vgl. dazu im einzelnen cash coop Hessen/cashcoop-Initiative Berlin-Brandenburg 1994).

In der Diskussion über die eigene Konzeption, die daraus resultierenden Vorhaben und die dafür wichtigen Hilfsmittel wird ein Strukturierungs- und Aufmerksamkeitsraster für die nötigen Ressourcen entworfen. Bei der gemeinsamen Ressourcenrecherche sollte die Erhebungssystematik und -technik entwickelt werden, mit deren Hilfe ein Überblick über mögliche Quellen und die Voraussetzungen ihrer Erschließung gewonnen werden kann (zu Erhebungsinstrumenten und -erfahrungen im einzelnen vgl. Damm 1995). Liegen diese Grundstrukturen einmal fest, ist ein Verfahren zu vereinbaren, das alle MitarbeiterInnen dazu befähigt und anhält, fortlaufend die vorhandenen Informationen zu ergänzen und sich systematisch einen eigenen Ressourcenpool aufzubauen.

Bei den gesammelten Informationen wird es sich um zwei verschiedene Kategorien handeln – zum einen um Informationen, die vor allem für MitarbeiterInnen interessant sind, zum anderen um solche, die für Jugendliche von Bedeutung sind. Auf diese Unterscheidung gilt es vor allem bei der Informationsspeicherung zu achten.

4. Ressourcenbeschaffung

Bezogen auf die Frage der Ressourcenbeschaffung ist für Konzeptentwicklung vor allem interessant, die folgenden acht Schritte zu thematisieren:

Bei der Ressourcenrecherche werden – wenn es gut geht – viele Informationen ganz unterschiedlicher Art zusammenkommen. Dort werden z.B. Hilfsmittel genannt werden, die lediglich irgendwo abzuholen sind. Aber es werden auch Möglichkeiten etwa der Fördermittelakquisition thematisiert werden, die längerer Planungs- und Umsetzungszeiträume bedürfen. Zudem werden gegebenenfalls Ressourcen offeriert, deren Akzeptanz noch überprüft werden muß. Wird bei der Recherche zunächst einmal jeder Hinweis dankbar aufgegriffen, geht es bei der Frage der Beschaffung im *ersten Schritt* um die Bewertung.

Dabei ist vor allem abzuwägen, ob die entdeckten Ressourcen zur eigenen Vereinsphilosophie passen, ob sie benötigt werden und ob sie ökonomisch und ökologisch verträglich sind; z.B.: Nimmt man eine angebotene Anzeige eines bekannten Umweltverschmutzers oder Schnapsfabrikanten an; ein geschenktes Auto, das miserable Verbrauchs- und Abgaswerte hat; die Förderung eines Projekts, das das Vereinsprofil verändert; das Angebot der Kommune, Sozialhilfeempfänger zu Minimallöhnen zu beschäftigen . . .?

Im *zweiten Schritt* sind die Prioritäten der Ressourcenbeschaffung zu klären: Was ist am dringlichsten? Dabei sind nicht nur die eigenen Bedürfnisse zu bedenken, sondern auch beispielsweise Antragsfristen oder Empfindlichkeiten von Ressourcenanbietern, die in angemessener Frist eine Antwort erhalten sollten.

Im *dritten Schritt* ist die Art der Ressourcenbeschaffung zu klären. So müssen oder können z.B. viele Hilfsmittel nicht selbst gekauft werden. Vielmehr können z.B. Räume, Kopierer, Boote, Zelte etc. von Kooperationspartnern entweder im Austausch gegen eigene Ressourcen, mit stiller Duldung oder gegen Spendenbescheinigung genutzt werden. Bestimmte Ressourcen können gemeinsam mit anderen Vereinen angeschafft und im Verbund genutzt werden. Veranstaltungen oder Publikationen lassen sich oft gut in Kooperation mit ressourcenstarken Institutionen organisieren . . .

Insbesondere umfassende Ressourcenbörsen sind auf viele Kooperationspartner angewiesen. Sie funktionieren in der Regel nur auf Gegenseitigkeit, das heißt, daß möglichst alle Beteiligten etwa gleichviel einbringen und profitieren sollten. Beispiele sind etwa das hessische cash-coop-Netz für Finanzierungswissen, die Frankfurter Ressourcenbörse oder der Zwischenfinanzierungsfonds der AG Projekte im Bund Deutscher PfadfinderInnen (vgl. i.e. Damm 1995).

Im *vierten Schritt* ist zu fragen, wer bereit und in der Lage ist, den jeweiligen Anforderungen an Ressourcenbeschaffung gerecht zu werden. Geht es etwa um die Formulierung eines Antrags für ein Modellprojekt, ist fachliche und Formulierungskompetenz gefragt; geht es um ein schwieriges Gespräch, ist rhetorisches und Verhandlungsgeschick vonnöten; ist eine langfristige Spendenkampagne zu entwickeln, muß jemand für den gesamten Zeitraum mitzuarbeiten bereit sein und etwas von Öffentlichkeitsarbeit und Marketing verstehen; geht es um die Werbung und Betreuung von freiwilligen MitarbeiterInnen, ist die Fähigkeit zu persönlicher Begleitung, Aus- und Fortbildung gefragt . . .

Werden in der Phase der Ressourcenbeschaffungsplanung diese Fragen der Qualifikation und gegebenenfalls nötiger fachlicher Einführung, begleitender Beratung und/oder Fortbildung nicht thematisiert, sind Mißerfolg und Frustration oft bereits vorprogrammiert.

Aus Ergebnissen des vierten Schritts ergibt sich *fünftens* die Festlegung der Verantwortlichkeiten, der Aufgabenverteilung und der Kooperations- und Kommunikationsstruktur für die Ressourcenbeschaffung, die *sechstens* dann in Zeitplänen festgelegt und für die *siebtens* Zeit- und gegebenenfalls finanzielle Budgets sowie *achtens* Erfolgskriterien festgelegt und Controllingabsprachen getroffen werden sollten. Hat die Beschaffung Erfolg, sollte der Dank sowohl an den/die GeberIn wie auch den/die BeschafferIn nicht vergessen werden.

5. Zugänglichmachen von Ressourcen

Um Informationen über Ressourcen adäquat speichern und zugänglich machen zu können, muß als erstes geklärt werden, wer die Ressourcen nutzen soll, welche Bedürfnisse die Nutzer haben und mit welchem Kommunikationsverhalten der Nutzer zu rechnen ist.

Im Bereich der Jugendarbeit werden Ressourcen vor allem von und für zwei Zielgruppen gesammelt: für Jugendliche und für JugendarbeiterInnen.

Mit Ressourcenbörsen für Jugendliche verfügen insbesondere die Jugendinformationsstellen über lange Erfahrungen, zu deren Vernetzung sich 1994 auch ein Bundesverband Jugendinformation gegründet hat. Als Ressourcenbörsen für JugendarbeiterInnen haben viele Institutionen der Jugendarbeit schon seit langem vor allem Handbücher, Teamermappen etc. herausgegeben. Besonders in den letzten Jahren wird verstärkt versucht, mit noch detaillierteren Handbüchern, Loseblattsammlungen, EDV-Datenbanken, Mailboxen, Beratungs- und Informationsstellen zum einen der immer größeren Informationsflut und zum anderen den steigenden Informationsbedürfnissen gerecht zu werden. Insofern wäre also auch zu überlegen, wie die bei anderen Initiativen und Institutionen bereits vielfältig vorhandenen Informationen in eine eigene Ressourcenbörse integriert und zugänglich gemacht werden können (s.3.1).

Ist die Entscheidung über die Zielgruppe der Ressourcenbörse gefallen, ist die nächste Frage die nach deren Informationsbedürfnissen. Ist die Zielgruppe das Team selbst, vgl. die oben gemachten Ausführungen. Besteht die Zielgruppe aus Jugendlichen, empfehlen sich direkte Bedürfniserkundungen an Treffpunkten unterschiedlicher Jugendszenen.

Im dritten Schritt ist dann das Kommunikationsverhalten der potentiellen NutzerInnen zu klären. Dabei wird sich in der Regel herausstellen, daß das Anlegen eines Zettelkastens oder einer EDV-Datenbank sowie das Bereitstellen eines/r AnsprechpartnerIn oder das Einrichten einer Mailbox allein nicht ausreichen, damit die Informationen breit abgerufen werden. Statt Hohlsysteme zu planen, sollte also von Anfang an über Bringsysteme nachgedacht werden, die zudem auch immer neu an sich verändernde Nachfrage und Kommunikationsstile verschiedener Gruppen anzupassen sind.

Da die Strukturierung, Speicherung und das Zugänglichmachen je nach Intention, Zielgruppe und System extrem unterschiedlich sind, dürfte der beste Hinweis dazu der sein, sich im Rahmen der Konzeptentwicklung einige schon existierende dazu anzusehen, ehe mit der Einrichtung einer eigenen begonnen wird (vgl. z.B. zu Jugendinformationsstellen: Tips 'n' Trips 1994; zu cash-coop-Förder- und ExpertInneninfothek, Frankfurter Ressourcenbörse für offene Jugendarbeit, Zwischenfinanzierungsfonds und andere: Damm 1995, zu EDV-Ressourcenbörsen: Elfert 1995).

Literatur und Datenbanken

Bundesanstalt für Arbeit: Kurs – Direkt: Weiterbildungsdatenbank

cash coop Hessen/cash-coop-Initiativgruppe Berlin-Brandenburg: Kursbuch Fundraising, Mittelbeschaffung für selbstorganisierte Initiativen, Berlin 1994

cash coop Hessen: Finanzierung, Vernetzung, Organisation, Orientierungswissen für selbstorganisierte Initiativen, Frankfurt 1995

Damm/Eigenbrodt/Hafeneger: Jugendverbände in der BRD, Neuwied 1990

Damm, D.: Konsequenzen sozialer Wandlungsprozesse für die Perspektiven offener Jugendarbeit, in: deutsche jugend 12/1991

Damm/Schröder: Aktionen und Projekte in der Jugendarbeit, 3. Aufl., München 1992

Damm, D.: Selbstorganisierte Initiativen in der Jugendarbeit, München 1993

Damm, D.: Endbericht der wissenschaftlichen Begleitung zum Modellprojekt Vernetzung von Finanzierungswissen für selbstorganisierte Initiativen in Hessen und Thüringen, Manuskript Wiesbaden 1995

dataKULTUR: Datenbank zur Jugend- und Kulturarbeit (Robin-Hood-Verlag, Küppelstein 36, 42857 Remscheid; Buch und Diskette)

Elfert, R.: Datenbanken als Informationsquellen für Initiativen, Kassel 1995

GrukiD: Datenbank über Tagungs- und Begegnungshäuser

Kraftzwerg: Bundesweites Verzeichnis der freien Tagungshäuser 1994/1995, 5. Aufl., Clausthal-Zellerfeld 1994, (Silbernaal 1, 38678 Clausthal-Zellerfeld)

Oekobase: Umweltdatenbank mit Umwelttips, Adressen, Fachwissen, Rechtsvorschriften und Literaturtips im Ökologiebereich (Clemens Hölter GmbH, Am Kuckesberg 46, 42781 Hanau)

Schumann, M: Sozialräumliche und biographische Perspektiven in der Jugendarbeit, in: neue praxis 6/1994

Tips 'n' Trips: Vernetzung von Jugendinformationen; Inhalte, Systeme, Träger, Kontakte, Stuttgart 1994 (Hohestr. 9, 70174 Stuttgart)

Zinnecker, J.: Zukunft des Aufwachsens, in: Hesse, J.J. u.a.: Zukunftswissen und Bildungsperspektiven, Baden Baden 1988

Produktbeschreibungen – Ein Grundgerüst für die (Selbst-) Evaluation konzeptioneller Arbeit

Hiltrud v. Spiegel

In mehreren Beiträgen dieses Sammelbandes wird variationsreich begründet, wie nötig und hilfreich eine Konzeption ist, und die LeserInnen finden viele Anregungen, eine solche zu erarbeiten. Wie aber kann man überprüfen (evaluieren), *ob* und mit welchem *Erfolg* eine Konzeption mit ihren maßgeblichen Leitlinien auch tatsächlich *umgesetzt* wurde und ob sie nicht nur in einem Ordner abgeheftet und interessierten Außenstehenden (z.B. PraktikantInnen der Fachhochschulen) nur auf Nachfrage vorgezeigt wird, wie Albert Scherr (1994) dieses sehr praxisnah in seinen Anregungen zur Verbesserung der Fachlichkeit in der Offenen Jugendarbeit schreibt? Diese Fragen zielen auf die *Selbstevaluation* der fachlichen Arbeit, die im Mittelpunkt meiner folgenden Ausführungen steht.

Ich will zeigen, daß die Selbstevaluation viele Möglichkeiten der fachlichen Qualifizierung der Jugendarbeit eröffnet. Als relativ neues Verfahren (sie wurde von Maja Heiner in den 80er Jahren „erfunden") findet sie angesichts der Finanznot von Kommunen und Landkreisen ein besonderes Interesse. Die Hoffnung, daß man mit der Selbstevaluation „sparen" kann, muß jedoch enttäuscht werden, denn sie hilft in erster Linie, die fachlichen Anteile der beruflichen Arbeit zu verbessern.

Aus aktuellem Anlaß greife ich dennoch die derzeitige, durch den Finanzdruck ausgelöste „Reformdiskussion“ der Jugendämter auf, speziell die Diskussion um das Modell der „outputorientierten Steuerung“, das von der Kommunalen Gemeinschaftsstelle für Verwaltungsvereinfachung (KGSt) in Zusammenarbeit mit DezernentInnen und AmtsleiterInnen entwickelt wurde. Allerorten tüfteln zur Zeit Fachkräfte in den Jugendämtern an Produktplänen und *Produktbeschreibungen,* zentralen Elementen der outputorientierten Steuerung. Es entwickelt sich ein regelrechter Tauschmarkt für Produktbeschreibungen (Tauschzentrale sind die „KGSt-Mitteilungen"), weil noch Unsicherheit herrscht, wie sie herzustellen sind und was sie letztlich bringen werden.

Die Idee, die den Produktbeschreibungen zugrunde liegt ist, daß sie die Realität der fachlichen Arbeit besser als bisher erfassen und „steuerungsrelevante Informationen“ für Amtsleitungen bereitstellen sollen. Es ist geplant, daß Produktbeschreibungen auch in der Offenen Jugendarbeit obligatorisch werden — als Grundgerüst für Konzeptionen und die Evaluation und damit auch die Legitimation der fachlichen Arbeit. Nach Sichtung einiger der auf diese Weise in die Fachöffentlichkeit gekommenen Produktbeschreibungen für das Arbeitsfeld der Jugendarbeit halte ich fest, daß fast alle bisher veröffentlichten Qualitätskriterien für die Jugendarbeit *quantitativer* Natur sind. Es werden – wie vorher – (Kenn-)Zahlen zusammengestellt (über die Anzahl der BesucherInnen, der Angebote, der MitarbeiterInnen usw.), die Auskunft über die fachliche Qualität der Arbeit geben sollen. Es ist aber schon seit Jahren bekannt, wie wenig aussagekräftig solche Zahlen sind.

Ich habe daher beispielhaft geprüft, ob die Kategorien der Produktbeschreibung, so wie sie im KGSt-Bericht 9/1994 vorgestellt werden, als Grundgerüst für eine *qualitative* Selbstevaluation zu nutzen sind. Ich stelle in diesem Aufsatz meinen Suchprozeß vor und erkläre zunächst, was unter Selbstevaluation zu verstehen ist (1). Danach skizziere ich das Modell der „outputorientierten Steuerung der Jugendhilfe“ (2). Ich zeige dann an den Kategorien der von der KGSt vorgeschlagenen Produktbeschreibung auf, wie man konzeptionelle Richtlinien einer Offenen Jugendarbeit in die Kategorien der Produktbeschreibung einbauen (3) und Grunddaten für eine Selbstevaluation sammeln kann (4). Ein erstes Fazit (5) zu den Chancen und Grenzen dieser „Arbeitshilfe“ für eine Verbesserung der fachlichen Qualität der Offenen Jugendarbeit schließt meine Überlegungen vorläufig ab.

1. Selbstevaluation als Verfahren der fachlichen Qualifizierung der Offenen Jugendarbeit

Evaluation ist sinngemäß mit „Bewertung“ zu übersetzen. Wer evaluiert, trägt Daten zusammen und analysiert sie, um den Wert eines Sachverhaltes zu ermitteln. Die Bewertungen erfolgen u.a. im Hinblick auf Aufwand, Effektivität, Wirksamkeit und Angemessenheit und sollen eine rationale Grundlage für pädagogische und politische Entscheidungs-, Planungs- und Optimierungsprozesse bilden. Im Gegensatz zur Fremdevaluation, die meist von (externen) SozialwissenschaftlerInnen mit Methoden der empirischen Sozialforschung durchgeführt wird, ist die Selbstevaluation ein wesentlicher Bestandteil des methodischen Arbeitens. Die Fachkräfte der Sozialen Arbeit sind „ForscherInnen in eigener Sache“ (Heiner 1988 a). *Selbst*evaluation bedeutet, daß einzelne Fachkräfte oder auch Teams ihre *eigenen* Interventionen in den Blick nehmen.

Ergebnisse von Evaluierungen (Bewertungen, Auswertungen) sind letztlich das Resultat von Vergleichen (Vergleichen des Beginns mit dem Ende einer Intervention, Vergleichen der Einschätzungen der Jugendlichen mit denen der PädagogInnen, Vergleichen unterschiedlicher Handlungsstrategien etc.). Um vergleichen zu können, muß man beobachtet haben. Und zum Beobachten muß man über ein Vorwissen verfügen, das den Blick schärft für Unterschiede und Eigenarten. So stehen Beobachten, Wissen und Vergleichen in einem dialektischen Zusammenhang.

Die Selbstevaluation orientiert sich am „wissenschaftlichen“ Vorgehen: Die Fachkräfte formulieren Untersuchungsfragen und stellen *Hypothesen* auf, also Beschreibungen ihrer Annahmen über Ursache-Wirkungs-Zusammenhänge. Sie suchen nach *Indikatoren,* d.h. sie machen das, was sie als Ursachen und Wirkungen vermuten, beobachtbar ("Woran können wir beobachten, daß . . .?"). Sie bearbeiten und verändern klassische Methoden der empirischen Sozialforschung für ihre Untersuchungszwecke und entwerfen notfalls selbst Verfahren der Datensammlung und -auswertung. Die gesamte Untersuchungsarbeit wird dokumentiert und systematisch, unter Zuhilfenahme von begründeten Kriterien ausgewertet. Auf diese Weise werden ihre Ergebnisse auch für Außenstehende nachvollziehbar und überprüfbar.

All dieses tun die Fachkräfte *selbst* (wahrscheinlich zunächst mit Hilfe einer begleitenden Beratung). Daher können sie auch selbst entscheiden, was sie untersuchen wollen und an wen sie die Ergebnisse weitergeben. Da jedoch ein Evaluationsvorhaben eine erhebliche Arbeitszeit erfordert, ist es sinnvoll, dieses mit den Vorgesetzten abzusprechen und entsprechend abzusichern. Folglich werden Vorgesetzte auch Ergebnisse sehen wollen. Andererseits wird niemand diese Arbeit auf sich nehmen, wenn er/sie nicht etwas verändern will. Darum wäre eine Selbstevaluation, die in der Schublade verschwindet, von vornherein sinnlos.

Im besten Falle können die Fachkräfte mit Hilfe von Evaluationen den häufig unrealistischen und fiskalisch begründeten Erfolgserwartungen von Trägern und Öffentlichkeit begründete, qualitative Erfolgskriterien entgegensetzen. Dieses ist in der Offenen Jugendarbeit besonders wichtig, denn auch die Fachkräfte selbst messen ihren Erfolg nicht selten nur an den TeilnehmerInnenzahlen, auch wenn sie sich gegen eine solche Bewertung ihrer Arbeit durch Außenstehende wehren. Trotz neuer Konzepte der Jugendarbeit, die die Lebenswelt und den Sozialraumbezug in den Vordergrund stellen, sind sie oft noch darauf fixiert, „das Haus voll“ zu bekommen, um sich selbst nicht für „unfähig“ zu halten. Das Wegbleiben von Jugendlichen könnte bei einer sozialraumorientierten Konzeption aber auch positiv zu werten sein – und hohe TeilnehmerInnenzahlen bürgen auch nicht zwangsläufig für eine hohe Qualität der Arbeit. Die Fachkräfte sollten aber unterscheiden können, welchen Zustand sie sich selbst, also ihrer methodischen Arbeit, zuschreiben müssen und wofür sie keine Verantwortung zu übernehmen brauchen.

Die Offene Jugendarbeit ist ein Feld, in dem es sehr schwer ist, Hypothesen über Ursache-Wirkungs-Zusammenhänge zu bilden und deren Angemessenheit mit Hilfe klassischer Methoden der empirischen Sozialforschung nachzuweisen. Man denke nur an den Versuch, Jugendliche im Jugendzentrum verschiedenen Untersuchungs- bzw. Kontrollgruppen zuzuordnen (die Untersuchungsgruppe wird „behandelt“, die Kontrollgruppe nicht; der Unterschied wird gemessen), oder gar daran, deren Lebenswelt so unter Kontrolle zu bringen, daß man bestimmte Verhaltensweisen von Jugendlichen eindeutig als Ergebnis bestimmter Interventionsstrategien ausweisen könnte:

> Ein Beispiel wäre der Versuch, eine beobachtete Veränderung des Jungen Alfons in der Austragung von Konflikten (sehr vereinfacht: „Weniger mit den Fäusten, mehr über Gespräche") auf ein bestimmtes Sanktionsverhalten (hoffentlich nicht Hausverbot, sondern vielleicht Verstärkung positiver Verhaltensweisen) des Mitarbeiters Karl zurückzuführen.

Es gilt also, angemessenere Methoden zu finden und zu erfinden, mit denen man Wirkungen, die die Offene Jugendarbeit unbestreitbar zeigt, erfassen kann. Zuallererst müssen die Fachkräfte Vorstellungen über Wirkungen ihrer Arbeit entwickeln. Es ist sicher unrealistisch zu erwarten, daß allein „Moralpredigten" in Form von Einzelgesprächen mit Alfons im Büro des Jugendzentrums diesen dauerhaft davon abhalten, in bestimmten Situationen sozusagen „präventiv" zuzuschlagen. Vielleicht „wirkt" aber ein „Training" mit Jugendlichen zur Förderung des Sozialverhaltens, wie es z.B. das Ehepaar Petermann (1993) entwickelt hat, langfristig in diese Richtung. Im zweiten Schritt müssen die Fachkräfte Kriterien und Indikatoren für Erfolg in der Offenen Jugendarbeit definieren, die über das Zählen von BesucherInnen hinausgehen. Wenn sie statt dessen die „aggressiven Aktionen" einzelner Jugendlicher definieren und zählen würden, kämen sie einer qualitativen Evaluation schon näher. Im Falle von Alfons wäre es wahrscheinlich sinnvoll, daß sich das Team darauf einigt, was es unter einem angemessenen Sozialverhalten versteht, wie, also mit welchen Interventionen, es darauf hinarbeiten will und an welchen Verhaltensweisen von Alfons es erkennen kann, daß er sich diesem „Zielzustand" angenähert hat (vgl. die Abschnitte 3 und 4 dieses Aufsatzes).

2. Outputorientierte Steuerung – auch in der Offenen Jugendarbeit?

Spätestens seit Anfang der 90er Jahre steht zur Debatte, daß neue Aufgaben im Bereich der Sozialen Arbeit nicht mehr mit Hilfe neuer Ressourcen (Personal und Geld) bewältigt werden können. Seitdem denken kommunale Verwaltungen intensiv über fachliche, betriebswirtschaftliche und administrative Modernisierungsmaßnahmen nach. Die Parole heißt nicht mehr „Ausbau", sondern „Umbau". Dieser Trend entspringt jedoch nicht allein den finanziellen Schwierigkeiten der Kommunen und Landkreise, er findet auch im KJHG seine inhaltliche Begründung. Nach dessen Maximen sollen Jugendämter u.a. die Wandlung von der „Eingriffs- zur Dienstleistungsbehörde" vollziehen. Das bedeutet für alle Fachkräfte der Jugendhilfe, daß sie ihr Verständnis von „Hilfe" in vieler Hinsicht überdenken müssen. Mit Blick auf die Stärkung des Wunsch-, Wahl- und Mitwirkungsrechtes der betroffenen Kinder, Jugendlichen und ihrer Familien und die zentrale Bedeutung der Verfahrensrechte (Hilfeplan, Datenschutz, Jugendhilfeplanung) *müssen* SozialarbeiterInnen nun „kundenorientierter" arbeiten. Die Bedürfnisse der KlientInnen und ihre Nutzenerwartungen sollen jetzt ernster genommen werden als bisher.

Ein großer Teil der Maximen des 8. Jugendberichtes (Regionalisierung bzw. Lebensweltnähe, Alltagsorientierung bzw. leichte Zugänglichkeit, Integration statt ausgrenzende Spezialisierung, Partizipation bzw. Mitbestimmung) gehört schon lange zu den Arbeitsprinzipien, die in der Offenen Jugendarbeit diskutiert werden. Ob und wie sie tatsächlich umgesetzt werden, können Evaluationen zeigen. Fragen nach der Umsetzung von Konzeptionen sind auch Fragen, die im Zusammenhang der Diskussion um neue Steuerungsmodelle interessant werden: „Outputorientierte Steuerung[1] bedeutet, die Planung, Durchführung und Kontrolle des beruflichen Handelns strikt an den beabsichtigten und tatsächlichen Ergebnissen auszurichten" (KGSt 1994, S. 7). Sie soll die „unsichere, weil indirektere Steuerung durch Zuteilung einer bestimmten

1 Dieser Begriff und viele andere neue Begriffe wie „Produkte, Kennziffern" usw. sind vielen Fachkräften sehr suspekt, ist doch kaum zu verhehlen, daß sie aus der Betriebswirtschaft übernommen wurden, also einem gesellschaftlichen Bereich, der bis dato dem Sozialen fast diametral entgegengesetzt wurde. Ich werde an dieser Stelle – vor allem auch aus Platzgründen – weder eine Diskussion darüber beginnen, wie angemessen diese Begriffe für die Soziale Arbeit insgesamt und für die Jugendarbeit im besonderen sind, noch grundsätzlich die Angemessenheit des Ansatzes der Neuen Steuerung beurteilen.

Menge Ressourcen (Inputorientierte Steuerung) ablösen bzw. erweitern" (KGSt 1994, S. 14).

Für die Planung, Durchführung und Kontrolle der fachlichen Arbeit sollen die Leitfragen auf allen Ebenen der Hierarchie (von der Politik über die Verwaltung bis zu den Fachkräften in den verschiedenen Arbeitsfeldern) gleich sein, nämlich:

- Was sind die strategischen Ziele und Aufgaben?
- Wer ist die Zielgruppe?
- Bieten wir die richtigen Leistungen an?
- Stimmt die Quantität der Leistungen?
- Stimmt die Qualität der Leistungen?
- Wie hoch sind die Kosten der Leistungserbringung?
- Werden die Leistungen zuverlässig und wirtschaftlich erbracht?
- Erreichen die Leistungen ihr Ziel?
- Wie kann den Erwartungen der BürgerInnen noch besser entsprochen werden?
- Ist die Leistungserbringung ausreichend flexibel?
- Werden die Fähigkeiten und die Verantwortungsbereitschaft der MitarbeiterInnen ausreichend genutzt und gefördert?" (KGSt 1994, S. 9 f.).

Damit ist outputorientierte Steuerung in der Jugendhilfe weitgehend identisch mit den Zielen und Ansätzen der Jugendhilfeplanung. Im hier zitierten Bericht wird festgestellt, daß bisher kaum eine Einrichtung und auch kaum eine Verwaltung über Aufzeichnungen verfügt, mit Hilfe derer man den obigen Fragenkatalog beantworten könnte. Auch in den Einrichtungen der Offenen Jugendarbeit werden meist wenig oder keine Daten gesammelt. Es gibt Angaben zum Träger der Einrichtung, zur nutzbaren Fläche (Nutzungsmöglichkeiten werden schon seltener angegeben), zur Zahl der MitarbeiterInnen, zu den Öffnungszeiten und zum Haushaltsplan (KGSt 1994, S. 10) – darin erschöpft sich oft das gesamte Berichtswesen in diesem Arbeitsfeld. Mit solchen Daten kann man nur schwer

- Transparenz gegenüber BürgerInnen, Politik und Verwaltungsführung herstellen;
- die Aufgabenerfüllung und Leistungsfähigkeit einschätzen;
- sachgerechte Entscheidungen über den Umfang der notwendigen Ressourcen treffen und auch kaum
- Anhaltspunkte für die Selbsteinschätzung (Selbstevaluation) der MitarbeiterInnen finden (KGSt 1994, S. 11).

Meist sind die *Aufgaben* der MitarbeiterInnen auch nicht nachvollziehbar mit *Zielen* verbunden, und es gibt keinen ausreichenden Gesamtüberblick darüber, in welchem Umfang, in welcher Art, für wen, zu welchen Kosten und mit welchen Wirkungen bzw. mit welchem Ergebnis Jugendhilfe tätig wird. Darum sollen nach dem Vorschlag der KGSt die Produkte der Jugendhilfe (und damit auch der Offenen Jugendarbeit) umfassend beschrieben werden.[2]

Die KGSt hat zu diesem Zweck einen Vorschlag für die Erstellung eines sog. *Produktplanes* erarbeitet, nach dem alle Aufgabenfelder eines Jugendamtes in fachlich begründete Kategorien (Unterscheidung nach Lebenssituationen und dem daraus typischerweise entstehenden Leistungsbedarf) eingeordnet werden können. Der Produktplan ist als Pyramide ausgearbeitet und in Produktbereiche, Produktgruppen und Produkte unterschieden. Die Offene Jugendarbeit ist innerhalb dieser Pyramide ein *Produkt*.[3] Sie heißt hier „Offene Kinder- und Jugendarbeit durch Einrichtungen"

2 Diese sog. Produktbeschreibungen werden gebraucht als gemeinsamer Bezugspunkt für Fachplanung, Leistungs- und Finanzvorgaben, Rechnungswesen, Haushaltplanung, Organisation, Personalmanagement, Berichtswesen, Controlling, Marketing (KGSt-Bericht 9/1994, S. 14).

3 Der Begriff Produkt ist etwas irreführend, denn ein Produkt beschreibt einen Arbeitsbereich oder ein Aufgabenfeld und ist somit nicht mit einem Ergebnis der fachlichen Arbeit gleichzusetzen.

und gehört mit der „Offenen Kinder- und Jugendarbeit außerhalb von Einrichtungen“ und der „Verbandlichen Kinder- und Jugendarbeit“ in die Produktgruppe „Kinder- und Jugendarbeit“. Diese Produktgruppe ist neben der Jugendsozialarbeit und der Familienförderung dem Produktbereich „Allgemeine Förderung von jungen Menschen und ihren Familien zugeordnet“ (KGSt 1994, S. 21 ff.).

Produktbereich
Allgemeine Förderung von jungen Menschen und ihren Familien

Produktgruppe
Kinder- und Jugendarbeit

Produkt
Offene Kinder- und Jugendarbeit durch Einrichtungen

Dahinter steht die Idee, daß eine einheitliche Gliederung der Produktpläne die Jugendämter auch zu einer einheitlichen und aufgabengerechten Beschreibung ihrer Leistungen veranlassen könnte. Dieses wäre die Grundlage dafür, die Leistungen *interkommunal* vergleichen zu können und damit auch zu Standards für die Angemessenheit von Leistungen zu kommen.[4] Parallel dazu soll es auch möglich werden, die Leistungen der *freien* Träger der Jugendhilfe mit denen der *öffentlichen* Träger zu vergleichen. Daher sollen die freien Träger möglichst frühzeitig in den Prozeß der Erarbeitung von Produktbeschreibungen einbezogen werden (KGSt 1994, S. 28).

Die Einordnung der Aufgaben der Jugendhilfe in einen Produktplan ist überwiegend eine Frage der Systematik, die im Zusammenhang mit der Gesamtorganisation der Aufgaben eines Jugendamtes steht. Die inhaltliche Arbeit beginnt mit der Erstellung von Produktbeschreibungen. Sie sollen möglichst von allen MitarbeiterInnen einer Abteilung oder einer Einrichtung (etwa eines Jugendzentrums) zusammengestellt werden und sie sollen eine Informationsfunktion für die Amtsleitung erfüllen. Die Amtsleitung soll mit Hilfe der Produktbeschreibungen einen Überblick über alle Leistungen *aller* Träger, die zur Erfüllung der Aufgaben der Jugendhilfe jeweils innerhalb eines Jahres erbracht werden, erhalten. Um diesen Überblick zu gewährleisten, müssen die Informationen knapp, übersichtlich und informativ sein. Die KGSt schlägt vor, die Produkte nach einheitlichen Merkmalen zu beschreiben, und stellt zu diesem Zweck eine Checkliste vor (KGSt 1994, S. 13). Der Platz zum Ausfüllen der jeweiligen „Kästchen“ ist sehr begrenzt, denn wenn man die Daten auswerten und/oder mit anderen vergleichen will, müssen die wesentlichen Informationen sehr kurz gehalten werden. Produktbeschreibungen können daher eine konzeptionelle Arbeit nicht ersetzen. Es ist eher so, daß die Fachkräfte wie bisher eine umfassende und detaillierte Konzeption erarbeiten sollten, in der sie die Auswahl ihrer Zielgruppen, ihrer Ziele und ihrer Handlungsschritte auch rechtfertigen und begründen (Geißler, Hege 1991). Mit Hilfe der Produktbeschreibung komprimieren sie dann die wesentlichen Informationen für Steuerungs- und Evaluationszwecke.

Nach den Vorstellungen der KGSt sollen die Produktinformationen zusätzlich zu ihrer Informationsfunktion für Steuerungszwecke auch ein Grundgerüst für die fallbezogene und fallübergreifende *Selbstreflexion* (Selbste-

4 Es zeigt sich allerdings schon nach kurzer Zeit, daß mit der von der KGSt vorgeschlagenen Gliederung des Produktplanes die Verwaltungsrealität der vielen unterschiedlich organisierten Jugendämter nicht zu fassen ist. Die meisten Kommunen bzw. Landkreise verändern die vorgeschlagene Ordnung der Produktpläne, um ihre Aufgabenverteilung besser abbilden zu können, vgl. dazu die KGSt-Veröffentlichung: „Jugendämter im Veränderungsprozeß; Informationen aus den Städten Castrop-Rauxel, Hemer, Herten, Münster“, Mai 1994. – Eine Umorganisation der Abteilungen gemäß dem Vorschlag wäre zwar auch denkbar, ist aber sehr unrealistisch.

valuation) der Fachkräfte bilden. Ich werde – wie angekündigt – nun Überlegungen dazu anstellen, ob bzw. wie die Produktbeschreibungen diese Funktion auch tatsächlich erfüllen können. Ich finde es wichtig, daß es für das methodische Arbeiten und die Steuerung nur *eine* Systematik und *eine* Form der Dokumentation gibt: Die Ausarbeitung der Produktbeschreibungen (auch mit Blick auf die geforderten Kennzahlen) ist für Fachkräfte eine ungewohnte und daher sehr anstrengende Tätigkeit, daher ist kaum anzunehmen, daß sie etwa für Zwecke der Evaluation einen *zusätzlichen* Dokumentations- und Auswertungsaufwand auf sich nehmen.

Ich arbeite im folgenden mit dem Grundgerüst der Produktbeschreibung und greife diejenigen der KGSt-Kategorien auf, mit Hilfe derer man m.E. Grundinformationen für eine Selbstevaluation zusammenstellen kann. Es sind: a) Kurzbeschreibung, b) Auftragsgrundlage, c) Zielgruppe, d) Ziele, e) Leistungsumfang, f) Daten zu Quantität, Qualität und Zielerreichung, g) Hinweise für ein praktikables Berichtswesen. Die Kategorien a) bis e) sind etwa mit den Schritten einer Konzeptionsentwicklung vergleichbar, die Kategorien f) und g) für die Evaluation wichtig.[5] Die Erschließungsfragen sollen der besseren Verständlichkeit der Aufgaben dienen. Einige Hinweise zur Nutzung der zusammengestellten Informationen für Evaluationszwecke schließe ich jeweils an.

5 Die Kategorien „Finanzen/Budget“ und „Zuordnung zur Haushaltssystematik“ sind ebenfalls wichtig für eine Evaluation; es gibt zur Zeit aber noch wenig anschauliche Beispiele für eine Verrechnung der Leistungen als Grundlage für eine monetäre Kosten-Nutzen-Analyse.

3. Produktbeschreibungen als Grundgerüst für eine Konzeption

Für die folgenden Überlegungen nehme ich an, daß eine ausgearbeitete Konzeption (hier: der Offenen Jugendarbeit in einem Jugendzentrum) existiert. Daher beschränke ich mich auf Beispiele.

a) Kurzbeschreibung

Unter dieser Überschrift sollen möglichst kurz, aber doch allgemein verständlich und anschaulich wesentliche Merkmale des Produktes dargestellt werden. Der Vorschlag der KGSt-Vorlage für die Beschreibung des Produktes Offene Jugendarbeit (im Jugendzentrum) lautet: „Vielfältige Leistungsangebote innerhalb und außerhalb der Einrichtung, die an die verschiedenen Interessen und Lebenslagen (Alter, Geschlecht, Nationalität, Bildung etc.) von jungen Menschen im Einzugsbereich anknüpfen und deren Entwicklung fördern“ (KGSt 1994, S. 44). Diese Formulierung hält zwar alle konzeptionellen Optionen offen, ist aber sehr abstrakt, so daß die geforderte Allgemeinverständlichkeit und Anschaulichkeit der Beschreibung darunter leidet. M.E. ist die Kurzbeschreibung eine Art der *Selbstdarstellung,* daher sollten die Fachkräfte in dieser Kategorie auch das Profil der Einrichtung und ihre Organisationsphilosophie skizzieren, damit die „Kunden“, also Kinder, Jugendliche und ihre Eltern, einschätzen können, was sie dort erwarten können.

Erschließungsfragen:

Wie können wir unsere Arbeit im Jugendzentrum kurz und knapp charakterisieren?

Wie lautet unsere Organisationsphilosophie? (formuliert in einem Signalsatz)

Was macht unsere Arbeit unverwechselbar? (Einrichtungsprofil)

Wie würden wir unsere Arbeit eine/r BesucherIn oder einer Mutter/einem Vater darstellen?

Die Kurzbeschreibung mit den Schwerpunkten Organisationsphilosophie und Einrichtungsprofil (Heiner 1982; Gerull 1994) kann auch zum Ausgangspunkt einer Selbstevaluation gemacht werden:

Evaluationsfragen:

Decken sich Organisationsphilosophie und Einrichtungsprofil mit unserem persönlichen Arbeitsverständnis?

Stehen die tatsächlichen Angebote mit beidem in einer angemessenen Beziehung?

b) Auftragsgrundlage

Diese Kategorie klärt die gesetzlichen und verfahrensrechtlichen Grundlagen. Hier sollten also über die entsprechenden §§ des KJHG (also § 11 z.T.i.V.m. §§ 13 und 14 KJHG) hinaus auch die maßgebenden Beschlüsse aufgeführt werden.

Ein Beispiel wären Beschlüsse eines Jugendhilfeausschusses, a) der Mädchenförderung quer durch alle Einrichtungen einen besonderen Stellenwert einzuräumen, b) flexible Stadtteiltreffs einzurichten oder c) Cliquenarbeit auch außerhalb der Einrichtungen anzustreben.

Angesichts der Finanzmisere der Kommunen und Landkreise ist auch der Grad der gesetzlichen Verpflichtung zur Offenen Jugendarbeit wichtig, der in den Ausführungsgesetzen der Bundesländer konkretisiert ist (sofern die Länder schon solche Gesetze erlassen haben). Besondere Förderrichtlinien der Städte und Landkreise für die Finanzierung von freien Trägern oder besondere Maßnahmen sind im Zuge der sog. Kommunalisierung der Jugendarbeit ebenfalls von Bedeutung.

Erschließungsfrage:

Auf welche gesetzlichen, verwaltungsrechtlichen und finanziellen Vorgaben beziehen wir uns?

Die Klärung solcher und anderer Rahmenbedingungen[6] ist gerade in Zeiten finanzieller Engpässe unabdingbar. In rechtlicher Hinsicht ist Offene Jugendarbeit kein freiwilliges Angebot der Jugendhilfe, auf das man genausogut verzichten kann (Preis 1994). Die Hinweise auf das Verwaltungsprocedere und die Förderrichtlinien erinnern daran, daß die MitarbeiterInnen ihre inhaltlichen Schwerpunkte im Zusammenhang mit der Jugendhilfeplanung ausrichten und über den Verwaltungsweg in den politischen Gremien absichern sollten.[7]

c) Zielgruppen

In der Praxis der Offenen Jugendarbeit hat sich tausendfach gezeigt, daß eine Einrichtung nicht den Bezugspunkt für „alle“ Jugendlichen eines Sozialraumes abgeben kann. Bestimmte Gruppen oder Cliquen „besetzen“ ein Haus oder einen Treffpunkt, was wiederum andere veranlaßt, dasselbe zu meiden (vgl. dazu die Ausführungen von Ortmann in diesem Buch). Jede Einrichtung erreicht also nur eine eingeschränkte Zahl von Menschen und Zielgruppen. Welche das sind, das hängt nicht nur von den „Kämpfen um Raum“ ab, sondern auch von den Angeboten und der Art und Weise, in der die Fachkräfte den (potentiellen) NutzerInnen begegnen. Konzeptionelle Arbeit und Produktbeschreibung bieten einen Anlaß für die Analyse der BesucherInnen, die das Jugendzentrum tatsächlich nutzen. Man kann sie unterscheiden nach:

– sozialen Merkmalen, etwa nach Alter, Geschlecht, Nationalität, Schicht, Zugehörigkeit zu bestimmten Cliquen,

6 Vgl. dazu die Arbeitshilfe zur „Analyse der Arbeitsaufträge“, die dazu anleitet, die Rahmenbedingungen einer Einrichtung systematisch zu überprüfen (v. Spiegel 1994, 222 ff.).

7 Auch Fachkräfte der Offenen Kinder- und Jugendarbeit sollten sich in Prozesse der Jugendhilfeplanung einmischen. Vgl. ausführlich dazu v. Spiegel 1995.

– problematischen Verhaltensweisen, wie Kriminalität, Drogenabhängigkeit, Gewaltpräferenzen oder rechtsradikalen Tendenzen, oder nach
– unterschiedlichen Bedürfnissen, etwa bezüglich Beratung, kulturellen Angeboten, Treffmöglichkeiten oder Versorgung mit Mittagessen und Schularbeitenhilfe.

Bevor nun die Kategorie „Zielgruppen" ausgefüllt wird, sollten sich die Fachkräfte darüber klar werden, ob die Jugendlichen, die ihre Einrichtung besuchen, auch diejenigen sind, mit denen sie arbeiten *wollen* oder aufgrund besonderer Arbeitsaufträge *sollen.*

Es kann z.B. sein, daß die MitarbeiterInnen (traditionell oder auch aufgrund ihrer persönlichen Vorlieben) gerne ein anspruchsvolles Kulturangebot für Jugendliche etablieren möchten, das über den Stadtteil hinaus bekannt ist, während das Jugendzentrum de facto immer mehr zum alleinigen Treffpunkt für türkische Jungen geworden ist, die am liebsten kickern und Billard spielen und *ihre* kulturspezifischen Formen der Geselligkeit pflegen möchten. Es kann auch sein, daß im Zusammenhang der Jugendhilfeplanung festgestellt wurde, daß in gerade diesem Stadtteil die Jugendarbeitslosigkeit besonders hoch ist (und daher verstärkt Angebote der Jugendsozialarbeit bzw. der Jugendberatung gebraucht würden). Daraus kann sich das Dilemma ergeben, daß die Zielsetzungen der Fachkräfte weder mit den Bedürfnissen der tatsächlichen BesucherInnen noch mit den Vorgaben der Jugendhilfeplanung ohne weiteres in Einklang zu bringen sind. In solchen Fällen sind dann zunächst einmal Aushandlungsprozesse mit allen Beteiligten angesagt

Erschließungsfragen:

Nach welchen Merkmalen können wir die Jugendlichen, die derzeit das Jugendzentrum besuchen, unterscheiden?

Mit welchen Zielgruppen *sollen* wir arbeiten? Mit welchen *wollen* wir arbeiten?

Eingetragen werden die konzeptionell *gewünschten* Zielgruppen. Es versteht sich von selbst, daß dabei nicht ein bunter Strauß von Zielgruppen herauskommen kann. Die Fachkräfte müssen u.a. prüfen, welche der gewünschten Gruppen überhaupt ansprechbar sind und ob sie zusammen „passen" und sich nicht etwa gegenseitig den Platz in der Einrichtung streitig machen, ob die MitarbeiterInnen aufgrund ihrer Qualifikation in der Lage sind, auf die Bedürfnisse der Gruppen einzugehen, und ob das Team für die gewünschte Zielgruppe auch politische Unterstützung durch das Jugendamt und den Jugendhilfeausschuß hat.

Als Evaluation im Zusammenhang mit den Zielgruppen der Einrichtung bietet sich eine *Nutzungsanalyse* an.

Evaluationsfragen:

Wovon ist abhängig, welche Jugendlichen die Einrichtung nutzen (Angebote, persönliche Beziehungen, Zugänglichkeit des Hauses, Cliquenzugehörigkeit u.a.)?

(Warum) erreichen wir die Zielgruppen, die wir erreichen wollen bzw. sollen (nicht)?

d) Ziele

In der Offene Jugendarbeit gibt es – wie überall in der Sozialen Arbeit – verschiedene Zielkategorien,[8] etwa:

– *Ergebnisorientierte Ziele* werden meist für die Arbeit mit einzelnen Jugendlichen oder mit Gruppen/Cliquen formuliert:
Ein einzelnes Mädchen will lernen, sich besser gegenüber der Anmache von Jungen zu behaupten; eine bestimmte Clique soll

8 Dieser Einteilung in die Kategorien „Ergebnis, Prozeß, Struktur, Konzept" entsprechen die Evaluationsperspektiven der „Kontrolle, Aufklärung, Qualifizierung und Innovation", vgl. dazu ausführlich v. Spiegel 1993, S. 177 – 211.

davon abgebracht werden, sich an Wochenenden regelmäßig mit Designerdrogen zu berauschen.

– *Prozeßbezogene Ziele* beziehen sich oft auf die Beziehung der Fachkräfte zu einzelnen Jugendlichen oder Gruppen/Cliquen:
  Eine Berufspraktikantin will von den Jugendlichen als Autorität – und später auch als Bezugsperson mit Vorbildfunktion akzeptiert werden; ein Pädagoge will das Vertrauen einer Jungenclique, die sich sehr zu einem stadtbekannten rechtsradikalen Treffpunkt und dessen Veranstaltungen hingezogen fühlt, gewinnen.

– *Strukturbezogene Ziele* betreffen das Arrangement von Rahmenbedingungen:
  Das Jugendzentrum soll einen Rahmen bieten, in dem benachteiligte Kinder und Jugendliche gefördert werden (z.B. durch ein Angebot der Übermittagsbetreuung mit Mittagessen und Schularbeitenhilfe); der sog. Offene Bereich im Jugendzentrum soll so gestaltet sein, daß er ein kommunikationsfördernder Treffpunkt ist, innerhalb dessen sich ein möglichst selbstorganisiertes Gruppenleben entfalten kann.

– *Konzeptionelle Ziele* orientieren sich etwa an den oben zitierten Strukturmaximen und/oder an speziellen Konzepten zur Arbeit mit bestimmten Zielgruppen:
  Die Offene Jugendarbeit soll die Lebenswelt der Jugendlichen zum Ausgangspunkt nehmen und zu einem gelingenden Alltag beitragen. Das Konzept einer „akzeptierenden Jugendarbeit" soll in der Arbeit mit der Clique gewaltnaher/gewaltbereiter Jungen umgesetzt werden.

Die Fachkräfte sollten die Ziele von vornherein so formulieren, daß sie sie in konkrete Handlungsschritte umsetzen können[9]. Sie erleichtern sich diese schwierige Arbeit, wenn sie die Ziele für ihre Zielgruppen getrennt konkretisieren und dabei auch schon die Lebenswelt der spezifischen Jugendlichen und ihre eigene Arbeitssituation im Jugendzentrum im Blick haben. Also: Was „brauchen" oder wünschen die jungen Menschen selbst? Was ist aus der Sicht des Teams nötig? Wie ist das mit der Organisationsphilosophie und den konzeptionellen Zielen zu vereinbaren? Und auch: Was können und wollen wir leisten? Außerdem sollten die Fachkräfte nur solche Ziele formulieren, die sie auch selbst umsetzen können; die Ziele sollten also „selbst-initiierbar" sein (Meinhold 1994).

Erschließungsfragen:

Für welche Zielgruppen streben wir welche Ziele an?

Sind die von uns genannten Ziele selbst initiierbar?

Wenn die Fachkräfte evaluieren wollen, in welchem Umfang sie ihren Zielen näher gekommen sind (wenn sie also den Grad der Zielerreichung messen wollen), bieten sich u.a. folgende Fragen an:

Evaluationsfragen:

Waren unsere Ziele für die jeweiligen Zielgruppen und auch in fachlicher Hinsicht angemessen?

Wie weit haben wir uns den Zielen angenähert (Müssen die Ziele realitätsnäher formuliert werden)?

Ist die Formulierung neuer (wichtigerer) Ziele nötig?

Wie schätzen wir das Verhältnis von Aufwand und Erfolg bzgl. der Zielerreichung ein?

9 Vgl. dazu die Vorschläge zur Umsetzung von Zielen und/oder Arbeitsprinzipien in Handlungsanweisungen und Handlungsregeln in v. Spiegel 1995.

Exkurs: Handlungsschritte zur Umsetzung der Ziele

Die Produktbeschreibung erfordert zunächst nicht, daß man die Ziele operationalisiert, also in Handlungsschritte umsetzt. Diese Arbeit ist aber für die Bearbeitung aller folgenden Kategorien der Produktbeschreibung eminent wichtig, denn nur auf diese Weise kommt ein Team zu Anhaltspunkten für Daten über die Qualität seiner Arbeit, die es den quantitativen Kennziffern zur Seite stellen kann. Eine Operationalisierung gibt darüber hinaus wesentliche Hinweise für das methodische Arbeiten und die hier im Mittelpunkt stehende Evaluation. Ich füge daher einen Exkurs mit Empfehlungen zur Operationalisierung von Zielen ein. Ein Team sollte sich viel Zeit für diese Arbeit nehmen; sie ist sozusagen das Kernstück der konzeptionellen Arbeit.

Wenn die Fachkräfte in einem ersten Arbeitsgang zunächst einmal aufschreiben, welche *Tätigkeiten* sie zur Zeit im Zusammenhang mit ihren verschiedenen Zielgruppen ausüben, werden sie feststellen, daß diese Tätigkeiten nicht systematisch mit den in der vorigen Spalte stehenden Zielen zusammenhängen. Das hängt u.a. damit zusammen, daß Aufgaben und Tätigkeiten eher durch Routinen, Schwerpunkte und Vorlieben der MitarbeiterInnen, aktuelle Stimmungen oder Konfliktsituationen und natürlich auch Aktivitäten der BesucherInnen definiert und nur ganz selten von explizit formulierten Zielen abgeleitet werden. Mit der Aufzählung der derzeit ausgeübten Tätigkeiten kommen die KollegInnen also noch nicht zur Operationalisierung der Ziele. In einem zweiten Arbeitsgang sollte das Team daher aufschreiben, welche konkreten Handlungsschritte zur Umsetzung der oben formulierten Ziele (getrennt für jede Zielgruppe) nötig sind. Aus dem Vergleich beider Listen können die Fachkräfte dann einen Arbeits- und Zeitplan aufstellen, mit Hilfe dessen sie sich ihren formulierten Zielen schrittweise annähern wollen.

Erschließungsfragen:

Was verstehen wir unter dem Ziel XY für die Zielgruppe Z (Beschreibung des Zielzustandes bezogen auf die Zielgruppe)?

Welche Handlungsschritte sind nötig, um die nach Zielgruppen differenzierten Ziele zu realisieren?

Wie sähe unser Arbeitsalltag aus, wenn wir dieses Ziel umgesetzt hätten (Beschreibung des Zielzustandes bezogen auf die Arbeitsweisen des Teams)?

Wie und welche unserer Tätigkeiten (Handlungsschritte) müssen wir verändern, um im Sinne unserer Ziele besser zu arbeiten?

Schritte zur Operationalisierung des Zieles „Zunehmend selbstorganisiertes Gruppenleben fördern“. Ein Beispiel:[10]

1. Schritt: Was ist nach unserem Verständnis ein selbstorganisiertes Gruppenleben? Wie würden sich die Jugendlichen verhalten, und wie sähe unser Arbeitsalltag aus, wenn wir dieses Ziel umgesetzt hätten?

- Das Haus wird als Treffpunkt von einer bzw. mehreren Cliquen akzeptiert.
- Die Cliquen realisieren ihre jeweils besonderen Freizeitbedürfnisse und werden dabei von den Fachkräften unterstützt.
- Alle Cliquen sind an der Ausarbeitung von Regeln beteiligt, die u.a. das Ausleben der Bedürfnisse einer Clique auf Kosten einer anderen einschränken würde (pflegliche

10 Dieses Beispiel bleibt angesichts der mangelnden Situationsgebundenheit immer noch sehr abstrakt; daher unterbleibt hier auch die beispielhafte Beschreibung des dritten Schrittes (Wie und welche unserer Tätigkeiten/Handlungsschritte müssen wir verändern, um besser im Sinne unserer Ziele zu arbeiten?), der zu konkreten Umorganisationen auffordert.

Behandlung von Räumen, Umgang mit Material, Konfliktmanagement der Gruppen untereinander).

- Alle Gruppen sind an der Ausarbeitung von Sanktionen beteiligt, die bei Nichteinhaltung der Regeln eingeleitet werden.
- Die Cliquen achten selbst darauf, daß die Regeln eingehalten werden.
- Die Cliquen holen sich Anregungen, Rat und Hilfe vom Team, wenn sie das möchten.
- Das Team findet es legitim, daß diese Jugendlichen hier in erster Linie ihre Bedürfnissen ausleben, ohne daß sie gleich ein Lernprogramm (Angebote) übergestülpt bekommen.
- Die Fachkräfte verstehen die Selbstorganisation als Lernprozeß und helfen den Jugendlichen, sich schrittweise diesem Ziel anzunähern.

2. Schritt: Welche Handlungsschritte müssen wir machen, um dieses Ziel umzusetzen?

- Bedürfnisse der Jugendlichen akzeptieren, auch wenn sie nicht mit den eigenen pädagogischen Vorstellungen über eine sinnvolle Freizeitgestaltung übereinstimmen (Veränderung im Bewußtsein der Teammitglieder);
- Grenzen der Akzeptanz der Teammitglieder bzgl. der Bedürfnisse Jugendlicher offenlegen und einen Einigungsprozeß im Team und mit den Jugendlichen über diese Grenzen herbeiführen (Verhandeln untereinander und mit den Jugendlichen);
- gemeinsames Selbstverständnis als LernhelferInnen bei der Umsetzung der Selbstorganisation erarbeiten (Einigung auf gemeinsame Arbeitsprinzipien im Team);
- Lernschritte für die Annäherung an das Ziel der Selbstorganisation definieren (Handlungsplanung im Team mit Zeitplan und Festlegung der Verantwortlichkeiten erstellen);
- Räume und Material zur Verfügung stellen, evtl. Selbstbeteiligung der Jugendlichen aushandeln (Rahmenbedingungen arrangieren);.
- Versammlungsmodus (Ritual) finden und etablieren, der den Fähigkeiten der Jugendlichen entspricht, (Kommunikationsregeln der Zielgruppen studieren und ein geeignetes Kommunikationsmodell entwickeln);
- Handlungsregeln für Schlüsselsituationen erarbeiten: Wie verhalten wir uns (mit dem Ziel der Förderung der Selbstorganisation vor Augen), wenn Konflikte zwischen Cliquen, innerhalb von Cliquen aufbrechen? Wenn Räume „verwüstet“ werden? Wenn Cliquen uns die Verantwortung für das Einhalten von Regeln zuschieben?

Alle bisherigen Arbeiten können als konzeptionelle Arbeit gewertet werden. Für die Aus- und Bewertung sind die folgenden Angaben wichtig:

4. Produktbeschreibungen als Grundgerüst für eine Selbstevaluation

e) Leistungsumfang (Quantitative Evaluationskriterien für die Offene Jugendarbeit)

Diese Kategorie dient der Planung der beruflichen Arbeit im Jugendzentrum. Die Fachkräfte sollen ihre operationalisierten Ziele (also die Handlungsschritte) in zeitliche Abfolgen umsetzen und den Umfang oder Aufwand, der für die Umsetzung nötig ist, einschätzen. Am Ende dieses Arbeitsganges sollen *Zahlen* stehen:

Nach dem Vorschlag der KGSt (9/1994, S. 31) sollen für jedes Produkt die „Einheiten“ bestimmt werden, in denen die Ausbringung bzw. Menge des Produktes beschrieben wird. Auf diese Weise sollen die Leistungen für einen ersten Überblick quantifiziert werden. Solche quantitativen Angaben braucht man für die Berechnungen zum Bereich Finanzen und Budget (die ich in diesem Aufsatz nicht bearbeite) und zur Bewertung der Jahresdaten. Wenn man diese Zahlen mit den entsprechenden Zahlen der Vorjahre in Beziehung setzt, kann man Soll-Ist-Vergleiche vornehmen und Trends herausarbeiten. Daher enthält die Kategorie „Leistungsumfang" zusätzlich drei Jahresspalten (etwa: Ist 1994, Ist 1995, Soll 1996). Zusätzlich wird im KGSt-Bericht darauf hingewiesen, daß man, wenn man über Jahre hinweg Trends messen will, die Indikatoren oder Kriterien der Messung nicht beliebig ändern darf. Ein Team sollte also nicht jedes Jahr andere Angaben sammeln, um den Umfang seiner Leistungen zu beschreiben.

Im Bereich der Offenen Jugendarbeit eignen sich für Quantifizierungen am ehesten Angaben zur Differenzierung der BesucherInnenzahlen etwa nach den unter der Kategorie Zielgruppen (c) angegebenen Merkmalen, nach den Rahmenbedingungen (Personalschlüssel, Öffnungsstunden, Raumangebot), nach Aufteilung der Arbeitszeit (Angebote, Betreuung im Offenen Bereich, Beratung usw.). Diese Daten lassen sich auch in zeitliche Reihen bringen.

Ein Beispiel: Für die Zielgruppe „Mädchen" wird das Ziel „Gleichberechtigung fördern" formuliert. Ein quantifiziertes Ziel ist, „den Mädchenanteil an der GesamtbesucherInnenzahl auf 50 % zu steigern". Dann stünde in der Kategorie Leistungsumfang vielleicht: Ist 1994: 30 % Mädchenanteil; Ist 1995: 40 % Mädchenanteil; Soll 1996: 50 % Mädchenanteil. Ergänzend – und als Operationalisierung des Zieles – können die Fachkräfte planen, die Zahl der Räume, die nur Mädchen vorbehalten sind, zu erhöhen, einen Anteil der Öffnungszeiten für Mädchen zu reservieren, den Anteil von Angeboten, die sich speziell an Mädchen richten, zu erhöhen und dafür entsprechend den Anteil anderer Angebote zu verringern. (Dieses alles kann natürlich nur geschehen, wenn das Team vorher die Bedürfnisse der Zielgruppe Mädchen im sozialräumlichen Zusammenhang des Jugendzentrums erkundet hat und einen Verhandlungsprozeß über eine von den Mädchen gewünschte und ihnen angemessene Umsetzung ihrer Bedürfnisse eingeleitet hat).

Dieses einfache Beispiel zeigt, daß die Fachkräfte mit Angaben zum Leistungsumfang Außenstehenden vermitteln können, daß die Arbeitszeit nur einmal verplant werden kann und daß, wo und wie begründet Prioritäten gesetzt werden. Wo ein Zusammenhang solcher Leistungsdaten mit den vorhergehenden Kategorien zu Zielen und Handlungsschritten nicht immer auf den ersten Blick erkennbar ist, sollte m.E. gesondert begründet werden, welche Aussagekraft diese Daten haben.

Erschließungsfragen:

Wieviel von jeder Leistung/jedem Arbeitsschritt und warum?

Ggf.: In welchem Zusammenhang steht der Leistungsumfang mit den zuvor definierten Zielen?

Das obige Beispiel geht jedoch im wesentlichen nicht über die Angaben hinaus, die schon immer in Statistiken und Jahresberichten der Offenen Jugendarbeit gesammelt und ausgewertet werden. Viele Fachkräfte klagen aber gerade darüber, daß sie auf die Lieferung von solchen Zahlen festgelegt würden, mit Hilfe derer gerade *nicht* die Qualität ihrer Arbeit gewürdigt werden kann. Wie könnte man also den Leistungsumfang, bezogen auf das oben beispielhaft operationalisierte Ziel „Zunehmend selbstorganisiertes Gruppenleben fördern", definieren?

Dieses Ziel ist, wie fast alle Ziele in der Offenen Jugendarbeit, eines, das nicht von heute auf morgen erreicht werden kann. Es setzt umfangreiche Veränderungen bei allen Beteiligten voraus. Verplanen können die Fachkräfte letztlich nur ihre *eigenen* „Leistungen", in diesem Falle ihre eigenen Handlungsschritte. Sie entwickeln Vorstellungen über Wirkungszusammenhänge und können darüber hinaus nur hoffen, daß ihre Interventionen in die gewünschte Richtung „wirken". Ihre Planung wird realitätsnäher, wenn sie ihre Handlungsschritte in ein zeitliches Kontinuum bringen. Für die Bedienung der Kategorie „Leistungsumfang" greife ich daher beispielhaft einen der oben unter „Schritt 2" benannten Handlungschritte heraus.

Beispiel einer Zeitplanung (und damit der Angaben zum Leistungsumfang) zum Handlungsschritt „Handlungsregeln für Schlüsselsituationen erarbeiten":

Schlüsselsituation: Eine Clique hinterläßt einen Raum, der ihr für einen Abend in Eigenverantwortung überlassen wurde, in einem unzumutbaren Zustand.

- Ausgangsituation 1994:
  Die MitarbeiterInnen fahnden nach den „Sündern" und bringen sie dazu, den Raum zu säubern. Bei Verweigerung wird der Gruppe nicht mehr erlaubt, ohne Aufsicht einen Raum zu benutzen. Tatsächlicher Leistungsumfang: nicht zu quantifizieren, da dieser Ablauf sich zwar mit jeder neuen Clique so oder ähnlich wiederholt, das Team aber seine diesbezüglichen „Erfahrungen" in zeitlichen Grenzen hält.

- Ist-Situation 1995:
  Die MitarbeiterInnen übertragen der Clique die Verantwortung für einen Raum. Sie selbst soll die Einrichtung und das Sauberkeitsniveau bestimmen. Es zeigt sich, daß die Mitglieder keine Absprachen treffen und nicht bereit (oder in der Lage) sind, sich untereinander zu kritisieren. Die MitarbeiterInnen kehren zu ihrer gewohnten Handlungsroutine (siehe 1994) zurück. Tatsächlicher Leistungsumfang: nicht zu quantifizieren (s.o.).

- Soll-Situation 1996:
  Die MitarbeiterInnen etablieren eine den Kommunikationsregeln der Jugendlichen angepaßte Versammlungsform. Sie erarbeiten mit den Jugendlichen Regeln zur Nutzung von Räumen. Die Jugendlichen schlagen sehr harte Regeln vor (Hausverbot, Geld bezahlen zur Entlohnung der Putzfrau u.a.), die sie im Konfliktfalle jedoch nicht für ihr eigenes Verhalten angewendet wissen wollen. Die PädagogInnen setzen also die von den Jugendlichen aufgestellten Regeln durch. Veranschlagter Leistungsumfang : Studium der Kommunikationsregeln der Jugendlichen (4 Wochen á 4 Stunden), wöchentliche Versammlung (60 Min.), tägliche Kontaktgespräche der Bezugspädagogin mit der ganzen Clique (30 Min.); tägliche Durchsetzung der aufgestelltenRegeln (30 Min.).

- Soll-Situation 1997:
  Die Jugendlichen sind unzufrieden mit den harten Regeln, die die MitarbeiterInnen für sie (und gegen ihre momentanen Bedürfnisse) durchsetzen. Die MitarbeiterInnen erarbeiten mit der Clique gemeinsam Regeln, die sinnvoll sind und von allen eingehalten werden können. Sie helfen den Jugendlichen, selbst auf die Einhaltung von Regeln zu achten. Veranschlagter Leistungsumfang : Wöchentliche Versammlung (60 Min.), tägliche Kontaktgespräche der Bezugspädagogin mit der ganzen Clique (30 Min.); tägliche Anleitung zur Durchsetzung bzw. zum Einhalten der aufgestellten Regeln (60 Min.).

Praxiserfahrene Fachkräfte werden beim Lesen dieses Beispiels gleich einwenden, daß Planungen, die einen so langen Zeitraum umfassen, völlig realitätsfremd seien. Man müsse nach jedem Schritt neu einschätzen, wie sich der Prozeß weiterentwickelt hat, ob die Grundannahmen noch stimmen, ob die methodische Vorgehensweise angemessen war, und auch, ob ggf. die Ziele realitätsnäher formuliert oder sogar verändert werden müssen. Das ist richtig – und darum ist es zumindest schwierig, den Anspruch, die Kriterien der Messung über einen längeren Zeitraum gleich zu halten, einzuhalten.

Ich will mit diesem Beispiel hauptsächlich zeigen, daß perspektivische Zeitplanungen helfen, die übergeordneten Ziele nicht aus den Augen zu verlieren und daran zu denken, daß komplexe Ziele sehr langfristig angesteuert werden müssen. Es ist aber schwierig, Angaben zum darauf bezogenen Leistungsumfang zu finden. Der hier völlig willkürlich veranschlagte Zeitaufwand ist lediglich ein Indiz dafür, daß die Umsetzung komplexer Ziele nicht ohne materiellen Niederschlag erfolgt und daher auch im Zeitbudget des Teams angemessen berücksichtigt werden muß. Das Team muß also entscheiden, *wie viele* komplexe Ziele es sich setzt und über welche *Ressourcen* (Zeit, materielle Ressourcen, aber auch Kompetenzen) es verfügt, diese auch tatsächlich anzugehen. Die veranschlagte Arbeitszeit kann darüber hinaus auch in Kosten umgerechnet und später unter Effizienzgesichtspunkten bewertet werden.

> *Evaluationsfrage:*
>
> Steht der veranschlagte Leistungsumfang, also der zeit- und damit auch kostenmäßige Aufwand in einem angemessenen Verhältnis zu den Zielen (oder sind die angezielten Vorhaben mit den vorhandenen Ressourcen gar nicht zu schaffen)?

Den Grad der Zielannäherung kann man auf diese Weise allerdings noch nicht einschätzen. Dazu sind weitere Daten zur Qualität und Zielerreichung nötig.

f) Daten zu Quantität, Qualität und Zielerreichung

In dieser Kategorie sollen Daten zusammengetragen werden, mit Hilfe derer die Fachkräfte die Effektivität und die Effizienz ihrer Arbeit bewerten können. Die Frage nach der *Effektivität* bezieht sich darauf, in welchem Maße man sich den gesteckten Zielen angenähert hat (Zielerreichungsgrad). Dabei sollte auch geprüft werden, ob die Interventionen fachlich sinnvoll, also nach den Regeln der „sozialpädagogischen Kunst“ erfolgten (Qualität der Arbeit). Die Frage nach der *Effizienz* nimmt das Verhältnis von Aufwand und Erfolg und damit die Quantität in den Blick.

Die Informationen, „die unverzichtbar sind, um die Zielgruppen- und Zielerreichung sowie die Quantität und Qualität des Produktes einschätzen zu können“ (KGSt 1994, S. 36), werden als Kennziffern bezeichnet. Die Begriffe *Indikatoren* und *Kennziffern* meinen in etwa das gleiche, nämlich beobachtbare und damit meßbare Sachverhalte, anhand derer sich etwa Stationen des methodischen Handelns (Prozeßdaten) und der Grad der Zielerreichung (Ergebnisdaten) ablesen lassen.

> *Erschließungsfragen*
>
> *Qualität:* Woran können wir erkennen, daß wir fachlich gut gearbeitet haben?
>
> *Zielerreichung:* Woran können wir erkennen, ob und wie weit wir uns unseren formulierten Zielen angenähert haben?
>
> *Quantität:* Woran können wir erkennen, ob und in welcher Form der geplante Leistungsumfang angemessen war?

Die Jugendhilfe insgesamt und besonders auch die Offene Jugendarbeit kann kaum eindeutige Ergebnisdaten produzieren. Mit BesucherInnenzahlen, Zahl der Angebote oder Beratungsstunden kann man den Umfang und die Qualität von Leistungen nicht angemessen einschätzen. Daher empfiehlt die KGSt, Kennziffern zu suchen, die den Leistungsumfang in Verhältnisse setzt, z.B. mit Angaben zur Bevölkerungszahl oder zu Zielgruppen (im Sozialbezirk). Neben quantitativen Größen sollen auch sozialstrukturelle Informationen berücksichtigt werden. Bezogen auf die Offene Jugendarbeit sollten die Fachkräfte also nicht nur den Anteil der Jugendlichen, die schon einmal „polizeilich in Erscheinung getreten“ sind, ins Verhältnis zu der Gesamtzahl der Jugendlichen setzen, sondern auch den Orts- oder Stadtteil sozialstrukturell beschreiben (wie hoch ist die Jugendarbeitslosigkeit, wie gut die soziale Versorgung, die materielle Situation der Familien usw.?). Kennziffern sind interpretationsbedürftig, was Fachkräfte dazu veranlassen könnte, ihre Kennziffern sehr ausführlich zu erläutern. Viele Erläuterungen tragen jedoch eher zur Verwirrung als zur Klärung bei, so daß man immer wieder prüfen muß, welche Aussagekraft eine Information hat und ob sie tatsächlich steuerungsrelevant ist. Mit anderen Worten: Wenn der Erläuterungsbedarf sehr hoch ist, sollte man überlegen, ob die Informationen zu den Beschreibungsmerkmalen richtig ausgewählt sind (KGSt 1994, S. 36).

Es ist sicher so, daß schon allein die Kombination von zwei Datenquellen Schlüsse zuläßt. Das zeigt das Beispiel eines Münsteraner Jugendhauses, dessen Produktbeschreibung als Anhang dem KGSt-Bericht beigefügt ist:

Hier wird die GesamtteilnehmerInnenzahl nach *Angeboten* (offene Werkstätten, Disco, Sport usw.) und Alter (von welcher Altersgruppe besucht?) differenziert; eine andere Statistik schlüsselt dieselben Angebote bezüglich ihres *Betreuungsstatus* auf (Betreuung durch haupt-, neben, ehrenamtliche MitarbeiterInnen). Eine weitere Statistik zählt den *Betreuungsaufwand* (in Stunden) für dieselben Angebote und differenziert wieder nach Betreuungsstatus. Letzteres gibt z.B. Aufschluß darüber, wie „teuer" ein Angebot ist. Interessant ist auch die Zuordnung der anfangs aufgelisteten *Zielgruppen* zu den durchgeführten Angeboten. Hier läßt sich ablesen, wie viele TeilnehmerInnen der gewünschten Zielgruppen tatsächlich an den verschiedenen Angeboten teilgenommen haben und welche Zielgruppen mit den Angeboten überhaupt nicht erreicht wurden.

Schwierig wird es wieder, wenn die Fachkräfte die *Qualität* und die *Wirksamkeit* ihrer Arbeit einschätzen wollen. Um hier zu sinnvollen Indikatoren/Kennziffern zu kommen, braucht man viel fachliches Detailwissen. Allein die Teilnahme an einem Angebot sichert schließlich noch nicht, daß die Jugendlichen auch (um beim hier immer wieder bemühten Beispiel zu bleiben) wirklich dem Ziel „zunehmende Selbstorganisation" nähergekommen sind. In den mir bisher bekannten beispielhaften Produktbeschreibungen fehlen durchweg solche qualitativen Kennziffern. Ich bin aber davon überzeugt, daß nur eine sinnvolle Bearbeitung dieser fachlichen Seite des „Produktionsprozesses" in der Sozialen Arbeit ein Gegengewicht zu den betriebswirtschaftlich dominierten Berechnungen darstellen kann.

Es folgt daher wieder ein Versuch, Indikatoren für das oben formulierte Ziel „Zunehmend selbstorganisiertes Gruppenleben fördern" zu bilden:

Zu diesem Zweck gehe ich noch einmal zu den Kategorien „Ziele" und „Leistungsumfang" zurück und frage: „Woran könnte man merken, daß die Clique dem Ziel: 'selbstorganisiertes Gruppenleben' nähergekommen ist?" Für die Evaluation dieses komplexen Zieles sind mehrere „Meßvorgänge" nötig, die mit verschiedenen Untersuchungsmethoden angegangen werden können. Die Operationalisierung des Zielbegriffes „zunehmend selbstorganisiertes Gruppenleben" ergab mehrere Änderungsperspektiven (Auswahl):

Die Teammitglieder sollen:

1. ihre Einstellung gegenüber den Jugendlichen ändern (Bedürfnisse und Freizeitvorlieben der Jugendlichen akzeptieren, Treffpunktcharakter des Hauses wichtig nehmen);

2. ihr Verhalten ändern (keine themenorientierten Angebote, die nicht ausdrücklich von den Jugendlichen gewünscht werden; nicht statt der Jugendlichen handeln, ihnen mehr Hilfe bei der Realisierung ihrer Bedürfnisse geben, den Lernprozeß hin zur Selbstorganisation schrittweise und nachvollziehbar organisieren).

Die Jugendlichen sollen (wollen?):

3. Regeln zur Raumbenutzung und zur Konfliktbewältigung im Zusammenleben mit anderen Cliquen ausarbeiten;

4. die Einhaltung dieser Regeln selbst überwachen.
5. In regelmäßigen Abständen muß beurteilt werden, ob die geplanten Schritte zur Annäherung an das Ziel angemessen waren und/oder ob die methodischen oder Zielperspektiven geändert werden müssen.

Wie kann man nun messen, ob Team und Jugendliche dem Ziel nähergekommen sind? Mein Vorschlag lautet, in etwa vierteljährlichen Abständen einen Teamtag einzuplanen, der ausschließlich der Evaluation dieser Zielsetzung vorbehalten ist. Dieser Tag muß vorbereitet sein, so daß die Ergebnisse der Recherchen hier bewertet werden können:

Zu 1: Einstellungsänderungen kann man erfragen. Das Team könnte eine Mitarbeiterin beauftragen, einen kurzen *Fragebogen* zu entwerfen, dessen Fragen von allen Mitgliedern beantwortet werden. Eine Beispielfrage wäre: „Die Clique XY benutzt den ihr überlassenen Raum hauptsächlich dazu, herumzuhängen, zu rauchen, Karten zu spielen, mit ihren FreundInnen zu schmusen. Jetzt wollen sie einen eigenen Fernsehapparat. Wie reagierst Du auf diesen Wunsch?" Die Antwortmöglichkeiten sollten offen sein, damit die Teammitglieder ihre unterschiedlichen Einstellungen miteinander vergleichen können. Solche oder ähnliche Einschätzungen sollten anläßlich späterer Teamtage wiederholt werden, so daß im Laufe der Zeit eine Entwicklung bei der Einstellung der Teammitglieder sichtbar werden kann.

Zu 2: Verhalten kann man (selbst) beobachten. Die Teammitglieder sollten für das gewünschte Verhalten *Arbeitsprinzipien* und *Handlungsregeln* entwickeln. Zur Einschätzung dazu, wie gut es den Fachkräften gelingt, diese in alltäglichen Situationen auch tatsächlich zu realisieren, sollte jede/r MitarbeiterIn für die Teamtage jeweils eine beispielhafte Situation notieren, in der es ihr/ihm gelang oder eben nicht gelang, diese Arbeitsprinzipien und Handlungsregeln umzusetzen (Meinhold 1994, S. 184 ff.).

Zu 3 und 4: Entwicklungen kann man einschätzen. Eine Möglichkeit zur Einschätzung der Cliquenentwicklung ist, die Differenz zwischen dem gewünschten Zustand (Regeln einhalten; Konflikte allein und mit kommunikativen Mitteln bewältigen) und dem derzeitigen Zustand (Regeln gelten nur für die anderen; Konflikte werden mit der Faust ausgetragen) (also der Ausgangssituation) in qualitative Niveaus (vier bis sechs Entwicklungsstufen von der Regelmißachtung bis zur -einhaltung) einzuteilen. Mit Hilfe einer solchen *Schätzskala* kann das Team dann in festgelegten Abständen (etwa vierteljährlich) prüfen, wie weit sich die Clique dem gewünschten Ziel angenähert hat. Besser ist es, wenn die Clique diese Einschätzung selbst vornimmt und so selbst feststellen, kann, ob sie sich ihrem Ziel angenähert hat.

Zu 5: Zur Einschätzung der Gesamtentwicklung bietet sich der Vorschlag von Maja Heiner an, eine *Dokumentation abweichender Entwicklungen* vorzunehmen. Dazu sollten die Teammitglieder einen Dokumentationsbogen entwickeln, auf dem neben den vereinbarten Zielen die Planungsschritte festgehalten und im weiteren Verlauf mit den tatsächlichen Ereignissen in Beziehung gesetzt werden. Dort, wo die Entwicklung anders verläuft als vorhergesehen, sollten die MitarbeiterInnen überlegen, warum diese irrtümlichen Einschätzungen (ausgebliebene Ergebnisse, unerwartete Ereignisse, übersehene Einflüsse usw.) erfolgten und ggf. Kurskorrekturen vornehmen (Heiner 1994, S. 150 ff.).

Diese Vorschläge für eine Evaluation der Umsetzung von Zielen in der Offenen Jugendarbeit zeigen, daß es sehr wohl möglich ist, Qualitätskriterien zu entwickeln und auch Entwicklungen einzuschätzen. Doch diese Art von Qualitätskriterien kann schwerlich quantifiziert werden. Mein Vorschlag ist, die Kategorie „Daten zu Quantität, Qualität und Zielerreichung" dennoch nicht „leer" zu lassen, sondern die Qualitätskriterien gesondert und im Zusammenhang mit den Zielen zu *beschreiben.*

Ein Beispiel:

- Globales Ziel: Partizipation bzw. Mitbestimmung (Maxime: 8. Jugendbericht).
- Konkretisiertes Ziel (bezogen auf die Clique X im Jugendzentrum): „zunehmende Selbstverantwortung".
- Qualitätskriterium: Die Clique ist an der Ausarbeitung der Regeln für die Nutzung von Räumen beteiligt.
- Indikator: Alle Gruppenmitglieder akzeptieren im Konfliktfalle, die von ihnen mit ausgearbeiteten Sanktionen angesichts von Regelverletzungen zu tragen.

Ein interessantes Beispiel (aus dem Arbeitsfeld der stationären Jugendhilfe) bietet auch das ausgearbeitete Zielsystem, das eine Projektgrupe der Jugendhilfe Rischborn entwickelt hat. Es besteht aus Grundsatz- oder Leitzielen, die miteinander korrespondieren (nämlich Selbständigkeit, Identität, Sozialkompetenz, Leistungsfähigkeit, Wertorientierung). Von diesen wurden dann Teilziele abgeleitet, die operationalisiert wurden.[11] Für die Evaluation der Zielerreichung hat die Gruppe dann mittels Brainstorming Items (oder Indikatoren) entworfen, die anzeigen können, ob die Kinder oder Jugendlichen den angegebenen Zielen nähergekommen sind. Diese Items wurden polarisiert. (Ein Beispiel zum Leitziel „Selbständigkeit" ist: „geht mit Geld planvoll um/kann mit Geld überhaupt nicht umgehen"). Die Fachkräfte können dann mit Hilfe einer Skala einschätzen, wo das betreffende Mädchen oder der Junge mit seinen Fähigkeiten anzusiedeln ist. Ergänzend ist auch möglich, daß sich die Kinder oder Jugendlichen selbst einschätzen.

Das Zielsystem hat nach der Einschätzung der Rischborner Projektgruppe viele Vorteile: Es hilft u.a. bei der Vorbereitung von Hilfplänen und -berichten. Die Fachkräfte haben nun Anhaltspunkte dazu, *was* sie beobachten und einschätzen sollen. Sie sind weniger verführt, momentane Einsichten und Erkenntnisse zu generalisieren. Sie werden durch die Vorgaben auch immer wieder daran erinnert, nach den positiven Fähigkeiten der Kinder und Jugendlichen zu suchen. Die Fachkräfte sind aufgefordert, ihre Einschätzungen zu vergleichen und über deren Hintergründe nachzudenken. Außerdem hilft der häufige Umgang mit dem Zielsystem den MitarbeiterInnen, mehr von den Zielen und damit von der Zukunft her zu denken und nicht mehr so stark nur auf die momentane Situation bezogen (vgl. Schwarz u.a. o.J., S. 14). Das Fazit der Projektgruppe lautet denn auch: „Das Zielsystem der Jugendhilfe Rischborn stellt eine immaterielle Investition dar. Es legt Qualitätsmerkmale fest und ist eine Methode der Standardisierung. Die Jugendhilfe Rischborn wird durch das Offenlegen ihrer Standards überprüfbar (Qualität- und Erfolgskontrolle werden möglich) und dokumentiert ihre Effizienz" (Schwarz u.a. o.J., S. 17).

g) Hinweise für ein praktikables Berichtswesen

Jede Einrichtung hat im Laufe der Jahre ein eigenes Berichtswesen entwickelt. Es werden Daten gesammelt, die am Ende eines Jahres den Fundus für einen Rechenschaftsbericht

11 Ein Beispiel: Das Leitziel Identität wird folgendermaßen zerlegt: „Ziel ist das Erkennen und Annehmen des Ichs" mit den Teilzielen: „Entfaltung der geistigen, seelischen und körperlichen Anlagen", „Verantwortung für eigenes Handeln", „Auseinandersetzung mit und Bewältigung der eigenen Biographie" (Schwarz u.a., o.J., S. 7 ff.).

(Jahresbericht, Fortschreibung der Konzeption und vor allem Meldungen für den Etat) bilden. Konzeption, Produktbeschreibung und Evaluationsvorhaben erfordern, daß ein Team sein Dokumentationssystem auf seine Planungen bezieht.

Bezogen auf die oben beispielhaft angeführten Kennziffern, könnte das ein standardisierter Bogen sein, der von den Teammitgliedern jeweils nach einer „pädagogischen Einheit" (Angebot, Gruppenversammlung, auch offener Bereich) ausgefüllt wird und die wesentlichen Angaben abfragt (Zahl der TeilnehmerInnen, differenziert nach Geschlecht, Nationalität, Alter, Cliquenzugehörigkeit usw.); für qualitative Evaluationsvorhaben müssen gesonderte Erhebungsbögen hergestellt werden.

Für alle Arten von Erhebungen gilt, daß die Dokumentation keinen großen Aufwand erfordern darf. Die Auswertung sollte regelmäßig geschehen; sehr hilfreich ist es, wenn dafür ein Computer zur Verfügung steht. Ein Vorschlag ist, jeweils einem Teammitglied die Verantwortung für eine Zielgruppe zu übertragen, das dann die Operationalisierung der Ziele, die Planung der Handlungsschritte übernimmt und auch dafür sorgt, daß die Planung nicht im Ansatz steckenbleibt, sondern realisiert und evaluiert wird. Solche Vorhaben sollten projektmäßig angelegt sein und daher in einen überschaubaren Zeitplan eingebunden werden.

5. Fazit

Ich wollte zeigen, daß das Grundgerüst der Produktbeschreibung, mit dem sich derzeit auch schon Fachkräfte in der Offenen Jugendarbeit auseinandersetzen müssen, gleichzeitig ein Grundgerüst für das methodische Arbeiten und die Selbstevaluation bilden kann. Dazu sind jedoch einige Anmerkungen zum Verhältnis von Konzeption, Produktbeschreibung und Evaluation notwendig:

- Eine Produktbeschreibung soll die Informationen kurz und knapp zusammenstellen, die eine Amtsleitung für ihre Arbeit der Steuerung der gesamten Jugendhilfe für jeweils ein Jahr benötigt. Sie ersetzt daher nicht die konzeptionelle Arbeit, sondern bietet einen Gliederungsvorschlag für die Darstellung der zentralen Aussagen einer Konzeption und ihrer Umsetzung gegenüber der Amtsleitung. Die Produktbeschreibung ist im Ergebnis also hauptsächlich die Zusammenfassung eines sehr komplexen Prozesses.
- Sie fordert dazu auf, Kriterien zur Bewertung der *quantitativen* Aspekte der Offenen Jugendarbeit zusammenzustellen (Zeitaufwand, Kostenschätzungen). Der wesentliche Teil der Arbeit im Jugendzentrum ist aber kaum *quantifizierbar,* so daß es schwierig bleibt, Kennziffern für eine *qualitative* Evaluation zu entwickeln. Fachkräfte sollten aber in jedem Fall ihre inhaltlichen Qualitätskriterien gesondert *beschreiben* und in ihrem *Wirkungszusammenhang* darstellen. Damit vermeiden sie eine einseitige (fiskalische) Beurteilung durch Amtsleitung und Politik.
- Die Herstellung einer Produktbeschreibung ist in wesentlichen Teilen mit der Entwicklung eines Untersuchungsplanes für eine Selbstevaluation zu vergleichen, schon allein, weil sie die Fachkräfte dazu zwingt, ihre Absichten *aufzuschreiben*[12]. Die Hemmschwelle, Pläne auszuarbeiten und schriftliche Erhebungen zu machen, dürfte damit sinken.
- Schwierig bleibt die Entwicklung eines sinnvollen Berichtswesens. Wahrscheinlich

12 Dieser Zwang, schriftliche Dokumente anzufertigen, ist offensichtlich vielen Fachkräften in der Sozialen Arbeit ein Graus. Ich vermute, daß sie die Supervision auch aus dem Grunde bevorzugen, weil das supervisorische Setting in der Regel auf schriftliche Vor- und Nachbereitungen verzichtet.

ist eine mehrjährige Experimentationsphase notwendig, in der die Fachkräfte immer wieder neu und anhand ihrer Ziele überprüfen, welche Daten sie in welcher Detailliertheit sammeln wollen, um zu aussagekräftigen Berichten über die Qualität ihrer Arbeit zu kommen[13].

Am Ende eines punktuellen Durchganges durch eine Produktbeschreibung zeige ich mich daher vorsichtig optimistisch, wiewohl ich die Schwierigkeiten, die tägliche Arbeit zu präzisieren, in keinster Weise verkenne. Gleichwohl plädiere ich dafür, solche Prozesse in Teams anzuleiten, um einer Resignation der Fachkräfte vorzubeugen. Ergänzend dazu würde es den Prozeß der Methodisierung der Offenen Jugendarbeit sehr befördern, wenn Beispiele gelungener Produktbeschreibungen und gelungener Selbstevaluationen in den häufig gelesenen Fachzeitschriften (etwa „deutsche jugend“ oder „Sozialmagazin”) veröffentlicht würden.

Literatur

Brack, Ruth (1994): Das Arbeitspensum in der Sozialarbeit. 3. überarbeitete Auflage, Bern

Geißler, Karlheinz A.; Hege, Marianne (1991): Konzepte sozialpädagogischen Handelns. Ein Leitfaden für soziale Berufe. Weinheim und Basel

Gerull, Peter (1994): Kosten und Leistungen der Heimerziehung. Plädoyer und Ansätze für ein konjunkturunabhängiges Qualitätsmanagement in der Jugendhilfe. Bezug über: Jugendhof Porta Westfalica – Ev. Stiftung Gotteshütte – Postfach 4020, 32447 Porta Westfalica

Heiner, Maja (1982): Methodisches Handeln als Auswahl und Verteilung von Sozialleistungen. In: Archiv für Wissenschaft und Praxis der sozialen Arbeit, S. 116 ff.

13 Einige Anregungen für die Sammlung von Kennziffern und jeweilige Einschätzungen ihrer Aussagekraft bzgl. der Qualität der Arbeit (allerdings bezogen auf eine Einrichtung der stationären Jugendhilfe) findet man bei Gerull 1994.

dies. (1986): Evaluation und Effektivität in der sozialen Arbeit. Modelle, Methoden, Erfahrungen. In: Oppl, H./Tomaschek, Arnold (Hrsg.): Soziale Arbeit 2000. Bd. 2, Freiburg i.Br., S. 71 ff.

dies. (Hrsg.) (1988a): Selbstevaluation in der sozialen Arbeit. Fallbeispiele zur Dokumentation und Reflexion beruflichen Handelns. Freiburg i. Br.

dies. (Hrsg.) (1988b): Praxisforschung in der sozialen Arbeit. Freiburg i. Br.

dies. (1994): Reflexion und Evaluation methodischen Handelns in der Sozialen Arbeit. In: Heiner, Maja; Meinhold, Marianne; von Spiegel, Hiltrud; Staub-Bernasconi, Silvia: Methodisches Handeln in der Sozialen Arbeit. Freiburg i.Br.

dies. (Hrsg.) (1994): Selbstevaluation als Qualifizierung in der Sozialen Arbeit. Fallstudien aus der Praxis. Freiburg i.Br.

Kommunale Gemeinschaftsstelle für Verwaltungsvereinfachung (KGSt): Outputorientierte Steuerung der Jugendhilfe. Bericht Nr. 9/1994. Lindenallee 13 – 17, 50968 Köln

Meinhold, Marianne (1994): Ein Rahmenmodell zum methodischen Arbeiten. In: Heiner, Maja; Meinhold, Marianne; von Spiegel, Hiltrud; Staub-Bernasconi, Silvia: Methodisches Handeln in der Sozialen Arbeit. Freiburg i.Br.

Müller, C. Wolfgang. (1988b): Kann ein Täter auch sein Richter sein? Praktische Überlegungen zur Selbst-Evaluation innovatorischer Projekte in der Sozialen Arbeit. Unveröff. Manuskript, S. 1 ff.

Petermann, Franz; Petermann, Ulrike: Training mit Jugendlichen. Förderung von Arbeits- und Sozialverhalten. Weinheim 1993

Preis, Ulrich: Bleibt das Kinder- und Jugendhilfegesetz (KJHG) auf der Strecke? Referat, gehalten auf dem jugendpolitischen Kongreß „Ist die Kinder- und Jugendarbeit noch zu retten?“ am 30.10.1993 in Köln, veröffentlicht in: ABA Textedienst Nr. 12 1994; Bezug: ABA Fachverband für die Offenen Arbeit mit Kindern e.V., Nollendorfplatz 2, 44339 Dortmund

Scherr, Albert: Anregungen zur Verbesserung der Fachlichkeit in der Offenen Jugendarbeit. In: deutsche jugend, Heft 4, S. 160 – 168

Schwarz, Ulf-Rüdiger; Zikoll, Gabriele; Bobisch, Peter; Klingert, Walter; Gahr, Klaus-Dieter: Das pädagogische Controlling der Jugendhilfe Rischborn. o.J., S. 1 – 18.

Spiegel, Hiltrud von (1993): Aus Erfahrung lernen. Qualifizierung durch Selbstevaluation. Münster

Spiegel, Hiltrud von (1994): Analyseinstrumente für das methodische Handeln. In: Heiner, Maja;

Meinhold, Marianne; von Spiegel, Hiltrud; Staub-Bernasconi, Silvia: Methodisches Handeln in der Sozialen Arbeit. Freiburg i.Br.
Spiegel, Hiltrud von (1994): Selbstevaluation als Mittel beruflicher Qualifizierung. In: Heiner, Maja (Hrsg.): Selbstevaluation als Qualifizierung in der Sozialen Arbeit. Fallstudien aus der Praxis. Freiburg i.Br., S. 11 ff.
Spiegel, Hiltrud von (1995): „Offene Arbeit mit Kindern“ – ein Kinderspiel? Erklärungswissen und Hilfen zum methodischen Arbeiten, Münster (Arbeitstitel)

Permanente Zukunftswerkstatt – Konzeptentwicklung verbandlicher Jugendarbeit am Beispiel der CAJ

Leo Jansen

„DAS PROBLEM
Sozialer Wandel und gesellschaftliche Krisenphänomene stellen Parteien, Verbände und Kirchen, so auch die katholischen Sozialverbände KAB und CAJ, vor grundlegende Herausforderungen. Die aktuelle Krise der Verbände fordert Nachdenken über die Zukunft verbandlicher Arbeit und Existenzformen heraus.

DIE FRAGE
Sind KAB und CAJ noch zeitgemäß und sind sie für Menschen und Gesellschaft noch von Nutzen? Welche Bedeutung hat ihre Tradition für aktuelle gesellschaftliche Probleme und Entwicklungen?”

Mit diesen schlagwortartigen Formulierungen lud die Wissenschaftliche Arbeitsstelle des Nell-Breuning-Hauses nach einer Vorlaufphase 1991 zu einer verbandlichen Suchbewegung unter der Überschrift „KAB – CAJ 2000“ ein. Besonders lokale Gruppen der beiden katholischen Sozialverbände waren aufgefordert, sich an einer „permanenten Zukunftswerkstatt“ bzw. an einem mehrjährigen Dialogprozeß zu beteiligen. Das Thema dieser Verbandsstudie ist die Zukunftsfähigkeit der katholischen bzw. der christlichen Sozialverbände. Die Ziele der Untersuchung lauteten bzw. lauten: eine breite Suchbewegung von Mitgliedern, Funktionären und Sympathisanten der Katholischen Arbeitnehmerbewegung (KAB) und Christlichen Arbeiterjugend (CAJ) initiieren und zukunftsfähige Verbandsprofile erarbeiten. Gesucht wurden und werden neue Wege verbandlicher Praxis, die den gesellschaftlichen Herausforderungen einerseits und den emanzipatorischen Traditionsbeständen der christlichen Arbeiterbewegung andererseits gerecht werden.

Sowohl an verbandseigene Traditionen (z.B. die CAJ-Methode „sehen, urteilen, handeln”) als auch an die Anregungen des Zukunftsforschers Robert Jungk zur Gestaltung von Zukunftswerkstätten anknüpfend, gliedert sich die Suchbewegung in drei Phasen: eine Kritik-, eine Phantasie- und eine Verwirklichungsphase[1].

Eine Kardinalfrage der Suchbewegung KAB – CAJ 2000 war: Wie können Jugendverbände als relativ stabile Einheiten in einer Gesellschaft mit wachsender Dynamik ihren Drahtseilakt der vielfältigen Vermittlungsanforderungen meistern, ohne den Anschluß an die Jugendlichen, aber auch ohne ihr Profil zu verlieren?

Die Impulse der Zukunftswerkstattarbeit[2] haben sich für den Reformprozeß der CAJ in der mittlerweile vierjährigen Prozeßdauer als fruchtbar erwiesen und neue Konzepte für Bewältigungs- und Handlungsstrategien hervorgebracht, die unabhängig von regionalen Besonderheiten und inhaltlichen Fragestellungen weitergegeben werden können. Das Anliegen der Weitergabe von Prozeßerfahrungen ist zur Zeit ein Bestandteil der mittlerweile erlahmten und zum Teil abgebrochenen Suchbewegung. Viele jugendliche Mitglieder, aber auch LeiterInnen haben in dieser Zeit bereits wieder den Jugendverband biographisch hinter sich gelassen. Die nachfolgenden „Generationen" stehen heute vor den gleichen oder ähnlichen Fragen der profilierten Ortsbestimmung, der Orientierung im Milieuwandel, der zeitgemäßen Aktualisierung eigener Traditionen, der Beteiligung von Jugendlichen in verbandlichen Gruppen und Strukturen, der Gewinnung und Bildung von ehren- und hauptamtlichen Multiplikatoren etc.

Im folgenden wird der Versuch unternommen, die vielfältigen Erfahrungen mit der Methode der Zukunftswerkstatt zur konzeptionellen Entwicklung der verbandlichen Jugendarbeit sytematisiert am Beispiel der CAJ darzulegen. Die Darstellung abstrahiert weitestgehend von den differenzierten inhaltlichen Ergebnissen, Fragestellungen und Besonderheiten, die sich für eine christlich orientierte Arbeiterjugendorganisation dabei ergeben haben (z.B. das Verständnis eines *christlichen* Jugendverbandes; die Frage nach dem Profil als *Arbeiter*jugendverband)[3]. Ich hoffe, damit gangbare und interessante Wege zur Konzeptentwicklung verbandlicher Jugendarbeit aufzuzeigen, die auch von anderen Trägern der Jugend(verbands)arbeit genutzt werden können. Aufgrund der konzeptionellen Offenheit der Zukunftswerkstattmethode stehen hier neben der allgemeinen Konzeption Prozeßerfahrungen und die im Verlaufe der Bemühungen wichtig gewordenen einzelnen Bausteine im Mittelpunkt. Die allgemeine Vorgehensweise und die Bausteine können sowohl innerhalb der beiden beteiligten Jugendverbände als auch in anderen Zusammenhängen jeweils neu plaziert und mit den beteiligten Menschen erarbeitet werden. In einem ersten Schritt werden das Forschungsprofil, die Struktur, Praxis und die Akteure der Suchbewegung KAB – CAJ 2000 vorgestellt. Unter fünf Gesichtspunkten werden anschließend verschiedene aus der Zukunftswerkstatt-Arbeit gewonnene methodische Bausteine zur institutionellen Reform verbandlicher Jugendarbeit erläutert. Im abschließenden dritten Abschnitt stehen einige Ausblicke auf die „ewige Baustelle" Jugendverband. Diese Verweise auf noch uneingelöste Herausforderungen und unbeantwortete Fragen der Suchbewegung sollen Merkposten für die Fortschreibung der Zukunftswerkstatt sowie Einladung zum Erfahrungsaustausch mit anderen „Praxisforschern" in der Jugend(verbands)arbeit sein.

---

1 Jungk, Robert: Zukunftswerkstätten. Hamburg 1981

2 Vgl. hierzu Lechler, Michael: Zukunftswerkstätten. Kreativität und Aktivierung für lokales Bürgerengagement (Reihe: Brennpunkt-Dokumentationen Nr. 14, hrsg. von der Stiftung Mitarbeit), Bonn 1992

3 Eine knappe Darstellung der Ergebnisse bieten: Jansen, Leo/Klönne, Arno/Mette, Norbert/Schäfers, Michael: Zwischen Verein und Bewegung – Zur Zukunft katholischer Sozialverbände. In: Forschungsjournal Neue soziale Bewegungen, Heft 3/1993. S. 123-132. Weitere Hinweise finden Sie am Ende dieses Beitrages.

1. Suchbewegung KAB – CAJ 2000: Konzeption, Praxis und Beteiligte

Die Verbandsstudie „KAB – CAJ 2000" ist sowohl von ihrer Zielsetzung als auch von ihrer Methodik her ein Projekt der Handlungs- bzw. *Aktionsforschung,*

- weil das Erkenntnisinteresse auf eine veränderte Praxis (hier: der Verbände) zielt,
- weil sich der Forschungsprozeß im direkten Zusammenhang mit den jeweiligen praktischen Bemühungen vollzieht (hier: die Verbandspraxis von Ortsgruppen, Gremien, Bildungsarbeit etc. in den Verbänden KAB und CAJ),
- weil die Trennung zwischen Forschern auf der einen Seite und Praktikern auf der anderen Seite in einem bewußt und gezielt organisierten Theorie-Praxis-Dialog auf unterschiedlichen Ebenen sowie in verschiedenen Phasen der Suchbewegung aufgehoben wird[4].

Der für die Aktionsforschung spezifische *dialogische Ansatz* zwischen Wissenschaft und Praxis wird in der Verbandsstudie ausgeweitet. Gezielt werden nämlich weitere Dialogebenen betreten: Zwischen Jugend und Erwachsenen, zwischen dem „Oben" und „Unten" der Verbände, zwischen verbandszugehörigen und verbandsfremden Personen(gruppen) werden dialogische Prozesse angestoßen. Diese verschiedenen Erfahrungshorizonte sowie die differenzierten Wissensbereiche mehrerer Disziplinen (z.B. Geschichte, Soziologie, Theologie) sollen aufeinander bezogen werden. Zwischen diesen Bereichen werden bewußt Zusammenhänge mit dem Ziel hergestellt, Erfahrungen, Erkenntnisse und Sichtweisen zu einer (neuen) handlungsleitenden Einheit zusammenzuführen.

Die Anregungen aus der *Zukunftsforschung,* wie sie von Robert Jungk erarbeitet worden sind, ergänzen die dialogischen, handlungs- und ergebnisorientierten Forschungsstrategien hervorragend. Besonders nutzbringend ist Jungks Verständnis einer phantasievollen Wissenschaft, die neben der fundierten analytischen Arbeit keine Scheu davor hat, Sprünge ins Unbekannte zu wagen. Das Modell der Zukunftswerkstätten stand somit Pate für die Strukturierung des Suchprozesses. Auf diese Weise bildet die Methodik der Verbandsstudie bereits selbst einen wichtigen Beitrag zur Erneuerung der verbandlichen Praxis, da ihr Modellcharakter für verbandliche Handlungsformen zukommt. Mit der Übertragung des Konzeptes der Zukunftswerkstätten auf das komplexe Gebilde von Verbänden stellt die Suchbewegung „KAB – CAJ 2000" den Versuch einer „permanenten Zukunftswerkstatt" dar. Das dreiphasige Raster der Zukunftswerkstatt ermöglicht die „Planung des Unplanbaren" in einem derartigen Prozeß.

Die erste sogenannte *Kritikphase* will gesellschaftliche und verbandliche Krisenphänomene aufgreifen und eine Bestandsaufnahme verbandlicher Realität erarbeiten. Die Erstellung der Gruppenprofile, deren Auswertung und Diskussion vor dem Hintergrund soziologischer und theologischer Zeitdiagnosen sind wesentliche Schritte der Kritikphase.

Mit den Fragen – 'Wohin könnten und sollten sich die Verbände zukünftig entwickeln? Sind sie für die Gesellschaft und für die Menschen noch von Nutzen?' – wird die zweite *Phantasiephase* eröffnet. Wissenschaftlich begründete Einfälle, sprich Szenarien über die Zukunft katholischer Sozialverbände werden zur Diskussion gestellt. Konstruktives Streiten um zukunftsweisende Profile von KAB und CAJ sollen in dieser Etappe Kreativität freisetzen, um Handlungsmodelle sowohl aus der reflektierten Praxis als auch aus theoretischen Einsichten zu entwickeln. Damit Zukunft nicht beliebig wird, sollten hier ethische Reflexionen im Sinne einer normativen Vorausschau eingebaut werden. Die Tradition des

4 Vgl. Heinze, Thomas: Qualitative Sozialforschung: Erfahrungen, Probleme und Perspektiven. Opladen 1987

Sozialkatholizismus und der ethische Überschuß des Evangeliums bieten sich für die katholischen Sozialverbände als Blickwinkel an.

In einem dritten Schritt, gemeint ist die *Verwirklichungsphase,* geht es darum, die Phantasie in Praxisprojekte umzusetzen. Konkrete Modelle verbandlicher Arbeit können erprobt und diese gegebenenfalls wissenschaftlich begleitet werden. So wären sie auf ihre Tauglichkeit und auf ihre innerverbandliche Durchsetzbarkeit zu prüfen. Der Realitätsbezug der Phantasie wird in der Umsetzungsphase entscheidend für Erfolg oder Mißerfolg sein. Deshalb sollte bei der Entwicklung neuer Ideen stets auf die zukunftsweisenden Elemente der aktuellen Praxis geachtet werden, weil Zukunft immer schon in dem steckt, was sich gegenwärtig vollzieht.

Die Verbandsstudie KAB – CAJ 2000 ist als *offener selbstreflexiver Prozeß* organisiert, der seine Arbeitsstrukturen aus den fortlaufenden Erkenntnissen im Dialog mit den Beteiligten entwickelt. Das gewählte Verfahren führt dazu, daß im Prozeß Ungleichzeitigkeiten entstehen, da Gruppierungen zu verschiedenen Zeiten einsteigen und die Mitarbeit von unterschiedlicher Dauer und Intensität ist. Von daher mußten immer wieder Schritte, Vorgehensweisen, Zeitläufe überdacht und der Praxis der Suchbewegung angepaßt werden. Die Ungleichzeitigkeit in den Verbänden selbst, besonders zwischen Jugend- und Erwachsenenverband, stellte und stellt in diesem Kontext eine besondere Herausforderung an die Prozeßgestaltung dar.

Die methodische Offenheit und Beweglichkeit gilt allerdings ebenso für die inhaltliche Seite der Studie. Das Erkennen, Zulassen und Aushalten von *Konfliktlinien* war und ist für die Kontinuität und Attraktivität der Suchbewegung von Anfang an bedeutsam gewesen. Schlagwortartig können insbesondere vier Konfliktfelder benannt werden: der *Ideologienkonflikt,* der *Generationskonflikt,* der *Theorie-Praxis-Konflikt* und der *Basis-Hierarchie-Konflikt.*

Das Beteiligungsnetz

Mit der Entfaltung der Suchbewegung auf der Grundlage provokanter Thesen sowie einer Einladung zur Mitarbeit bildete sich allmählich ein vielschichtiges Beteiligungs- und Kommunikationsnetz heraus (siehe Skizze). Die *Wissenschaftliche Arbeitsstelle* in Herzogenrath fungierte als Initiatorin und Organisationszentrum. Die wissenschaftliche Projektkonzeption und Begleitung erfolgte kooperativ durch die Wissenschaftliche Arbeitsstelle und die beteiligten Lehrstühle (Praxistheologie: Norbert Mette; Soziologie: Arno Klönne) der *Universität Paderborn* sowie der *Universität Dortmund* (Jugendverbandsforschung: Dr. Hans Gängler). Als erste Adressaten der Suche nach neuen verbandlichen Profilen beteiligten sich *örtliche Gruppen* und darüber hinaus eine Vielzahl von *Gremien* und gesonderten Versammlungen von unten her an der Verbandsstudie. Der überregionale *Koordinierungskreis* (kurz: KO-Kreis) plante und reflektierte die einzelnen Schritte der Suchbewegung. Er sicherte den Erfahrungsaustausch der PraktikerInnen untereinander sowie den Dialog zwischen Wissenschaft und Praxis. Die Mitarbeit im KO-Kreis beruhte auf dem freiwilligen Engagement in der Suchbewegung und war grundsätzlich unabhängig von Delegationsverfahren. Abgestimmt und angestrebt wurde möglichst die Einbeziehung von Personen aus allen Diözesanverbänden, in denen die Verbandsstudie aufgegriffen wurde. Wegen der besonderen Problematik fanden häufiger gesonderte Beratungen in einem sogenannten *KO-Kreis Jugend* zur Prozeßgestaltung im Jugendbereich statt. In verschiedenen Diözesanverbänden konstitutierten sich nach ähnlichen Prinzipien *regionale prozeßbegleitende Kreise,* die Anregungs- und Koordinierungsfunktion in ihrem Teilverband übernahmen. Status und Legitimation dieser Kreise war regional verschieden. *Verbandsleitungen* auf der diözesanen und überregionalen Ebene haben sich erst im Laufe des Prozesses (manchmal erst auf Druck von unten) mit der Verbandsstudie befaßt. Durch die Einbeziehung verbandlicher *Bildungshäuser* bzw. verbandlicher *Bildungsmaßnahmen* in den Suchprozeß erweiterte sich das Kommunikationsnetz erheblich. Studientage, Wochenendseminare, Hauptamtlichenkonferenzen und -fortbildungen griffen die aufgeworfenen Zukunftsfragen auf. Die bereits erwähnten zentralen *Zukunftswerkstätten* in Herzogenrath schlugen Brücken zu *Kooperationspartnern außerhalb* der KAB und CAJ. Die in Szenarien angesprochene innerverbandliche Vernetzung wurde somit erweitert. Nachahmung erfuhren die Zukunftswerkstätten in verschiedenen Diözesanverbänden.

Statt einer Atmosphäre des Schiffbruchs kennzeichnet eher der Aufbruchsgedanke die Zukunftsdiskussion. Ohne Illusionen, aber nicht ohne Hoffnung werden neue Wege verbandlicher Praxis gesucht.

2. Bausteine für eine kontinuierliche Zukunftswerkstatt-Arbeit zur institutionellen Reform verbandlicher Jugendarbeit

Von unten her die Fragen stellen: Gruppenprofile erarbeiten

„Das Profil etwa bei einem Reifen ist etwas, das unbedingt notwendig ist. Es stellt die Verbindung zwischen Gefährt und Boden in einer Weise her, die es ermöglicht, daß das Gefährt sich sicher fortbewegen kann, die Richtung beibehalten, bremsen und beschleunigen kann. Das Profil bildet die Verzahnung zwischen Boden und Gefährt.

Übertragen wir dieses Bild auf das Profil eines Verbandes wie der CAJ, so müssen wir feststellen, daß seit der Gründung der CAJ – besonders in den letzten 20 Jahren – sich die Lebens- und Arbeitswelt, die gesamte gesellschaftliche Situation rasant verändert hat. Alltägliche Erfahrung ist, daß die überlieferten Arbeitsweisen und Selbstverständnisse, Symbole und Organisationsformen, Werbe- und Bildungskonzepte der CAJ (alte Profile) nicht mehr greifen. D.h. Profil und Bodenbeschaffenheit passen nicht mehr zusammen, daß Profil ‚packt' nicht mehr. Vielleicht hat es sich abgenutzt?"

Neben allgemeinen Angaben zum sozialen Umfeld und zur Geschichte der Gruppe sollten die über Interviews zu erstellenden Gruppenprofile folgende fünf Aspekte berücksichtigen:

- Fakten und Einschätzungen zur Struktur und zu den Motivationslagen der Mitglieder;
- Angaben zu und Bewertungen der Aktivitäten, Ziele, Inhalte, Gruppenkultur und -stile;
- Praxis und Selbstverständnis des Zusammenhangs von „CAJ und Kirche" vor Ort;
- Praxis und Selbstverständnis des Zusammenhangs von „CAJ und Arbeiterbewegung" vor Ort;
- Aussagen und Meinungen zu Leitbildern und Zukunftsvorstellungen für die örtliche Gruppe wie für den Verband insgesamt.

Mit dieser Veranschaulichung beginnt der Leitfaden zur Erarbeitung von Gruppenprofilen in der Kritikphase der verbandlichen Suchbewegung.[5] Multiplikatoren der Verbände wurden eingeladen, örtliche Gruppen in einem Gespräch zu befragen. *„Wie sieht ‚ungeschminkt' die derzeitige Bestandsaufnahme der CAJ bei uns vor Ort aus?"* Mit dieser Frage sollte eine kritische Bestandsaufnahme der verbandlichen Arbeit von unter her eingleitet

5 Aus dem Bereich der KAB sind 309 Gruppenprofile, aus der CAJ sind 69 Gruppenprofile und aus der Jungen KAB sind 24 Rückmeldungen in eine inhaltsanlaytische Auswertung eingeflossen. Die Ergebnisse sind ausführlich in einem zweibändigen Projektbericht dokumentiert. Der Leitfaden zur Befragung der Gruppen ist dort vollständig abgedruckt.

werden. Ausgehend von den Einschätzungen, daß die Profilierung eines Verbandes von den jeweiligen Gruppenprofilen der Basis lebt, daß verbandliche Entwicklung von der Basis her erfolgen muß, daß jeder demokratische verbandliche Zusammenschluß letztlich die Förderung und Unterstützung der untersten Gliederungen im Sinn haben muß, daß die Mitglieder einer Organisation die Ziele eines Verbandes bestimmen müssen, wandte sich die Suchbewegung vorrangig an lokale Gruppen, Aktionskreise und Arbeitsgemeinschaften der Verbände.

Der strukturierte, aber offene Leitfaden mit einigen stimulierenden Fragen zu jedem Aspekt und eine Anleitung für die Multiplikatoren zur Moderation der Gespräche bewährten sich. Folgende Prozeßerkenntnisse konnten gewonnen werden:

- Die Mobilisierung und Beteiligung der verbandlichen Basis an einer gesamtverbandlichen oder regionalen Zukunftsdiskussion kann auf diese Weise erreicht werden. Im späteren Verlauf des Prozesses läßt sich an die Erstbeteiligung der lokalen Ebene anknüpfen.

- Die Wirklichkeit und die Kompetenz der örtlichen Gruppen werden ernst genommen. Verbandliche Grundsatz-, Strategie- und Programmdiskussionen sowie organisationspolitische Reformen können mit der erfaßten Realität geerdet werden. Durch viele Tonbandaufzeichnungen der Gespräche in den Gruppen kommt die Sprache der im Verband organisierten Menschen zur Geltung. Die eingeschliffenen und häufig sich selbst immunisierenden Sprachwelten der Funktionärsebenen lassen sich mit den Orginaltönen von unten her aufbrechen. Die Fragen zur Zukunft der verbandlichen Praxis stellen sich durch diese Vorgehensweise lebensnäher und unmittelbarer. Eine unvermutete verbandliche Vielfalt wird entdeckt sowie verbandsöffentlich, und sie belebt die innerverbandliche Kommunikation. Die Brüche verbandlicher Traditionen, die Konfliktlinien wie die ermutigenden Neuaufbrüche werden authentisch sichtbar.

- Die Mitarbeit der Verantwortlichen, die sich als Moderatoren bzw. Interviewer auf der unteren und mittleren Ebenen betätigen, hat einen unschätzbaren Wert hinsichtlich der Qualifizierung und Bewußtseinsbildung im verbandlichen Engagement. Dies gilt insbesondere für Jugendverbände, die laufend neue Verantwortliche aufbauen und motivieren müssen. Nicht zuletzt ist dieser Ansatz der Gruppenprofile ein Gewinn für hauptamtliche MitarbeiterInnen, besonders wenn sie als Neueinsteiger in ihrem Arbeitsbereich „realistische Daten" für die konzeptionelle Entwicklung ihrer Arbeit benötigen.

- Mit der kritischen und zukunftsgerichteten Bestandsaufnahme der lokalen Verbandswirklichkeit entstehen Grundlagen für einen weiteren horizontalen und vertikalen Prozeß der Verbandsentwicklung. Wenn die Basisbefragung gemeinsam in Verbandsrunden auf der mittleren Ebene ausgewertet und Planungsgrundlage wird, können regionale Schwerpunkte und Profile erarbeitet werden. Der Erfahrungsaustausch läßt sich auf der horizontalen Ebene zwischen Gruppen situationsgerechter anregen und fördern. Ferner können die Wahrnehmungskluft und die Verständigungsschwierigkeiten zwischen dem „Oben" und „Unten" im Verband verringert werden.

- Die Eigendynamik von Gesprächsimpulsen in den beteiligten Gruppen ist nicht kalkulierbar und teilweise erstaunlich. Bei manchen Gruppen kann der erste Anstoß zu einer Aktivierung eigener Kompetenzen führen, die sich jenseits herkömmlicher verbandlicher Steuerungsmöglichkeiten weiterentwickeln. Selbstverantwortliches und selbstorganisiertes Handeln bedarf bei günstigen Bedingungen oft nur des kleinen Anlasses.

2.2 Von unten her entwickeln: Stärkenprofile der lokalen Gruppen und regionalen Zusammenschlüsse

Die Beteiligung der Ortsgruppen in der ersten Phase des Zukunftswerkstattprozesses hat die vielschichtigen Situationen offengelegt wie auch die Kompetenzen und die Motivationen der Basis berührt. Vielfach haben sich Gruppen selbst und ihre Zugehörigkeit zum Verband neu entdeckt. Wenn auch in der kritischen Bestandsaufnahme oft die Probleme der Verbandsgruppen überwogen, so wurde doch der Blick noch vorne gerichtet. Neben den Schwierigkeiten kamen auch das Gelungene und die Wertschätzung der Gemeinschaft, des Zusammenhalts und der gemeinsamen Handlungsfähigkeit ins Bewußtsein. An die erarbeiteten Gruppenprofile läßt sich nun ein weiterer Schritt der Zukunftsarbeit anknüpfen: die Entwicklung der Gruppe von ihren Stärken her.

Aufgrund dieser Einsichten und Ermutigungen durch den ersten Schritt des Erarbeitens von Gruppenprofilen wird unter der Überschrift

> *„Wir entdecken unsere Stärken!"*

die nächste Etappe angeregt. Ein übersichtlicher Leitfaden[6] stellt Schritte und Methoden vor, wie eine Ortsgruppe, ein Aktionskreis, ein Leitungsteam möglichst mit geschulten verbandlichen Moderatoren sich selbst entwickeln kann. Angezielt werden ein „Stärkenprofil" der Gruppe sowie ein zeitlich überschaubarer Maßnahmenplan zur Verfolgung eines gemeinsam zu beschreibenden realistischen Zukunftsbildes der Gruppe. Alle Beteiligten sollen ihre Vorstellungen, Ideen und Kompetenzen zu fünf Einzelaspekten beitragen: 1. meine Ziele in/mit der Gruppe; 2. das Image der Gruppen (Ist-Zustand und Wunschvorstellung); 3. die Stärken der CAJ-Gruppe; 4. die Zielgruppen (Für wen und mit wem wollen wir tätig sein?); 5. unser Zukunftsbild und unsere Maßnahmen in kommenden Jahr (Halbjahr).

Ergänzend zu den bisher skizzierten Schritten wurde ein zusätzlicher Impuls unter den Leitsatz gestellt:

> *„Aus dem Fenster schauen, statt in den Spiegel!"*

Ähnlich wie bei den Leitfäden zu den Schritten „Gruppenprofil" und „Stärkenprofil" soll dieses Arbeitsraster die Ausrichtung der Verbandsarbeit an die Bedürfnisse und Interessen der Jugendlichen binden. Darüber hinaus geht es darum, die bewußte Wahrnehmung des sozialen Umfeldes sowie die Bereitschaft zur Kooperation mit anderen anzuregen. Die oft in Verbänden tradierte Profilierung durch starke Abgrenzung von anderen Akteuren und das damit häufig einhergehende unfruchtbare „Schmoren im eigenen Saft" sollen mit der gezielten Horizonterweiterung durchbrochen werden. In einer pluralen und offenen Gesellschaft können das eigene Profil und die eigenen Stärken durch die Zusammenarbeit mit anderen Verbänden, Initiativen und Einzelpersonen eher kreativ gewonnen werden als mit zuviel verbandlicher Abschottung.

Mit mehr als einer Wegstrecke leben: Zukunftsszenarien

Auf der Grundlage der erstellten Gruppenprofile formulierten an der Verbandstudie beteiligte Wissenschaftler im Dialog mit Multiplikatoren der Suchbewegung Szenarien zur Zukunft katholischer Sozialverbände (siehe unten). Die vorgenommene eigene Bestandsaufnahme kann damit stärker in einem gesamtgesellschaftlichen Kontext reflektiert und diskutiert werden. Die Szenarien haben nicht nur in der zweiten zentralen Zukunftswerkstatt 1992 eine bedeutende Rolle gespielt, sondern auch

6 Der Leitfaden zum Schritt 'Stärkenprofile' ist in der Wissenschaftlichen Arbeitsstelle des Nell-Breuning-Hauses erhältlich.

danach in der verbandlichen Bildungsarbeit und in Verantwortlichenrunden auf der mittleren und überregionalen Ebene für „Zündstoff" gesorgt. Das Instrument der Szenarien hat verdeutlicht, daß die momentane verbandliche Wirklichkeit mehr als ein oder zwei Entwicklungsmöglichkeiten enthält, daß Menschen in Verbänden lernen müssen, mit mehr als einem Weg umzugehen, daß Zukunft nicht beliebig, aber kreativ gestaltbar ist und strategische Entscheidungen verlangt. Mit einigen Fragen versehen, können die Szenarien in den Verbänden geprüft, kombiniert und eigenständig fortgeschrieben werden. Dazu ein Beispiel:

1. Ist die in dem jeweiligen Szenarium beschriebene Entwicklungslinie in der CAJ des Bezirkes xy anzutreffen? Welche der Szenarien halten wir für wahrscheinlich?
2. Welche der Szenarien scheinen mit Blick auf die gesellschaftlichen Entwicklungen für die Zukunft der CAJ besonders geeignet?
3. Welches der Szenarien läßt sich eher in der Tradition der CAJ entwickeln?
4. Bei welchem Zukunftsbild der CAJ möchte ich persönlich mitarbeiten? Warum? Was will ich in der CAJ-Arbeit zukünftig ändern?
5. Welche weiteren Alternativen sehen wir?

Zukunft der KAB und CAJ: Szenarien[7]

Die folgenden – stichwortartigen – Szenarien deuten mögliche Entwicklungen der Verbände KAB und CAJ an. Andere Entwicklungen sind denkbar. Was aus der KAB und der CAJ auf Zukunft hin wird, ist auch abhängig von den Bedingungen und Veränderungen in der Gesellschaft und in der Kirche. Zwangsläufig ist bei alledem nichts; Menschen machen Geschichte unter Bedingungen, die sie vorfinden, aber sie machen sie selbst, und jeder ist daran beteiligt. Das gilt auch für die KAB und die CAJ.

Erstes Szenarium: In KAB und CAJ läuft auf absehbare Zeit alles so weiter wie jetzt; ein bewußter Wandel oder eine gezielte Erneuerung der Verbände kommen nicht zustande. Das *„Weiterlaufenlassen"* erspart Konflikte; allerdings verringert sich im Zuge des Generationswechsels die Anziehungsfähigkeit der Verbände; für die Nachwachsenden bieten diese zu wenig Profil, zumal viele andere, „modernere" oder stärker profilierte „Angebote" im kirchlichen wie im außerkirchlichen Raum zu finden sind. KAB und CAJ als „auslaufende Modelle" . . .

Zweites Szenarium: KAB und CAJ machen, auf getrennten Wegen, den Versuch einer „Erneuerung" ihrer Tätigkeit und ihrer Strukturen. Dabei treten soviel unterschiedliche Mentalitäten und Meinungen auf, daß die Verbände „auseinanderbröckeln". Es kommt nicht zu gemeinsamen weiterführenden Perspektiven. Die Folge auch in diesem Falle: KAB und CAJ als „auslaufende Modelle" . . .

Drittes Szenarium: KAB und/oder CAJ entwickeln sich zu *„Dienstleistungszentren"*, mit einem Restbestand an Gruppen oder lokalen Vereinen, im wesentlichen aber als organisatorische Gerüste für die Arbeit von „Professionellen", materiell getragen von Kirche und öffentlichen Geldern. „Dienstleistungen" können sich sowohl auf „organisierte Geselligkeit/Freizeit" als auch auf kirchliche Anliegen und situationsgebundene soziale oder politische Probleme richten. Der Charakter eines „Verbandes" oder einer „Bewegung" verflüchtigt sich damit; die Tätigkeiten sind vornehmlich von Hauptamtlichen (oder solchen, die es werden könnten) getragen.

Viertes Szenarium: „Professionelle" Tätigkeit in KAB und/oder CAJ erhält zwar ein noch größeres Gewicht als bisher, aber der Verbandscharakter bleibt insoweit erhalten, als

7 Diese Szenarien wurden von Prof. Arno Klönne im Rahmen der Verbandsstudie KAB – CAJ 2000 für die II. zentrale Zukunftswerkstatt formuliert. Sie sind in der Dokumentation der Tagung veröffentlicht.

die Richtung der Arbeit von der „Basis“ her mitgeprägt bleibt; die „Basis“ bilden vielfältige, nicht unbedingt dauerhafte Initiativen, Projekte und eigenständige, zahlenmäßig nicht allzu große Gruppen. Inhalte und Themen der Tätigkeit bieten ein weites Spektrum. „Kampagnen“ zu bestimmten, interessierenden Fragen stellen von Zeit zu Zeit Gemeinsamkeit her. Die Tätigkeitsform des *„Netzwerkes“* setzt sich durch.

Fünftes Szenarium: KAB und/oder CAJ konzentrieren sich auf die *Vertretung bestimmter Bevölkerungsgruppen,* die in der Arbeitswelt und im sozialen Leben unter besonderem Problemdruck stehen bzw. besonders benachteiligt sind, und sie gewinnen hier auch neue Mitglieder, verlieren dabei freilich auch bisherige Mitgliedergruppen. Unter Anknüpfung an Inhalte der kirchlichen Soziallehren wird ein offensives sozialpolitisches Programm entwickelt, und die Funktion sozialer Beratung wird ausgebaut.

Sechstes Szenarium: KAB und/oder CAJ erneuern sich im Sinne einer *„missionarischen Bewegung“,* sowohl das religiöse als auch das soziale Leben betreffend, mit hohem Verbindlichkeitsgrad der Teilnahme an der Tätigkeit der Gruppen. Andauernde Konflikte mit Teilen der bisherigen Mitgliederschaft, aber auch mit kirchlichen Instanzen und mit der „etablierten Politik“ werden in Kauf genommen, auch die Schwierigkeiten, die so für „Professionelle“ entstehen. In Kauf genommen wird auch, daß KAB und CAJ zahlenmäßig kleiner werden. KAB und CAJ ziehen „unruhige Geister“ mehr als bisher an. Der verbandliche Zusammenhalt wird immer wieder neu auf die Probe gestellt . . .

Bei den Szenarien 5 und 6 ist zu fragen: Welche spezifischen sozialen Problemgruppen könnten es sein, die eine Entwicklung zu einem „sozialen Interessenverband“ möglich und sinnvoll machen könnten? Welche religiösen und sozialen Leitbilder könnten es sein, die einen „missionarischen“ Anspruch rechtfertigen und einlösen könnten?

Vier strategische Empfehlungen für überregionale Jugendverbandsleitungen

Spätestens bei der Auseinandersetzung mit verschiedenen Zukunftsoptionen wird sichtbar, daß Leitungen von Jugendverbänden heute vor einer sehr komplexen Aufgabe stehen. Und diese ist mit einer stets zu dünnen „Personaldecke“ zu bearbeiten. Die Komplexität des Zukunftswerkstattprozesses hat zur Formulierung von vier strategischen Empfehlungen geführt, die sich vorrangig an überregionale Leitungen richten. Wenn ein Jugendverband, wie die CAJ, Politik *von, mit und für Jugendliche* ermöglichen will, müssen verschiedene Handlungsebenen unterschieden werden. Nicht von allen in der Organisation können alle Ebenen bearbeitet werden. Wichtig ist nur, die zentralen Handlungsanforderungen hinsichtlich ihrer gegenseitig sich ergänzenden Funktionen im Auge zu behalten. Die Mitarbeit in der CAJ sollte und kann mit diesem differenzierten Blick auf die Neigungen und Fähigkeiten von Menschen ausgerichtet werden und sich auf die erkannten zukunftsrelevanten Ebenen jeweils konzentrieren.

Die folgenden vier strategischen Empfehlungen stellen ein aus der Zukunftswerkstattarbeit entwickeltes Grundgerüst dar, welches bereits in verschiedenen Verbandsrunden mit Leitungsmitgliedern als Handlungsanleitung erfolgreich genutzt wurde. Sie sind jeweils mit einem offenen Katalog von zu beachtenden Aspekten versehen, die in der Zukunftswerkstatt wichtig geworden und in jeweiligen Strategiefortbildungen und -planungen besonders mit neuen Leitungsmitlgiedern erarbeitet und neu gefüllt werden können. Hier werden jeweils nur die vier Ebenen benannt und mit einigen Stichworten exemplarisch illustriert.

Handlungsebene 1:
Die Basis verbreitern oder die Kommunikationsfläche mit Jugendlichen vergrößern!

(kreative, begeisternde Mitmachangebote; Räume für Aktion/Erlebnis und Gemeinschaft und Gespräch anbieten; unterscheidendes „Ernstnehmen“ der Jugendlichen als Konsumenten, als Neugierige und/oder als Gestaltungswillige; Ausbildung persönlicher Fähigkeiten der Kontaktaufnahme etc.)

Handlungsebene 2:
(Verbandliche) Jugendgruppen anregen, entwickeln und begleiten!

(Cliquen von Jugendlichen durch gezielte Kontaktarbeit begleiten; verschiedene Formen von Gruppen zulassen; Profilierung der Gruppen durch Stärkenprofile; vernetzende und anregende Kampagnen durchführen; etc.)

Handlungsebene 3:
Durch Bilden und Prägen der Kernmitglieder eine bewegliche eigene Elite heranbilden!

(Basisverbreiterung, Gruppe und Kern hängen eng zusammen; eigene wertorientierte Verbandskultur pflegen; Traditionen vermitteln; biographisches Lernen; die Zusammenkunft des Kerns bestimmen durch: Praxis, Reflexion, Planung: systematisches Ausbildungskonzept entwickeln etc.)

Handlungsebene 4:
Verband intelligent managen und leiten lernen!

(Auswahl von Leitern und Hauptamtlichen; Verantwortung für Geld nutzen; Öffentlichkeitsarbeit und Image; Symbole; überschaubar und projektorientiert arbeiten; Beteiligungsformen in Gremien; Zukunftswerkstattmethode; regionale Profile etc.)

3. Ausblicke auf die „ewige Baustelle“: Jugendverband

Die Suchbewegung KAB – CAJ 2000 hat für den Bereich der Jugendverbände neben den vielen Einsichten in die Verbandswirklichkeit eine Fülle an Erkenntnissen, Perspektiven, Motivationen und konkreten Hinweisen für die Zukunftsgestaltung erbracht. Der Weg selbst war bisher bereits ein Teil des Ziels: die Gewinnung von verbandlicher Zukunftsfähigkeit im Interesse von Jugendlichen. Es stehen allerdings noch manche ungelösten Herausforderungen im Raum. Da wäre zunächst die dringende Qualifizierung von Multiplikatoren zu nennen, die Zukunftswerkstattprozesse im Verband anstoßen, moderieren und reflektieren lernen. Damit verbunden ist das Problem der großen Diskontinuitäten in der Jugend(verbands)arbeit. Positive Erfahrungen gehen mit dem schnellen Wechsel von Verantwortlichen und Mitgliedern wieder verloren. Selbst das Festhalten von Erkenntnissen und Handlungsanleitungen auf Papier hilft wenig, wenn nicht Menschen mit Menschen einüben, wie die erkannten Wege zu beschreiten sind. Für die CAJ stehen daher besonders die Frage nach der Gewinnung und Rolle von erwachsenen MitarbeiterInnen und die Frage im Raum, wie gezielte Beratung institutionalisiert werden kann. Die Sicherung von Kontinuität berührt auch das Verhältnis zum Erwachsenenverband, da hier eine Rolle der Erwachsenen für den Jugendverband vermutet werden könnte. Die Praxis der Zukunftswerkstattarbeit hat hier aber mehr Fragen und Schwierigkeiten zum Generationsverhältnis hervorgebracht. Und die liegen eher auf der Seite des Erwachsenenverbandes, der zur Instrumentalisierung der Jugendarbeit für verdrängte eigene Probleme neigt. Ferner sind noch Ideen und Experimente gefragt, die eine verbesserte überregionale Vernetzung der lokalen und regionalen Aktivitäten auf den Weg bringen. Die bundesverbandlichen Strukturen und die überregionale Gremienarbeit stellen vielfach eine Belastung für die Verantwortlichen dar. Manche historische Last gilt es noch in Jugendverbänden abzutragen, damit verbandliches Miteinander sich von unten zeitgemäß erneuern kann. Vielleicht kann der Blick in die Geschichte der Anfänge des Verbandes dabei motivierend wirken, denn die Gründungsgeschichte war in der Regel kreativ und unkonventionell. Unter dem geschichtlichen Blickwinkel können die hier vorgestellten Bausteine der Zukunftswerkstattmethode nicht mehr sein als Beiträge zur bleibenden „ewigen Baustelle" Jugendverband, die von Menschen immer wieder selbst neu behauen werden müssen. Wenn die Bausteine helfen, Jugendliche und junge Erwachsene zu ermutigen und anzuregen, erfüllen sie ihren Zweck, nämlich:

„In einer sich wandelnden Gesellschaft
das Neue wittern und darüber nachdenken,
ob es uns gefällt."

(György Konràd)

Literatur

Jansen, Leo (Hg.): „. . . sie müssen was riskieren." Zur Zukunft des deutschen Sozialkatholizismus. In: Arbeiterfragen 1/94

Klönne, Arno/Mette, Norbert/Schäfers, Michael/Jansen, Leo: KAB – CAJ 2000. Eine interdisziplinäre Studie über Situation und Zukunft der „Katholischen Arbeitnehmerbewegung" (KAB), „Christlichen Arbeiterjugend" (CAJ) und „Jungen KAB" in Deutschland auf der Grundlage von Gruppenprofilen – Inhaltsanalytische Auswertung – (Projektbericht und Materialband), 2. Aufl., Herzogenrath, Paderborn 1994

Wissenschaftliche Arbeitsstelle der Bildungs- und Begegnungstätte der KAB/CAJ (Hg.): Zukunftswerkstatt: Katholische Sozialverbände, Dokumentation vom 12./13. Oktober 1990, Herzogenrath 1991

Wissenschaftliche Arbeitsstelle des Oswald-von-Nell-Breuning-Hauses (Hg.): II. Zukunftswerkstatt: Katholische Sozialverbände zwischen Kritik und Phantasie, Dokumentation vom 24. – 26. Januar 1992, Herzogenrath 1992

Wissenschaftliche Arbeitsstelle des Oswald-von-Nell-Breuning-Hauses (Hg.): III. Zukunftswerkstatt: lernen – bewegen – verändern . . . Bildungsarbeit katholischer Sozialverbände zwischen Tradition und Erneuerung, Dokumentation vom 19. – 21. März 1993, Herzogenrath 1993

Kontaktanschrift:
Wissenschaftiche Arbeitsstelle des Oswald-von-Nell-Breuning-Hauses, Wiesenstraße 17, 52134 Herzogenrath, T.: 02406/9558-20

Neuplanung und Konzeptentwicklungen. Vom abgrenzenden Konzeptprofil zum konzeptnahen Vernetzungsdenken

Benno Hafeneger/Rainer Kilb

Hintergrund der folgenden Ausführungen ist ein in der Offenen Kinder- und Jugendarbeit in Frankfurt/Main durchgeführter Neuplanungsprozeß. Dessen Entstehungsgeschichte, Zielsetzungen und organisatorische Anlage werden kurz beschrieben, um dann aus dem komplexen Prozeß einige Hinweise zu institutioneller Verortung, methodischem Vorgehen und Problemen der Implementierung vorzustellen.

I. Konzeptentwicklung und Planungsstrukturen

Der Neuplanungsprozeß der Offenen Kinder- und Jugendarbeit in Frankfurt versteht sich als Bestandteil einer „anderen" Form von Jugendhilfeplanung. Sie unterscheidet sich von den bisherigen, traditionellen Formen vor allem dadurch, daß sie als permanenter Planungsprozeß angelegt war, um damit adäquater und spontaner auf die Schnellebigkeit von jugendlichen Lebensäußerungen, Kultur- und Organisationsformen eingehen zu können. Initiiert als Planungsprozeß von unten, ist er im Schnittpunkt der Kraftfelder von jugendlicher Interessenebene, MitarbeiterInnenebene und Politik-/Verwaltungsebene angesiedelt.

Es war die Kritik von MitarbeiterInnen aus der Praxis an den Strukturen der Offenen Kinder- und Jugendarbeit, die diesen Neuplanungsprozeß letztlich auslöste. Deren Kritik läßt sich in zwei zentralen Thesen zusammenfassen:

1. Die Entwicklungen in der Frankfurter Kinder- und Jugendarbeit hinken den Entwicklungen und Lebenswelten, den Bedürfnissen und Interessen der potentiellen BesucherInnen hinterher.

2. Die Kooperation zwischen der Verwaltungsebene (Jugendamt) und Praxisebene sowie zwischen den verschiedenen Trägern der Jugendhilfe ist ungenügend oder gar gestört.

Auf gesellschaftliche Herausforderungen, neue Organisationsformen und Orientierungen bei Jugendlichen konnte in der Vergangenheit nur sehr eingeschränkt und oftmals weder inhaltlich adäquat noch spontan reagiert werden. Hinzu kam, daß das bis 1977 funktionierende System von Selbsthilfe, Selbstorganisation sowie Teilautonomie in kommunalen Einrichtungen mit einer hohen Aktivierungs- und Mobilisierungsintensität durch vielfältige politisch-administrative Eingriffe und Klimaveränderungen nahezu völlig demontiert wurde. So sind z.B. selbstverwaltete Initiativen und Jugendgruppen als politische Gefahr gesehen und kaum noch gefördert worden. Die politische Mißachtung und Abwertung Offener Jugendarbeit drückte sich in Haushaltskürzungen aus; dies führte zu Verteilungskämpfen unter den verschiedenen Trägern und stimulierte Widerstand und rege Debatten unter den MitarbeiterInnen. Die Folge war, daß in der Frankfurter Kinder- und Jugendhilfe ein additives System entwickelter Unkultur des Nebeneinanderherarbeitens entstand; gleichzeitig wurde im Zuge der Solidarisierung unter den MitarbeiterInnen eine von diesen weitgehend selbstorganisierte arbeitsfeld- und politikbegleitende Kommunikations- und Organisationsstruktur aufgebaut.

Diese Kritik von MitarbeiterInnen aus der Praxis fand – verbunden mit der Benennung konkreter Perspektiven – ihren Niederschlag in Zielsetzungen einer neuen Jugendpolitik, die über den Neuplanungsprozeß angestoßen werden sollte.

Mit der Planungsanlage wird eine Strategie favorisiert, die versucht, „Reflexion, Planung und Experimente“ aufeinander zu beziehen. Dem Neuplanungsprozeß kamen dabei mehrere Aufgaben zu:

1. Es mußten Strukturen entwickelt werden, mit denen die unzureichende Zusammenarbeit auf den verschiedensten Ebenen (öffentliche und freie Träger, Jugendamt und MitarbeiterInnen) verbessert werden konnte.

2. Bestehende Konzepte, Organisationsstrukturen, Arbeitsformen und pädagogisch-praktische Entwicklungen mußten auf ihre – auf Kinder und Jugendliche bezogene – Angemessenheit und Effektivität – überprüft werden.

3. Neue, angemessene Arbeitsformen und inhaltliche Ansätze sollten entwickelt und erprobt werden.

4. Für den öffentlichen Träger sollten Vorschläge und Empfehlungen zur Neustrukturierung der Arbeit (und des Amtes) entwickelt und begründet werden.

Die Struktur des zweijährigen Neuplanungsprozesses war von drei zentralen Leitmotiven getragen:

– Selbstorganisationspotentiale und Beteiligung auf allen Ebenen zu (re)aktivieren,

– neue Ansätze in der Offenen Kinder- und Jugendarbeit in dem begrenzten Zeitraum von zwei Jahren zu erarbeiten und zu erproben,

– die Kooperationsbereitschaft und -fähigkeit zwischen MitarbeiterInnen und Verwaltung sowie trägerübergreifend zu verbessern.

Dies erforderte spezifische Rahmenbedingungen, die es in der bisherigen Jugendamts- und

Jugendhilfestruktur von Frankfurt/Main nicht gegeben hat. In einer einjährigen Vorlauf-, Reflexions- und Konstruktionsphase wurde eine „Koordinierungsgruppe Neuplanung“ (KG) etabliert, die den Prozeß inhaltlich, kommunikativ und organisatorisch getragen hat. In die „Koordinierungsgruppe Neuplanung“ (KG) waren ein bzw. zwei MitarbeiterInnen aus folgenden Trägerbereichen und Zusammenhängen delegiert: Städtische und freie Träger der Offenen Kinder- und Jugendarbeit; IB, der Caritasverband, die Arbeiterwohlfahrt; der LAG soziale Brennpunkte; der Stadtjugendring, Facharbeitsgruppen, gewerkschaftliche Gruppen, der Arbeitskreis ausländischer MitarbeiterInnen. In der KG waren weiterhin zwei Vertreter des Jugendamtes, und es gab eine enge Kooperation mit dem „Amt für multikulturelle Angelegenheiten“ und dem Dezernat für Frauen. Den Prozeß begleiteten vier WissenschaftlerInnen, die u.a. in der KG mitarbeiteten. Die KG wurde von drei hauptamtlichen MitarbeiterInnen unterstützt, die – über eine vertragliche Vereinbarung – beim Institut für Sozialarbeit und Sozialpädagogik (ISS) mit zeitlich befristeten Verträgen angestellt waren.

Die KG war Kern des Neuplanungsprozesses, dessen Struktur sich in einem Schaubild darstellen läßt (vgl. Schaubild 1).

Der Arbeitsrhythmus der KG war durch regelmäßige Tagestreffen – einmal im Monat – strukturiert; sie waren bestimmt von thematischen Schwerpunkten (z.B. Wohnprojekte, Vernetzung auf Stadtteilebene, Arbeit mit Mädchen und jungen Frauen, multikulturelle Kinder- und Jugendarbeit, Gewalt) und organisatorischen Absprachen (u.a. Kommunikation mit Parteien, Dezernat, Vorbereitung eigener Veranstaltungen, Fortbildung). Im Rahmen des Neuplanungsprozesses entwickelten sich neben der KG vielfältige weitere, neue Arbeitsbeziehungen unter den MitarbeiterInnen. Neben der KG Neuplanung gab es eine Koordinierungsgruppe der städtischen Einrichtungen sowie trägerbezogene Zusammenhänge, gab es themenbezogene Arbeitskreise zu Medien, Kinder-, Jungen-, Mädchenarbeit, Arbeitsbedingungen, Wohnen, Ausbildung/Arbeit, multikultureller Jugendarbeit. Viele Treffen, Vorarbeiten, inhaltlichen Diskussionen verweisen auf eine neu entwickelte, politisch gewollte und vertrauenvolle Zusammenarbeit unter den MitarbeiterInnen; es realisierte sich ansatzweise die Perspektive, daß Erfahrungen und Fachlichkeit ernstgenommen und aufgegriffen werden. Der Neuplanungsprozeß bezog sich auf zwei wesentliche Aspekte:

1. Unter sechs Arbeitstiteln sollten neue Ansätze entwickelt und erprobt werden: Kooperationsmodelle auf Stadtteilebene, Aufbau einer dreisäuligen Arbeit mit Mädchen und jungen Frauen, Wohnprojekte, Arbeitsprojekte, Nutzung städtischer Räume für Kinder und Jugendliche, generelle Berücksichtigung von multi-ethnischen Fragestellungen.

2. Sämtliche Offenen Kinder- und Jugendeinrichtungen sollten in einer ersten Phase über eine Ist-Stand-Analyse das eigene Konzept in seiner Angemessenheit auf die Entwicklung von „Kindheit und Jugend“ hinterfragen, in einer zweiten Phase neue konzeptionelle Ansätze und praktische Angebote entwickeln und diese in einer dritten Phase ansatzweise realisieren.

Mit dieser neuen und modellhaften Form von praxisnaher und permanenter (zunächst auf zwei Jahre angelegter) Kinder- und Jugendhilfeplanung wurde ein Weg eingeschlagen, der es ermöglichen soll:

– Entwicklungen und Probleme von Kindern und Jugendlichen schneller wahrnehmen und auf hohem fachlichem Niveau bearbeiten zu können;

– durch eine dialogische und kooperationsfördernde Struktur die materiellen, fachlichen und personellen Ressourcen besser zu vermitteln und nutzbar zu machen;

– kritisch reflektierend die Entwicklungen in der Offenen Kinder- und Jugendarbeit – u.a. durch die Mitarbeit von externen WissenschaftlerInnen – zu begleiten.

Der Neuplanungsprozeß hat sich als eine „andere“ Form von Kinder- und Jugendhilfepla-

Neuplanung der Offenen Kinder- und Jugendarbeit in Frankfurt a.M.

Modellversuche
thematische Schwerpunkte

↓

Regionalisierung/
Dezentralisierung
Vernetzung

*
Mädchenarbeit
Jungenarbeit
*
Arbeitsbedingungen
*
Multikulturelle Ansätze
*
Teeniearbeit
*
Wohnprobleme
*
Berufseinstieg
*
Ressourcenbörse

Koordinierungsgruppe Neuplanung	
2 Koordinatorenstellen	
7 Delegierte aus folgenden Bereichen:	
– Kommunale Kinder- und Jugendarbeit	↔ Mitarbeiterversammlung
– Arbeitsgemeinschaft freier Träger	↔ Mitgliederversammlung
– Zusammenschluß selbstverwalteter Einrichtungen	↔ Mitgliederversammlung
– IB-Jugendsozialwerk	↔ Mitgliederversammlung
– AWO-Jugendwerk	↔ Mitgliederversammlung
– Intern. Familienzentrum	↔ Mitgliederversammlung
– Caritasverband	↔ Mitgliederversammlung
4 Delegierte aus folgenden Fach-AKs:	
– AG Offene Jugendarbeit	
– AG Mädchenpolitik	
– Ausländische Mitarbeiter AG	
– ÖTV-Betriebsgruppe	
1 Delegierter des Stadtjugendrings	↔ Vollversammlung
1 Vertreter der LAG „Soziale Brennpunkte“	↔ Einrichtungstreffen
2 Vertreter des Jugendamtes	
2 Vertreter anderer Dezernate	
– Frauenreferat	
– Amt für Multikulturelle Angelegenheiten	
4 Mitglieder Wissensch. Begleitung	

nung verstanden. Er unterscheidet sich von bisherigen Formen (insbesondere über Gutachten von Instituten, vom Amt und Jugendhilfeausschuß selbst realisiert) vor allem dadurch, daß er als permanenter Planungsprozeß und als Planungsprozeß von unten angelegt war. Damit stand er im Schnittpunkt durchaus unterschiedlicher Interessen und Sichtweisen von Kindern und Jugendlichen, von MitarbeiterInnen, von Politik und Verwaltung. Die Überlegung, den Neuplanungsprozeß vor allem durch die MitarbeiterInnen in der Offenen Kinder- und Jugendarbeit zu realisieren, bezieht sich auf die Grundidee, diejenigen, die Planung(sergebnisse) später umsetzen sollen, von Anfang an zum Träger derselben zu machen; d.h. es ging um eine praxisnahe, kommunikationsintensive Anlage und Struktur, um die Vermeidung langer Umsetzungs- bzw. Übersetzungsprozeduren.

II. Gemeinsamer methodischer Einstieg

Es erschien gerade in der Anfangsphase dieses Prozesses wichtig, mit Hilfe eines einheitlichen Instrumentes eine gemeinsame Arbeitsgrundlage für die vorgenommenen Aufgaben zu entwickeln. In einem ersten Arbeitsschritt wurde deshalb ein Raster zur Konzeptionserstellung entwickelt[1]. Die Struktur dieses Rasters orientiert sich an folgenden Arbeitsschritten:

Raster zur Konzeptionserstellung

1. Bestandsbeschreibung: Fakten und Arbeitsbedingungen

– Stadtteil
– Geschichte der Einrichtung
– Gegenwärtige Situation der Einrichtung (Lage im Stadtteil, Räume, Finanzsituation, MitarbeiterInnen, Öffnungszeiten, Arbeitsschwerpunkte, Zielgruppen, Kooperationspartner, Konkurrenzen, Rechtsgrundlage, Trägerschaft, Entscheidungsstrukturen)

2. Ziel der Arbeit:

– Grundsatzziele (gesetzlicher Auftrag, kommunaler Auftrag, etc.)
– Rahmenziele (für jedes Grundsatzziel)
– Ergebnisziele

3. Zielbewertung:

Welches sind die wichtigsten Ziele aufgrund welcher Kriterien? (Zielprioritäten)

4. Mittel und Maßnahmen

(bezogen auf jedes Ergebnisziel)

5. Botschaften

(für jedes Grundsatz-, Rahmen- und Ergebnisziel: Mit welcher Botschaft soll welche Zielgruppe angesprochen werden?)

6. Überprüfung der Realisierbarkeit

– Faktenanalyse (welche Bedingungen hemmen bzw. fördern die Zielerreichung?)
– Realisierungsprognose

7. Zielkorrektur (gegebenfalls)

– neue Abfolge der Punkte. 2-5

8. Zusammenhänge/Verknüpfungsmöglichkeiten der Ziele

9. Zeitachse

10. Verantwortlichkeiten/Zuständigkeiten

11. Controlling

12. Evaluation

1 Das Raster wurde mit D. Damm erarbeitet

Zu Beginn des Planungsprozesses wurde sämtlichen MitarbeiterInnen während einer einwöchigen Fortbildungswoche die Möglichkeit angeboten, ihre Arbeit mit Hilfe dieses Rasters zu hinterfragen. Dies geschah in Arbeitsgruppen, die nach Stadtgebieten (-teilen) gegliedert waren, und zwar in der Absicht, daß sich die verschiedenen Einrichtungen als Infrastrukturelemente eines bestimmten Lebensraums begreifen und definieren lernen sollten. Die MitarbeiterInnen erarbeiteten (nach Metaplanverfahren) über dieses Raster

– eine Bestandsaufnahme der Situation von Kindern und Jugendlichen in ihren Einrichtungen,

– eine Einschätzung der Situation im jeweiligen Lebens-/Stadtraum,

– eine Überprüfung des eigenen Arbeitsansatzes,

– Handlungsperspektiven unter den Gesichtspunkten der Interessenlage aller Jugendlicher, der eigenen Arbeitssituation und der Kooperation im Stadtteil.

Zielsetzung war, über eine fachlich angeleitete Selbstdiagnose die MitarbeiterInnen zu bestärken, sich selbst zuzutrauen, ihre Arbeitsfelder zu „entrümpeln“, Neues zu strukturieren und Formen einer ständigen Reflexion zu finden.

Das Konzeptraster erfüllte während dieser Fortbildungswoche mehrere Funktionen:

1. Es diente als Strukturrahmen für Konzepterarbeitungsprozesse in den einzelnen Einrichtungen.

2. Im Kontext der sozialraumbezogenen Arbeitsgruppeneinteilung führte es zu Transparenz und einer gewissen Vergleichbarkeit der Arbeitsansätze.

3. Wir erhielten einen aus der Sicht der MitarbeiterInnen geprägten Gesamtüberblick zu Problemstellungen im Arbeitsfeld und konnten hieraus Arbeitsziele des Gesamtprozesses neu bewerten und auch modifizieren.

III. Konzeptentwicklung zur Vernetzung von Angeboten am Beispiel einer Trabantenstadt

Im Stadtteilarbeitskreis einer Frankfurter Trabantenstadt mit umliegenden historischen Stadtteilen arbeiten MitarbeiterInnen von sieben Kinder- und Jugendfreizeiteinrichtungen seit etwa einem Jahr zusammen. Die Kooperation bezog sich vor allem auf die gemeinsame Öffentlichkeitsarbeit sowie Aktionen im Stadtteil. Außerdem beschäftigte man sich mit Problemen, die es in einem Jugendhaus zwischen Träger, MitarbeiterInnen und Jugendlichen gab. Nach der gemeinsam durchgeführten Ist-Stand-Analyse sollte nun an einer gemeinsamen Konzeption für das Gebiet der Trabantenstadt gearbeitet werden. Dabei sollten die verschiedenen Einzelkonzepte der Einrichtungen aufeinander abgestimmt werden. Sie sollten einerseits an den Interessen von Kindern und Jugendlichen orientiert werden, andererseits aber auch über fachliche Inputs an den neueren fachlichen Entwicklungen ausgerichtet sein sowie die jeweilige soziale Situation im Stadtgebiet berücksichtigen.

Die gemeinsame Konzeption wurde entsprechend dieser Anforderungen in prozessualer Form über folgende Arbeitsschritte entwickelt:

In der methodischen Anlage ist dieser stadtteilorientierte Prozeß von Konzeptentwicklung dadurch geprägt, daß die eigene Praxiswahrnehmung hinterfragt und durch „externe Interventionen“ begleitet wird. Dazu gehören:

– eine Zusammenstellung von für die Konzepterstellung relevanten Sozialdaten sowie deren Interpretation,

– eine Beurteilung und Interpretation der Klientelinteressen durch StudentInnen,

– eine durch außenstehende Fachleute durchgeführte Beurteilung des fachlichen Standards.

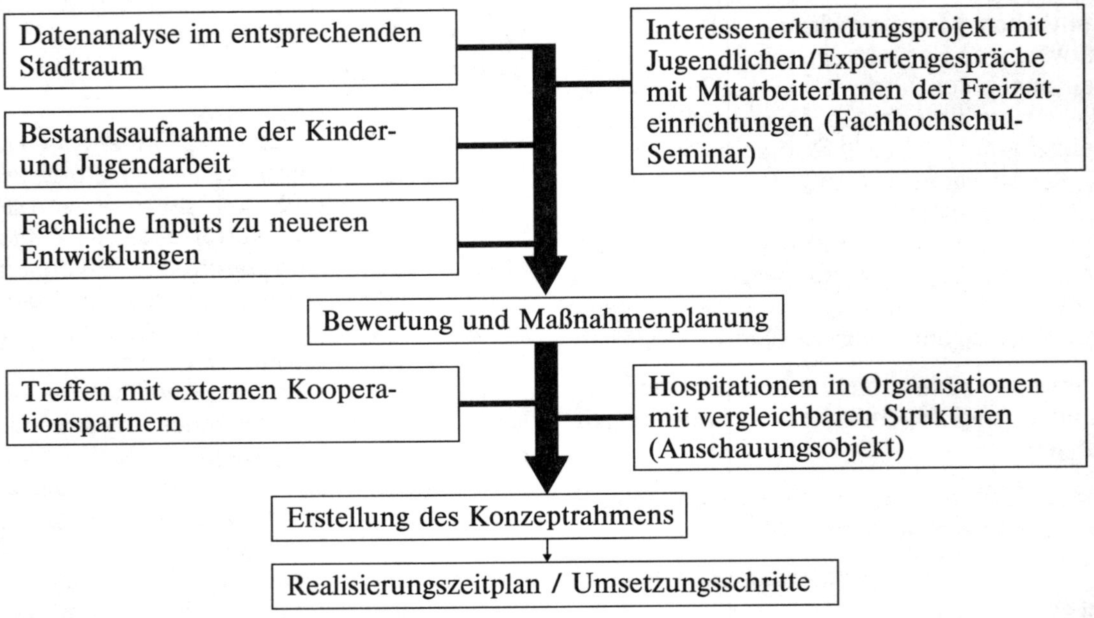

Organisatorischer Kern: Stadtteilarbeitskreis mit den Funktionen:
- Umsetzungsbegleitung und Steuerung
- Controlling
- Evaluation (mit externer Begleitung)
- dezentrale Ressourcenverantwortung und -verteilung
- Infothek
- kontinuierliche Reflexion

In einem weiteren Arbeitsschritt findet dann eine Bewertung der aktuellen Angebotsstruktur durch die MitarbeiterInnen statt, die wiederum in eine neu ausgewiesene Maßnahmenplanung einmündet. Dieser Prozeß der Maßnahmenplanung geht einher mit ersten Realisierungs- und entsprechenden Evaluationstätigkeiten. Vorteil dieser zeitlichen Parallelstruktur von Konzeptionierung und Implementierung ist die Praxis- und Erprobungsdichte. Nachteilig kann sich diese Verbindung auf mögliche kreative und visionäre Aspekte und Elemente während eines Konzepentwicklungsprozesses auswirken.

Diese Methode einer Konzeptentwicklung eignet sich unserer Meinung nach gerade in unübersichtlich gewordenen und sehr ausdifferenzierten Angebotssystemen von Großstädten bzw. großstädtisch geprägten Einzugsbereichen. Ihre Ergebnisse sind eher miteinander vergleichbar und eignen sich daher als Steuerungssystem in komplexen Jugendhilfestrukturen.

IV. Allgemeine Hinweise zur Konzepterarbeitung

Vergleicht man die unterschiedlichen Konzeptentwicklungstätigkeiten im Frankfurter Neuplanungsprozeß miteinander, so bildet sich eine ideelle Gesamtarbeitsstruktur ab, die aus neun Arbeitsschritten besteht:

Arbeitsschritte zur Konzepterstellung

(1) Auftrag
↘
(2) Informationstransfer/Organisation/Beteiligung
↘
(3) Genaue Zielfindung
↘
(4) IST-Stand-Analyse (Raster)
↘
(5) Qualitätszirkel (fachliches Input/fachliche Begutachtung durch Externe)
↘
(6) Konzepterstellung
- Konzeptdesign/-struktur/-zeitraster
- Aufgabendelegation/-verteilung
- Controlling
- Ergebniszusammenstellung
- Diskussion und Überarbeitung
- Interne Verabschiedung

↘
(7) Konzepttransfer: „vom Konzept zur Praxis":
- Umsetzungsplanung: Umsetzungsschritte, Umsetzungsmethoden

↘
(8) Konzepterprobung/ggf. Konzeptveränderung
↘
(9) Konzeptweiterentwicklung
- in festgelegten Zeitabschnitten z.B. durch Praxisreflexion (monatlich durch externe Person), Konzepttag (jährlich), Evaluation (alle drei Jahre)

Als wichtiger und auch schwieriger Arbeitsschritt schälte sich die Zielfindung heraus. Sie war deshalb kompliziert, weil hier die meisten Einflußvarianten wirksam wurden, wenn man Zielfindung als Diskurs begreift, der die verschiedenen Interessen, Rahmenbedingungen, Binnen- sowie Außenstrukturen berücksichtigen soll.

Zielfindung stellt sich dann als Diskurszirkel dar, der fortlaufenden Charakter besitzt, als strukturierendes Element gesehen werden sollte und die Notwendigkeit impliziert, nach einem Zeitplan Schnitte machen zu können, um Zwischenziele formulieren zu können.

Die geschriebenen Konzepte waren sehr unterschiedlich, je nach Zielsetzungen und Rahmenbedingungen. Allerdings waren die meisten nach einem ähnlichen Muster gegliedert. Dies hängt sicherlich mit den einschlägigen konzeptionellen Vorarbeiten zusammen.

Zielfindung Konzeptdiskurs

Was sind die Zielsetzungen aus Sicht der professionellen MitarbeiterInnen?

↓

Welche Zielvorgaben existieren gesetzlich (KJHG), und welche Orientierungen gibt es in der Fachdiskussion?

↓

Welche historischen Entwicklungslinien existieren und müssen berücksichtigt werden?

↓

Wie sehen die räumlich-baulichen Ressourcen aus?

↓

Wie kann hohe Flexibilität in der Arbeit konzeptionell verankert werden?

↓

Welche fachlichen und persönlichen Voraussetzungen existieren bei den Beteiligten?

→

Welche organisatorischen und kooperativen Zusammenhänge gibt es im Binnensystem?

↑

Gibt es inhalts- und zielvergleichbare Parallelangebote (Horte, Soz. Gruppenarbeit)?

↑

Wie verhält es sich mit finanziellen Ressourcen?

↑

Wie stellt sich das Verhältnis zwischen Offenener Jugendarbeit und anderen Bereichen der Jugendhilfe (erz. Hilfen/and. A. Kindertageseinrichtungen) dar?

↑

Welche politische Bedeutung/Wertigkeit kommt der Offenen Jugendarbeit zu?

↑

Wie sind die jugendbezogenen Erkenntnisse (Nutzanalyse) für die Offene Jugendarbeit zu werten?

→ (zurück zu: Was sind die Zielsetzungen aus Sicht der professionellen MitarbeiterInnen?)

Konzeptaufbau

(1) Institutioneller Rahmen
- Träger
- Geschichte der Einrichtung
- Örtlichkeiten/Gemeinwesenstrukturen
- Konzeptionelle Entwicklungen
- Räumlichkeiten
- Personal
- Finanzierung
- Gesetzliche Rahmenbedingungen (KJHG)
- Kommunalpolitische Erwartungen/ Auftrag

(2) Zielgruppen
- Situationsbeschreibungen allgemeiner Art
- Ort- bzw. gruppenspezifische Betrachtungsebene (Cliquenportrait, Kinder- und Jugendbefragungen etc.)

(3) Stand der Fachdiskussion, z.B. Jugendberichte der Bundesregierung, Fachliteratur etc.

(4) Eigene Zielformulierungen

(5) Methoden

(6) Arbeitsstruktur/-planung Angebote, Projekte

(7) Effizienzprüfung

(8) Konzeptfortschreibung

Wichtiger Punkt im Arbeitszusammenhang der verschiedenen Konzepterarbeitungen war letztendlich die Klärung organisatorischer und handwerklich-fachlicher Fragen. Die Frankfurter Erfahrungen lassen sich auf drei Ebenen abbilden:

Der Jugendarbeit ist es bisher nicht gelungen, sich als weitere, gesellschaftlich anerkannte, Sozialisationsinstanz zu etablieren. Insofern unterliegt sie objektiv als individuell nicht einklagbare Dienstleistung, wie andere öffentliche Dienstleistungen auch, einem Legitimationsdruck. Dieser wird besonders stark in rezessiven wirtschaftlichen Phasen, unabhängig von der fachlich berechtigten Position antizyklischer Notwendigkeit (gerade wichtig bei hoher Arbeitslosigkeit etc.). Der augenblicklich stattfindende Umbau der öffentlichen Verwaltung – von der Hoheitsverwaltung hin zur serviceorientierten Dienstleistung – wird auch vor der Jugendhilfe nicht haltmachen. Insofern müssen Konzeptionen u.a. auch diesen sich verändernden Rahmenbedingungen Rechnung tragen.

N. Ortmann wies im Zusammenhang der Hammer Planungsarbeiten auf neue Planungsparadigmen hin. Wir möchten die von ihm Vorgegebenen noch etwas erweitern: Planungen, also auch Konzepterstellungen, sollten danach – und dies sind gesetzliche Vorgaben (KJHG) – prozeßorientiert und beteiligungsorientiert (partizipativ) angelegt sein. Sie müssen also fortschreibbar sein.

Fortschreibbar sind sie aber nur dann, wenn es eine gesicherte Struktur von Reflexion und Fortbildung sowie eine fortlaufende Klientel-/ Besucherdiagnose gibt. Im Zusammenhang mit der Diskussion über Arbeitseffektivität wäre u.E. zudem zu überlegen, welche Instrumente geeignet sein könnten, die Wirkung einer Konzeption im praktischen Handlungszusammenhang zu analysieren. Jugendareit kann u.E. nach nicht so tun, als stimme das jeweils Geplante auch immer mit der darauffolgenden Realisierungswirklichkeit überein. So wäre jedes Konzept in Zeitabschnitten wieder zu hinterfragen. Als Instrumente hierfür würden sich Nutzerbefragungen bzw. repräsenta-

Handwerker/Organisation

1. Anspruch klären:

- Soll jede/r alles machen?
- Soll arbeitsteilig vorgegangen werden?
- Wenn ja, soll nach individuellen Kompetenzen verteilt werden?
- Soll jemand die Federführung übernehmen?

2. Frankfurter Erfahrungen:

- Kompetenzen personell klären: Wer ist für was am besten geeignet?
- Ressourcen klären: Zeitbudget der Auserwählten
- Aufteilen in Zweiergruppen (Schreiber/Reflektor/in)
- Federführung/Koordination festlegen
- Koordination hat Controllingaufgaben (Zeiteinhaltung)

3. Prinzipien:

- So komplex wie nötig oder: so einfach, wie möglich!
- So arbeitsteilig wie nötig!
- So komprimiert wie möglich!

4. Handwerk/Methoden:

Gruppengespräche
(alle)

Protokolle
(eine/r)

Berichterstattung
(eine/r, Pärchen)

tive Befragungen z.B. in Schulklassen (Projektunterricht) anbieten.

Zu guter Letzt müßten Konzeptionen auch die (vorhandenen) Ressourcen mehr berücksichtigen.

Viele Konzepte sind so angelegt, daß sie, ausgehend von einer Situationsanalyse, sehr institutionsorientiert (auf die eigene Institution) ausgerichtet sind und manchmal außer acht lassen, daß es Angebote im Bereich Erziehungshilfen oder Tageseinrichtungen (Soziale Gruppenarbeit, EBSch., JGH, Horte etc.) gibt, die teilweise ähnlichen Charakter haben wie jugendarbeitsinterne Projekte. Hier sollte sich Jugendarbeit auch in konzeptioneller Hinsicht ressourcenbewußt präsentieren.

V. Veränderungsperspektiven und Implementierung

Wir möchten zum Schluß noch einmal auf die Inhalte kommen, die Gegenstand der konzeptuellen Arbeiten im Neuplanungsprozeß waren. Für die Offene Kinder- und Jugendarbeit erscheinen uns aus den Erkenntnissen des zweijährigen Neuplanungsprozesses vier konkrete Veränderungen sinnvoll zu sein.

1. Kinder- und jugendlichenorientierte Aspekte

– innovative, d.h. ständig zu erneuernde inhaltliche Ausrichtung,

– Förderung von Partizipationsstrukturen bei Kindern und Jugendlichen.

2. MitarbeiterInnenbezogene Erneuerungen

– Praxisreflexion, Fortbildung, Supervision, Information, Um- und Ausstieg.

3. Organisationsbezogene Aspekte

– Schwerpunktsetzungen bei gleichzeitiger Vernetzung,
– regionale Vernetzung,
– zentrale Vernetzung,
– Jugendhilfeplanung.

4. Quantitative Aspekte

Für die Reformprozesse sind zwei Leitgedanken leitend:

– Die jeweiligen inhaltlichen Angebote und die Art der Zielgruppenarbeit bewegen sich in einem *ständigen Aushandlungsprozeß* zwischen Kinder- und Jugendinteressen einerseits sowie pädagogischen Zieldefinitionen andererseits. Dieser Aushandlungsprozeß dient der Strukturierung des Arbeitsfeldes und sollte auf verschiedenen Ebenen organisiert und fachlich begleitet werden.

– Die MitarbeiterInnen in den Einrichtungen brauchen aufgrund ihrer komplexen und belastenden Arbeitsanforderungen *ein Netz von Begleit-, Auffang- und Wechselmöglichkeiten,* das geeignet ist, Motivierung sowie Reflexions- und Strukturierungsfähigkeiten zu erhalten. Dies ist zukünftig als Aufgabe der Träger abzusichern.

Die augenblicklichen organisatorischen Strukturen auf Verwaltungs- wie auf Praxisebene sowie zwischen diesen sind erneuerungsbedürftig. Sie sind durch die Ausdifferenzierung kaum noch durchschaubar. Neue Strukturen dürfen dabei weder die Vielseitigkeit der Trägerlandschaft und der Angebote noch die Autonomie zahlreicher Praxisbereiche gefährden. Sie sollten aber gewährleisten, daß es mehr Bezüge und Akzeptanz zwischen den teilweise äußerst unterschiedlichen Ansätzen gibt. Das begründet zwei Prinzipien: *möglichst viel Delegation von Verantwortung auf die praxisorientierten Handlungsebenen der Vor-Ort-Angebote (in die Teams) bei gleichzeitigen Angeboten an strukturierender, fachlicher und finanztechnischer Unterstützung* durch die jeweiligen RegionalberaterInnen, RegionalkoordinatorInnen sowie die FachreferentInnen.

Gleichzeitig sind die strukturell bedingten Schwierigkeiten in der Abteilung Jugendpflege des Jugendamtes zu bearbeiten. Dies erscheint möglich innerhalb einer größeren strukturellen Veränderung des gesamten Amtes. Aus der Perspektive des hier behandelten Arbeitsbereiches „Offene Kinder- und Jugendarbeit“ sollten folgende strukturellen Veränderungen stattfinden:

a) Dezentralisierung und trägerübergreifende Organisation der Koordination der Einrichtungen Offener Kinder- und Jugendarbeit in 10 bis 15 Regionalgruppen/-bezirken.

b) Kooperation der verschiedenen Fachgebiete des Jugendamtes mit der Offenen Kinder- und Jugendarbeit.

c) Dezernatsübergreifende Kooperationsformen mit Schuldezernat, Frauen- und Gesundheits-, multikulturellem sowie Bau- und Stadtplanungsdezernat.

d) Einrichtung fachkompetenter Drehpunktpersonen zu den neun beschriebenen Arbeitsbereichen (Fachreferate).

e) Einrichtung eines Referates für Praxisbegleitung, Fortbildung, Information und Ausstiegshilfen in einem Informationszentrum/ einer Ressourcenbörse in Kooperation mit dem Kinderbüro.

f) Entwicklung eines dauerhaften Kooperationsverhältnisses und eines permanenten fachlichen Diskussionsprozesses der MitarbeiterInnen von verschiedenen Trägern, der FachreferentInnen und der Jugendhilfeplanung durch Weiterführung der Koordinierungsgruppe mit veränderter und zu ergänzender Besetzung.

VI. Kommunikation, Kooperation, Prozesse

Mit dem knapp zweijährigen Neuplanungsprozeß wurde ansatzweise das geleistet, was in Zukunft zum Auftrag und Alltag von Jugendhilfeplanung – angesiedelt beim zuständigen Dezernat – werden müßte:

– Enge Zusammenarbeit von Delegierten in einer Koordinierungsgruppe und in Arbeitsgruppen, um möglichst viele MitarbeiterInnen zu beteiligen (u.a. zu Mädchenarbeit, multikultureller Arbeit, Jugend und Wohnen, Jungenarbeit, Jugend und Gewalt, Vernetzung der Träger im Stadtteil);

– Fachliche Unterstützung und Beratung (u.a. neue Konzepte und Schwerpunkte in der offenen Arbeit, Arbeit mit jüngeren Jugendlichen, kultur- und erlebnisorientierte Arbeit, vernetzte Trägerschaft bei neuen Einrichtungen, Stadtteiljugendpflege),

– Prozeßbegleitung, u.a. als Fortbildung, Beratung und Supervision sowie Öffentlichkeit.

Reibungen, unterschiedliche Interessen und Sichtweisen gehören zu jedem komplexen Arbeitsfeld; sie gehören auch zum „Geschäft“ der Jugendarbeit und der Jugendpolitik. Verwaltung und eine von den Kindern und Jugendlichen her begründete Fachlichkeit, die von den MitarbeiterInnen vertreten wird, haben ihre jeweils eigene Logik von Erfahrung, Wahrnehmung und Problemlösung. Diese können kontraproduktiv sein, wenn tragfähige Mechanismen der Information, Verständigung und Umsetzung von notwendig erachteten Veränderungen und Neuerungen (z.B. zu: Drogen und Prävention, Jugend und Gewalt, Jugend und Wohnen, Mädchenarbeit, Arbeit mit jüngeren Jugendlichen, vernetzter Trägerschaft und Stadtteiljugendpflege) fehlen. Dann laufen Prozesse parallel, werden Neuerungen mit finanziellen Argumenten und verwaltungsförmiger Logik ("geht nicht, muß noch geprüft werden, sind wir nicht zuständig“ u.ä.) blockiert. Das macht alle Beteiligten in Politik und Verwaltung – soweit sie wirklich Interesse an Innovation und Neuplanung haben –, vor allem aber die MitarbeiterInnen in den Einrichtungen unzufrieden. Die Koordinierungsgruppe und die MitarbeiterInnen haben dieses Neben- und Gegeneinander teilweise korrigiert, sie waren zwei Jahre lang eine tragfähige Basis für bessere Kommunikation und fachliche Auseinandersetzung.

Für die Praxis der Offenen Kinder- und Jugendarbeit zeigen die Erfahrungen und auch die Ergebnisse einer Untersuchung zu den Arbeitsbedingungen der MitarbeiterInnen, daß vor allem innere Reformen von zentraler Bedeutung sind.

Die erste Reform bezieht sich auf die Bereiche „Vernetzung, Kooperation und Infrastruktur“. Es ist fachlich kaum noch umstritten, daß die MitarbeiterInnen in sozialen und pädagogischen Institutionen und Einrichtungen, die mit Kindern und Jugendlichen im gleichen Stadtteil zu tun haben, nicht nebeneinander, sondern zusammenarbeiten sollen. Diese Zusammenarbeit gilt

– für die Diskussion von Entwicklungen, Erfahrungen und Problemen von Kindern und Jugendlichen (z.B. Armut, Verhaltensweisen wie Gewalt und Aggressivität; fehlende Nachmittagsangebote sowie Spiel- und Treffmöglichkeiten im Stadtteil),

– für die Entwicklung von angemessenen Lösungen im Stadtteil (z.B. Schaffung von Räumen und Treffmöglichkeiten, Nutzung von Schulhöfen) sowie neuen oder veränderten Angeboten in den Einrichtungen (z.B. Essen, Öffnungszeiten, Sport und erlebnisorientierte Angebote);

– für die Lobbyarbeit (Öffentlichkeitsarbeit) in Stadtteil und Stadt.

Es gibt in einigen Stadtteilen gute Ansätze und Erfahrungen (Stadtteilarbeitskreise). Im Neuplanungsprozeß wurde auf die Qualifizierung dieses Bereiches ein Schwerpunkt gelegt, viele Initiativen wurden unterstützt. In der Entwicklung und Koordinierung von Vernetzung in den Stadtteilen könnten die MitarbeiterInnen in den Offenen Kinder- und Jugendhäusern zukünftig eine bedeutende – vielleicht sogar federführende – Rolle spielen. Diese müßte dann – konzeptionell abgesichert – Teil ihrer beruflichen Aufgaben werden, ihre Arbeit fände dann sowohl in den

Kinder- und Jugendhäusern als auch im Stadtteil statt.

– für die Delegation von Entscheidungen und Aufgaben in die Kinder- und Jugendhäuser sowie für die Erweiterung der Handlungsräume von MitarbeiterInnen. Es ist fachlich unbestritten, möglichst viele Kompetenzen in die Einrichtungen zu verlagern, dazu gehören z.B. die Veränderung von Konzepten und Schwerpunkten der Arbeit, Delegation an und Mitbestimmung von Jugendlichen, Verwendung von Finanzen, Anschaffungen und Ausstattung, Regelung der Arbeitszeiten.

– für die Fortbildung, Praxisreflexion und Supervision. Auch deren Notwendigkeiten werden fachlich kaum noch bestritten. Jeder Arbeitgeber bildet im Eigeninteresse sein Personal weiter, wenn Veränderungen und neue Entwicklungen dies erforderlich machen. Gerade beziehungs- und kommunikationsintensive Arbeitsverhältnisse und belastende Arbeitsbedingungen in der sozialen Arbeit brauchen zur Klärung, Reflexion und Entwicklung regelmäßig und abgesichert – je nach Bedarf – diese Möglichkeiten. Dazu müssen vom Arbeitgeber Zeit und Geld zur Verfügung gestellt werden, muß es Beratung und Information über Angebote und Träger geben.

Wichtig sind inhaltliche Innovationen und Reformen im Bereich der Kinder- und Jugendarbeit; aber im Laufe der zwei Jahre hat sich immer wieder gezeigt, daß ihre Umsetzung im Praxisfeld von der Qualität und Kommunikation sowohl in den Einrichtungen als auch zwischen Einrichtungen und Jugendamt abhängig ist. Ein wesentlicher Teil der Beratungs- und Fortbildungsarbeit im Rahmen der Koordinierungsgruppe bezog sich dann auch auf die Bearbeitung von Kommunikationsblockaden und -störungen, vor allem zwischen MitarbeiterInnen in den Einrichtungen und der Abteilung Jugendpflege.

Im Änderungsprozeß sind erste positive Prozesse in Gang gekommen, aber immer wieder sind alte Mißtrauens- und Angstmuster aufgekommen. Deshalb wird es von grundlegender Bedeutung sein, ob die Entwicklung dialogischer Kommunikationsstrukturen fortgesetzt werden kann.

Literatur

B. Hafeneger/M. Kaiser/R. Kilb/A. Lamberjohann: Offene Kinder- und Jugendarbeit in Frankfurt/M., in: deutsche jugend, Heft 9/1991, S. 388 – 396

B. Hafeneger/R. Kilb/C. Klose/A. Lamberjohann: Neuplanung „Offene Kinder- und Jugendarbeit“, in: Jugendhilfe, 3/1994, S. 154 – 159

M. Kaiser/R. Kilb/A. Lamberjohann: „Bericht der Koordinierungsgruppe zur Neuplanung in der Offenen Kinder- und Jugendarbeit in Frankfurt/M.“, ISS 1992

Reflexionen

Konzeptionsentwicklung – eine unverzichtbare Grundlage professioneller Jugendarbeit*

Albert Scherr

Vorbemerkung

Auseinandersetzungen über die gegenwärtige Situation der Jugendarbeit finden vor dem Hintergrund einer Entwicklung statt, die einerseits als eine Erfolgsgeschichte der institutionellen und rechtlichen Verankerung sowie der Verberuflichung des Arbeitsfeldes zu charakterisieren ist (s. Münchmeier 1992; Sauter/Schrödinger 1990), der andererseits jedoch keine gleichzeitige Etablierung wissenschaftlich begründeter Standards des professionellen Handelns entspricht. Ob Jugendarbeit eine Profession[1] im Feld der sozialen Arbeit ist, ein berufliches Handeln also, dem eine allen Professionellen gemeinsame sozial- und erziehungswissenschaftliche Wissensbasis, geteilte normativ-ethische Codes sowie ein Set bewährter Regeln des praktischen Handelns zugrundeliegen, ist fraglich. Denn zum einem ist eine erhebliche Unübersichtlichkeit zu konstatieren: Die Realitäten der Jugendarbeit vor Ort unterscheiden sich jeweils erheblich in qualitativen und quantitativen Dimensionen. Zweitens ist eine übergreifende Theorie der Jugendarbeit nicht verfügbar, eher liegt eine Pluralität älterer und neuerer Theorien und Theoreme vor, auf die Praktiker nahezu beliebig zurückgreifen können. Drittens liegt eine erhebliche Unsicherheit über die Ziele der Jugendarbeit vor (Bildung vs. Erziehung; Emanzipation vs. soziale Kontrolle; sozialpolitische Indienstnahme vs. Eigenständigkeit), die neuerdings durch die Eskalation fremdenfeindlicher Gewalt noch verstärkt wurde. Viertens – und damit ist das zentrale Problem der folgenden Überlegungen angesprochen – ist es durchaus fraglich, ob, inwieweit und in welchen Formen „Theorie" und „Praxis", „wissenschaftliches Wissen" und „praktisches Können", analytisches „Know how" und erfahrungsbegründetes „Knowing that" produktiv aufeinander bezogen werden können (vgl. Dewe u. a. 1993, 41ff.).

Theorie für die Praxis?

Die folgenden Überlegungen, die wir[2] im Zusammenhang von Praxisforschungsprojekten zur Offenen Jugendarbeit entwickelt haben,

* Bei vorliegendem Beitrag handelt es sich um die überarbeitete Fassung eines zuerst in der Zeitschrift „deutsche jugend" (H. 4/1994) erschienenen Artikels.

1 Zum hier beanspruchten Begriff der Profession s. Dewe u.a 1994; vgl. Schütze 1992.

2 Neben dem Verfasser waren an diesen Projekten StudentInnen der FH Darmstadt beteiligt. In den beiden Projekten wurde im Rahmen einer Laufzeit von drei Jahren die Situation der offenen Arbeit in einem Kreis mit über 200 000

versuchen zu zeigen, daß die eingespielte Abschottung von Theorie und Praxis in ein für beide Seiten anregendes Spannungsverhältnis transformiert werden kann. Dabei gehe ich von folgendem Grundverständnis aus (vgl. Bommes/Klingemann/Scherr 1991; Dewe/Scherr 1991; Dewe u.a. 1992): Die fundamentale Differenz zwischen wissenschaftlichem Wissen und pädagogischem Handeln ist nicht aufhebbar. Die Produktion wissenschaftlichen Wissens erfolgt unter Bedingungen relativer Handlungsentlastung. Wissenschaft zielt auf die Hervorbringung solcher Theorien, die von je konkreten Bedingungen der Praxis notwendig abstrahieren, für die Geltung (sozial-)wissenschaftlicher Aussagen sind andere Kriterien bedeutsam als ihre Tauglichkeit zur Beherrschung pädagogischer Prozesse. Pädagogische Praxis ist dagegen wesentlich fallspezifisches Agieren, also gerade nicht das bloße Befolgen allgemeine Geltung beanspruchender Regeln, sondern deren kluge Verwendung in je konkreten Handlungskontexten. Es kann – im Interesse, Prozesse der Professionalisierung voranzutreiben – nicht darum gehen, solche Unterschiede zu verleugnen und die Vorstellung wiederzubeleben, pädagogisches Handelns sei schlicht angewandte Sozial- und Erziehungswissenschaft. Denn Theorien können nicht schlicht praktisch angewendet werden, ihre „Verwendung" impliziert vielmehr eine Transformation des zugrundeliegenden Wissens (s. Beck/Bonß 1989; Pieper 1988; Dewe/Scherr 1991; Heiner u.a. 1994, 102ff.). Aus sozialwissenschaftlichen Theorien lassen sich nämlich keine Handlungsregeln deduzieren, deren Befolgung erfolgreiches Handeln garantiert. Aber Theorien können der Praxis ein Reflexionsvermögen zur Verfügung stellen, das für die konzeptionelle Gestaltung pädagogischen Handelns unverzichtbar ist. Praktisch irrelevant ist theoretische Reflexion dagegen dann – und nur dann, wenn sich das berufliche Handeln auf die Ausübung tradierter Routinen reduziert[3]. Aus der Einsicht in die Differenz von Theorie und Praxis folgt also gerade nicht, daß Theorien für die Praxis belanglos wären. Vielmehr gilt es zu prüfen, welche Chancen sich gerade aus der Differenz von wissenschaftlicher Theorie und pädagogischem Handeln für die Gestaltung einer theoretisch reflektierten und informierten Praxis ergeben.

Als ein relevanter Schritt in Richtung auf eine solche Verschränkung werden Prozesse der Konzeptionsentwicklung im Rahmen von Projekten der Praxisforschung und der Selbstevaluation sozialer Arbeit vorgeschlagen.

Methodischer Hinweis[4]

Praxisforschungsprojekte, wie sie hier vorgeschlagen werden, setzen eine längerfristige, ein- bis zweijährige Kooperation von Praxisinstanzen (z.B. Kreisjugendpflege) und Wissenschaftlern (z.B. Fachhochschuldozenten) voraus. Sie können also nur gelingen, wenn auf beiden Seiten die Bereitschaft zu einer entsprechenden Zusammenarbeit besteht. Diesbezüglich kann seitens der Praxis durchaus an die Eigeninteressen der Fachhochschulen appelliert werden: Praxisforschungsprojekte

---

und einer Stadt mit über 100 000 Einwohner auf verschiedenen Ebenen beforscht. Kernelemente der empirischen Erhebungen der Projekte waren intensive offene Befragungen der MitarbeiterInnen, eine repräsentative Jugendbefragung in dem Landkreis sowie eine schriftliche Befragung von Jugendverbänden.

3 Routinen können „on the job" erlernt, von erfahreneren Kollegen übernommen werden; dazu bedarf es keiner wissenschaftlichen Theorie.

4 Die methodischen Hinweise machen an einigen Stellen Verfahrensvorschläge, die möglicherweise nützlich sein können; es läßt sich jedoch nicht verbindlich festlegen, was jeweils konkret zu tun ist. Denn dies ist abhängig von der konkreten Problemen und den konkreten Fähigkeiten aller Beteiligten.

bieten für Dozenten die Chance zu intensiven Einblicken in die Praxis und sind ein überaus geeignetes Lernfeld für Studenten. Ein erster Planungsschritt muß darin bestehen abzuklären, ob eine solche Kooperation hergestellt werden kann. Ist dies nicht der Fall, können die im folgenden vorgeschlagenen Prozeßschritte auch im Rahmen von Konzepten der Selbstevaluation eingesetzt werden.

Praxisforschung: ein wichtiges Hilfsmittel der Konzeptionsentwicklung

Für eine theoretisch fundierte konzeptionelle Gestaltung der Jugendarbeit erweisen sich Praxisforschungsprojekte als ein nützliches Instrumentarium. Denn diese ermöglichen eine Verschränkung heterogener Sichtweisen, Wahrnehmungen, Erfahrungen und Kenntnisse, d. h. der unterschiedlichen Diskurse, in denen sich Theoretiker und Praktiker alltäglich bewegen. Im Unterschied zu klassischen Formen der Fortbildung reduziert sich die angestrebte Verschränkung von Theorie und Praxis hier nicht auf Prozesse der bloßen Wissenvermittlung bzw. Wissensaneignung. Vielmehr ist eine Relationierung von Theorien, empirischer Forschung, Reflexion über die Praxis und Beratung angestrebt, die eingespielte Abgrenzungen zwischen der Produktion wissenschaftlichen Wissens und der Gestaltung pädagogischen Handelns unterläuft.

Solche Grenzüberschreitungen sind ein basales Merkmal professionellen sozialpädagogischen Handelns (s. Dewe u.a. 1994). Es geht darum, in der Ausbildung und in der beruflichen Sozialisation eingeübte Abschottungen zu irritieren und schrittweise zu überwinden, d. h. Praktiker ebenso zu theoretischen Reflexionen ihrer Praxis zu befähigen wie Theoretiker zur Auseinandersetzung mit Handlungsproblemen der konkreten Praxis. Dies setzt nun nicht zwingend voraus, daß professionelle Wissenschaftler an solchen Projekten und Prozessen beteiligt sind. Vielmehr kann die prozessuale Funktion des Theoretikers, insbesondere in Arrangements der Selbstevaluation (s. Heiner u.a. 1994) auch von Personen übernommen werden, deren beruflicher Status derjenige des Praktikers ist.

Übersteigerten Respekt und Ignoranz überwinden: Theorien überprüfen

Hierfür ist es zunächst wichtig, eine Haltung zu überwinden, die zwischen einer unkritischen Bewunderung und einer völligen Ignoranz im Verhältnis zu wissenschaftlichen Theorien schwankt. Wie Schütze (1992, S. 146f.) zutreffend feststellt, fehlt Sozialarbeitern/Sozialpädagogen häufig die Rollendistanz des routinierten Forschers, der „weiß, daß die Theorien und Verfahren in den entsprechenden fundierenden Wissenschaften auch nur mit Wasser gekocht worden sind". Bedingt u.a. durch eine unzureichende Vermittlung wissenschaftlicher Grundlagentheorien (Erkenntnistheorie, Methodologie empirischer Forschung, Wissenschaftsgeschichte) im Rahmen des Studiums fehlt manchen Praktikern die Fähigkeit, Geltungsbedingungen wissenschaftlicher Aussagen zu reflektieren sowie Theoriemoden und -konjunkturen als solche zu erkennen und einzuordenen. Deshalb ist im Rahmen von Prozessen der Konzeptionsentwicklung eine interessiert-pragmatische Haltung gegenüber den Wissenschaften anzustreben. D. h.: Theorien sind nach ihrem Gebrauchswert für die Analyse der Bedingungen des praktischen Handelns zu befragen, ihre Aussagen über die soziale Wirklichkeit sind als methodisch angeleitete und disziplinär verengte Konstruktionen zu analysieren, die im günstigen Fall hilfreich für das eigene Wirklichkeitsverständnis sind, eigene Beobachtung und Reflexion jedoch nicht ersetzen können.

Methodische Hinweise

1) Versuchen Sie, den Fall eines Jugendlichen möglichst dicht zu beschreiben: Wie stellen sich seine Lebenssituation (Wohnen, Arbeit und Ausbildung, verfügbares Geld, Beruf der Eltern, Lebensbedingungen im Stadtteil/Dorf, Zugehörigkeit zu Cliquen, Zuordnung zu Jugendkulturen u.s.w.) und sein Lebensentwurf (Erwartungen an die berufliche Zukunft, private Perspektiven) dar? Bitten Sie ihre Kollegen, das gleiche für andere Fälle zu tun. Vergleichen Sie im Rahmen einer internen Fortbildung, mit welchen Kriterien die Kollegen die Fälle charakterisieren. Diskutieren Sie die Frage: Was muß ein Jugendarbeiter wissen, um mit einem Jugendlichen pädagogisch arbeiten zu können?

2) Organisieren Sie anschließend eine interne Fortbildung. Bitten Sie die Kollegen, in Vorbereitung der Fortbildung die für sie wichtigsten wissenschaftlichen Aussagen über Jugendliche zusammenzufassen. Erarbeiten Sie in der Fortbildungsveranstaltung die Summe des verfügbaren und als relevant betrachteten wissenschaftlichen Wissens.

3) Stellen Sie die verfügbaren Fallbeschreibungen einem mit Jugendfragen befaßten Wissenschaftler zu Verfügung, und bitten Sie ihn, diese Fallbeschreibungen im Rahmen einer Fortbildung zu kommentieren. Bitten Sie ihn aufzuzeigen, welche Theorien und Methoden die Jugendforschung zur Beschreibung und Analyse solcher Fälle zur Verfügung stellt.

Bereitschaft zu Veränderungen überprüfen

Ein grundlegendes Ziel entsprechender Projekte besteht darin, jeweils neue Einsichten der Fachdiskussion für eine veränderte Gestaltung der Praxis nutzbar zu machen. Angestrebt ist also explizit der Versuch einer innovativen Gestaltung der Praxis auf Grundlage eines zu Theorien und Theoremen abstrahierten Wissens über Erfordernisse und Möglichkeiten einer zeitgemäßen Jugendarbeit. Die setzt auf seiten der Praktiker die keineswegs selbstverständliche Einsicht voraus, daß ein Veränderungsbedarf besteht, die Bereitschaft, an entsprechenden Veränderungen aktiv gestaltend mitzuwirken, und die Erwartung, daß Fachtheorie einen relevanten Beitrag hierzu leisten kann. Ein entsprechendes, wie immer auch motiviertes Interesse der Praktiker an einer qualifizierten Neugestaltung ist m. E. eine erste zwingende Voraussetzung für Prozesse der Konzeptionsentwicklung. Werden Innovationsprozesse dagegen angeordnet und etwa als objektiv notwendige Folge der Einsicht in die Veränderungen der Lebenssituation Jugendlicher begründet, dann ist mit Widerständen zu rechnen, die schlicht daraus resultieren, daß jede Gestaltung der eng an die Person der Beteiligten gebundenen Praxis der Jugendarbeit den betroffenen Praktikern Veränderungen ihrer fachlich-persönlichen Orientierungen abverlangt.

Methodischer Hinweis

Eine Verständigung über die angesprochen Fragen kann nur stattfinden, wenn gewährleistet ist, daß individuell dargelegte Probleme keine „dienstrechtlichen Konsequenzen“ nach sich ziehen. Deshalb sind die Bedingungen, unter denen eine offene Auseinandersetzng stattfinden kann, jeweils mit allen Beteiligten vorab verbindlich zu klären.

Prozesse der Konzeptionsentwicklung sind auch auf seiten der beteiligten Theoretiker voraussetzungsvoll: Von ihnen ist die Fähigkeit und Bereitschaft verlangt, sich auf die konkreten Probleme der Praxis vor Ort einzulassen und Verantwortung nicht nur für die Formulierung wissenschaftlicher Erkenntnisse, sondern auch für die Schwierigkeiten ihrer Verwendung in den Kontexten der Praxis zu übernehmen.

Diese Voraussetzungen sind nicht selbstverständlich gegeben. Denn zu den Realitäten der Jugendarbeit ist auch die Geschichte enttäuschter Hoffnungen in die Fähigkeit der Theorie, Praxis anzuleiten, bzw. in die Fähigkeit der Praxis, wissenschaftliches Wissen aufzugreifen und umzusetzen, zu rechnen (vgl. Pieper 1988). Wechselseitige Abschottungsmechanismen sind beiderseitig eingespielt. In den diesen Überlegungen zugrundeliegenden Praxisforschungsprojekten fanden wir dementsprechend eine schwierige Ausgangssituation vor. Die Beteiligten waren mit entsprechenden Vorannahmen ausgestattet. Um einen produktiven Prozeß in Gang zu setzen, war es deshalb immer wieder erforderlich zu lernen, sich wechselseitig nicht nur als Repräsentanten einer Theorie, die für die Praxis ohnehin wenig taugt einerseits, als Repräsentanten einer Praxis, die sich in den gegebenen Verhältnissen mehr schlecht als recht eingerichtet hat andererseits, wahrnehmen zu lernen[5]. Solches Lernen ist von den konkret beteiligten Personen nicht abzulösen: Sie müssen sich gegenseitig als Individuen mit je spezifischen und begrenzten Erfahrungen und Kenntnissen akzeptieren und herausfinden, welche gemeinsamen Lernchancen die Verschiedenheit der beruflichen Biographien und der aktuellen Arbeitsschwerpunkte beinhaltet. Wissens- und Handlungskompetenzen sind jeweils spezifisch ausgeprägt und akzentuiert. Gerade diese Differenz macht Praxisforschung als eine Auseinandersetzung von Hochschullehrern, Studenten und sozialpädagogischen Praktikern spannend und potentiell lehrreich[6].

Jede angestrebte Verkoppelung und Vermittlung zwischen „Theorie" und „Praxis" ist also ein Prozeß, der sich zwischen je konkreten Personen abspielt und dessen Erfolg nicht unwesentlich von der wechselseitigen Akzeptanz und der Kommunikationsfähigkeit der Beteiligten abhängt. Dies erfordert Selbstreflexion auf beiden Seiten.

> *Methodischer Hinweis*
>
> 1) Organisieren Sie eine interne Fortbildung zu den Fragen: Bin ich persönlich an Veränderungen der Jugendarbeit interessiert? Wie müßte sich Jugendarbeit verändern, damit meinen persönlichen Interessen und fachlichen Einsichten besser Rechnung getragen wird? Was will ich erreichen, wenn ich mit Jugendlichen pädagogisch arbeite? Was hindert mich daran, diese Ziele zu erreichen? Benutzen sie dabei die Methode der Zukunftswerkstätten.
>
> 2) Laden sie einen Wissenschaftler/Dozenten ein, der ihnen darstellen soll, welche pädagogischen Ziele in älteren und neueren Theorien der Jugendarbeit formuliert sind.
>
> 3) Überprüfen Sie Übereinstimmungen und Unterschiede zwischen ihren eigenen und den in Theorien vorgeschlagenen Zielen.

5 Selbstverständlich ist keine konkrete Person nur Theoretiker und Praktiker; die wechselseitige Zuschreibung dieser Komplementärrollen im Sinne des Bestreitens von Kompetenzen (praktisch ahnungslose Theoretiker, theoretisch inkompetente Praktiker) gehört selbst zu den Abschottungsmechanismen, die eine produktive Relationierung von Theorie und Praxis behindern.

6 Es ist deshalb auch wenig hilfreich, wenn versucht wird, diese Differenz zu nivellieren, z. B. theoretisches Denken von vornherein auf unmittelbar praktisch relevante Aspekte zu begrenzen.

Erforderlich ist eine dialogische Prozeßorientierung

Als hilfreich für die Bewältigung der eingespielten Abschottungen von Theorie und Praxis erwies sich die konsequente *Prozeßorientierung* der Projekte. Im Unterschied zu klassischen Konzepten der wissenschaftlichen Begleitforschung sind wir davon ausgegangen, daß Ansätze für eine veränderte Gestaltung der Praxis in einem Kommunikationsprozeß zu entwickeln sind, in dem die MitarbeiterInnen der offenen Arbeit nicht nur Objekte der Forschung sind, sondern zugleich als praktische ExpertInnen sowie als Subjekte ihrer gegenwärtigen und künftigen Praxis ernst genommen werden (dazu genauer: Scherr 1993). Ihre Funktion wurde also auch darin gesehen, Ergebnisse der empirischen Forschung und darin begründete Empfehlungen vor dem Hintergrund ihres Erfahrungswissen mit der Projektgruppe der Hochschule jeweils zu diskutieren. Und dies nicht erst, nachdem ein Bericht vorlag, der Tatsachen und Folgerungen im Wortsinne festschreibt. Vielmehr wurden auch empirisch nicht gesicherte Eindrücke und Vermutungen, persönliche Standpunkte und Positionen, vorläufige Ergebnisse usw. bei mehreren Arbeitstagungen gemeinsam besprochen. Erst eine solche Prozeßorientierung macht es möglich, die jeweiligen Perspektiven beider Seiten (Was ist wichtig und unwichtig? Welche Aspekte müssen vertieft analysiert werden? Wo bestehen Informationsdefizite?) so abzugleichen, daß Folgerungen noch im Verlauf des Prozesses berücksichtigt werden können.

Eine solche *dialogische und prozessuale Orientierung* trägt auch der Einsicht Rechnung, daß jede innovative Gestaltung der Praxis entscheidend davon abhängt, daß die Mitarbeiter bereit und in der Lage sind, ihr konkretes alltägliches berufliches Handeln zu verändern. Dies kann aber nicht angeordnet und erzwungen, sondern nur angeregt und ermöglicht werden. Denn fachliche Handlungskonzepte sind von lebensgeschichtlich verankerten Überzeugungen abhängig, die nicht beliebig aufgrund rationaler Einsichten ausgetauscht werden (können), weil es die Theorie bzw. eine Dienstanweisung gebietet[7]. Es geht im Rahmen der Praxisforschung deshalb nicht darum, wissenschaftlich begründete Empfehlungen zu formulieren, die dann „von oben nach unten“ bzw. „von außen nach innen“ mit den Mitteln der Hierarchie durchgesetzt werden, sondern um die dialogische Entwicklung von Einsichten, für deren Realisierung alle Beteiligten Verantwortung übernehmen.

Praxisforschung ist folglich auch nicht beendet, wenn ein Ergebnisbericht vorliegt. Anzustreben ist eine weitergehende und kontinuierliche Auseinandersetzung aller Beteiligten mit dem Prozeß der Umsetzung, die kontinuierliche theoretische Reflexion praktischer Erfahrungen ebenso einschließt wie die Weiterentwicklung wissenschaftlichen Wissens vor dem Hintergrund seiner Verwendung in der Praxis.

Der Prozeß der Konzeptionsentwicklung

Für eine durch die Verkopplung und Verschränkung von Theorie und Praxis im Rahmen von Praxisforschungsprojekten angestrebte Verbesserung der Fachlichkeit sind meines Erachtens drei Aspekte von entscheidender Bedeutung: die Schaffung angemessener Organisationstrukturen, die Förderung von Motivation, Qualifikation und Engagement der MitarbeiterInnen sowie die

7 Dies wird besonders in der Diskussion um die geschlechtsspezifische Jungenarbeit deutlich; kaum jemand verweigert sich der Einsicht in die Notwendigkeit dieses Konzeptes. Seine Realisierung setzt jedoch eine umfassende Auseinandersetzung mit der eigenen geschlechtsspezifischen Sozialisation voraus.

Konzeptionsentwicklung. Auszuführen ist hier zunächst der zuletzt genannte Gesichtspunkt.

Was sind Konzeptionen?

Als Konzeptionen können allgemein solche Texte bezeichnet werden, die auf der Grundlage einer umfassenden Analyse der konkreten Bedingungen der pädagogischen Praxis einerseits und der Definition pädagogischer Zielsetzungen andererseits operationale Vorgehensweisen festlegen, durch die mit den verfügbaren Mitteln[8] möglichst präzise gefaßte Teilziele angestrebt werden. Entscheidend ist die Operationalisierung auf allen Ebenen, das „Herunterbuchstabieren“ allgemein gefaßter Ziele und Methoden in konkrete Handlungsschritte.

Dies mag eine Trivialität sein. Empirisch betrachtet ist jedoch festzustellen, daß die vorhandenen Konzeptionen diesem Anspruch schon deshalb vielfach nicht gerecht werden, weil Zieldefinitionen so abstrakt und allgemein gefaßt werden (”Emanzipation“, „Selbstverwirklichung“, „sinnvolle Freizeitgestaltung”), daß der Bezug der konkret realisierten Handlungsweisen zu solchen Zielformulierungen unklar bleibt[9]. Demgegenüber sollte ein Kernelement der pädagogischen Professionalität von Jugendarbeitern gerade auch darin gesehen werden, solche Übersetzungsprozesse zu leisten, also zu klären, wie ein abstrakt-allgemeines Ziel in spezifische Gestaltungsaspekte der Alltagspraxis transformiert werden kann.

8 Dies schließt auch die Frage ein, welche Mittel verfügbar gemacht werden können (Ressourcenbeschaffung, Vernetzung usw.)

9 Entsprechend finden sich solche Konzeptionen dann als Grundsatzpapiere in Aktenordnern,die nur dann hervorgeholt werden, wenn eine außenstehende Personen danach fragt.

Methodischer Hinweis

Versuchen Sie, konkrete Ziele ihrer pädagogischen Arbeit zu formulieren. Orientieren Sie sich dabei an der Frage: Was will ich innerhalb des nächsten Jahres erreichen? Verfassen Sie eine exakte Zielplanung für das nächste Jahr, und geben Sie die Arbeitsschritte an, die zur Zielerreichung ergriffen werden sollen.

Gerade dies ist eine genuine Leistung pädagogischer Professioneller, die ihnen weder von Theoretikern noch von ehrenamtlichen Mitarbeitern abgenommen werden kann. Die Stärke ehrenamtlicher Mitarbeiter in der Jugendarbeit liegt zweifellos darin, daß sie in der Regel zwar pädagogische Laien sind, jedoch Experten oder „professionelle Amateure“ auf anderen Gebieten (etwa: Musik, EDV, Sport, handwerkliche Techniken). Als solche sind sie in der Lage, mit Jugendlichen, vermittelt über die Faszination des Gegenstandes der gemeinsamen Tätigkeit, qualifiziert zu arbeiten. Es bleibt jedoch Aufgabe professioneller Pädagogen, eine solche Gestaltung des pädagogischen Handelns Ehrenamtlicher zu ermöglichen, die diese in Bezug setzt zu den konzeptionell festgelegten basalen Zielen und Orientierungen eines Jugendhauses, einer Jugendbildungsstätte oder eines Jugendkulturprojektes.

Konzeptionen können als eine entscheidende Schnittstelle von Theorie und Praxis nur dann wirksam werden, wenn sie Ziele und Handlungsschritte hinreichend konkretisieren. Sie ermöglichen im gelingenden Fall die Operationalisierung und Kontextualisierung[10] der in

10 Kontextualisierung meint die Einbettung von Handlungskonzepten in die spezifischen Bedingungen „vor Ort”; Theorien zeichnen sich im Gegensatz dazu gerade durch die Dekontextualisierung ihrer Aussagen, das systematische Absehen von lokalen Besonderheiten aus.

pädagogischen Theorien und Theorien der Jugendarbeit formulierten Zielsetzungen. Dies setzt aber einen qualifizierten kontinuierlichen Prozeß der Konzeptionsentwicklung voraus. Zentrale Bestandteile dieses Prozesses können wie folgt skizziert werden[11]:

Prozeßschritte

1. *Offenzulegen – sich selbst und anderen gegenüber – sind zunächst die Realitäten, die Chancen und Probleme der eigenen Arbeit.* Vielfach wird in der offenen Arbeit hingegen über Fiktionen kommuniziert: Darstellungen der offenen Arbeit und darauf bezogenen fachlichen wie kommunalpolitischen Auseinandersetzungen liegt dann eine geschöntes Bild zugrunde, das die anzugehenden Schwierigkeiten gerade nicht zur Sprache bringt. Solche Beschönigung der Realität geschieht seitens der Praxis aus Furcht vor Legitimationsverlusten, im Interesse der Besitzstandswahrung. Einschlägig ist hier das Argument: Würden Kommunalpolitiker wirklich wissen, was im Jugendhaus geschieht, würden sie die Einrichtung schließen oder Personal- und Sachmittel kürzen. Sofern sich selbst und anderen gegenüber jedoch der Eindruck erweckt wird, im Grundsatz sei unter den gegebenen Bedingungen eine fachlich qualifizierte, pädagogischen und jugendpolitischen Zielvorgaben entsprechende Arbeit möglich, können auch die wirklichen Gründe für notwendige Veränderungen nicht benannt werden. Man muß zum Beispiel eigene Qualifikationsdefizite benennen, um Forderungen nach einer Intensivierung der Fort- und Weiterbildung begründen zu können. Es muß möglich sein, offen über die Fluktuation der Besucherzahlen zu reden, wenn Veränderungen der Öffnungszeiten anzustreben sind. Ich möchte nicht in Abrede stellen, daß diesbezüglich im kommunalpolitischen Kontext auch ein taktisches Vorgehen erforderlich sein kann. Aber es wäre auch naiv anzunehmen, in legitimatorischer Absicht verfaßte Außendarstellungen würden von politischen Entscheidungsträgern schlicht geglaubt. Daß die Existenz offener Einrichtungen mancherorts gleichwohl – obwohl man weiß, was tatsächlich der Fall ist – nicht in Frage gestellt wird, ist vielmehr eher in einer fatalen Kompromißbildung begründet: Da offene Arbeit jugendpolitisch eine spezifische Legitimationsfunktion erfüllt – ihre Existenz dient als Beleg dafür, daß man etwas für die Jugend tut, ein vermeintlich ausreichendes Angebot zur Verfügung stellt –, ist auch politisch in der Regel niemand an der Offenlegung von vorhandenen Problemen interessiert. Denn wenn man zu der Einsicht gelangte, daß durch die Offene Jugendarbeit ggf. nur ein geringer Teil der Jugendlichen pädagogisch „versorgt" ist (s.u.), würde sich die Frage nach der Notwendigkeit einer Ergänzung und Erweiterung der Infrastruktur stellen[12]. Hieran aber ist in Zeiten knapper Finanzmittel niemand interessiert. Solange alle Beteiligten daran mitwirken, sich in der gegebenen Situation, die mancherorts als Misere bezeichnet werden muß, durch das Vorzeigen geschönter Realitäten einzurichten, sind Perspektiven einer innovativen fachlichen Gestaltung der offenen Arbeit jedenfalls blockiert.

2. Ein zweiter Ausgangspunkt jeder Konzeptionsentwicklung sollte eine *sozialökologische Analyse* der Situation sein (vgl. Dewe u.a. 1994; Gehrmann/Müller 1993). Anzustreben sind hier „dichte Beschreibungen" (C. Geertz) der konkreten Lebenssituation der Jugendlichen vor Ort, im Stadtteil oder der Gemeinde (einschließlich der Infrastruktur an kommerziellen und nicht-kommerziellen Angeboten), nicht bloße quantitative Sozialdaten. Mit dem Begriff der „dichten Beschreibungen" ist vielmehr eine lebensweltliche Ethnographie bezeichnet, die ein Verstehen der an ihre mate-

11 Eine detaillierte Auflistung der im einzelnen zu berücksichtigenden Aspekte findet sich bei D. Damm (1993), S. 222 – 225.

12 Dadurch, daß der Auftrag der Jugendarbeit im § 11 des KJHG so weit gefaßt ist, daß er ohnehin nicht einzulösen ist, kann er nahezu beliebig interpretiert werden.

riellen Lebensbedingungen gebundenden Lebensentwürfe Jugendlicher und des „sozialen Sinns" (P. Bourdieu) ihrer – vordergründig betrachtet oft unverständlichen – Äußerungen und Handlungsweisen ermöglichen soll. Der Versuch eines solchen Verstehens ist sowohl theoretisch als auch empirisch voraussetzungsvoll. Er erfordert auf der einen Seite Begriffe und Methoden, die einen empirischen Zugang anleiten können, andererseits eine intensive und zeitaufwendige Feldforschung. Es geht also darum, jugendliche Lebenswelten, Szenen, Cliquen und Milieus informiert zu beobachten. Dies verlangt nach einer intensiven und kontinuierlichen Feldforschung, die von externen Experten (Planungsämtern, Forschungsinstituten) in der Regel nicht oder nur punktuell erbracht werden kann.

Deshalb sollten sich die Mitarbeiter der offenen Arbeit nicht nur als pädagogische Praktiker verstehen, die im Jugendhaus mit einer jeweiligen Teilgruppe arbeiten, sondern als Experten für die Lebenssituation Jugendlicher in ihrem Stadtteil bzw. ihrer Gemeinde. Damit wird eine grundlegende Erweiterung ihres Arbeitsauftrags notwendig. Es sollte deshalb nicht eine Sonderaufgabe mobiler bzw. aufsuchender Arbeit sein, sich in die Cliquen und Szenen auf Straßen und Plätzen zu begeben, sondern ein regulärer Bestandteil der offenen Arbeit. Nur so kann hinreichend detailliertes Wissens verfügbar gemacht werden, das es ermöglicht, den Bedarf an Angeboten der offenen Arbeit in Stadtteilen und Gemeiden informiert zu diskutieren[13].

13 Es war für die Projektgruppe erstaunlich festzustellen, mit welchem geringen Wissen über die Lebenssituation Jugendlicher Politiker und Pädagogen Auseinandersetzungen über das Verhältnis von Angebot und Bedarf tatsächlich führen; dieser Sachverhalt ist mit ein Grund dafür, daß Jugendliche erst auffällig werden müssen, bevor gehandelt wird.

Methodischer Hinweis

1) Fordern Sie auf der Seite ihres Arbeitsgebers ein, daß „lokale Jugendforschung" als ein ganz normaler Bestandteil ihrer Arbeit anerkannt wird.

2) Ergreifen Sie erste Schritte in diese Richtung: Bereiten Sie z. B. mit Jugendlichen ein „alternativen Stadtrundgang" oder eine Fotoausstellung vor; suchen Sie lokale Jugendexperten (z.B. Jugendpolizisten, Lehrer, Pfarrer) auf.

3) Laden sie einen Jugendforscher zu einer Fortbildung ein, in der lebensweltlich-ethnographische Forschungsmethoden vorgestellt werden.

3. Nur analytisch hiervon zu trennen ist das Erfordernis der *Klärung und Definition der normativen Handlungs- und Entscheidungskomponenten,* insbesondere der Frage, welche Teilgruppen Jugendlicher mit dem Instrument Offene Jugendarbeit, Jugendbildungsarbeit, mobile Arbeit usw. jeweils angesprochen werden sollen. Denn Offene Jugendarbeit ist, wie unsere Daten und alle einschlägigen Untersuchungen zeigen (s. Deinet 1992; ISS 1992; Weeber/Partner 1989), zu einem Ort für je spezifische Teilgruppen geworden, in bezug auf jugendkulturelle Szenen und Milieus ist sie in hohem Maß sozial selektiv. Den überlieferten Anspruch, ein Ort für alle Jugendlichen sein zu sollen, kann die offene Arbeit faktisch nicht mehr einlösen. Und Aspekte wie die Gestaltung von Öffnungszeiten und Räumlichkeiten, das Verhältnis von offenem Treffs zu Projekt- und Gruppenarbeiten, die Auswahl der MitarbeiterInnen usw. entscheiden mit darüber, für welche Teilgruppen offene Arbeit jeweils attraktiv ist. Wer primär einen offenen Treff mit Elementen der Einzelfallhilfe und der Beziehungsarbeit offeriert, wird aller Wahrscheinlichkeit nach eher sozial deklas-

sierte Jugendliche[14] ansprechen (vgl. Böhnisch 1992). Anders verhält es sich, wenn die Schwerpunkte auf kultur- und gruppenpädagogische Arrangements gesetzt werden. Entsprechende Entscheidungen müssen – auf Grundlage der fachtheoretischen Diskussion – getroffen, begründet und verantwortet werden.

Die Frage, welches Angebot offener Arbeit in welcher Ausgestaltung für welche Teilgruppen realisiert werden soll, sollte nicht nur empirisch entschieden werden, d. h. indem mit denen gearbeitet wird, die eben ins Haus kommen. Auch reichen für die Begründung entsprechender Entscheidungen allgemeine pädagogische Überlegungen nicht hin. Was vor Ort im Sinne von Zielen wie Emanzipation und Selbstbestimmung, von Konzepten wie Raumorientierung oder Cliquenorientierung jeweils angemessen und realisierbar ist, muß spezifisch entschieden werden. Es gibt diesbezüglich keine zwingenden und allgemeinverbindlichen Kritieren[15]. Es kann vor Ort ebenso sinnvoll sein, politische Bildungsprojekte mit männlichen Hauptschülern zu intensivieren wie z. B. ein offenes Beratungsangebot für Jugendliche aus Einwandererfamilien oder aber Theatergruppen mit Mädchen aus den höheren Bildungsschichten aufzubauen. Zur pädagogischen Professionalität gehört die Bereitschaft, die Verantwortlichkeit für solche Entscheidungen zu übernehmen, sie gerade nicht zu vermeiden, indem man die soziale Selektivität der eigenen Arbeitsformen und Angebote einfach hinnimmt oder ignoriert.

4. Ein vierter Schritt jeder Konzeptionsentwicklung besteht darin, *konkrete operationale Konsequenzen* aus Entscheidungen über Zielsetzungen zu ziehen. Wer die Hauptaufgabe der offenen Arbeit in einem Stadtteil z. B. in der Beratung sozial deklassierter Jugendlicher aus Einwandererfamilien sieht, wird die Fragen der Öffnungszeiten, der Raumgestaltung, der Personalauswahl und -qualifikation je spezifisch beantworten und angemessene Vernetzungsstrukturen aufbauen müssen. Auch hier besteht das Problem der Entscheidungsvermeidung: Wer potentiell für alle Jugendlichen offene Arbeitsformen realisiert, hilft in der Tendenz niemandem, weil er nicht in der Lage ist, der Lebenssituation der Zielgruppe angemessene Lern- und Unterstützungsangebote zu realisieren.

In Frage zu stellen sind vor diesem Hintergrund auch eingespielte Differenzierungen zwischen Jugendbildungsarbeit, Offener Jugendarbeit, Jugendsozialarbeit und Schulsozialarbeit. Daß entsprechende, institutionell verfestigte Grenzziehungen sinnvoll sind, kann nicht schlicht vorausgesetzt werden, sondern ist in bezug auf die Erfordernisse der jeweils getroffenen Entscheidungen erst angemessen zu diskutieren.

5. Ein fünftes wichtiges Element der Konzeptionsentwicklung ist das *Prinzip des gezielten Scheiterns*. Je konkreter Ziele und Operationalisierungen gefaßt sind, desto besser ist es möglich, Erfolge und Mißerfolge zu überprüfen und aus dem jeweiligen Gelingen und Scheitern zu lernen. Gezieltes Scheitern läßt sich als eine Lernprovokation, als Herausforderung, andere Wege auszuprobieren oder Ziele neu zu fassen, begreifen. Diffuse Ziele und Operationalisierungen erzeugen ein ebenso diffuses Unbehagen, das nur schwer

---

14 Damit gemeint sind hier Jugendliche aus solchen Sozialgruppen, die in der Soziologie als Modernisierungsverlierer bezeichnet werden, also nicht nur Arbeitslose und Sozialhilfeempfänger, sondern auch relativ gering qualifizierte Berufsgruppen der unteren Einkommensschichten, die in der Regel ein niedriges formales Bildungsniveau voraussetzen.

15 Dies hängt auch damit zusammen, daß die neueren Theorien der Jugendarbeit, indem sie v. a. auf Individualisierungs- und Pluralisierungstheoreme rekurrieren, sich mit den Phänomen der sozial ungleichen Lebenslagen Jugendlicher und der darauf bezogenen Pluralisierung der Jugendkulturen nicht hinreichend auseinandersetzen; eine soziologisch informierte „Theorie der Jugendarbeit in der Zwei-Drittel-Gesellschaft“ wäre erst noch zu schreiben.

produktiv zu wenden ist. Konzeptionen sind in diesem Sinne „on the job“ in regelmäßigen Abständen weiterzuwentwickeln.

> *Methodischer Hinweis*
>
> Führen Sie regelmäßig, etwa jeden zweiten Monat, eine ganztägige Teamsitzung zu den Fragen durch: Was haben wir in den vergangenen Wochen erreicht, woran sind wir gescheitert? Was waren die Gründe des Scheiterns? Welche konkreten Aufgaben sollen bis zur nächsten Teamreflexion angegangen werden?

Motivation, Qualifikation und Engagement der MitarbeiterInnen

Solche Überlegungen zu einer konzeptionell gestalteten Offenen Jugendarbeit, die wissenschaftliches Wissen operationalisiert und kontextualisiert sowie mit Erfahrungswissen verbindet, stellen vergleichweise hohe Anforderungen an die MitarbeiterInnen: Diese sind als fachlich kompetent und eigenverantwortlich agierende Professionelle, nicht als „Pädagogen im öffentlichen Dienst mit Angestelltenmentalität“ angesprochen. Festzustellen ist jedoch, daß die Qualifikations- und Motivationsprofile der MitarbeiterInnen eine sehr breite Streuung aufweisen. Auf der Grundlage intensiver offener Befragungen der MitarbeiterInnen konnten drei Grundausprägungen[16] rekonstruiert werden:

Typus 1 ist der des – oft jüngeren – Mitarbeiters, der sich intensiv mit der Fachdiskussion befaßt, z. B. regelmäßig Fachzeitschriften liest, selbstbewußt in den Verwaltungshierarchien agiert, durch Fortbildungsmaßnahmen seine eigene Qualifikationsentwicklung vorantreibt und Jugendarbeit als eine mögliche, perspektivisch keineswegs aber als die ausschließliche Möglichkeit der beruflichen Anwendung seiner sozialpädagogischen Kompetenzen begreift.

Hiervon unterscheidet sich Typus 2 wesentlich durch eine stärkere Betonung seines spezifisch „jugendarbeiterischen“ Persönlichkeits- und Qualifikationsprofils auf der Grundlage einer zumeist langjährigen beruflichen Praxis. Weniger die sozialpädagogische, theoretisch-fachliche Kompetenz, vielmehr die Erfahrung im Umgang mit Jugendlichen verschiedener Generationen wird hier betont.

Als problematisch unter Qualifikations- und Motivationsgesichtspunkten stellt sich vor allem der Typus 3 dar: Hier wird Jugendarbeit als ein in seiner Bedeutung und Fachlichkeit öffentlich mißachtetes Arbeitsfeld dargestellt, werden fehlende Anerkennung durch Vorgesetze, schlechte Arbeitsbedingungen etc. beklagt. Aus solcher Kritik, die sich zumeist mit dem Verweis auf die Praxisirrelevanz von Theorie und Desinteresse an der Fachdiskussion, manchmal auch mit einschlägigen Klagen über die Lust- und Interesselosigkeit „der Jugendlichen heutzutage“ verbindet, wird nicht die Notwendigkeit von Veränderungen gefolgert. Vielmehr werden langjährige Erfahrungen mit Dienstvorgesetzten und Verwaltungsstrukturen als Beleg dafür angeführt, daß sich ohnehin nichts in Bewegung setzen lasse. Auch die Frage, warum man denn gleichwohl im Berufsfeld Offene Jugendarbeit tätig sei, wird mit dem Verweis auf die Alternativlosigkeit geantwortet. Als langjähriger Mitarbeiter in der offenen Arbeit sei bzw. gelte man als unqualifiziert für andere Arbeitsfelder.

Deutlich wird im zuletzt skizzierten Typus ein Syndrom der Resignation, des individuellen Sich-Einrichtens in der Misere, das im Feld der Jugendarbeit unserer Erfahrung nach keineswegs eine vernachlässigbare Ausnahme

16 Dies im Sinne von Idealtypen, die sich in den konkreten Fällen verschränken und differenziert auftreten.

darstellt. Vielmehr wußten z. B. die beteiligten Studenten aus ihren Erfahrungen in Praktika von zahlreichen Fällen zu berichten, die sich dadurch auszeichneten, daß „erfahrenere Kollegen“ den Praktikanten eine Mentalität vermittelten, die durch Sätze wie „Du kannst das ruhig mal ausprobieren, aber es nutzt ja doch nichts!“ charakterisiert werden kann. Zunächst reagierten wir im Reflexionsprozeß hierauf mit personenbezogenen Zuschreibungen, Bewertungen und Beurteilungen[17].

Damit drängte sich die Einsicht auf, daß eine fachlich qualifizierte Arbeit eben motivierte, engagierte und qualifizierte Mitarbeiter voraussetzt, daß demotivierte oder gar resignierte Mitarbeiter keine gute Arbeit leisten können. Dies gilt insbesondere in einem gering formalisierbaren Arbeitsfeld wie dem der Offenen Jugendarbeit, in dem die persönliche Ausstrahlung von MitarbeiterInnen ein nicht ignorierbares Element der pädagogischen Praxis ist. Im Verhältnis zu Jugendlichen agiert man hier als jemand, der als ganze Person (einschließlich persönlicher Stimmungslagen) wahrgenommen wird. Ein demotivierter Mitarbeiter wird deshalb keine Jugendlichen motivieren können und wird in der von ihm dann wahrgenommenen „Lustlosigkeit“ weitere Gründe für seinen Motivationsverlust finden. Auch scheint zu gelten: Resignation ist „ansteckend“, sie teilt sich – dargeboten als Konsequenz langjähriger Erfahrungen – neu hinzukommenden Mitarbeitern mit, ist nur schwer zu konterkarieren oder argumentativ zu entkräften.

Bei aller Vorläufigkeit und Fragwürdigkeit solcher Interpretationen (s.u.) war die Einsicht gleichwohl nicht abzuweisen, daß das Interesse an einer Verbesserung der Fachlichkeit in der offenen Arbeit von den konkreten Personen, ihrer Fachlichkeit und (berufs-)biographisch gewordenen Persönlichkeit, nicht abstrahieren kann. Jede Verbesserung der Fachlichkeit erfordert zugleich eine Stärkung von Motivation, Engagement und Qualifikation der Mitarbeiter. Der Fachmann bzw. die Fachfrau, der Sozialpädagoge und Jugendarbeiter als Profi, ist von der dahinterstehenden Person weder analytisch noch praktisch abzutrennen.

Damit wird es zum einen erforderlich, fachliche Qualifizierung als umfassende *Persönlichkeitsbildung* zu betreiben. Aufgeworfen sind damit Fragen an die Gestaltung der Arrangements der Aus-, Fort- und Weiterbildung, die hier nicht beantwortet werden können[18]. Andererseits sind die genannten Aspekte in bezug auf die Organisationsstrukturen zu diskutieren, in denen das berufliche Handeln in der Offenen Jugendarbeit situiert ist. Denn Phänomene der Resignation und Demotivation sind kein bloßer Ausdruck persönlicher Erfahrungen und individueller Biographien, die psychologisch zu verstehen und durch Supervision zu bearbeiten sind.

Organisations- und Persönlichkeitsentwicklung

Offene Jugendarbeit, die in kommunale Verwaltungsstrukturen eingebunden ist, findet dort – so zumindest in den von uns untersuchten Fällen – einige organisatorische Rahmenbedingungen vor, die professionelles pädagogisches Handeln typischerweise eher behindern als befördern.

- JugendarbeiterInnen sind Angestellte in Arbeitsverhältnissen, die zwar durch relative Arbeitsplatzsicherheit gekennzeichnet sind, jedoch keine Prämierungssysteme für engagierte und qualifizierte Arbeit kennen.

17 Dies ist auch die Form, in der solche Wahrnehmungen in der alltäglichen Berufspraxis bearbeitet werden; man unterscheidet – im informellen Gespräch – sehr deutlich zwischen engagierten und unengagierten, qualifizierten und unqualifizierten Kollegen.

18 Z.B.: Wie wird Persönlichkeitsbildung durch das Studium an Hochschulen ermöglicht und behindert?

Wer sich durch besonderes Engagement auszeichnet, ungewöhnliche Initiativen ergreift, die eingespielten Routinen aufstört, ist mit langwierigen Entscheidungswegen konfrontiert oder wird – im negativen Fall – durch fachfremde Vorgesetze und Verwaltungsvorschriften blockiert.

- Die Qualität und Effizienz der offenen Arbeit wird nicht an pädagogisch-inhaltlichen, sondern an formalen und verwaltungstechnisch kontrollierbaren Kriterien wie Öffnungszeiten und Besucherzahlen bemessen. Quantitative Gesichtspunkte sind gegenüber qualitativen vorrangig.
- Den Mitarbeitern – weisungsgebundenen Angestellten – werden nur geringe Kompetenzen, z. B. in bezug auf konzeptionelle Entscheidungen, zugestanden. Im negativen Extremfall geht dies so weit, daß die Änderung der Konzeption eines Hauses durch den Magistrat genehmigt werden muß.
- Eine qualifizierte Personalplanung, die Probleme der Älterwerdens in der Jugendarbeit berücksichtigt, findet nicht statt. Ein Wechsel in andere Arbeitsbereiche, der unseres Erachtens für einige Mitarbeiter nach einem Zeitraum von ca. fünf Jahren – zumindest vorübergehend – sinnvoll wäre, ist nicht vorgesehen. Die Berufswegeplanung bleibt der Eigeninitiative der MitarbeiterInnen überlassen.
- Strukturen der Vernetzung und Kooperation zwischen den Einrichtungen der offenen Arbeit und den weiteren Instanzen, die in einer Gemeinde bzw. einem Stadtteil mit Jugendlichen befaßt sind (Schulen, Arbeitsämter, Jugendgerichtshilfen, Beratungsstellen usw.) sind kaum entwickelt.
- Die offene Arbeit ist in den Prestigehierarchien der kommunalen Verwaltungen und der pädagogischen Berufe auf den unteren Rangplätzen angesiedelt. Dies befördert eine Mentalität der Abschottung, des Sich-Einrichtens im Ghetto „offene Arbeit“.

Solche Rahmenbedingungen führen dazu, daß eine selbstbewußte, qualifizierte und eigenverantwortliche professionelle pädagogische Arbeit nur gegen den Widerstand der Organisationsstrukturen durchgesetzt werden kann, von diesen gerade nicht systematisch ermöglicht und befördert wird. Unter solchen Bedingungen bleibt Fachlichkeit eine an die Person der Mitarbeiter gebundene Qualität. Demgegenüber sind Organisationsreformen anzustreben, die zu strukturell verankerten, relativ personenunabhängigen Bedingungen für eine innovative und fachliche Gestaltung führen.

Einige diesbezüglich bedeutsame Aspekte sind

- der Abbau von Hierarchiestufen und eine Bindung der Fach- und Dienstaufsicht an fachlich kompetente Personen;
- die Delegation von umfassenden Entscheidungskompetenzen an die MitarbeiterInnen vor Ort;
- die Entwicklung qualifizierter Rahmenkonzeptionen für die offene Arbeit in einer Stadt bzw. einem Kreis, die es erlauben, die Qualität der geleisteten Arbeit an pädagogischen, nicht nur an formalen Kriterien zu bemessen;
- die konsequente Vernetzung und Kooperation der offenen Arbeit mit anderen pädagogischen und sozialstaatlichen Institutionen;
- eine qualifizierte Personalplanung, die Notwendigkeiten und Möglichkeiten des Arbeitsplatzwechsels ebenso berücksichtigt wie sie eine mittelfristige Planung der Fort- und Weiterbildung beinhaltet;
- die Preisgabe des Mythos, offene Arbeit sei ein Angebot an alle Jugendlichen, und die Entwicklung spezialisierter Konzeptionen für einzelne Einrichtungen;
- die systematische Förderung innovativer Ansätze, die aus den eingelebten Routinen ausbrechen.

Als eine triviale, aber gleichwohl wichtige Grundregel sollte gelten: Qualität geht vor Quantität, denn die Effizienz pädagogischer Arbeit kann nicht bloß und nicht primär an quantitativen Versorgungsgesichtspunkten bemessen werden.

Schlußbemerkung

Einige der Schwierigkeiten, mit denen das Interesse an einer Verbesserung der Fachlichkeit in der Jugendarbeit konfrontiert ist, verweisen zurück auf die Qualifikationen und Kompetenzen, die im Rahmen der Studiums erworben bzw. nicht erworben werden. Dem oben formulierten Anspruch an eine umfassende Persönlichkeitsbildung werden die mir bekannten Studiengänge nicht gerecht. Im Gegenteil werden in der aktuellen Debatte zur Hochschulreform klassische Bildungsideen zugunsten der Forderungen nach einem möglichst kurzen und kostengünstigen, berufsqualifizierenden Studiums verabschiedet. Gefordert wird mehr Effizienz bei der Wissensvermittlung. In didaktisch gut aufbereiteten Seminareinheiten kann man nun möglichweise effektiver Wissen vermitteln, als dies bislang geschieht. Für die Ausbildung von Pädagogen unverzichtbare Prozesse der Persönlichkeitsbildung benötigen jedoch Zeit. Zwar kann ein Studium an Hochschulen Persönlichkeitsbildung ohnehin nur anregen, nicht erzwingen und überprüfen. Es sollte jedoch Rahmenbedingungen zur Verfügung stellen, die solche Prozesse ermöglichen. Für eine Verbesserung der Fachlichkeit in der Jugendarbeit und der sozialen Arbeit insgesamt wird es deshalb erforderlich sein, die Idee der Bildung erneut auf die Tagesordnung der Debatten um eine Reform der Studiengänge zu setzen.

Literatur

Beck, U./W. Bonß (Hg.): Weder Sozialtechnologie noch Aufklärung. Frankfurt

Berger, H. (1980):Untersuchungsmethode und soziale Wirklichkeit. Frankfurt

Böhnisch, L. (1992): Die neue Jugendfrage. in: T. Rauschenbach/H. Gängler (Hg.): Soziale Arbeit in der Risikogesellschaft. Neuwied

Bommes, M./C. Klingemann/G. Köhler/A. Scherr (1991): Bereiche anwendungs-orientierter soziologischer Forschung. in: H. Kerber/A. Schmieder (Hg.): Soziologie. Ein Grundkurs. Reinbek

Damm, D. (1993): Jugendarbeit in selbstorganisierten Initiativen. München

Deinet, U. (1992): Situationsveränderung im Konzept Jugendhaus? in: deutsche jugend, H, 10

Dewe, B./A. Scherr (1991): Sozialwissenschaftliches Wissen und gesellschaftliche Praxis. in: Neue politische Literatur, H. 2

Dewe, B./W. Ferchhoff/A. Scherr/G. Stüwe (1992): Professionelles soziales Handeln. 2., erweiterte und überarbeitete Auflage. Weinheim und München

Gehrmann, G/K. Müller (1993): Die Environment-Aktivierungs-Methode. in: sozialmagazin, H. 4

Heiner, M. (Hg.) (1988): Praxisforschung in der sozialen Arbeit. Freiburg

Heiner, M./M. Meinhold/H. von Spiegel/S. Staub-Bernasconi (1994): Methodisches Handeln in der Sozialen Arbeit. Freiburg

ISS (Institut für Sozialarbeit und Sozialpädagogik) (1992): Bericht der Koordinierungsgruppe zur Neuplanung der offenen Kinder- und Jugendarbeit in Frankfurt. Frankfurt

Münchmeier, R. (1992): Institutionalisierung pädagogischer Praxis am Beispiel der Jugendarbeit. in: Zeitschrift für Pädagogik. H. 3

Pieper, M. (1988): Gebrauchsfertiges Wissen? Von den Schwierigkeiten, Wissenschaft in der Praxis sozialer Arbeit zu nutzen. in: K. -D. Ulke (Hg): Ist Sozialarbeit lehrbar? Freiburg

Sauter, R./H. Schrödlinger (1990): Die gesellschaftliche Bedeutung der Jugendarbeit: Entwicklungstendenzen der Jugendarbeit unter quantitativen Gesichtspunkten. in: Sachverständigenkommission 8. Jugendbericht (Hg.): Lebensverhältnisse Jugendlicher. Materialien zum 8. Jugendbericht Band 2. München

Scherr, A. (1993): Von der Krise der Jugendarbeit zur Krise der JugendarbeiterInnen? in: sozialmagazin, H. 5

Schütze, F. (1992): Sozialarbeit als „bescheidene Profession“. in: B. Dewe/W. Ferchhoff/F.-O- Radtke (Hg.): Erziehen als Profession. Opladen

Weeber/Partner (1989): Gutachten über Angebot und Besuch der Stuttgarter Jugendhäuser. Stuttgart (unveröffentlicht)

Konzeptentwicklung als Praxisbegleitung

Franz Josef Krafeld

Zur Ausgangssituation

Die „Akzeptierende Jugendarbeit mit rechten Jugendcliquen" ist ein konzeptioneller Ansatz zur Jugendarbeit mit solchen Jugendlichen, die durch rechtsextremistische Orientierungen, Fremdenfeindlichkeit und entsprechend motivierte Gewalt besonders auffällig geworden sind. Bis vor einigen Jahren waren solche Jugendliche praktisch durchgängig von Angeboten der Jugendarbeit ausgegrenzt worden. Als einziges „Konzept" galt: Nazis raus! Mit der Akzeptierenden Jugendarbeit dagegen haben wir[1] ein Konzept entwickelt, das auch diesen Jugendlichen gegenüber den zentralen Grundanspruch von Jugendarbeit ernstnimmt, nämlich: Die Jugendlichen dort abzuholen, wo sie stehen.

An dieser Stelle aber soll es nicht darum gehen, diesen konzeptionellen Ansatz darzustellen, auch nicht die Geschichte unseres Projektes, das Ende 1988 mit einem Studienprojekt begann und heute im Rahmen eines – u.a. aus Bundesmitteln geförderten – eingetragenen Vereins fortgeführt wird. All das ist an anderen Orten publiziert (vgl. vor allem: Akzeptierende Jugendarbeit 1992; und zusammenfassende Beiträge u.a. in: Scherr 1992; Heil u.a. 1993; Breyvogel 1993; Otto/Merten 1993).

Was in dem folgenden Beitrag beleuchtet werden soll, das ist vielmehr der *Prozeß,* wie jene Konzeption „Akzeptierende Jugendarbeit" aus konkreten Anfängen praktischer Arbeit entwickelt wurde, und vor allem, welche methodischen Vorgehensweisen sich in diesem Prozeß als bedeutsam erwiesen haben. Denn für diese Arbeit war seinerzeit nicht zuerst das Handlungsfeld analysiert und ein Konzept entwickelt worden, wie es sonst allgemein üblich ist. Hier war es vielmehr umgekehrt: Immens eskalierte Probleme veranlaßten dazu, *unmittelbar* aktiv zu werden, ohne sich erst einmal Zeit für eine entsprechende Konzeptentwicklung zu nehmen. Entsprechend war dann also neben statt vor der praktischen Arbeit vonnöten, dieser eine fundierte und tragfähige konzeptionelle Grundlage zu verschaffen.

Es reichte aber nicht, sich vorhandene Grundlagen anzueignen. Denn in der Vergangenheit mit diesen Jugendlichen gescheiterte Versuche hatten klargemacht, daß mit konventionellen Konzepten mit ihnen nicht zu arbeiten war. Neben den konventionellen Ansätzen von Verständnissen von Jugendarbeit gab es zwar einige Erfahrungsberichte und konzeptionelle Ansätze zur Arbeit mit besonders randaleorientierten und gewaltbereiten Jugendlichen, so aus der Rockerarbeit der 70er Jahre, die sicher nützlich und wichtig sein konnten. Hinsichtlich des anderen zentralen Auffälligkeitsmerkmals dieser Jugendlichen aber, ihrer rechtsextremistischen Orientierungen und ihrer vermuteten Nähe zu neonazistischen Organisationen, schien es wahrlich nichts Geeignetes zu geben: Denn die bis dahin bekannten und durchgängig propagierten belehrungs- und aufklärungsorientierten antifaschistischen Bildungskonzepte erwiesen sich in der Praxis mit *diesen* Jugendlichen als völlig ungeeignet (vgl. dazu: Akzeptierende Jugendarbeit 1992, S.12ff.).

---

1 Mit „wir" meine ich Gunda Heim, Elke Lutzebäck, Gisela Schaar, Carola Storm und Wolfgang Welp und mich, die wir nur gemeinsam mit unseren unterschiedlichen Kompetenzen – sie als Praktikerinnen und Praktiker, ich als Hochschullehrer, Praxisberater und wissenschaftlicher Begleiter – das zustandebringen konnten, auf dessen Basis wir bis heute produktiv zusammenarbeiten: eine konzeptionell fundierte Jugendarbeit mit rechten Jugendcliquen zu realisieren.

Es mußten also neue Handlungsorientierungen und Konzepte gefunden werden. Das ließ sich in der Praxis natürlich nicht als gradliniger, in sich konsequenter, Schritt für Schritt geplanter und aufeinander aufbauender Prozeß realisieren, sondern war weit mehr ein Suchprozeß mit vielen Windungen, mit vielem Versuchen und Ausprobieren, Abwägen und Umgewichten. Erst nach und nach schälten sich daraus in sich klare und stimmige handlungsrelevante konzeptionelle Grundlagen heraus – freilich nicht zufällig, sondern als Produkt differenzierter Erarbeitungs- und Verarbeitungsprozesse.

Welche Erfahrungen in diesem Prozeß besonders bedeutsam waren, welche methodischen Vorgehensweisen sich dabei als besonders hilfreich und wichtig erwiesen haben, darum soll es im folgenden gehen.

Hilfreiche Bedingungen zur Konzeptentwicklung

Zunächst aber sind einige Faktoren zu benennen, die diesen Prozeß entscheidend prägten oder beeinflußten – seien es erschwerende oder begünstigende:

Als erschwerend ist sicherlich – neben den besonderen Anforderungen der Zielgruppe – zu berücksichtigen, daß hier nicht besonders praxiserfahrene und kompetente Sozialarbeiterinnen und Sozialarbeiter tätig wurden, sondern Studierende, die selbst fast alle gerade erst ihr Grundstudium hinter sich hatten und die zu einer fachlichen Qualifizierung im Bereich „Jugendarbeit" bislang eigentlich in ihrem Studium noch gar nicht recht gekommen waren. (Allerdings ist auch das in der Jugendarbeit gar nicht so untypisch, daß sich „Neulinge" auf Probleme stürzen, vor denen „alte Hasen" zurückschrecken.)

Ungemein begünstigend für den Prozeß der Projekt- und der Konzeptionsentwicklung haben sich andererseits insbesondere ausgewirkt,

- daß das Studienprojekt wöchentlich einen Rahmen von mindestens sechs Stunden bot, der weitgehend frei für projektbezogene Qualifizierungs-, Reflexions- und Beratungsprozesse genutzt werden konnte, also eine kontinuierliche Kooperation von Lehre und Praxis gegeben war,
- daß sehr schnell zwei, dann drei Teams (vier Frauen und ein Mann) in voneinander unabhängigen Arbeitsfeldern in drei Stadtteilen ganz ähnliche Erfahrungen machten und sie so im Erfahrungsaustausch sehr viel von- und miteinander lernen konnten, (zumal sie auch durchweg persönlich sehr gut miteinander auskamen),
- daß die beiden zuständigen Bezirksjugendpfleger, zwei besonders erfahrene, kompetente und engagierte Praktiker, immer wieder unterstützend, beratend und institutionell absichernd aktiv wurden,
- daß – jedenfalls in zweien der drei Projekte – die unmittelbare Umgebung dem Vorhaben sehr wohlwollend gegenüberstand, weil sie die Chance sah, endlich aus schier endlos eskalierten Problementwicklungen herauszukommen, (was freilich überzogene und unrealistische Erwartungen mit dadurch bedingten Konflikten nicht verhinderte),
- daß das Umfeld – vom eigenen Freundeskreis bis zur Fachöffentlichkeit und zur Stadtteilöffentlichkeit – die Arbeit von Anfang an mit ungeheurem Interesse verfolgte. Von argwöhnischen Blicken oder gar festen Überzeugungen hinsichtlich der Frage, ob nicht diese Arbeit rechtsextremistische Tendenzen und Gewaltverhalten bei Jugendlichen letztlich noch fördere und „belohne", bis hin zu faszinierten Reaktionen des Musters „Wie haltet ihr das überhaupt aus, mit solchen zu arbeiten?" oder „Das könnt' ich nie" erstreckte sich das gängige Spektrum der Reaktionen. Entsprechend stark war der Druck von außen, nicht nur die praktische Arbeit zu machen, sondern diese auch entsprechend nach außen darstellen und weiter vermitteln zu können.

Diese Faktoren haben sich, im nachhinein betrachtet, als ungemein wichtig für den stattgefundenen Prozeß erwiesen. Und gerade das öffentliche Interesse an unserer Arbeit wirkte sich sehr förderlich, motivierend und drängend dahingehend aus, aus dieser Arbeit eine systematische Konzeption zu entwickeln und der (Fach-)öffentlichkeit zu präsentieren.

Zusammenfassung: Hilfreiche Bedingungen für die Konzeptentwicklung:

- engagierte PraktikerInnen mit großer Motivation, sich besonders schwierigen Aufgaben zu stellen,
- intensive Beratung, Unterstützung und institutionelle „Abfederung" durch zuständige Fachkräfte in der Jugendbehörde und durch politische Kräfte im Stadtteil,
- intensive und vielschichtige Zusammenarbeit von PraktikerInnen und einem lehrenden Fachwissenschaftler,
- ausgiebige Zeit für projektbegleitende Qualifizierungsprozesse mit folgenden Schwerpunkten:
  - grundlagenschaffende Ausbildung,
  - alltagsbegleitende Praxisberatung,
  - systematisierende Erfahrungsaufarbeitung,
  - wissenschaftliche Begleitung,
- praxisbegleitende Qualifizierung im wöchentlichen Rhythmus mit zusätzlicher Gelegenheit zu kurzfristigen situationsbedingten Treffen,
- Interesse an intensivem informellen Erfahrungsaustausch untereinander und alltagsbegleitendem „gegenseitigen Ausquatschen",
- Förderung des Lernens voneinander durch ein Gesamtprojekt in der Größe einer interaktionsdichten Kleingruppe, durch ganz ähnliche Arbeit in mehreren (idealerweise: drei) Teams und paralleler Tätigkeit einzelner in zwei Teams,
- relativ große Handlungsspielräume und relativierbare Erfolgserwartungen im Umfeld,
- (fach-)öffentliches Interesse einer als „spannend" wahrgenommenen Arbeit,
- flexible Arbeits- und Ausbildungsbedingungen, die mit den Projekterfordernissen in Einklang gebracht werden können.

Phase 1: Qualifizierung und alltagsbegleitende Beratung

Der geschilderte „Sprung ins kalte Wasser" bedingte für das Studienprojekt, nicht eine fachlich-systematische Ausbildung und Qualifizierung durchzuführen, sondern diese möglichst weitgehend an denjenigen Fragen und Problemen auszurichten, die sich in der praktischen Arbeit ergaben. Das verlangte je nach Frage- und Problembereichen differierende Herangehensweisen, teils mehr praxisbezogene und alltagsorientierte, teils eher grundlegend und systematisch angelegte.

Folgende Schwerpunkte kennzeichneten diese erste Phase:

Eine alltagsbegleitende Praxisberatung.

Ergänzend dazu, daß in den einzelnen Teams und zwischen den Teams immer ganz viele Gespräche über das aktuelle Alltagsgeschehen liefen, wurde die erste Phase eines jeden Studientages darauf verwandt, aktuelle Fragen, Probleme und Handlungsunsicherheiten aus der Arbeit anzusprechen und gemeinsam anzugehen.

Methodisches Vorgehen:

Eingangs stand jeweils die Frage: Wer möchte gerne was aus der letzten Woche ansprechen oder besprechen? Gefragt wurde nach besonderen Ereignissen, Problemen und Konflikten, nach besonders brisanten oder verunsichernden Situationen, nach anstehenden Entscheidungen und Handlungsprozessen, nach Phänomenen, die schon länger Schwierigkeiten machen oder „auf den Nägeln brennen" u.ä.. Durch kurze Nachfragen oder Interpretationsangebote versuchte ich bei Bedarf, Präzisierungen oder Akzentuierungen anzuregen. Die genannten Vorschläge wurden von mir ergänzt, insbesondere dann, wenn von den PraktikerInnen aus wenig anstand, wenn etwas von einer der letzten Sitzungen noch offen war, wenn zu einem besprochenen Vorgang die Weiterentwicklung interessant war oder wenn mir noch andere wichtige Fragen als die Benannten aufgefallen waren.

Gemeinsam wurde dann unter Berücksichtigung der zur Verfügung stehenden Zeit entschieden, welche Punkte in welcher Reihenfolge angesprochen werden sollten. Wichtig war dabei die Grundvereinbarung, sich für jeden Punkt die als notwendig erscheinende Zeit zu nehmen und dann lieber zu riskieren, daß ein Teil unbehandelt blieb, als daß alles nur oberflächlich und zu kurz besprochen würde. Insbesondere hieß das auch, sich Zeit zu nehmen, um jeweils Hintergründe und Zusammenhänge zu beleuchten und eigene Handlungsmuster zu hinterfragen. Solche vertiefende Reflexion und Analyse führte damit situationsbezogen immer wieder dazu, sich an grundlegende Aspekte heranzuarbeiten und damit einen exemplarischen Charakter des Herangehens zu entfalten. Andererseits bestand die Aufgabe der Gesprächsführung darin, wahrzunehmen und rückzukoppeln, wenn Gespräche zerfledderten, sich im Kreise drehten oder abhoben auf praxisferne Ebenen. Die PraktikerInnen hatten aber letztlich immer wieder die Entscheidung, was ihnen wichtig war und wie detailliert sie sich auf etwas einlassen wollten.

Ganz überwiegend, ja fast durchweg wurden in diesen Sitzungen Aspekte angesprochen, die in den einzelnen Teams oder zwischen einzelnen PraktikerInnen im Auto, zu Hause, in der Kneipe, am Telefon oder sonstwie vorbesprochen waren, so daß „der erste Druck oft schon raus" war. Das kam der Intensität der Praxisberatungsgespräche ungemein zugute und hat sich damit letztlich, wenn auch ungeplant, als wichtiges methodisches Element erwiesen.

Problemorientierte Theorieaneignung zu Methoden und Konzepten der Jugendarbeit

Da die Studierenden gerade erst ihr Grundstudium hinter sich hatten, hatten sie zwar eine Reihe von Ansprüchen, Erwartungen und Zielsetzungen für die eigene Arbeit im Kopf, aber sich bislang kaum intensiver mit Jugendarbeit, deren konzeptionellen Grundlagen und praktischen Handlungsansätzen befaßt. Das jetzt systematisch nachzuholen, dazu war nicht die Zeit. Also wurde ein problembezogenes Vorgehen entwickelt, für das die selbstformulierten Ansprüche der Studierenden den Ausgangs- und Bezugspunkt bildeten. So nahm am Anfang die Auseinandersetzung mit bedürfnisorientierter Jugendarbeit, mit sozialräumlich orientierter Jugendarbeit und die mit Verständnissen politischen Lernens einen besonders großen Raum ein.

Methodisches Vorgehen:

Grundlage für die Auseinandersetzung mit der bedürfnisorientierten Jugendarbeit war die Zusammenfassung dieses Ansatzes in der Einleitung eines Praxisforschungsberichtes von Damm (Damm 1980, S. 14-26). Inbesondere die dort herausgearbeiteten Bedürfniskategorien und widerspruchsvollen Ebenen des Bewußtseins wurden anhand der Erfahrungen mit den Jugendlichen in den Teilprojekten konkretisiert sowie eigene Reaktionsmuster auf anstößige Verhaltensweisen der Jugendlichen reflektiert. In Verbindung mit diesem Ansatz wurde zum politischen Lernen inbesondere auf Negt Bezug genommen, der die Bedeutung der Kategorie Erfahrung differenziert herausarbeitet (vgl. insbes.: Negt/Kluge 1982, S. 20-102 und: Krafeld 1986). In diesem Kontext nahm vor allem die Thematisierung der eigenen politischen Sozialisation unter der Frage, inwieweit sich dort fremdenfeindliche bis rechtsextremistische Elemente, Affinitäten, Annäherungen oder Anfälligkeiten finden lassen, einen großen Raum ein.

Grundlagen des sozialräumlichen Ansatzes lagen aus der ersten Projektphase vor. Im Vorjahr hatten andere Studierende auf einem weitläufigen ehemaligen Schulgelände, auf dem nun nach und nach ein Bürger- und Sozialzentrum verschiedenster Träger und Projekte enstand und wo auch als erstes Projekt akzeptierender Jugendarbeit ein Jugendclub mit rechten Jugendlichen aufgebaut wurde, eine sozialräumliche Untersuchung durchgeführt. Zielfrage war, wer dieses offiziell ungenutzte Gelände eigentlich wie nutzte und wie das entstehende Zentrum damit bewußt oder unbeachtet umging. Denn tatsächlich war dort ungeheuer viel los: von spielenden Kindercliquen und Müttern mit Kleinkindern über rollschuhlaufende Kids, alten Leuten auf den Bänken über Tag bis hin zu saufenden und randalierenden Jugendlichen oder grillenden Nachbarn am Abend. Die Bedeutung sozialräumlicher Arbeit ließ sich hier also sehr hautnah und praktisch greifen, und sei es an den permanenten eklatanten Widersprüchen zwischen propagierten sozialen Ansprüchen und nicht wahrgenommenen sozialräumlichen Realitäten.

Problemorientierte Theorieaneignung zum Rechtsextremismus

Beim Problemkomplex „Rechtsextremismus“ erschien es sinnvoll, sich neben den geschilderten, teils eher biographisch orientierten Zugängen zum politischen Lernen zumindest auch einen eher systematisch angelegten Überblick über Theorien zu den Ursachen des Rechtsextremismus und rechtsextremistischer Orientierungen bei Jugendlichen zu verschaffen. Bald jedoch ging es hier vor allem – neben der Aufarbeitung von Grundlagenliteratur – um die gezielte Durchsicht entsprechender Literatur nach Anregungen und Anstößen für eine pädagogische Praxis, die über die Hilflosigkeiten konventioneller Belehrungs-, Informations- und Aufklärungsansätze hinausgeht.

Methodisches Vorgehen:

Als methodisches Element ist hier vor allem das „Gegen-den-Strich-Lesen“ breiter Literatur zum pädagogischen Umgang mit dem Rechtsextremismus herauszuheben. Denn die entsprechende Literatur konzentrierte sich zu dieser Zeit so gut wie ausschließlich darauf, pädagogische Ansätze und Konzepte für die Arbeit mit solchen Menschen zu entfalten, die durch Belehrung, Information, Aufklärung oder durch das Erzeugen von Betroffenheit zu einer kritischen Auseinandersetzung mit dem Rechtsextremismus zu veranlassen sind. Dazu zählten aber die Jugendlichen, mit denen wir es zu tun hatten, eindeutig nicht. Also suchten wir in der entsprechenden Literatur nach oft eher versteckten Hinweisen und Anregungen, wie eine Arbeit aussehen könne, die auch diese Zielgruppe erreichen kann. Das trugen wir zusammen und versuchten es aus diesen Zusammenstellungen heraus weiter zu durchdenken und weiterzuentwickeln, immer mit ganz konkreten Jugendlichen im Hinterkopf, mit denen wir es zu tun hatten.

Selbstreflexion

Wichtig war auch, die eigenen Haltungen und Empfindungen zu den Aspekten zu reflektieren, die an den Jugendlichen besonders abgelehnt wurden: zu Fremdenfeindlichkeit, Rechtsextremismus und Gewalt. Dieser selbstreflexive Prozeß war besonders wichtig, um gängige klischeehafte Selbst- und Fremdbilder bei uns und anderen zu hinterfragen, die immer wieder als selbstverständlich zu unterstellen suchen: „Wir sind die guten Antifaschisten und vorurteilsfreien, multikulturell orientierten Menschen, jene aber sind die schlimmen Ausländerfeinde und Rechtsextremisten, denen es an jeder Sachkenntnis mangelt und die voll sind von bloßen Vorurteilen und Ideologien.“ Erst der Abschied von solchen Klischees läßt kognitiv und emotional zu, über die konventionellen antifaschistischen Betroffenheits-, Belehrungs- und Bekämpfungskonzepte hinwegzukommen und auch im Alltag produktiv mit dem Anspruch umgehen zu können, diese Jugendlichen abzuholen, wo sie stehen, sie ernstzunehmen, wie sie sind.

Methodisches Vorgehen:

In einer projektbezogenen Veranstaltung gemeinsam mit anderen Studierenden, die nicht unmittelbar in das Projekt integriert waren, wurde mit Erzählrunden begonnen, in denen eigene Erlebnisse mit Fremden im Alltag zusammengetragen werden sollten: Fremde in der Nachbarschaft, in privaten Kreisen, erste persönliche Begegnungen mit farbigen Menschen, Gefühle von Beeinträchtigung und Ängsten im Zusammenhang mit Fremden u.v.ä.. Dabei mußte zum Einlassen auf die Fragestellung zunächst Raum sein für Erlebnisse, die letztlich die Selbstdarstellung eines „guten“, vorurteilsfreien Menschen beinhalteten. Erst dann konnte Raum sein dafür auszutesten, wie die Gruppe auf die Darstellung von Erlebnissen und Empfindungen reagierte, die nicht ausländerfreundlichen Ideal-Klischees entsprachen. Die Reaktionen ermunterten dann dazu, daß andere sich weiter vorwagten in das erlebnisgeladene Feld von Widersprüchen zwischen eigenen Erfahrungen, Haltungen, Empfindungen Vorlieben und

Wünschen und den am liebsten von allen in Anspruch genommenen Leitbildern der Vorurteilslosigkeit und der Ausländerfreundlichkeit als moralisch gefordertem Gegenteil von Ausländerfeindlichkeit.

Zum Zusammenhang von Rechtsextremismus und Gewalt lag ein entscheidender Schritt darin, der von den einzelnen Herkunftsfamilien erlittenen Gewalt die von diesen ausgegangene und mitgetragene gegenüberzustellen. Es zeigte sich, wie sehr die eine Seite auch ein, zwei Generationen später noch ungemein parat war (z.B. der Bombenkrieg oder die Flucht), die andere Seite aber bei den meisten wie ein schwarzes Loch in der Familienbiographie wirkte – jedenfalls, wenn es um konkretes Tun und Erleben ging, nicht nur um Rollen (z.B. Soldat, Polizist). Die Frage allein, wie Familienmitglieder mitgewirkt haben an der nationalsozialistischen und der Kriegsgewalt, welche Gewalterfahrungen diese als Handelnde – und nicht nur als Erleidende – gemacht haben, war offenbar für die meisten bislang nie aufgetaucht. Und – es lag auf der Hand – irgendwie waren ganz viele jedenfalls auch Handelnde gewesen.

Ein dritter zentraler Schritt lag darin nachzusehen, welche Deutungs- und Interpretationsmuster diese Familienangehörigen dazu heranzogen und benutzten, um diese Erfahrungen zu verarbeiten, zu verkraften und zu bewältigen – und wie sich solche Deutungs- und Interpretationsmuster auch selbstverständlich bei uns und bei anderen wiederfinden – und was sie mit Rechtsextremismus zu tun haben.

Nebenbei sei angemerkt, daß dieser biographisch ausgerichtete Prozeß, für den wir uns etliche Wochen Zeit nahmen, immer wieder immense Informationsbedürfnisse über geschichtliche Abläufe zutage förderte, selbst bei denen, die sich sonst eigentlich nie für Geschichte interessiert hatten. Begünstigt wurde dieser Prozeß sicherlich dadurch, daß ich aufgrund meiner detaillierten Geschichtskenntnisse auch meist entsprechende Informationen unmittelbar in die Gesprächsprozesse einstreuen oder kurzfristig entsprechende Informationsblöcke anbieten konnte.

Phase 2: Entwicklung erfahrungsgetragener und fachlich begründeter Handlungsansätze

Insgesamt ging es in der ersten Projektphase vorrangig darum, nach dem „Sprung ins kalte Wasser“ Voraussetzungen und Grundlagen zu schaffen, diese Arbeit überhaupt durchstehen, überstehen und befriedigend bewältigen zu können. Wesentlich geprägt wurde diese Anfangsphase durch das Thema „Angst“. Von außen – und nicht zuletzt von mir, der ich unmittelbar mit „jenen Monstern“ (als die jene Jugendlichen von vielen angesehen wurden) kaum mal zu tun hatte, war immer wieder die Frage: „Wie könnt ihr das nur? Wie haltet ihr das nur aus?“ oder die Reaktion. „Das könnt ich nie! Da hätt' ich viel zu viel Schiß!" zu hören.

Methodisches Vorgehen:

Immer wieder ging es darum, ganz konkret Fragen zu erörtern wie:

- Was macht mir eigentlich Angst? Und was ist es daran, was mir Angst macht?
- Wo und wie ist der Punkt erreicht, daß Angst mein Empfinden bestimmt, also zentral und im Vordergrund für mich steht?
- Was macht es eigentlich, daß mir dieses oder jenes, von dem andere sagen, es würde ihnen immens Angst machen, keine oder kaum Angst macht?
- Welche meiner Reaktionen auf angstauslösende Situatioen haben Situationen positiv, welche negativ verändert?
- Welche Bedingungen und Faktoren erlebe ich als angstverstärkend oder angstvermindernd?

Der Bereich „Umgang mit Angst" war denn auch der erste, in dem wir versucht haben, Erfahrungen aus der Praxis systematisch aufzuarbeiten und zu allgemeineren konzeptionellen Handlungsorientierungen zu verdichten. Ihren Niederschlag fanden die Ergebnisse dieses Prozesses vor allem in später für einen Artikel in der Zeitschrift „deutsche jugend" formulierten „Handlungsansätzen aus der Praxis" und der Definition von Maßstäben für das Setzen von Grenzen (Heim u.a. 1991b).

Im Bereich „Umgang mit Angst" wurde auch als erstes realisiert, was dann nach einiger Zeit insgesamt als Organisationsmuster der Praxisberatung realisiert wurde, nämlich eine Zweiteilung in

- alltagsbegleitende Praxisberatung und
- problemzentrierte Praxisberatung.

Alltagsbegleitende Praxisberatung

In der alltagbegleitenden Praxisberatung ging es immer um das, was gerade aktuell auf den Nägeln brannte. Eingeleitet wurde diese alltagsbegleitende Praxisberatung der Teams jeweils mit einem Kurzbericht über die vergangene Woche und einer abschließenden Aussage, welche Punkte anschließend ausführlicher angesprochen werden sollten. Dabei ging es durchweg aber nicht vorrangig oder ausschließlich um „Lösungen", sondern um die Entwicklung von Fähigkeiten zur analysierenden Reflexion konkreter Problemsituationen.

Methodisches Vorgehen:

Entsprechend wichtig waren immer wieder Fragen wie:

- Was war dir in jener Situation wichtig?
- Was war anderen dabei wichtig?
- Was war – nach deinem Eindruck – das jeweils Entscheidende unter den vielen Aspekten – für dich und für andere?
- Was löste was aus?
- Welche Handlungsmöglichkeiten hätte es gegeben – und welche wären für dich geeignet und machbar gewesen?
- Was war entscheidend dafür, Situationen zu bewältigen – oder auch nicht?

Problemzentrierte Praxisberatung

Ziel der problemzentrierten Praxisberatung war es, sich jenseits des aktuellen Alltagsgeschehens systematisch auf eine zentrale Problemstellung in der praktischen Arbeit einzulassen und nicht nur situativ immer wieder zu reagieren auf das, was gerade geschah oder anstand. Bisherige Erfahrungen sollten hier systematischer aufgearbeitet werden, um daraus handlungsorientierte konzeptionelle Grundlagen für die weitere Arbeit zu entwickeln.

Die problemzentrierte Praxisberatung schloß sich in der Regel bei jedem Treffen der alltagsbegleitenden Praxisberatung unmittelbar an. Für beide Phasen wurden bald in der Regel pro Woche mindestens anderthalb Stunden aufgewandt. Dazu kamen dann noch in aktuellen Problem- und Konfliktsituationen Ad-hoc-Beratungen.

Im Unterschied zur alltagsbegleitenden Praxisberatung wurden für die problemzentrierte die Themen jeweils einige Wochen vorher festgelegt, um bis dahin zu diesen Punkten gezieltere Beobachtungen festhalten, eigene Erfahrungen vorsortieren und sich insgesamt auf das Thema vorbereiten zu können.

Methodisches Vorgehen:

Methodisch wurde dabei bewußt offengehalten, wie das zu geschehen hatte. Denn um unter dem Druck der Arbeitsbelastungen für diese Arbeit auch noch Zeit und Lust zu haben, sollten jeweils diejenigen Verfahren genommen werden, die einem im Moment am sinnvollsten und am ehesten machbar erschienen. So wurden allenfalls Anregungen gegeben und Anstöße vermittelt, aber in der Regel keine Verfahren festgelegt oder vereinbart. Eingesetzt wurden u.a.:

- unstrukturierte oder eher strukturierte Tagebuchnotizen oder Journale,
- die Durchsicht vorhandener Tagebuchnotizen,
- gezielte Beobachtungen mit oder ohne entsprechende Beobachtungsnotizen,
- vorbereitende Auswertungsgespräche im Team (durchaus auch abends in der Kneipe oder im Auto auf dem Weg nach Hause),
- schriftliche oder auf Band gesprochene Notizen zu interessanten „Kneipengesprächen",
- verarbeitungsorientiertes Erzählen von Erlebnissen im privaten Beziehungsfeld oder ins Tonband,
- Benutzung kurzer Texte aus der Fachliteratur, um eigene Reflexionsprozesse anzuregen,
- Fragenkataloge und Gesprächsleitfäden (teils als Vorschlag schon zur Vorbereitung verteilt),
- zusammenfassende schriftliche Berichte der Teams,
- schriftliche Zusammenfassungen bisheriger Aufarbeitungen als Rückkopplung bisheriger Aufarbeitungsprozesse (primär durch mich).

Ganz entscheidend war dabei, daß an diesem Prozeß immer fünf studentische Praktikerinnen und Praktiker aus drei Projekten beteiligt waren, die einerseits mit ganz ähnlich auffälligen Jugendlichen arbeiteten, die aber andererseits in ihrer konkreten Arbeit auf ganz erhebliche Unterschiede stießen. Folglich spielten der Vergleich zwischen den drei Arbeitsfeldern und die gegenseitige erfahrungsgetragene Anregung und Hinterfragung von Anfang an eine ganz zentrale – und in ihrer Bedeutung gegenüber der Praxisberatung von einzelnen Teams – kaum zu überschätzende Rolle.

In der problemzentrierten Praxisberatung ging es zumeist um grundlegende und durchgängige Probleme im konkreten Alltagsgeschehen, wie:

- Umgang mit exzessivem Alkoholkonsum,
- Umgang mit Schlägereien,
- Reaktionen auf ausländerfeindliche, rassistische, sexistische und rechtsextremistische Sprüche,
- Reaktionen auf Waffen,
- Umgang mit Cliquenstrukturen u.ä.,

zum anderen Teil ging es aber um die systematische Analyse und Reflexion des eigenen Handelns in den Lebenswelten und im gesellschaftlichen Kontext insgesamt, wie:

- Stellung der Jugendlichen zum Rechtsextremismus,
- biographische Hintergründe und Lebenslagen der Jugendlichen,
- Verhältnis von pädagogischen und politischen Zielsetzungen,
- Verhältnis zwischen Außenerwartungen und eigenen Zielsetzungen u.ä..

Neben diesen beiden Formen der Praxisberatung nahm auch in der zweiten Phase selbstverständlich die problemorientierte Thorieaneignung weiter eine große Bedeutung ein. So wurde, wie erwähnt, die Aufarbeitung von Literatur zu den Komplexen Rechtsextremismus, rechtsextremistische Orientierungen bei Jugendlichen, Antifaschismus, Pädagogik/Schule/Jugendarbeit gegen Rechtsextremismus und Gewalt nun systematischer betrieben unter dem Aspekt, daraus Anregungen, Anstöße und Impulse herauszufiltern für eine Jugendarbeit mit rechten Jugendcliquen. Die Diskussion dieser Ausführungen mündete in den Versuch, daraus zusammenfassende Grundverständnisse als konzeptionelle Grundlagen der eigenen Arbeit zu formulieren und gleichzeitig diskutierend an dieser Praxis zu messen, um so die dort entwickelten Verständnisse und Ansätze konzeptionell zu verdichten. Prämisse war dabei, auch diesen Jugendlichen gegenüber Grundverständnisse von Jugendarbeit ernstzunehmen, die ansonsten in der Jugendarbeit – jedenfalls vom Anspruch her – gegenwärtig als zentral gelten, also Forderungen nach Bedürfnisorientierung und nach Ernstnehmen der Jugendlichen als Subjekte, nach sozialräumlicher Orientierung und nach Lebensweltorientierung, nach Ernstnehmen jugendkultureller Stile usw. (Dieser Arbeitsprozeß fand später Niederschlag im ersten Teil eines Ende 1991 in der „neuen praxis“ veröffentlichten Aufsatzes (Heim u.a. 1991c; auch abgedruckt in Akzeptierende Jugendarbeit 1992, S. 61-80).

Methodisches Vorgehen:

Spezielle methodische Vorgehensweisen dazu sollen an drei Beispielen verdeutlicht werden:

a) Der bedürfnisorientierte Ansatz von Diethelm Damm, der sich auf die Hypothese stützt, daß sich letztlich hinter allen Bedürfnissen ein begrenztes Spektrum von grundlegenden Bedürfnissen ausmachen läßt und diesen auch immer ein emanzipatorischer Kern innewohnt (vgl. dazu: Damm 1980, S. 14ff.), wurde gezielt auf Kernprobleme in der problemzentrierten Praxisberatung übertragen und in diesem Kontext auf seine Tragfähigkeiten und die daraus abzuleitenden Konsequenzen hin hinterfragt.

b) Der Aufsatz von Kurt Möller „Zwei Dutzend Gründe für die aktuelle Hilflosigkeit des politischen und pädagogischen Antifaschismus. Provokationen, Polemiken, Perspektiven“ (Möller 1989) gab den Anstoß, dessen Thesen umzudrehen und daraus Forderungen an eine Jugendarbeit zu formulieren, die diese von Möller beschriebenen Gründe der Hilflosigkeit überwinden will.

c) Aus den Publikationen von Kraußlach u.a. (Kraußlach u.a. 1976; Kraußlach 1981) über Erfahrungen aus der Rockerarbeit der späten 70er Jahre wurde herausgearbeitet und zusammengestellt, welche Handlungsmuster jene Praktikerinnen und Praktiker seinerzeit im Umgang mit Aggressivität und Gewalt entwickelt und eingesetzt hatten, um diese Aussagen mit eigenen Erfahrungen zu vergleichen.

Phase 3: Erarbeitung einer Gesamtkonzeption

Im Frühjahr 1990 dann begannen wir mit dem Versuch, systematisch die bisherigen Erfahrungen aufzuarbeiten und auszuwerten. Als Ziel hatten wir uns gesteckt, die konzeptionellen Grundlagen unserer Arbeit – von deren Effektivität und Erfolg wir inzwischen überzeugt waren – so aufzuarbeiten, daß dabei ein veröffentlichungsreifer Beitrag für eine Fachzeitschrift herauskam. Als zentrale Fragestellung für dieses Vorhaben formulierten wir damals: „Welche Handlungsorientierungen und Handlungsansätze haben diese Arbeit überhaupt bisher ermöglicht und tragen sie inzwischen?“ – Eine klare zentrale Fragestellung zu formulieren hat verhindert, sich in der Vielzahl von Aspekten zu verzetteln. Gleichzeitig sollte sie eine Maßstabvorgabe für Prioritätensetzungen und Gewichtungen bieten.

Erster Schritt: Berichte und Interviews über die eigene Arbeit

Als erster Schritt zur Aufarbeitung schrieben die drei Teams jeweils – unter der formulierten Fragestellung – einen Bericht über die bisherige Arbeit. Den Kern der folgenden Aufarbeitungsphase machte dann eine Interviewreihe aus. Anhand eines – von mir entworfenen und gemeinsam überarbeiteten – Gesprächsleitfadens sollten Erfahrungen und Erkenntnisse zusammengetragen und untereinander diskutiert werden. Entsprechend groß war der Zeitaufwand, wozu wir – in mehrwöchigen Abständen – gesonderte Termine vereinbart hatten. Alle sechs mehrstündigen Gespräche wurden auf Band aufgezeichnet und weitgehend abgetippt.

Methodisches Vorgehen:

Wesentliche Fragen und Fragenkomplexe des Gesprächsleitfadens waren vor allem:

- Mit welchen Jugendlichen arbeitest du?
- Welche Lebenserfahrung und Lebenslage kennzeichnet diese Jugendlichen?
- Wie verstehen sich diese Jugendlichen hinsichtlich ihrer jugendkulturellen Äußerungen?
- Wie verstehen sich diese Jugendlichen hinsichtlich ihrer Lebenslagen, Lebensorientierungen und Lebensperspektiven?
- Wenn du an die Einordnung dieser Jugendlichen als rechtsorientiert denkst: Was sind dann besonders spannende und interessante Erfahrungen/Erlebnisse für dich – und was war daran besonders interessant?
- Was sind besonders positive Erfahrungen und Erlebnisse?
- An welchen Situationen oder Erlebnissen zeigen sich besondere Erfolge deiner Arbeit?

– Was hat vor allem zu den Erfolgen beigetragen, welche Verhaltensweisen, Umgehensweisen, Handlungsmuster o.ä.?
– Wenn du anderen „Tips“ für die Arbeit mit rechtsorientierten Jugendlichen geben solltest: Was findest du dann besonders wichtig an Erfahrungen/Erlebnissen/Handlungsansätzen?
– Wo hast du besonders interessante Erfahrungen/Erlebnisse mit „falschem“ und „richtigem“ Umgang mit diesen Jugendlichen gemacht?

Deutlich wird in diesen Leitfragen, daß nicht grundsätzlich und abstrakt nach Zielsetzungen, konzeptionellen Grundlagen o.ä. gefragt wurde, sondern daß es darum ging, subjektive Sichtweisen konkreter Alltagssituationen und Alltagserlebnisse zu erfragen, um daraus gemeinsam zu eruieren, welche konzeptionellen Grundverständnisse, welche Zielsetzungen dabei ausdrücklich oder auch eher versteckt deutlich werden. Gerade dieser Prozeß, möglichst konkrete Situationen immer wieder schildern zu lassen, möglichst subjektive Sichtweisen auch wirklich ausdrücklich zum Tragen kommen zu lassen, zeigte sich als geeignete Grundlage dafür, dann durch gezielte hinterfragende, analysierende, mit anderen Erfahrungen in Beziehung setzende Nachfragen gemeinsam zu versuchen herauszufinden, was eigentlich hinter den dargestellten Interpretations-, Erfahrungs- und Handlungsmustern stand und was daran wesentlich oder zentral war.

2. Schritt: Materialaufarbeitung

Die Aufarbeitung dieses umfangreichen Materials geschah anschließend im wesentlichen in folgenden Schritten:

1. Arbeitsteilig sichteten die PraktikerInnen die Tonbandmitschnitte, um das herauszuheben und gegebenenfalls zu ergänzen und zu korrigieren, was ihnen hinsichtlich der Zielfrage wichtig schien.
2. Gemeinsam wurde eine Arbeitsgliederung für die Aufarbeitung des Materials erarbeitet.
3. Entsprechend der Arbeitsgliederung wurden Aufarbeitungsaufgaben verteilt.

Die sehr systematisch angelegte Gliederung sah vor, zunächst auf einer grundsätzlichen Ebene die Entwicklung der Handlungsorientierungen in diesem Projekt herauszuarbeiten, um dann konkrete Handlungsmuster in typischen Alltagssituationen darzustellen. Im dritten Schritt sollten spezifische Erfahrungen und Suchprozesse in Einstiegssituationen beschrieben, und schließlich sollte im vierten Teil speziell auf die Entwicklung konkreter Handlungsmuster in Extremsituationen eingegangen werden – jeweils festgemacht an einzelnen Beispielen oder Problemfeldern, die entsprechend als Untergliederungspunkte ausgewiesen waren (wie: Umgang mit rechtsextremistischen Äußerungen, mit Gewalt, mit internen und externen Konflikteskalationen, mit Alkohol und Drogen u.a.). Bald zeigten sich jedoch bei der Umsetzung dieser Planung erhebliche Schwierigkeiten. Es erwies sich, daß viele Bereiche sich zu sehr überlappten, daß bei der Gliederung zugrunde gelegte Abstrahierungs- und Systematisierungsprozesse tatsächlich in den einzelnen Kapiteln oft nicht durchhaltbar waren oder aber übergestülpt wirkten.

Trotz etlicher Modifizierungsversuche erwies sich diese Vorgehensweise letztlich als wenig geeignet. Geschaffte Arbeitsergebnisse fielen oft unbefriedigend aus, andere Arbeitsprozesse stockten oder standen sperrig gegeneinander.

3. Schritt: Ausgehen von Ergebnishypothesen

Auf der Suche nach einem anderen Strukturierungskonzept lösten wir uns von der Darstellung und Aufarbeitung der Problemfelder und versuchten zunächst thesenhaft zu formulieren und zusammenzutragen, was in der Projektarbeit mit rechten Cliquen aus unserer Sicht zentral zu sein scheint. Wir suchten also einen neuen Zugang über die *Ergebnisebene,* über Resümees und Schlußfolgerungen, die wir mehr oder weniger deutlich und präzise längst „irgendwo im Hinterkopf" hatten. Und wir entdeckten wieder, daß wir diese Herangehensweise ja eigentlich auch längst im Gesprächsleitfaden angelegt, allerdings dann beim Bemühen um die Aufarbeitung der Interwiews verlassen hatten. Von der *Ergebnisebene* auszugehen heißt dabei ja nicht, vorab Ergebnisse festzulegen, sondern sich bewußt eigene gegenwärtige Einschätzungen und Schlußfolgerungen aus bisherigen Erfahrungen und deren bisheriger Aufarbeitung als *Zwischenresultate* von Erfahrungs- und Verarbeitungsprozessen vor Augen zu führen. Bei solchen Zwischenresultaten muß bewußt sein, daß sie in sich die *subjektiven* Wirkungen von Erfahrungen, die Unzulänglichkeiten, Brüche, Widersprüche, Verkürzungen u.ä. in den bisherigen Verarbeitungsprozessen mittransportieren. Andererseits sind es nun mal solche Zwischenresultate, solche bewußten oder unbewußten Selbsteinschätzungen von Erfahrungsprozessen, die nach allen lerntheoretischen Erkenntnissen als *unmittelbare* Erfahrungen letztlich das eigene Lernen und Handeln entscheidend strukturieren und leiten.

Dieses ergebnisgeleitete Vorgehen hat sich als sehr geeignet erwiesen – gerade unter der Bedingung der Zusammenarbeit von mehr praktisch ausgerichteten JugendarbeiterInnen und einem Wissenschaftler. Denn der erste zentrale Schritt besteht darin, daß die PraktikerInnen aus ihren Praxiserfahrungen heraus sehr handlungsorientierte Schlußfolgerungen formulieren. Das Formulieren solch handlungsorientierter Schlußfolgerungen aus eigenen Erfahrungen gewährleistet, daß diese Schlußfolgerungen nicht abheben von den gemachten Erfahrungen, noch als allzufern oder abgehoben empfunden werden. Dieser sozusagen in doppelter Weise praxisverankerte Abstraktionsschritt ist andererseits aber auf einer theoriebildenden Ebene angesiedelt, die es vergleichsweise leicht macht, diese Ebene mit theoretischen Erkenntnissen und Verständnissen zu konfrontieren und entsprechend zu diskutieren, ohne immer wieder an vermeintlichen oder tatsächlichen Barrieren zwischen den Theorie- und den Praxis- „Welten" hängenzubleiben.

4. Schritt: Textliche Verdichtung

Um diesen Prozeß weiterzuführen, überarbeitete ich die von den Praktikerinnen und dem Praktiker zusammengetragenen Schlußfolgerungen und Ergebnisformulierungen aus meiner Sicht als Praxisberater, aber mit dem Bemühen, dabei möglichst nah an deren Ausdrucksweisen und Denkmustern zu bleiben. Diese Fassung wurde dann erneut gemeinsam diskutiert, und dann wurde letztlich das aufgenommen und geordnet, mit dem jene sich tatsächlich auch identifizieren konnten.

Aus dieser veränderten Herangehensweise folgerte gleichzeitig, daß der weitere Arbeitsprozeß in sich weniger logisch-systematisch als im ersten Entwurf angelegt war, sondern eher facettenartig. Facettenartig angelegt war er auf zwei unterschiedlichen Ebenen: Einmal war er facettenartig in der Weise, daß nebeneinander verschiedene thesenhaft formulierte praktische Handlungsansätze an praktischen Beispielen konkretisiert und überprüft wurden, unter gleichzeitigem Bezug auf die Theoriediskussion. (Vgl. dazu vor allem Heim u.a. 1991b). Und auf einer zweiten Ebene war dieser Prozeß facettenartig insofern, als parallel auf verschiedenen Abstraktions- und Reflexionsebenen gearbeitet werden konnte, die immer wieder in eine Diskussion miteinander gebracht wurden, ohne sie in einer logischen Abfolge aufeinander aufbauen oder schlußfolgernd herleitend zu wollen (vgl. dazu vor allem Heim 1991a). Diese facettenhafte, oder wie man auch sagen könnte, collagenhafte Herangehensweise zog sich dann durch den ganzen weiteren Arbeitsprozeß hindurch und wird schließlich auch in den schriftlichen Produkten des Konzeptionsentwicklungsprozesses sehr klar greifbar.

5. Schritt: Ergänzende Präzisierungen einarbeiten

Im Prozeß der textlichen Verdichtung erwies sich, daß eine Reihe von Fragen und Aspekten noch nicht ausreichend präzise geklärt waren. Dazu drei Beispiele:

a) Der Versuch, die eigenen konzeptionellen Grundlagen begrifflich zu fassen und „auf den Punkt" zu bringen, machte sich zunächst vornehmlich an der Abarbeitung an unterschiedlichen Begrifflichkeiten fest. Da ging es um Abgrenzungen gegenüber Begriffen wie „antifaschistische Jugendarbeit" oder die gängige Bezeichnung der Jugendlichen als „rechtsextremistisch", weiter ging es darum, herauszuheben, daß der eigene Anspruch etwas anderes darstellt als lediglich „ernstzunehmen", „zu verstehen", „bedürfnisorientiert" zu arbeiten, „an Erfahrungen anzusetzen" usw.

b) In der Öffentlichkeit und der Fachöffentlichkeit wurden wir immer wieder mit der Auffassung konfrontiert, mit solchen Jugendlichen könne, ja dürfe man nicht arbeiten, jedenfalls nicht anders als höchstens belehrend und zurechtweisend. Wenn wir diese Grenzziehung aber verurteilten, dann mußten wir uns umgekehrt die Frage stellen und gefallen lassen, wo denn aus unserer Sicht Grenzen zu ziehen sind. Wir haben dann versucht, aus den eigenen Erfahrungen Grenzziehungen auf zwei Ebenen zu formulieren, zum einen auf der Ebene, welche Grenzziehung von vornherein eine entsprechende Jugendarbeit mit solchen Jugendlichen unmöglich machen oder verhindern, und zum zweiten Grenzziehungen in der praktischen Arbeit mit solchen Jugendlichen, Grenzziehungen in Extremsituationen des Alltags.

c) Der Druck, knapp das Wesentliche unseres Ansatzes präzise schriftlich zu fassen, drängte uns auf, die Frage zu klären, welche Handlungsebenen für uns denn letztlich zentral seien: Drei Ebenen arbeiteten wir dazu aus dem bislang Entwickelten heraus: das Angebot sozialer Räume, die Beziehungsarbeit und die Akzeptanz der Cliquen. Später erst fiel uns auf, daß wir eine ganz zentrale – ja letztlich oft entscheidende Ebene – zunächst unterbewertet hatten: die lebensweltorientierte Einmischung.

6. Schritt: Lebendige Texte formulieren

Eine der bei der Texterarbeitung gemachten Erfahrungen verdient, noch besonders herausgehoben zu werden: Auch wir standen vor dem verbreiteten, ja fast typischen Problem, daß es einerseits Praktikerinnen und Praktikern oft schwer fällt, ihre Erfahrungen druckreif zu Papier zu bringen, und daß ich als Wissenschaftler andererseits es nicht schaffe, in meiner Schriftsprache auch nur ansatzweise solch Aussagekraft, solche Lebendigkeit, solch plastische und greifbare Darstellungen hinzubekommen, wie es gerade engagierte Praktikerinnen und Praktiker mündlich immer wieder mühelos schaffen. Den Ausweg aus diesem Dilemma wies die Verwendung von Tonbandaufzeichnungen der Interwiews und der Aufarbeitungsgespräche für collagenhafte Textgestaltungen. In Form oft langer Zitate haben wir solche auf Band festgehaltenen Aussagen unmittelbar in Texte eingebaut, wobei zwei verschiedene Vorgehensweisen zum Tragen kamen: Einmal die Ergänzung und Illustration in der Grundstruktur entworfener oder gar fast fertiger Texte, zum anderen aber auch der Versuch, zunächst weitgehend reine Zitatcollagen zu einem Aspekt zu erstellen, um die Strukturierungsmuster der Sprechenden möglichst weitgehend auch im schriftlichen Text aufzugreifen. Erst im Überarbeitungsprozeß wurde dann ein textlicher Gesamtrahmen formuliert und dabei dann auch wieder ein Teil der unmittelbaren Zitate herausgenommen (vgl. hierzu insbesondere: Heim 1991a).

Unsere Ergebnisse

Insgesamt hat sich der Prozeß der Aufarbeitung und schriftlichen Fixierung der Grundlagen und zentralen Handlungsansätze in der Arbeit mit rechten Cliquen über mehr als ein Jahr hingezogen. Die Gruppe hat sich dabei nicht unter Zeitdruck gesetzt, sondern sich jeweils die Zeit nehmen wollen, Fragen auch intensiv zu erörtern und zu ergründen. Allerdings hat sich der Prozeß auch deshalb so lange hingestreckt, weil nach dem Anfangselan, nach ca. einem halben Jahr, deutlich der anfängliche Schwung verloren war. Der war erst wieder stärker da, als das schließlich realisierte Konzept klar vor Augen lag.

Nachdem das eigentliche Ziel, die Fertigstellung des angeführten Aufsatzes, erreicht war, war die Motivation allerdings sehr hoch, auch andere Teilkomplexe, die im wesentlichen bereits teilbearbeitet vorlagen, weiter zu präzisieren und zu überarbeiten – wobei ich dabei für die weiteren Texte im wesentlichen Rohfassungen erstellt habe, die später von den Praktikerinnen und dem Praktiker überarbeitet wurden. So faßt ein Beitrag die wesentlichen Ergebnisse der erwähnten Literaturrecherche und der darauf gestützten Erarbeitung konzeptioneller Grundlagen zusammen (vgl. Heim u.a. 1991c), während ein dritter Text sehr alltagsnah konkrete Aspekte aus der Anfangssituation darstellt, in dem im wesentlichen collagenhaft Schilderungen aus den Tonbandmitschnitten zu einer in sich geschlossenen Darstellung zusammengefügt werden (vgl. Heim u.a. 1991a). In einem vierten Beitrag werden vorwiegend unterschiedliche Handlungsebenen auseinanderdifferenziert (vgl. Heim u.a. 1992).

Insgesamt stellen diese vier Beiträge, die später auf Initiative der Landeszentrale für politische Bildung Bremen in einem Bändchen zusammengefaßt wurden (vgl. Akzeptierende Jugendarbeit 1992), mit je eigenen Schwerpunkten den in und aus der praktischen Arbeit mit rechten Jugendcliquen entwickelten konzeptionellen Ansatz akzeptierender Jugendarbeit dar. Und wenn ich bei der Darlegung des Entwicklungsprozesses dieser Konzeption immer wieder von „wir“ gesprochen habe, dann bringt das zum Ausdruck, daß dieser Prozeß sicher nicht möglich gewesen wäre ohne die ungemein intensive und fruchtbare Zusammenarbeit von fünf Praktikerinnen und Praktikern, die damals noch im Studium waren und eher über berufspraktische als über wissenschaftliche Qualifikationen verfügten, und mir als Hochschullehrer, der z.B. nur das systematisierend und strukturierend aufgreifen kann, was andere einbringen und dann auch aus ihrer Erfahrungswelt heraus wieder überprüfen und weiterführen. Insofern sehe ich den Prozeß auch nicht zuletzt als besonders gelungenes Beispiel gemeinsamer innovativer Praxisentwicklung und Praxisforschung von Praxis und Wissenschaft.

Literatur

Akzeptierende Jugendarbeit mit rechten Jugendcliquen. Hrsg.: Krafeld, Franz Josef. Bremen 1992.

Breyvogel, Wilfried (Hrsg.): Lust auf Randale. Jugendliche Gewalt gegen Fremde. Bonn 1993.

Damm, Diethelm: Die Praxis bedürfnisorientierter Jugendarbeit. München 1980.

Heil, Hubertus/Perik, Muzaffer/Wendt, Peter-Ulrich (Hrsg.): Jugend und Gewalt. Über den Umgang mit gewaltbereiten Jugendlichen. Marburg 1993.

Heim, Gunda/Krafeld, Franz Josef/Lutzebäck, Elke/Schaar, Gisela/Storm, Carola/Welp, Wolfgang: „Anhören war für mich erst mal das Wichtigste!“ – Erfahrungen mit akzeptierender Jugendarbeit in rechten Jugendcliquen. In: sozialmagazin, 16.Jg., H.10/1991a, S.38-47.

Dies.: „Lieber ein Skinhead, als sonst nichts?“ – Grundsätze einer akzeptierenden Jugendarbeit in rechten Jugendcliquen. In: neue Praxis, 21.Jg., H.4/1991c, S.300-310.

Dies.: Jugendarbeit mit rechten Jugendcliquen. – Handlungsansätze aus der Praxis. In: deutsche jugend, 39.Jg., H.11/1991b, S.471-481.

Dies.: Projekte der Jugendarbeit mit rechten Jugendcliquen – Grundlagen und Erfahrungen. In: Baensch, Torsten: Jugendlichen Raum lassen? Maßnahmen und Projekte gegen national-autoritäre Orientierungen und rechtsextremistische

Tendenzen. Hrsg.: Landeszentrale für politische Bildung Hamburg. Hamburg 1992, S.129-134.
Krafeld, Franz Josef: Kontroverse als Chance? – Zum Streit um „Akzeptierende Jugendarbeit". In: sozial extra, H.3/1994, S. 2-4.
Kraußlach, Jörg: Aggressionen im Jugendhaus. Wuppertal 1981.
Kraußlach, Jörg/Düwer, Friedrich W./Fellberg, Gerda: Aggressive Jugendliche. Jugendarbeit zwischen Kneipe und Knast. München 1976.
Möller, Kurt: Zwei Dutzend Gründe für die aktuelle Hilflosigkeit des politischen und pädagogischen Antifaschismus. Provokationen, Polemiken, Perspektiven. In: neue praxis, 19.Jg.,H.6/ 1989,S.480-496.
Otto, Hans-Uwe/Merten, Roland (Hrsg.): Rechtsradikale Gewalt im vereinigten Deutschland. Jugend im gesellschaftlichen Umbruch. Opladen 1993.
Scherr, Albert (Hrsg.): Jugendarbeit mit rechten Jugendlichen. Bielefeld 1992.

Konzepte des Pädagogischen in der Jugendarbeit

Burkhard K. Müller

Das Pädagogische in der Jugendarbeit ist derzeit eine ziemlich obskure Angelegenheit. Auf der einen Seite rufen die Jugendschützer aller politischen Richtungen nach pädagogischen Programmen: gegen Aggression und Gewalt von und an Jugendlichen, gegen Sexismus, Gewalt, Diskriminierung und Rassismus, für Prävention gegen Sucht, Sekten, Extremismus, Kriminalisierung, Gewalt an Schulen etc. Auf der anderen Seite vermag niemand so recht zu sagen, wie unter den Handlungsbedingungen von Jugendarbeit solche Ziele zu verwirklichen sind. Auch in der offenen Jugendarbeit hat sich, seit Glatzen und rechte Sprüche zum Alltag gehören, das antiautoritäre Pathos längst verflüchtigt. Man/frau möchte schon erziehen. Aber wie und wo und ob überhaupt in der Jugendarbeit mit pädagogischen Mitteln etwas bewegt werden kann, ist reichlich unklar. Ich möchte dazu im folgenden keine praktischen Tips geben, wie es vielleicht von einem Handbuch erwartet wird, sondern einige grundsätzliche Überlegungen anstellen. Es geht mir dabei um ein konzeptionelles Schlüsselproblem der Jugendarbeit: nämlich die Frage, wie sich ihre Orientierung an der *faktischen Nutzung* durch Jugendliche zu ihrer Orientierung an *pädagogischen Zielen* verhält. Ersteres steht heute vor allem im Blickpunkt sozialraumorientierter, cliquenorientierter und neuerdings auch marktorientierter Konzeptionen. Letzteres meint alle Versuche, Jugendarbeit von einem Bildungsziel her zu konzeptualisieren, z.B. emanzipatorische oder mädchenspezifische oder multikulturelle oder neuerdings „biographieentfaltende"[1] Konzeptionen. Ich versuche zunächst zu erläutern, weshalb pädagogische Konzepte sich so schwer tun, über den faktischen Nutzen von Jugendarbeit Auskunft zu geben, und weshalb bei Nutzungskonzepten die pädagogischen Ziele so undeutlich werden. Ich versuche dann einen Ansatz herauszuarbeiten, von dem aus diese Spaltung überwunden werden kann.

1. Das Pädagogische im Kontext sozialräumlicher Ansätze

Die beschriebene Unklarheit der pädagogischen Ziele liegt nicht nur an konzeptionellen Mängeln, sondern wesentlich auch daran,

1 Vgl. z.B. M.Schumann: Sozialräumliche und biographische Perspektiven in der Jugendarbeit -Neue Praxis 6/94, S. 459- 473, der versucht, Jugendarbeit als Hilfe bei der biographischen „Selbstthematisierung" und „Biographieentfaltung" zu konzeptualisieren.

daß Einrichtungen der Jugendarbeit – sofern sie auf freiwillige Teilnahme angewiesen sind – Stätten der Jugendkultur und Selbstbestimmung Jugendlicher und keine Erziehungsstätten *sind.* Jugendliche kommen *nicht* zur Jugendarbeit, weil sie etwas lernen oder gar erzogen werden wollen, sondern weil bzw. wenn ihre Freunde auch dort aufkreuzen oder weil/wenn sie gerade nichts Besseres vorhaben. Jugendarbeit z.B., die sich selbst als „akzeptierend" und „cliquenorientiert" versteht[2], akzeptiert damit im Grunde nur eine Abhängigkeit, die sie ohnehin hat, wenn sie bei Jugendlichen einen Fuß auf den Boden kriegen will. Ob Jugendliche wegen der Personen kommen, die Jugendarbeit machen, oder ob sie gar deren Intentionen bejahen, ist demgegenüber sehr ungewiß. Im allgemeinen können JugendarbeiterInnen zufrieden sein, wenn sie als RaumwärterInnen akzeptiert sind oder gar sich schmeicheln können, positive Wirkungen als „Fermente jugendlicher Sozialraumkonstitution"[3] zu haben.

Jedenfalls ist es kein Zufall, daß nach dem Scheitern aller emanzipatorischen und revolutionären Blütenträume, die den Aufbruch der Jugendarbeit in den 70er Jahren begleitet hatten, keine neue pädagogische Leitidee an deren Stelle getreten ist. Vielmehr ist die heute vorherrschende konzeptionelle Leitidee von Jugendarbeit, ihr „konzeptioneller Sockel"[4] soziologischer bzw. sozialökologischer Natur: Dies bedeutet

– erstens, daß die Lebenswelt Jugendlicher als Aneignungs- und Gestaltungsversuche sozialer Räume (im wörtlichen und im symbolischen Sinn) verstanden werden muß;

– zweitens, daß Jugendarbeit in diesem Aneignungsprozeß einen bestimmten und begrenzten Stellenwert oder „alltagspraktische Gebrauchswerte"[5] hat. Und zwar keineswegs für alle Jugendlichen, sondern insbesondere für diejenigen, denen *andere* Sozialräume und Aneignungsmöglichkeiten verwehrt oder schwer zugänglich sind (z.B. wegen Geldmangels).

Die Kränkung der PädagogInnen, daß es sich dabei um keinen besonders hohen Gebrauchswert handelt, sondern nur um den *einer* Freizeitmöglichkeit unter anderen, wird dadurch aufgewogen, daß dieser konzeptionelle Sockel immerhin benennt, wozu Jugendarbeit praktisch nützlich ist *und* faktisch genutzt wird. Und das ist seine große Stärke. Er beantwortet die Frage: „Wofür wirst du eigentlich bezahlt?" Er eignet sich sowohl als Argumentationsbasis in den härter werdenden kommunalen Verteilungskämpfen[6] als auch als Verständigungbasis bei Interessenkonflikten zwischen MitarbeiterInnen und Jugendlichen.

Ausklammern möchte ich hier die noch neueren Diskussionen um eine marktorientierte Jugendarbeit (auch in diesem Band). Denn selbst wenn die dort vorgeschlagene Betrachtungsweise der Jugendlichen als mündige Verbraucher und die entsprechenden Forderungen nach professionell gemachten Angeboten ihre berechtigten Seiten haben mögen, so handelt es sich doch meistens gleichzeitig um einen Verzicht auf die genauere Frage nach dem „Wozu Jugendarbeit?". Man hofft vielleicht, daß danach niemand fragt, solange der Laden läuft.

Davon abgesehen ist die Schwäche des sozialräumlichen Ansatzes als *konzeptionelle* Perspektive eigentlich nur, daß ein *allein* auf die Unterstützung sozialräumlicher Aneignung gerichtetes Konzept nicht funktionieren kann.

2 Vgl. z.B. Krafeld u.a. 1992: Akzeptierende Jugendarbeit mit rechten Jugendlichen. Bremen

3 Becker u.a. 1984: „Das hier ist unser Haus, aber – . . ." Frankfurt S. 146, 213

4 Böhnisch, L./Münchmeier, R. 1987: Wozu Jugendarbeit? Weinheim, S. 26

5 Vgl. ebd., S.34

6 Vgl. B. Müller 1994: Lean Management in der Jugendarbeit. Über die begrenzten Chancen pädagogischer Qualität in kommunalen Verteilungskämpfen, Sozialmagazin 4, S.54-60

Denn erstens kommt diese Unterstützung, ob sie will oder nicht, nicht ohne wertende, sanktionierende und von (zumindest impliziten) Erziehungsvorstellungen geleitete Interventionen aus. JugendarbeiterInnen werden z.B zu Recht dafür verantwortlich gemacht, daß die Aneigung von Angeboten der Jugendarbeit ohne Gewalt und möglichst ohne Verdrängung schwächerer Gruppen verläuft, daß die Mädchen dabei nicht das Nachsehen haben, daß die Aneignung nicht nur in stumpfen und immer gleichen Ritualen des Rumhockens, Labern, Saufens verläuft, sondern selbstaktive, kreative Formen möglich sind etc. Wird die pädagogische Arbeit, die in solchen Ansprüchen steckt, nicht geleistet, so schwindet *auch* der sozialräumliche Gebrauchswert von Jugendarbeit. Sie läuft dann eben nicht. Zweitens aber ist mit dieser Feststellung der *faktischen* Bedeutung pädagogischen Handelns im Kontext sozialräumlicher Ansätze die Frage noch nicht beantwortet, *welchen* Gebrauchswert dieses Pädagogische für die Jugendlichen selbst hat und ob es einen solchen hat. Ist das „we don't need no education", das als Leitmotiv über den Jugendkulturen zu stehen scheint, ernst gemeint, dann hat es auch Verbindlichkeit für die Jugendarbeit, die von der Akzeptanz dieser Kulturen abhängt. Dann wäre auch das Versteckspiel verstanden und legitimiert, das die Jugendarbeit derzeit mit ihren Bildungsansprüchen zu treiben scheint[7], wobei das Pädagogische immer nur hinterrücks (oder als Notbremse) zum Zug kommen kann, so als dürften die Jugendlichen am besten gar nicht merken, daß Pädagogen auch *pädagogische* Absichten haben. Aber es könnte ja auch sein, daß genau hier die empfindlichste Glaubwürdigkeitslücke der Jugendarbeit entsteht.

Meine These also ist, daß sozialraumorientierte, d.h. von den faktischen Nutzungsweisen Jugendlicher her denkende Konzepte der Jugendarbeit zwar notwendig von impliziten pädagogischen Zielen ausgehen, aber diese nicht zu entfalten und offensiv zu vertreten vermögen, weil sie nicht benennen können, wie diese Ziele mit der Perspektive der Nutzerinnen und Nutzer von Jugendarbeit in Einklang zu bringen sind.

2. Beziehung statt Erziehung? Das knappe Gut Selbstachtung

Nimmt man dies zum Ausgangspunkt, so scheinen fürs Pädagogische in der Jugendarbeit nur zwei Möglichkeiten zu bleiben. Entweder man sagt, es handle sich nicht um eine Erziehungs-, sondern um eine Beziehungspartnerschaft. Man tut also, als trete das Pädagogische in der Jugendarbeit immer und erst dann in Kraft, wenn möglichst persönliche, gleichberechtigte, vertrauensvolle Beziehungen zwischen Jugendlichen und Betreuern entstehen: entweder harmlos, im Miteinander-Spaß-Haben oder als nondirektive Beratungsbeziehung, oder gar, indem es den BetreuerInnen gelingt, Ebenen gemeinsamen Interesses bzw. gemeinsamer Betroffenheit herzustellen. Pädagogik heißt hier Beziehungsgestaltung. Die andere Möglichkeit ist zu unterstellen, daß Jugendarbeit vor allem dafür da sei, die Lebenschancen der zumeist benachteiligten Jugendlichen, die in den Einrichtungen auflaufen, wenigstens ein klein wenig zu verbessern, also das zu tun, was Elternhaus, Schule und Arbeitsamt nicht schaffen. Pädagogik heißt hier Sozialarbeit.

An beiden Möglichkeiten ist natürlich etwas dran. Aber beide sind auch einigermaßen unbefriedigend, weil bei beidem Frust und Mißerfolg schon mit der Aufgabenstellung gesetzt zu sein scheinen. Persönliche Vertrauensbeziehungen sind Einzelereignisse, Jugendliche für etwas zu engagieren, was auch ihre BetreuerInnen interessiert, ist Sisyphusarbeit oder seltener Glücksfall. Und an der sozialen

7 Vgl. B.Müller 1993: Außerschulische Jugendarbeit oder: Warum versteckt Jugendarbeit ihren Bildungsanspruch. deutsche jugend H 7-8/93 S. 310-319

Chancenlosigkeit kann Jugendarbeit im Allgemeinen auch nur wenig ändern. Jedenfalls ist unklar, ob all dies, wenn es gelingt, nicht eher nur zufällig zu findende Blumen im ansonsten eher öden Gelände des Raumwärterdaseins sind. Eben deshalb wird pädagogischen Ansätzen immer wieder vorgehalten, sich einerseits über ihre Adressaten Illusionen zu machen und andererseits Jugend insgesamt als Problemgruppe thematisieren zu wollen[8].

Hartmut Griese hat vor einiger Zeit in einer „antipädagogischen" Polemik[9] als These vertreten: „Im Grunde gibt es nur eine richtige Erziehung, das Aufwachsen in einer Welt, in der zu leben sich lohnt." Es handelt sich um ein Zitat aus Paul Goodmans „Growing up absurd" von 1956[10] und klingt wie eine radikalisierte Formel für eine sozialräumliche Orientierung. So versteht es offfenkundig Griese, der daraus ableitet, es gehe eben „nicht so sehr um eine neue Pädagogik oder gar um die 'Wiederbelebung des Pädagogischen' oder eine 'Repädagogisierung', sondern primär um andere, verbesserte (vernünftige und sinnvolle) gesellschaftliche Lebensbedingungen und Zukunftsperspektiven für die Heranwachsenden"[11].

Das Pädagogische sei hier, „wenn überhaupt, als 'Sozialisationspartnerschaft' bzw. als Diskurs über die gesellschaftlichen Lebens- und Zukunftsbedingungen — gerade für Jugendliche — zu realisieren"[12]. Dies sind treffliche Worte. Nur scheinen sie für die Jugendarbeit erst recht zu resignativen Konsequenzen zu führen. Denn die offene Frage ist ja: Wo ist der Ansatzpunkt für eine „Sozialisationspartnerschaft", die noch etwas bewirken kann, wenn Diskurse über miese Lebens- und Zukunftsbedingungen längst zum allgemeinen Gelaber geworden sind, bei dem Jugendliche ihre Ohren auf Durchzug stellen?

Nützlich ist hier allerdings, die Position des zitierten Paul Goodman noch genauer zu betrachten. Griese unterschlägt den Stellenwert, den nach Auffassung Goodmans gerade die Frage nach den pädagogischen Werten für die Möglichkeit hat, in einer Welt aufzuwachsen, in der zu leben sich lohnt. Daß es sich für viele Jugendliche gar nicht mehr zu lohnen scheint, erwachsen zu werden, hängt für Goodman mit der „verhängnisvollen Vorstellung" zusammen, daß „der Mensch das sei, was einem bestimmten Gesellschaftstyp auf einer historischen Stufe entspricht" bzw. daß „Sozialisiertwerden, gleichgültig wie die Gesellschaft beschaffen ist, dasselbe wie Heranwachsen und die menschliche Kultur annehmen"[13] sei.

Goodmans These war, daß die gegebenen Sozialisationsbedingungen vor allem darin defizitär seien, daß sie Jugendlichen Arbeitsmöglichkeiten vorenthalte, bei denen sie Selbstachtung erwerben können. Über diese These ist — z.B. mit Griese — leicht Konsens herzustellen. Die entscheidende Frage aber ist, was von wem dagegen getan werden kann. Hat Jugendarbeit hier — jenseits von ihrer Raumwärterfunktion — eine *pädagogische* Aufgabe und eine Chance? Und besteht die Aufgabe und Chance wirklich darin, Diskurse über (mehr oder weniger beschissene) Lebens- und Sozialisationsbedingungen anzubieten? Oder trifft nicht Annedore Prengel den Punkt besser — auch für die Jugendarbeit — wenn sie schreibt:

> „Pädagogische Institutionen haben beschränkte gesellschaftliche Einflußmöglichkeiten, so können sie ökonomisches Elend nicht beseitigen. Die Möglichkeit, eine eigene 'Sphäre der Gerechtigkeit' zu schaffen aber liegt in ihrer Verantwortung. Das gesellschaftlich wertvolle Gut, das Schulen und andere pädagogische Einrich-

8 Vgl. z.B. A.Scherr: Jugend im Diskurs der Sozialpädagogik. In: Neue Praxis 2/95, S. 182-188.
9 Griese, H.: Wider die Re-Pädagogisierung in der Jugendarbeit. Eine soziologisch-provokative Außenperspektive und Kritik. In: deutsche jugend 7-8/1994, S. 310-317
10 deutsch: Aufwachsen im Widerspruch. Stuttgart 1960
11 a.a.O. S.311
12 a.a.O. S.312
13 Goodman 1960, S. 34 u.39

tungen aus eigener Machtbefugnis und eigenen Ressourcen zu verteilen haben, heißt 'intersubjektive Anerkennung' jeder einzelnen Person in ihrer je einmaligen Lebenslage."[14]?

Es ist gut begründbar, daß Vermittlung von intersubjektiver Anerkennung und Suche nach Selbstachtung Formeln sind, mit denen der Überschneidungsbereich von dem, was pädagogische Aufgabe der Jugendarbeit ist, und dem, was Jugendliche dort tatsächlich suchen, benennbar ist. Persönlich erfahrene Anerkennung ist in unserer „Big-Boss-Gesellschaft"[15] für viele Jugendliche zum sehr knappen Gut geworden, gerade weil es eine Gesellschaft ist, in der die persönlich vermittelten Verhaltenskontrollen in festen Gruppen bzw. Lebenszusammenhängen stark reduziert sind und statt dessen Chancen und Selbstwertgefühl von hochabstrakt funktionierenden Klassifikationen und Mechanismen abhängen (z.B. Geld haben/keine Geld haben, Abschlüsse haben/keine Abschlüsse haben etc.). Diese Art von Gesellschaft entwickelt nach Douglas eine Doppelstruktur: Einerseits besteht hier „die einzig mögliche Antwort, die es auf alle Fragen nach den Identität und dem Wert des Selbst gibt. . .in der Anhäufung persönlicher Erfolge", die zugleich „nur für sehr wenige erreichbar sind" (a.a.O. S. 286). Andererseits entwickeln sich in diesen Gesellschaften sich selbst ab- und ausgrenzende private Gemeinschaftsformen, vor allem derer, die nicht auf der Sonnenseite sitzen oder gar entdecken müsen, „. . .daß sie geborene Verlierer sind" (ebd.). Solche Ritualgemeinschaften – z.B. Jugendcliquen – dienen sowohl der Stützung des Selbstwertgefühls als auch dem Ziel, dennoch einen anerkannten Platz in der Gesellschaft zu bekommen. Letzteres mißlingt vor allem dann, wenn die *Mittel,* das Selbstwertgefühl zu stabilisieren (die Identifikation mit abweichenden Ritualen und Stilelementen, z.B. Kampftrinken, Glatze oder auch Kopftuch), *zugleich Hindernisse* sind, sich gesellschaftlich Erfolge und damit generell akzeptierte Quellen der Selbstachtung zu erschließen[16]. Bezüglich der pädagogischen Aufgabe, Beiträge zu Selbstachtung und intersubjektiver Anerkennung zu leisten, bedeutet dies: Es handelt sich um etwas entschieden anderes und Komplizierteres als um eine Aufforderung zu und Beteiligung an allseitigem Schulterklopfen. Nämlich darum, Quellen der Selbstachtung zu erschließen, die weder auf Kosten anderer gehen noch den Weg ins gesellschaftliche Abseits ebnen.

Vermittlung von Selbstachtung und intersubjektiver Anerkennung ist als pädagogisches Ziel der Jugendarbeit also zweifellos konsensfähig: Wechelseitige Anerkennung von PädagogInnen und Jugendlichen, von Jungen und Mädchen, von ausländischen und deutschen Jugendlichen, von Punks, Technos, Stinos, Skins in *einem* Haus – das wäre schon etwas, für das sich zu kämpfen lohnte! Die Frage ist nur, ob damit viel Neues gesagt ist, wenn man gegenseitige Anerkennung als pädagogisches *Programm* versteht. Es ist leider nicht besonders aussichtsreich, Selbstachtung und gegenseitige Anerkennung zu predigen und einzuüben, wenn die Selbstachtung wenig entwickelt ist und die Lebens- und Zukunftsbedingungen so sind, daß es sich gar nicht zu lohnen scheint, sich zu dem „erfreulichen Typus

14 Prengel, A.: Pädagogik der Vielfalt, Opladen 1993, S.61. Prengel nimmt auf M.Walzers „kommunitaristisches" Konzept relativ unabhängig zu bestimmender „Gerechtigkeitssphären" (Walzer.M.: Sphären der Gerechtigkeit: Ein Plädoyer für Pluralität und Gleichheit. Frankfurt 1992) Bezug; außerdem auf A. Honneths Versuch, eine „moralische Grammatik sozialer Konflikte" zu schreiben, die im folgenden aufgegriffen wird.

15 Ein Begriff, den die Ethnologin M.Douglas (Ritual, Tabu und Körpersymbolik. Frankfurt 1983 S.172ff) am Beispiel melanesischer Gesellschaften entwickelt und auf unsere überträgt

16 Vgl. B.Müller: Rituale und Stil in Jugendkultur und Jugendarbeit. In: deutsche jugend 1989 S. 313ff.

Mensch"[17] zu entwickeln, den die Pädagogik gerne hätte.

Es macht allerdings einen Unterschied, ob man sagt: 'Jugendarbeit hat ihre AdressatInnen gegenseitige Anerkennung zu *lehren*'; oder ob man sagt: 'Jugendarbeit hat mit ihren AdressatInnen einen Kampf um Anerkennung zu *führen*'. Ich möchte im folgenden zunächst in einem Exkurs den theoretischen Hintergrund des Konzeptes „Kampf um Anerkennung" erläutern, um dann anhand eines Beispieles aus der Jugendarbeit seine praktische Brauchbarkeit verständlich zu machen und zu zeigen, daß es hier eigentlich um das Pädagogische in der Jugendarbeit geht. Zum Schluß will ich andeuten, wie von hier aus die Sackgasse überwunden werden kann, in die eine programmatisch-emanzipatorische Pädagogik in der Jugendarbeit genauso führt wie eine, die wieder Werte vermitteln will.

3. Exkurs: „Kampf um Anerkennung" als „moralische Grammatik sozialer Konflikte"[18]

Honneth entwickelt mit der Figur „Kampf um Anerkennung" im Anschluß an Hegel und G.H. Mead eine Theorie des Sozialen, die ein Problem zu lösen verspricht, das in den klassisch modernen Gesellschaftstheorien, sowohl der liberalen vom „Sozialvertrag" ausgehenden, als auch in den staatstheoretischen, von einer gesetzten zentralen Macht (Leviathan) ausgehenden, unbeantwortet blieb[19]: nämlich erstens die Frage zu klären, wie *„sich aus einem Kampf der Subjekte um wechselseitige Anerkennung ihrer Identität ein innergesellschaftlicher Zwang zur praktischen-politischen Durchsetzung von freiheitsverbürgenden Institutionen ergibt"*[20]. Umgekehrt, d.h. von der Seite der individuellen Entwicklung her betrachet, lautet die zweite Frage: *„Wie gelangen die Individuen in einer sozialen Situation, die durch Beziehungen wechselseitiger Konkurrenz geprägt ist, zu einer Idee von intersubjektiven 'Rechten und Pflichten'?"*[21]

Es ist offenkundig, daß beide Fragen für eine Pädagogik mit emanzipatorischer Absicht zentral sind. Und ebenso offenkundig ist, daß die Pädagogik auf beide Fragen immer antwortete: *„Durch Erziehung!"* Schon Schleiermacher (fußend auf Rousseau) lieferte dafür das Modell. Er beschrieb den Erziehungsprozeß als einen allmählichen Übergang vom einseitigen Einwirken der älteren auf die jüngere Generation hin zu einem gleichberechtigten Zusammenwirken und verstand dies zugleich als Voraussetzung und Modellbildung für die *gesellschaftliche* Entwicklung in Richtung auf mehr Gleichheit[22]. Entscheidend aber ist, daß dieser pädagogisch induzierte Prozeß von ihm und seinen emanzipationspädagogischen Nachfolgern gerade nicht als Kampf um Anerkennung verstanden wird, als Aushandeln, als Entwickeln von „Kompromißgesinnung"[23]. Pädagogik ist hier vielmehr die erzieherisch und didaktisch bewirkte *Verhinderung* dieses Kampfes, dadurch nämlich, daß Pädagogik

17 vgl. Bernfeld S.: Sisyphos oder die Grenzen der Erziehung, Frankfurt 1967 S. 146

18 Vgl. A. Honneth: Kampf um Anerkennung. Zur moralischen Grammatik sozialer Konflikte. Frankfurt 1992, stw. Ausgabe 1994

19 Vgl. a.a.O., bes. S. 13ff.

20 a.a.O., S. 11; Hervorhebg. B.M.

21 a.a.O., S. 71; Hervorhebung B.M.

22 So z.B. in seiner Vorstellung von der pädagogisch organisierten „Jugendgemeinschaft" (nach der Schulzeit), die er nach der „Formel" organisieren wollte, „. . .daß sie eine größere Annäherung zur Gleichheit und minderbegrenzten Gemeinschaft darstelle (verglichen mit den bestehenden Verhältnissen von Ungleichheit und Herrschaft; B.M.), ohne die noch feststehenden Grenzen einreißen zu wollen" In: Vorlesungen aus dem Jahr 1826, Päd. Schriften 1, hrsg. von E. Weiniger, Frankfurt 1983, S. 355. Vgl auch. ebd., S. 36ff.

23 Vgl. Bernfeld, S: Kinderheim Baumgarten. In: Bernfeld S.: Anitautoritäre Erziehung und Psychoanalyse I, Frankfurt (Ullstein) 1974, S. 139

Kinder dazu bringt, freiwillig das zu wollen, was sie zu ihrem eigene Wohle sollen[24].

Die erste der genannten Antworten (Demokratisierung der Gesellschaft *durch* Erziehung) hat sich als illusionär erwiesen, sofern die faktischen Erziehungsinstitutionen eben nicht jenen freiheitsverbürgenden Charakter entwickelten, sondern die gesellschaftlichen Verhältnisse im wesentlichen immer nur reproduzierten[25]. Die zweite dieser Antworten (Pädagogik *statt* Kampf der Generationen) ist unbefriedigend, weil das pädagogische Verhältnis, das an die Stelle des Kampfes treten soll, den entscheidenden Schritt immer schon voraussetzt: Es setzt nämlich entweder voraus, daß „ein normativer Minimalkonsens stets schon vorgängig garantiert ist"[26], also die Individuen eine natürliche Neigung zur Sozialverträglichkeit haben und diese auch gesellschaftlich durch freiheitsverbürgende Institutionen geschützt wird. Oder aber es setzt als *Ausgangspunkt* eine anerkannte Autorität voraus, die zunächst Einsicht in die Notwendigkeit von Rechten und Pflichten vermittelt, aus deren Anerkennung dann auch wechselseitige Anerkennung und freiheitsverbürgende Institutionen (z.B. funktionierende Selbstverwaltung) wachsen können. Im ersten Fall bleibt unklar, wie jener normative Minimalkonsens zustandekommt, bzw. welche Pädagogik eigentlich noch möglich ist, wenn er fehlt. Im zweiten Fall bleibt unklar, woher die Autorität kommt, wenn nicht aus realer Abhängigkeit (wie z.B. bei kleinen Kindern oder Schülern).

In der Jugendarbeit zumal wird die pädagogische Sackgasse offenbar, die daraus entsteht.

Wenn das Pädagogische in der Jugendarbeit immer erst dort ansetzen kann, wo der normative Minimalkonsens wechselseitiger Anerkennung *bereits geschaffen* ist, dann wäre das eine praktische Bankrotterklärung. Denn da Jugendarbeit keine Machtmittel hat, den Konsens durchzusetzen, geht das nur durch Ausgrenzung derer, die das Minimum an Verträglichkeit nicht bringen, also gerade derer, die es am nötigsten haben. Sollte aber das Pädagogische in der Jugendarbeit immer nur dort möglich sein, wo die *persönliche* Autorität der Pädagogen (oder die objektive Abhängigkeit der Jugendlichen) so groß ist, daß sie Sozialverträglichkeit *auch gegen* Widerstand erzwingen kann – dann hätten zweifellos diejenigen recht, die davon ausgehen, daß Jugendarbeit unter Bedingungen geschieht, welche das Pädagogische strukturell verunmöglichen bzw. zur Überforderung machen. Denn es ist offenkundig, daß in der Jugendarbeit sowohl Autoritätsbeziehungen als auch das Ausnutzen objekiver Abhängigkeit für pädagogische Ziele nicht nur weniger vorhanden sind als in anderen pädagogischen Feldern, sondern auch (zurecht) verpönt sind.

So pendelt die Jugendarbeitspädagogik zwischen zwei großen Hoffnungen hin und her:

Der Hoffnung, daß ihr Freiraum-Angebot – als Kontrast zu den von Jugendlichen erfahrenen Alltagszwängen – den Jugendlichen so viel bedeutet, daß sie sich zusammenschließen, um diesen jugendkulturellen Sozialraum *aus Eigeninteresse* zu verteidigen und auszuweiten, zumindest aber nicht selbst zerstören.

Und der Hoffnung, die persönliche, d.h. nicht formale Autorität (Attraktivität, Integrationskraft, Vertrauenwürdigkeit etc.) der einzelnen JugendarbeiterInnen so zu steigern, daß sie zum tragenden Grund für eine verträgliche und vielseitige Nutzung unter wechselseitiger Anerkennung von Rechten und Pflichten wird.

Nicht als ob diese Hoffnungen nie und nirgends umgesetzt würden. Aber im ganzen, als

---

24 Deshalb lautet die Grundregel jeder liberalen Pädagogik: „So muß auch jeder pädagogische Moment, der als solcher seine Beziehung auf die Zukunft hat, zugleich auch Befriedigung sein für den Menschen, wie er gerade ist." Schleiermacher a.a.O., S. 48

25 Bernfeld hat in seinem „Sisyphos oder die Grenzen der Erziehung" (a.a.O.) begründet, weshalb das so ist.

26 Vgl. Honneth, a.a.O., S. 72

Normalfall, funktioniert es so nicht, und deshalb bleibt als Grundstimmung in der Jugendarbeitspädagogik die Resignation.

4. Das Pädagogische in der Jugendarbeit als Kampf um Anerkennung. Ein Beispiel

Die praktische Konsequenz daraus ist, daß Jugendarbeit ihr Pädagogisches weder als Erziehung zur Mündigkeit fassen kann, ohne ständig illusionären Ansprüchen hinterherzulaufen; noch kann sie sich selbst zur freiheitsverbürgenden Institution ernennen, die als jugendkultureller Freiraum, gleichsam als Selbstläufer, automatisch, den normativen Minimalkonsens gewährleistet, aus dem heraus Erfahrungen gegenseitiger Anerkennung wachsen können. Vielmehr besteht Jugendarbeit, pädagogisch gesehen, in nichts anderem als darin, jenen Kampf um Anerkennung so gut als möglich *zu führen*. Ich illustriere das an einem Beispiel, zu dem ich im Licht der bisherigen Überlegungen einige Thesen formuliere.

> „Klaus I ist siebenunddreißig Jahre alt und stellvertretender Leiter einer städtischen Jugendfreizeiteinrichtung in einer Trabantensiedlung. (. . .). Klaus II ist siebzehn und heißt bei allen seinen Freunden nur Fetzer. Seit einem halben Jahr arbeitet er im Rahmen einer vom Sozialamt finanzierten Arbeitsbeschaffungsmaßnahme beim städtischen Garten-und Friedhofsamt. Schon seit langem gehört Fetzer zu den regelmäßigen Besuchern der Jugendfreizeiteinrichtung. Beide, Klaus und Fetzer, sind beliebt, ohne daß genau auszumachen wäre, worin ihre Beliebtheit eigentlich begründet liegt. Jedenfalls sagen die Jugendlichen. „Laß ma, der Klaus ist ganz in Ordnung.“ Im Team heißt es: „Der Fetzer hat was. Klar, er ist nicht einfach, aber er hat was“. Die Beziehung zwischen Klaus und Fetzer ist zudem so etwas wie ein Gradmesser für das soziale Klima im Jugendheim. Wenn es zwischen den Jugendlichen und den Erwachsenen Streit gibt, sind sie die Wortführer, die die Interesse ihrer jeweiligen Gruppe vertreten, aber auch im eigenen Kreis für die Sichtweise der anderen werben. Mit Klaus' Hilfe hat Fetzer im Keller des Jugendheimes einen Kraftraum aufgebaut, und er sorgt dafür, daß dort fachkundig und ohne Randale trainiert wird. Klaus und Fetzer brauchen sich im gewissen Sinne gegenseitig.
>
> Jetzt stehen sie sich gegenüber; ein großer gemeinsamer Auftritt bahnt sich an.
>
> „Du führst dich hier auf wie ein Zwölfjähriger, ich habe die Schnauze voll von deinem ewigen Scheiß!”
>
> „Hör doch auf zu labern, du Arschloch“.
>
> Es geht um einen Tischtennisball, genauer gesagt, um den vierten Tischtennisball, den Fetzer innerhalb einer Stunde mutwillig zerdetscht hat. Zwischen Klaus und Fetzer kommt es zu einem Machtkampf, und alle anwesenden Zuschauer wissen, daß nach dem bestehenden Arrangement keiner der beiden verlieren darf. Jeder ist auf ein ehrenvolles Unentschieden angewiesen. Klaus findet, daß an diesem Abend genug Tischtennis gespielt worden ist. Er reagiert heftiger als sonst, weil dieser Vorfall einen der für sein Gefühl lächerlichsten Aspekte seiner beruflichen Tätigkeit symbolisiert: Die Organisation profaner Freizeitvergnügungen für gelangweilte Jugendliche. Auch Fetzer will es wissen: Er besteht auf einer neuen Packung Tischtennisbälle. Er genießt den vor dem Publikum eskalierenden Kampf mit Klaus. Der wird später im Team davon sprechen, daß Fetzer in seiner AB Maßnahme den ersten großen Durchhänger und zudem Krach mit seiner Freundin hatte. Des weiteren wird Klaus darauf drängen, daß das Problem der von Jugendlichen in die Einrichtung geschmuggelten Flachmänner konsequenter angegangen wird
>
> Fetzer sagt: „Ich gehe nicht eher, bis ich dieses Spiel fertig gespielt habe. Und ohne Ball ist Scheiße“.
>
> Inzwischen ist es 21.55 Uhr. Klaus wird auf die angepeilte Spätvorstellung im Capitol verzichten müssen.”[27]

---

27 High Noon im Jugendheim In: Schnack D./ Neutzling, R.: Kleine Helden in Not. Reinbek 1990, S. 148ff.

Schnack-Neutzling erzählen diese Geschichte aus dem Jugendhausalltag, um – wie nachzulesen ist – verständlich zu machen, was Männerrollen für Jugendliche, für Pädagogen und für ihre Beziehung zueinander bedeuten. Ich benutze die Geschichte, um zu illustrieren, was das Pädagogische in der Jugendarbeit ist. Ich gehe davon aus, daß es sich um eine dafür typische Situation handelt.

1. Bemerkenswert scheint mir zunächst, daß pädagogische Situationen dieses Typs keine von PädagogInnen gesuchte und arrangierte Situationen sind, sondern lästige, aufgezwungene, banale; oft sind es Situationen, die die „lächerlichsten Aspekte" der beruflichen Tätigkeit symbolisieren. Sie entstehen für den Pädagogen Klaus aus seiner Raumwärterfunktion heraus, also aus eigentlich unpädagogischen Tätigkeiten. Auch sein Gegenüber Fetzer hat nichts Pädagogisches im Sinn. Jedenfalls bleibt einigermaßen unklar, ob für ihn das Motiv einer Herausforderung der pädagogischen Autorität eine Rolle spielt oder ob die Tatsache, daß Fetzer „es wissen will", äußeren Umständen („Durchhänger" in der Arbeit, Krach mit Freundin) zuzuschreiben ist oder ob es sich um ein zufälliges Hineinschliddern in die Auseinandersetzung handelt.

2. Trotz dieses ungeplanten und unplanbaren Charakters der pädagogischen Situation kann man nicht von einer Situationspädagogik reden, i.S. eines nur im Hier und Jetzt stattfindenden Ereignisses. Die Szene ist gar nicht zu verstehen, wenn sie nicht auf dem Hintergrund einer langen Vorgeschichte gesehen wird. Dazu gehören offenkundig viele früher geführte Kämpfe um Anerkennung, die beide Seiten mit Erfolg bestanden zu haben scheinen; dazu gehören das anwesende Publikum und die Rückwirkung auf alle anderen Beziehungen im Jugendhaus, weshalb es sich hier um einen Gradmesser für das soziale Klima insbesondere zwischen Jugendlichen und Erwachsenen handelt; dazu gehört auch die im weiteren[28] erzählte Lebensgeschichte der beiden. Dazu gehören aber auch pädagogische Maßnahmen wie die Einrichtung eines Kraftraumes und das Aushandeln der Benutzungsbedingungen dafür oder die Frage nach der Kontrolle des Flachmännerwesens. All dies steht nicht jenseits, sondern in der lächerlichen Auseinandersetzung um einen zerdetschten Tischtennisball mit auf dem Prüfstand. Und eben deshalb sind beide Seiten auf ein ehrenvolles Unentschieden angewiesen.

3. Der positive Ausgang des Kampfes, jenes ehrenvolle Unentschieden ist gleichwohl nicht errechenbar. Die im Beispielfall letztlich doch noch gelingende Auflösung der Konfrontation kann nicht übertragen werden und wird deshalb hier nicht berichtet. Dies nicht hintergehbare Risiko des Scheiterns ist für ein pädagogisches und institutionelles Selbstverständnis schwer zu ertragen, welches immer alles im Griff zu haben verlangt. Dabei macht erst die Einsicht, daß es die Lösung nicht gibt, sondern daß sie in der Auseinandersetzung gefunden und erfunden werden muß, den Blick für die Chancen und Grenzen des Pädagogischen frei.

4. Obwohl es sich um einen Kampf, nicht um ein pädagogisches Szenario oder einen Erziehungsvorgang handelt, ist das damit verbundene Risiko nicht völlig unkalkulierbar. Pädagoge und Adressat stehen sich gleichberechtigt gegenüber. *Beide* Seiten können verlieren. Aber beide Seiten brauchen sich auch in gewissem Sinne gegenseitig. D.h., beide haben ein Bewußtsein davon, selbst zu verlieren, wenn die andere Seite verliert. Den anderen niederzumachen, um das eigene Gesicht zu wahren, dafür gibt es für beide Seiten kalkulierbare Mittel, aber nicht für den eigenen Sieg, nicht für das beiden Seiten erwünschte ehrenvolle Unentschieden. Dies muß vielmehr in einem Kampf um die Ehre erstritten werden.

5. Es geht bei dem Kampf im Kern weder um ein typisches Beispiel männlicher Sturheit, um einen Hahnenkampf (obwohl dies zweifellos auch eine Rolle spielt), noch um ein admi-

28 a.a.O., 149ff.

nistrativ zu lösendes Kontrollproblem ("Aufsichtsperson“ gegen „Rotzlöffel")[29]. Es handelt sich um die Klärung eines pädagogischen Sachverhaltes, der auf andere Weise nicht zu klären ist. Kampf um die Ehre kann, auch wenn es um äußerlich gesehen lächerliche Dinge geht, schnell zur todernsten Angelegenheit werden. Dies hat zwar auch mit Machokultur, mehr aber noch damit zu tun, daß in Ehrfragen, wie Honneth auf Hegel Bezug nehmend sagt, immer „das Ganze einer Person auf dem Spiel steht"[30] Auch wenn sich der tödliche Ernst nicht immer einstellt, auch wenn – wie im Beispielfall – das Verlieren des Kampfes für keine der beiden Seiten eine Lebenskatastrophe bedeutet, gibt es doch kein Ausweichen: Wer sich dem Kampf nicht stellt, hat ihn verloren.

6. Die Symmetrie der Kampfpartner legt nahe, die Szene als Geschehen zwischen gleichberechtigten Beziehungspartnern, die sich gegenseitig persönlich fordern, zu verstehen, analog einem ernsthaften Streit unter Freunden. Dies unterschlägt aber, daß Klaus und Fetzer sich zwar irgendwie mögen, aber gewiß nicht Freunde sind. Dazu leben sie in viel zu unterschiedlichen Welten. Auch wird damit unterschlagen, daß die Herausforderung für beide zwar einen persönlichen Charakter hat, aber auf ganz unterschiedlichen Ebenen ansetzt: Bei Fetzer geht es – abgesehen vom praktischen Nutzwert der Freizeiteinrichtung, aus der er ausgeschlossen werden könnte – um die prekäre Balance von innerem Selbstwertgefühl, Ansehen vor seiner Clique und Anerkennung in der gesellschaftlichen Realität, als deren Repräsentant Klaus vor ihm steht. Für Klaus geht es um eine Balance von beruflichem Sinnerleben (sich im Beruf *nicht* lächerlich fühlen), Durchsetzung persönlicher Interessen (Recht auf Feierabend) und Anerkennung durch andere.

7. Der Kampf um Anerkennung ist also einerseits nur durch höchstpersönlichen Einsatz zu führen. Andererseits aber handelt es sich nicht um Beziehungspädagogik. Denn für die pädagogische Seite geht es nicht um die Bestätigung des persönlichen Selbstwertes (die für sie auch auf anderen, weniger risikovollen Wegen zu haben ist), sondern um die Anerkennung ihres professionellen Selbst. Der Sinn und die Qualität der Arbeit stehen auf dem Spiel. Natürlich können und müssen JugendarbeiterInnen oft Angriffe und Anmachen wegstecken, die sie in anderen Kontexten als Angriffe auf ihre Ehre verstehen müßten. Das gehört zum Geschäft. Natürlich können und müssen sich JugendarbeiterInnen nicht auf alle Formen der Auseinandersetzung einlassen, sondern eine kluge Wahl der Waffen betreiben, welche die Chancen erhöht, daß es am Ende *keine* Verlierer gibt. Sie können sich aber nicht der Auseinandersetzung entziehen, ohne zu verlieren, wenn es um die professionelle Ehre und um die Ehre der Sachen, für die PädagogInnen einstehen, geht, gerade auch das Ansehen in den Augen der Jugendlichen.

8. Schließlich zeigt das Beispiel, daß pädagogisches und raumorientiertes Verständnis von Jugendarbeit nicht gegeneinander ausgespielt werden können, wenn man sie vom Kampf um Anerkennung her denkt. D.h, es geht für die pädagogische Seite immer zugleich um die Ehre der Einrichtung, für die sie arbeitet, um alle zukünftigen Chancen, die diese Einrichtung hat. Und für den/die Jugendlichen geht es um die Ehre, Art und die Grenzen der Nutzung selbst zu bestimmen. Der Kampf um Anerkennung wäre also als Privatangelegenheit der beiden gründlich mißverstanden. Aber genauso wenig geht es nur um den pädagogischen Bezug. Man könnte von einer raum-

29 Vgl. ebd., S. 149

30 Honneth a.a.O., S. 41. Deshalb sei in Frage gestellte Ehre letztlich nur durch die demonstrierte Bereitschaft zu verteidigen, das eigene Leben aufs Spiel zu setzen: „Allein dadurch, daß ich zu sterben bereit bin, gebe ich öffentlich zu erkennen, daß mir an meinen je individuellen Zielen mehr liegt als an meinem physischen Überleben“ (ebd.). In der Dramatik, mit der Jugendliche zuweilen „es wissen wollen“, spiegelt sich ein Stück weit diese Logik der Ehre.

orientierten Jugendarbeit her sagen, es handele sich schlicht um eine Klärung von Nutzungsregeln der Einrichtung; wenn mit diesem „schlicht“ nicht ständig die eigentliche Aufgabe zur bloßen Nebensache gemacht würde! *Denn nicht auf die Klärung der Konflikte als solche kommt es an, sondern auf die Art der Klärung.* Zweifellos aber ist eine Jugendarbeit, die den Kampf um Anerkennung als ihr pädagogisches Feld begreift, immer zugleich eine institutionell und vom Raumbezug und sozialen Kontext her denkende Pädagogik.

5. Ausweg aus der Sackgasse einer hilflosen Emanzipationspädagogik?

Beantwortet dieses Beispiel die Frage nach dem Gebrauchswert des Pädagogischen in der Jugendarbeit? Ich hoffe, daß deutlich wurde, inwiefern die eingangs beschriebene Peinlichkeit, die das pädagogische Moment in diesem Feld umgibt, mit dem herkömmlichen Selbstverständnis der Pädagogik zu tun hat. Ich meine damit nicht nur dasjenige einer autoritären, von oben nach unten belehrenden, „schwarzen“ Pädagogik, sondern auch das der „weißen“, der emanzipatorischen Pädagogik, die auf Bildung, moralische Autonomie, selbstbestimmte Lebensführung ihrer AdressatInnen aus ist. Auch fortschrittliche, emanzipatorische Pädagogen tun sich mit einer Antwort auf die Frage schwer: Wie gebrauchen, wie nutzen Jugendliche pädagogische Angebote *tatsächlich*? Da sind sozialräumliche Ansätze erst einmal einfach besser, weil sie genau an dem anknüpfen, was Jugendliche offensichtlich brauchen: z.B. Räume, wo sie in Ruhe gelassen werden, Orte, um Freunde und Freundinnen oder Kumpels zu treffen, soziale Stimulation, geschützte Milieus, um eigenen Stil, eigene Musik und andere eigene Ausdrucksformen entwickeln zu können etc. Aber wozu brauchen sie PädagogInnen?

Die Hilflosigkeit, auf diese Frage zu antworten, geht weit in die Geschichte der Pädagogik zurück. Immer hat sie die Frage gestellt: „Was will eigentlich die ältere Generation mit der jüngeren?”[31] Sie hat nicht die umgekehrte Frage gestellt: „Was will eigentlich die jüngere Generation mit der älteren?“ Und hier scheint die Pädagogik selbst nicht weiter zu wissen. Hätte sie sich ernsthaft die Frage gestellt „Was will eigentlich die jüngere Generation mit der Älteren?“, so hätte sie sich auch fragen müssen: *Wie nutzen die Kids eigentlich uns, ganz unabhängig von dem, was wir mit ihnen wollen oder machen?*

Dabei waren die Antworten auf die erste dieser Fragen keineswegs durchgehend autoritär. Schleiermacher, der jene Frage formulierte, hat, wie alle fortschrittlichen Pädagogen nach ihm, darauf bestanden:

1. daß Kinder und Jugendliche nicht *nur* zum Funktionieren in dieser Gesellschaft erzogen werden dürfen, sondern aufrechten Gang und Eigensinn lernen sollten; und

2. daß pädagogische Gegenwart für Kinder in sich selbst sinnvoll und lustvoll sein müsse und nicht irgend einer Erziehung für die Zukunft geopfert werden dürfe.

Jugendarbeit glaubt an solche Grundsätze, während sie in der Schule zumeist immer noch Utopie sind. Aber bei beiden kommen Kinder und Jugendliche, jedenfalls in der pädagogischen Theorie, als handelnde, eigensinnige Subjekte erst vor, *nachdem* die Erziehung bereits Erfolg gehabt hat, das „Einwirken“ zum „Zusammenwirken“ geworden ist[32] und Jugendliche in der Lage sind, Gesprächspartner, Partner im gewaltfreien Meinungsstreit oder selbstbewußter Träger einer alternativen (Sub)Kultur zu sein. Vorher sind sie nur als Erziehungsobjekte im Blick.

Da nun aber Jugendarbeit eine freiwillige Angelegenheit ist und Jugendliche sich als Er-

---

31 Schleiermacher, F.: Vorlesungen aus dem Jahr 1826. In: Pädagogische Schriften 1. Hg. von E. Weniger, Frankfurt 1983, S. 9

32 Vgl. ebd., S. 12

ziehungsobjekte kaum freiwillig zur Verfügung stellen, stehen die pädagogischen Aktien schlecht, vor allem, weil Jugendarbeit nicht zu organisieren vermag, was der Sozialisationstheoretiker Fend als Voraussetzung einer Emanzipationspädagogik unter heutigen Bedingungen formuliert: „. . .daß es eines jahrelangen Einübungsprozesses in die Freiheit bedarf, daß die Überforderung nur durch die lebenslange Einübung in den Gebrauch des Verstandes und in verantwortungsvolle Selbstkontrolle vermieden werden kann"[33]. Wer mit normalen, nicht handverlesenen Jugendlichen im Jugendarbeitskontext konfrontiert ist, kann dazu nur sagen: Vergiß es!

Tiefer noch in Frage gestellt als durch diesen Verweis auf empirische Chancenlosigkeit ist das emanzipationspädagogische Modell durch Forschungen, die zeigen, daß gerade im Bereich sozialen Lernens die Bedeutung pädagogisch geplanter Einflüsse – und überhaupt die Bedeutung Erwachsener – geringer ist als die Bedeutung der Gleichaltrigen. Es geht hier um Einsichten, die wir der kognitiven Entwicklungspsychologie Jean Piagets und seiner Nachfolger verdanken, z.B. W. Damon, R. Selman, L.Krappmann u.a.[34]. Sie haben gezeigt, daß, in vollkommenem Gegensatz zum pädagogischen Alltagsverstand, gerade das, was man als moralische Haltung und Werte von Kindern verstehen kann- über das bloße Gehorchen hinaus – also

– Sinn für Gerechtigkeit und Fairneß,
– Bereitschaft zu teilen,
– Fähigkeit, sich in die Lage eines anderen zu versetzen etc.

in erster Linie nicht aus dem Umgang mit Erwachsenen, sondern aus dem Umgang mit anderen Kindern und Jugendliche gelernt wird. Piaget schreibt: „Die Autorität des Erwachsenen ist die Quelle des Gehorsams, aber sie könnte nicht aus sich selbst heraus zur Gerechtigkeit führen (. . ..) Die Zusammenarbeit (unter Kindern; B.M.) hingegen erzeugt die Gerechtigkeit. Sie ist es, die das Kind den Wert der Gleichheit lehrt und die es ihm gestattet, die Gerechtigkeit über die Tatsache zu erheben“ (1986, S. 129). Piaget und seine Nachfolger meinen damit nicht, daß Moralerziehung durch Erwachsene überflüssig sei. Aber sie bleibt äußerlich und angelernt ohne das „Gefühl von Billigkeit und Autonomie“ (vgl. ebd.), das sich primär in Interaktionen unter Gleichaltrigen ausbildet und stufenweise ausdifferenziert. Auch für die Fähigkeit, sich zu behaupten und Kränkungen unbeschadet zu verarbeiten, haben Gleichaltrige und Freunde eine weit größere Bedeutung (vgl. Krappmann 1993a), als die berufenen Erziehungspersonen in ihrer Selbstüberschätzung gewöhnlich annehmen. Vorstellungen über Autorität und deren Legitimität dagegen kristallisieren sich primär am Umgang mit Erwachsenen (vgl. dazu Damon 1984, bes. Kap. 3-5).

Dies heißt nicht, daß erziehende Erwachsene für Kinder und Jugendliche unwichtig wären und sie in Ruhe lassen sollten, weil sie ohnehin nichts zu bestellen haben. Aber die Bedeutung Erwachsener ist – wie auch das Beispiel zeigt – eine andere, als fortschrittliche Pädagogen gewöhnlich annehmen. Wenn es, wie Honneth[35] entfaltet hat, in der menschlichen Moralentwicklung einen dreifachen

33 Fend,H.: Sozialgeschichte des Aufwachsens, Frankfurt 1988, S. 306

34 Piaget, J.: Die Entwicklung des Solidaritätsgeistes und des Gerechtigkeitsbegriffs beim Kind. In: Bertram, H.: Gesellschaftlicher Zwang und moralische Autonomie. Frankfurt 1986, S. 125-129
Krappmann, L.: Die Entwicklung sozialer Beziehungen. In: Auhagen, A.E./v.Salisch, M. (Hrsg.): Zwischenmenschliche Beziehungen, Göttingen 1993, S. 37-58
Krappmann, L.: Bedrohung des kindlichen Selbst in der Sozialwelt der Gleichaltrigen. In: Edelstein, W./Nunner-Winkler, G.: Moral und Person. (suhrkamp) Frankfurt 1993a, S. 335-362
Selman, R.L.: Die Entwicklung des sozialen Verstehens. Frankfurt 1984

35 Honneth A., a.a.O.. Vgl. bes. S. 148ff.

Kampf um Anerkennung gibt: 1. Anerkennung als für sich existierende Person von Eigenwert, 2. Anerkennung als Mensch mit gleichen Rechten wie andere und 3. Anerkennung der besonderen Fähigkeiten, in denen sich Menschen unterscheiden, dann wird die Grundlage für die erste Ebene natürlich in der Beziehung zu Erwachsenen (Eltern oder Personen, die ihre Stelle vertreten) gelegt, während auf der zweiten Ebene, wo es, wenn man so will, um die Demokratiefähigkeit geht, und auf der dritten Ebene, wo es um die Toleranz für Anderssein geht, die Bedeutung der Gleichaltrigen erheblich größer ist. Trotzdem sind die Auseinandersetzungen und moralischen Vorbilder (und Negativbeispiele), die die Erwachsenenwelt Kindern und Jugendlichen auf diesen Ebenen liefert, keineswegs unwichtig. Denn nur im Umgang mit Erwachsenen können Jugendliche herausfinden, welche moralischen Orientierungen in der Realität Bestand haben, erfolgreich sind und Anerkennung bringen. Ein bißchen zu simpel gesagt: Ihre Vorstellungen darüber, was gut und was nicht gut ist, beziehen Kinder und Jugendliche eher von andern Kindern und Jugendlichen. Ob es sich aber lohnt, gut sein zu wollen und auch die Rechte anderer anzuerkennen (oder eher nicht), das lernen sie nur von den Erwachsenen.
Was dies alles für Konzepte des Pädagogischen in der Jugendarbeit bedeutet, möchte ich zum Schluß in einigen Thesen zusammenfassen.

1. Ausgangspunkt jeder Klärung der pädagogischen Möglichkeiten von Jugendarbeit können nur die realen Auseinandersetzungs- und Verständigungsprozesse sein, die JugendarbeiterInnen und Jugendliche miteinander führen, nicht aber Definitionen emanzipatorischer oder anderer Ziele, die außerhalb dieser Auseinandersetzung festgelegt werden.

2. Diese Auseinandersetzung und Verständigung findet nicht außerhalb von Raum und Zeit, sondern in konkreten Räumen und Zeiten statt (innerhalb von Einrichtungen, Öffnungszeiten, Freizeitangeboten, eigenständig nutzbaren Räumen etc.), die wiederum einen bestimmten (und begrenzten) Stellenwert in der raum-zeitlichen Lebensgestaltung ihrer jugendlichen NutzerInnen haben. Deshalb sind pädagogische Konzepte in der Jugendarbeit nicht als Alternativen zu sozialraumorientierten oder lebensweltorientierten Konzepten zu verstehen, sondern als deren Präzisierung und Vertiefung.

3. Die Art und Weise, wie JugendarbeiterInnen sich selbst und die von ihnen verwalteten Räume und Ressourcen von Jugendlichen nutzen lassen, die Art und Weise, wie sie sich darüber mit Jugendlichen auseinandersetzen und verständigen, ist eine Form, in der sich die heutige Welt der Erwachsenen mit Jugendlichen auseinandersetzt und verständigt. Nicht mehr, aber auch nicht weniger. Jugendarbeit kann keine Welt schaffen, in der das Erwachsenwerden sich noch lohnt, aber sie ist mitverantwortlich dafür, daß Jugendliche Gelegenheit bekommen und herausgefordert werden zu prüfen, ob es sich noch lohnt. Darin besteht die pädagogische Verantwortung.

4. JugendarbeiterInnen müssen glaubhaft über eigene Überzeugungen, Mut zum Vertreten eines Standpunktes, Toleranz für andere Standpunkte, Fähigkeiten zu fairer Auseinandersetzung, Sensibilität gegen Diskriminierung etc. verfügen. Aber nicht, weil ihre Aufgabe wäre, solche pädagogischen Werte an Jugendliche zu vermitteln, sondern weil Jugendliche keine Chance hätten, solche Werte als Bausteine der sozialen Realität wahrzunehmen, wenn sie sie nicht mehr an konkreten Erwachsenen erleben können.

5. Der Erfolg pädagogischer Konzepte in der Jugendarbeit ist nicht daran zu messen, daß Jugendliche und JugendarbeiterInnen gemeinsame Überzeugungen, Interessen, Aktivitäten entwickeln, sondern daran, daß sie faire Kompromisse und erträgliche Formen der Auseinandersetzung und des Nebeneinanders von unterschiedlichen Überzeugungen, entgegengesetzten Interessen und sich gegenseitig störenden Aktivitäten ermöglichen.

6. Pädagogische Konzepte in der Jugendarbeit müssen mehr erschließen als gleichberechtigte Beziehungspartnerschaft oder sozialpädagogisch-"helfende" Beziehungen. Pädagogische Bezüge in der Jugendarbeit sind auch (teilweise stellvertretende) Orte der Auseinandersetzung mit Eltern, mit Repräsentanten gesellschaftlicher Macht, mit kulturellen und ästhetischen Formen, mit Inszenierungen und Entwürfen des eigenen Selbst, mit Erfahrungen von Diskriminierung, mit Geschlechtsrollen u.a.m; sie sind auch Kampfplatz unbewußter Konflikte. Verständnisvolle und erwachsene Partnerschaft ist auf all diesen Ebenen gefragt.

Verzeichnis der Autoren

Damm, Dr. Diethelm: Institut für Selbstorganisation und betriebliche Selbstverwaltung (ISO) e.V., Frankfurt am Main

Deinet, Dr. Ulrich: Referent der Fachberatung Jugendarbeit, Landesjugendamt Westfalen-Lippe

Eichner, Agathe: Diplomsozialpädagogin, freiberufliche Referentin für Fortbildung, Supervision und Fachberatung

Gilles, Christoph: Diplomsportlehrer, Fachberater für Jugendarbeit im Landesjugendamt Rheinland

Hafeneger, Dr. Benno: Professor am Institut für Erziehungswissenschaft der Philipps-Universität, Marburg

Jansen, Leo: M.A., Leiter des Oswald-von-Nell-Bräuning-Hauses (Bildungs- und Begegnungsstätte der KAB und CAJ im Bistum Aachen)

Kilb, Rainer: Wissenschaftlicher Mitarbeiter im Institut für Sozialarbeit und Sozialpädagogik (ISS) in Frankfurt am Main

Krafeld, Dr. Franz-Josef: Professor im Fachbereich Sozialwesen der Hochschule Bremen

Müller, Dr. Burkhard K.: Professor am Institut für Sozialpädagogik der Universität Hildesheim

Ortmann, Norbert: Diplomsozialpädagoge, Jugendhilfeplaner der Stadt Oberhausen

Pfeiffer, Alexander: Soziologe, Geschäftsführer des Stuttgarter Jugendhausvereins

Sass, Erich, M.A.: Soziologe, Projektleiter im Freiwilligenzentrum, Jugendring Dortmund

Scherr, Dr. Albert: Professor für Soziologie und Jugendarbeit an der Fachhochschule Darmstadt

Spiegel, Dr. Hiltrud von: Fachlehrerin für Sozialpädagogik an der Fachhochschule Bielefeld, Fachbereich Sozialwesen

Sturzenhecker, Dr. Benedikt: Referent der Fachberatung Jugendarbeit, Landesjugendamt Westfalen-Lippe

Weskamp, Peter: Diplompädagoge, Jugendhilfeplaner im Kreis Siegen-Wittgenstein

Wöhrle, Dr. Armin: Professor an der Fachhochschule für Technik und Wirtschaft, Mittweida, Außenstelle Roßwein